TRAUNER VERLAG
GASTRONOMIE

Housekeeping

Management im Hotel

ANDREA PFLEGER

Unter Mitarbeit von
KARIN STEINMETZ

Köglstraße 14, A 4021 Linz
Gestaltung: Mag. Wolfgang Kraml, Heidi Hinterkörner
Lektorat: Brigitta Bogner
Umschlagbild: die fotowerkstatt,
Pfennich & Sedlacek OEG, Bischofshofen
Umschlaggestaltung: KISKA, Salzburg
Herstellung: TRAUNER Druck, Linz
ISBN 3-85487-303-4

Housekeeping

Management im Hotel

ANDREA
PFLEGER

Inhaltsverzeichnis

Die Beherbergung von Gästen war und ist eine vornehme und wichtige Aufgabe. Jemanden in sein Haus aufzunehmen, ihn willkommen zu heißen und ihm das Gefühl zu geben, sich wie zu Hause zu fühlen, ist gelebte Gastlichkeit. Der Gast soll alle Annehmlichkeiten genießen. Die Hotellerie will diese Aufgabe erfüllen und trägt durch ihre Anstrengungen wesentlich zu den Nächtigungszahlen bei.

Gäste stellen hohe Ansprüche und sind nicht immer leicht zufrieden zu stellen. Ihre Privatsphäre soll nicht gestört, ihre Wünsche sollen zu jeder Tageszeit prompt und diskret erfüllt werden, und alles soll exklusiver als die häusliche Wohnsituation sein.

Ob in Privatpensionen, im gediegenen Gasthof, im modernen Ferienhotel, in einem Stadthotel oder in einer Luxusresidenz – der Gast ist König! Der Gast soll das Gefühl haben, er bekommt mehr als er erwartet. Gewinnt er den Eindruck, er bekommt, wofür er bezahlt, wird er nur mäßig zufrieden sein.

Die Gäste

Die Erwartungshaltung der Gäste hat sich in den vergangenen Jahren stark verändert. Komfortable Unterkunft, gute Verpflegung, schöne Landschaft sind selbstverständlich. Der Gast sucht nicht mehr ausschließlich körperliche Erholung, sondern auch geistige. Geschäftsreisende oder auch Seminargäste erwarten zusätzlich eine entsprechende technische Ausstattung. Die Bedürfnisse der Gäste nach Kommunikation, Unterhaltung, Aktivität und Weiterbildung, die im Alltag zum Teil zurückgestellt werden, sollen in der Freizeit befriedigt werden. Zudem möchte sich der Gast sicher fühlen und sich ungezwungen benehmen können.

Alle Störfaktoren in den Gästezimmern, in den für eine bestimmte Zeit gemieteten vier Wänden, sollen vom Housekeepingdepartment ausgeschaltet werden. In jeder Kategorie erwartet der Gast maximale Annehmlichkeit. Es ist alles bereit zu stellen, um diese Annehmlichkeit zu gewährleisten.

Für die Zeit des Aufenthaltes nützt der Gast die Einrichtungen des gewählten Hauses und vertraut sich der kundigen Betreuung der Etagenmitarbeiter an.

Neben wohl temperierten, gut durchlüfteten, anheimelnd beleuchteten, tadellos gereinigten, ruhig gelegenen und ansprechend ausgestatteten Räumen, ausgezeichneten Betten und schöner Aussicht wünschen die Gäste noch weitere Einrichtungen, wie zB angenehme Aufenthaltsräume, und Zusatzleistungen, wie Minibar, Bademäntel usw.

Um allen Wünschen und Vorstellungen gerecht zu werden, ist es wichtig, die Zielgruppe zu kennen. Wir stellen Ihnen einzelne Gästegruppen vor, die sich nach der Art des Aufenthalts, wie zB Kurgäste, nach den verschiedenen Altersgruppen oder nach ihrer nationalen Herkunft unterscheiden.

Gästegruppen

Jeder Gast soll persönlich betreut werden.
Sein Wohlbefinden wird ganz besonders durch das Eingehen auf persönliche Bedürfnisse und Wünsche und nicht nur durch das übliche Hotelangebot, das für alle Gäste gleich ist, gefördert.
Überlegen Sie daher, mit welchen Gästen Sie hauptsächlich zu tun haben und was Sie für Ihre Gäste tun können. Wenn Sie die verschiedenen Gästegruppen betrachten – und es gibt mehr als die hier angeführten –, werden Sie die Bedürfnisse und Erwartungen erkennen und können so besondere Wünsche berücksichtigen. Fühlt sich ein Gast gut betreut, kann dies ein Motiv sein, wiederzukommen.

Welche Gästegruppen kommen in Ihren Betrieb?

Individualgäste, Einzelreisende

Je nach dem Zweck des Aufenthaltes sind die Erwartungen dieser Gäste unterschiedlich. Da die Zahl allein reisender Gäste zunimmt, ist ein entsprechendes Angebot wichtig. Einzelzimmer dürfen keine lieblos eingerichteten kargen Räume sein. Besonders Frauen werden als Einzelgäste oft stiefmütterlich behandelt. Legen Sie zB ein Frauenmagazin auf oder eine kleine regionale Aufmerksamkeit.

Geschäftsreisende

Sie erwarten sich, da sie meist viele Hotels kennen, eine professionelle Leistungserbringung, gehobenen Komfort, Berücksichtigung ihrer Geschäftsinteressen, evtl. auch ein Business-Service-Center. Das Gästezimmer soll einen vom Schlafraum getrennten Raum für Besprechungen mit Schreibtisch, Computerplatz sowie mit Telefon- und Internetanschluss haben.
Geschäftsreisende sind meist an einen fixen Zeitplan gebunden, der bei der

Betreuung der Zimmer zu berücksichtigen ist.

Seminargäste

Gästezimmer für Seminargäste unterscheiden sich meist kaum von den Gästezimmern für Urlaubsgäste oder für Geschäftsreisende. Für Seminargäste eignen sich Zweibettzimmer mit zwei getrennten Betten besser als Doppelzimmer. Telefon- und Internetanschluss sind wünschenswert. Die Seminarräume, das Business-Service-Center und die entsprechende technische Ausstattung sind selbstverständliche Voraussetzung.
Konferenz- und Tagungsräume sollen leicht zu finden sein. Entsprechende Hinweistafeln auf der Etage sind daher vorteilhaft.

Ferien- oder Urlaubsgäste

Sie suchen Erholung und Entspannung. Prospekte mit entsprechenden Angeboten des Ortes oder der Region können aufgelegt werden. Urlaubsgäste haben oft ungewöhnliche Zeitpläne. Hier kommt es auf ein geschicktes Akkordieren der Zimmerreinigung mit dem Aufenthalt der Gäste in den Gästezimmern an.

Eltern und Kinder

Wo Kinder sich wohl fühlen, fahren auch die Eltern gerne hin, da sie dann ebenfalls Erholung finden. Kinder werden vielleicht die Stammgäste der Zukunft. Viele Ideen, sie an ihren Aufenthalt zu erinnern, sind entwickelt worden und kommen je nach Alter sehr gut an: Sticker, Etiketten, kleine Aufmerksamkeiten zum Geburtstag, Schlüsselanhänger, Sonnenschutz – natürlich mit dem Aufdruck des Betriebes. Auch Sammelpunkte auf einer Kontokarte, die für ein Fest oder einen Gratisaufenthalt später einmal gutgeschrieben werden, sind eine gute Möglichkeit.

Eltern mit Säuglingen sollen eine Möglichkeit, Fertignahrung zuzubereiten, vorfinden. Sie benötigen weiters einen Wickelplatz, ein Gitterbett, eine Kinderbadewanne mit Badethermometer, ein Babyfon, eine Flaschenbox etc. Im Depot sollen Windeln, Wattestäbchen und Schnuller bereitgehalten werden.

Eltern mit kleinen Kindern freuen sich über eine Spielecke, über Kindersessel und -tisch, Garderobenhaken in Kinderhöhe, kleine Kleiderbügel, über eine Kindersicherung bei Balkontüre und Fenstern und über Kinderzahnputzbecher. Im Bad erleichtern Kindertoilettensitz und Stehschemel vor dem Waschbecken die Toilette der kleinen Gäste. Spiele und Malutensilien sollen zur Verfügung gestellt werden.

Eltern mit jugendlichen Kindern sollen zusammenhängende Zimmer angeboten werden, zB kleine Schlafzimmer mit einem gemeinsamen Aufenthaltsraum.

Kurgäste, Wellnessgäste

Sie suchen Ruhe und Erholung und schätzen zusätzliche Badetücher und Bademäntel ebenso wie die Möglichkeit, Gymnastik- oder Badeanzüge waschen und trocknen zu können. Kurgäste bleiben meist länger als andere Gäste.

Bei der Reinigung der Zimmer ist darauf zu achten, dass diese Gäste möglicherweise mittags nicht gestört werden wollen.

Sportgäste

Für die Aufbewahrung der mitgebrachten Sportgeräte sind gesicherte Räume und entsprechende Einrichtungen zum Umkleiden und Trocknen vorzusehen.
Werden vom Hotelbetrieb Sportgeräte für den Verleih zur Verfügung gestellt, sind die Räume zu trennen, um unliebsame Verwechslungen zu vermeiden.

Gäste mit Behinderungen

Gäste, die in der Motorik eingeschränkt sind, benötigen spezielle Einrichtungen:

- Gästezimmer für Rollstuhlfahrer sollen in der Nähe der Lifte sein.
- Handläufe an der Wand erleichtern die selbstständige Fortbewegung.
- Auf Teppiche soll verzichtet werden.
- Der Bodenbelag muss rollstuhlgeeignet sein.
- Matratze und Rollstuhl sollen auf gleicher Höhe liegen.
- Die Armaturen bei den Waschbecken müssen vom Rollstuhl aus erreicht werden können.
- Im Badezimmer muss der Rollstuhlfahrer sowie eine helfende Person Platz haben.
- Die Dusche muss ohne Einstiegshilfe erreicht werden können und über eine Sitzgelegenheit verfügen.
- Der Toilettensitz muss wesentlich höher angebracht sein als üblich.
- Lichtschalter usw. sollen auch aus einer sitzenden Position leicht erreicht werden können.

Gäste mit Hörbehinderung sollen in Zimmern mit schallisolierten Wänden untergebracht werden, da sie das TV-Gerät oder das Radio zu laut einstellen oder auch zu laut sprechen. Dies kann die Nachbarn stören. Auch Kopfhörer könnten angeboten werden.

Übergroße Gäste

Für diese Gästegruppe sind Betten mit über zwei Meter Länge vorzusehen. Günstig sind auch Betten ohne Fußteil. Die Decke soll ebenfalls größer als die Standarddecke sein. Der Spiegel soll so angebracht werden, dass die Oberkante des Spiegels – vom Fußboden aus gemessen – bei etwa 210 cm endet. Sehr gewichtige Gäste benötigen verstärkte Matratzen.

Hochzeitsgäste

Sie erwarten sich für den schönsten Tag ihres Lebens sowie für die anschließende Hochzeitsreise etwas Besonderes. Ein Blumenstrauß, Sekt oder Champagner mit Kühler, Gläsern und Kleingebäck im Gästezimmer, eine Glückwunschkarte der Hotelmitarbeiter usw. sind kleine Gesten der Aufmerksamkeit.

Nicht rauchende Gäste

Manche Gäste vertragen den Geruch von Rauch in Vorhängen, Teppichen, Tapeten und Bettzeug nicht. Immer öfter werden daher Nichtraucherzimmer verlangt. Dieser Wunsch wird in der guten Hotellerie berücksichtigt.
Zimmer, in denen ein Gast geraucht hat, müssen vor der weiteren Vergabe einer Grundreinigung unterzogen werden.

Gäste mit Haustieren

Nicht jeder Betrieb gestattet die Mitnahme von Haustieren. Wo dies erlaubt ist, sollen die Gäste nach den besonderen Bedürfnissen gefragt werden. Fressnäpfe, Wassergefäße, Streusand, ein Futtersortiment uÄ sollten bereitgehalten werden.
Da es vielen Gästen nicht zuzumuten ist, ein Zimmer zu beziehen, in dem vorher ein Haustier untergebracht war, sollen einige Gästezimmer speziell für Gäste mit Tieren vorgesehen sein. Allergiker könnten trotz sorgfältiger Reinigung Probleme bekommen.

Gruppenreisende

Gruppenreisende haben meist einen genauen Terminplan, so dass die Reinigung und Pflege der Zimmer gut geplant werden können. Nach Möglichkeit sollen Gruppenreisende in nahe beieinander liegenden Gästezimmern bzw. in einem bestimmten Gebäudeteil, einem Stockwerk untergebracht werden.
Da die Zimmerpreise bei Gruppenreisenden meist unter jenen für Einzelreisende liegen, ist hier besonders auf die Wirtschaftlichkeit zu achten.
Die Neubestückung mit Gästegaben oder der Bett- und Sanitärwäschewechsel wird für diese Zimmer eigens festgelegt.

VIPs

VIPs, „very important persons", sind eigentlich alle Gäste für uns. Kein Hotelbetrieb kann es sich leisten, Gäste als weniger wichtig zu bezeichnen.
Dennoch gibt es Ausnahmen. Auf besondere Wünsche besonders wichtiger Persönlichkeiten wird nach Möglichkeit eingegangen. Für den Betrieb bringt das oftmals auch einen Werbeeffekt.
Besonderheiten: Die VIP-Betreuung verlangt sehr oft auch zusätzliche Sicherheitsvorkehrungen, zB Personenschutz und weitere erhöhte Sicherheitsmaßnahmen.

Gäste aus aller Welt

Je nach Herkunftsland können verschiedene Kleinigkeiten unseren Gästen aus aller Welt den Aufenthalt verschönern. Die angeführten Wünsche haben sich aus den Erfahrungen der Hotellerie in den letzten Jahren ergeben. Das Housekeepingdepartment und die Etagenführung werden sich bemühen, Sonderwünsche zu berücksichtigen. Mitteilungen für die Gäste, die am Tisch aufliegen oder im Badezimmer angebracht sind, sind in der Sprache dieser Gäste zu verfassen. Eine kleine Auswahl von Touristen mit besonders zu berücksichtigenden Wünschen sei hier angeführt.

Versuchen Sie, die besonderen Wünsche Ihrer ausländischen Gäste herauszufinden und darauf einzugehen!

Amerikanische Gäste

US-amerikanische Gäste

Österreich ist vor allem für Individualreisende aus den Vereinigten Staaten ein bevorzugtes Reiseziel. In den USA sind alle Zimmer, auch in preisgünstigen Unterkünften, Doppelzimmer; dies wird auch im gewählten Urlaubsland erwartet. Zimmer mit Bad und WC, TV-Gerät und Minibar sind eine Selbstverständlichkeit. Amerikaner schätzen es, wenn es eigene Nichtraucherzimmer gibt.
Auf Zuschläge für Dienstleistungen, die nicht im Zimmerpreis enthalten sind, sollte rechtzeitig aufmerksam gemacht werden.

Amerikanische Gäste erwarten von den Etagenmitarbeitern gute Englischkenntnisse.
Sie sind es gewohnt, auch kleinere Beträge mit der Kreditkarte zu begleichen, und möchten alle Leistungen des Hauses über die Gesamtrechnung bezahlen.

Südamerikanische Gäste

Sie haben hohe Hygieneansprüche, baden und duschen daher sehr oft. Das Badezimmer ist deshalb ein sehr wichtiger Platz für sie.
Sie stehen gerne spät auf und gehen sehr spät zu Bett.
Europareisende beherrschen meist ausreichend Englisch, Spanisch wird trotzdem bevorzugt. Sie buchen gerne Gruppenreisen.
Zum Schlafen wird ein Betttuch mit einer Wolldecke bevorzugt.
Sie erwarten sich vor allem Gastfreundschaft, Musik und Kultur.

Arabische Gäste

Diese Gäste reisen meist individuell und mit Familie. Sie erwarten sich persönliche, freundliche und aufmerksame Betreuung.
Die persönliche Sicherheit ist arabischen Gästen sehr wichtig.
Sie legen keinen besonderen Wert auf ungestörte Nachtruhe, doch haben sie hohe Hygieneerwartungen.
Freundlichkeit, Gelassenheit und vor allem Hilfsbereitschaft und Entgegenkommen werden ebenso erwartet.
In der Regel spricht das Oberhaupt der Familie Englisch. Englischkenntnisse der Mitarbeiter werden erwartet.

Australische und neuseeländische Gäste

Diese Gäste sind sehr kontaktfreudig und unkompliziert. Sie wollen auch kleine Beträge mit der Kreditkarte bezahlen und erwarten, dass alle Leistungen des Hauses über die Gesamtrechnung abgerechnet werden.
Sie sind Individualisten, die nicht un-

bedingt touristisch-kommerzielle Klischees vorgeführt bekommen wollen. Herzlichkeit, gute Laune und offene Freundlichkeit im Service sind ihnen wichtiger als durchgestylte, aber lustlos abgespulte Perfektion.

Belgische Gäste

Belgier, und von ihnen vor allem die ein wenig Deutsch sprechenden Flamen, bevorzugen gemütliche Familienbetriebe der Drei- und Viersternekategorie. Sie erwarten meist keine besonderen Sprachkenntnisse, wünschen eine flexible Zeiteinteilung und wollen nicht auf fixe Zeiten festgelegt werden. Auch Belgier sind Individualisten, die sich die Freizeitgestaltung gerne selbst organisieren, aber eine gute Beratung der Gastgeber schätzen.

Britische Gäste

Briten achten bei der Wahl ihrer Unterkunft für den Urlaub sehr auf Komfort und Luxus und erwarten vor allem Freundlichkeit, Pünktlichkeit und Verlässlichkeit. Sie sind sehr höfliche Gäste, was manchmal dazu führt, dass Beschwerden nicht unmittelbar am Urlaubsort, sondern erst Monate später über den Reiseveranstalter eingebracht werden.

Eiswürfel und Whisky in der Minibar müssen unbedingt vorhanden sein.

Unberührte Natur und saubere Umwelt sind für 90 % der britischen Gäste ein zentrales Reisemotiv.

Briten sind oft erstaunt, wenn sie als Doppelbett zwei zusammengeschobene Einzelbetten vorfinden. Sie erwarten sich ein richtiges Doppelbett.

Briten möchten auf Englisch angesprochen zu werden.

Dänische Gäste

Die Dänen sind richtige Familienurlauber. An oberster Stelle steht für die Dänen der Erholungsurlaub. Geschätzt werden die Freundlichkeit der Mitarbeiter und ein hoher Umweltstandard.

Viele Dänen beherrschen Fremdsprachen, vor allem Deutsch und Englisch, wobei die jüngere Generation eher Englisch spricht.

„Es gibt kein schlechtes Wetter, nur falsche Kleidung". Unter diesem Motto machen dänische Urlauber gerne von allen Freizeitangeboten Gebrauch.

Deutsche und österreichische Gäste

Sie nennen als häufigstes Motiv für einen Urlaub, dass sie abschalten, ausspannen und Kraft sammeln möchten. An zweiter Stelle stehen Tapetenwechsel, dem Alltag zu entrinnen und tun und lassen zu können, was man will. Weiters wollen sie die Natur erleben, reine Luft und sauberes Wasser genießen. Viele Gäste schätzen aber auch das sportliche sowie das kulturelle Angebot.

Fernöstliche Gäste

Sie reisen bevorzugt in Gruppen, die von sprachlich gut ausgebildeten Reiseführern begleitet werden, so dass es kaum sprachliche Kommunikation zwischen Gästen und Mitarbeitern gibt. Sie machen gerne nach dem Mittagessen eine kleine Pause und bleiben abends nicht zu lange auf. Nichtraucherzonen oder -zimmer finden nicht immer Verständnis. Der gesellige Abendausklang wird gerne durch das Offenlassen der Zimmertüren in Hotels unterstrichen. Sprachliche Barrieren sind für Hongkongchinesen abschreckend. Sie möchten auf jeden Fall englisch kommunizieren. Höfliche Umgangsformen sind sehr wichtig.

Finnische Gäste

Besonders interessant an finnischen Gästen ist ihr ausgeprägtes Umweltbewusstsein. Dies ist aber eher ein Ergebnis der traditionellen finnischen Naturverbundenheit als ein bewusst alternativer Lebensstil. Finnen schätzen und erwarten sich von den gastronomischen Betrieben Gastfreundlichkeit.

Sie legen großen Wert auf gute Sanitäreinrichtungen und haben einen hohen Hygieneanspruch.

Englischkenntnisse der Mitarbeiter werden vorausgesetzt.

Französische Gäste

Zu den ausgeprägtesten Individualreisenden zählen die Franzosen. Sie schätzen spätes Aufstehen und spätes Zubettgehen. Das große kulturelle Interesse der Franzosen zeigt sich bei Museums-, Ausstellungs- und Konzertbesuchen.

Junge Franzosen sprechen durchaus auch Englisch, die ältere Generation ist aber dankbar, wenn es im Hotel einen Ansprechpartner mit Französischkenntnissen gibt.

Griechische Gäste

Touristen aus Griechenland ziehen Pensionen und Gasthöfe größeren Hotels vor. Sie erwarten Zimmer mit schöner Aussicht, wobei Straßenlärm als nicht besonders störend empfunden wird.

Für Griechen sind späte Essenszeiten ideal. Griechen rauchen gerne, weshalb sie in Nichtraucherzimmern in der Regel fehl am Platz wären.

Die Gästezimmer, besonders die Schlafzimmer, sind für Griechen meist zu stark beheizt, Daunendecken werden daher als unangenehm empfunden. Eine wichtige Rolle spielt das Badezimmer, das geräumig und vorzugsweise mit einer Badewanne ausgestattet sein soll.

Griechen haben durchwegs gute Deutschkenntnisse. Sie freuen sich aber über Gesprächspartner, die über ausreichende Englischkenntnisse verfügen. Ältere griechische Gäste sprechen eher Französisch als Englisch.

Holländische Gäste

Gäste aus den Niederlanden organisieren ihren Urlaub großteils selbst und fahren am liebsten mit dem eigenen Auto. Sie schätzen Geselligkeit und Spaß. Unberührte Natur, ursprüngliche Landschaft, die Bergwelt und die Erhaltung der intakten Umwelt sind für sie von großer Bedeutung.
Sie sprechen gerne und ausgezeichnet Englisch, auch Deutsch, Französisch und Spanisch.

Indische Gäste

Im Allgemeinen sind Gäste aus Indien allem Kulturellen gegenüber sehr aufgeschlossen. Sie sind lärmunempfindlich, sehr kinderfreundlich und zählen zu den Frühaufstehern.
Englischkenntnisse der Mitarbeiter werden vorausgesetzt.

Italienische Gäste

Sie reisen am liebsten mit Familie oder mit Freunden. Der italienische Gast schätzt Qualität und Service und ist bereit, dafür auch zu bezahlen. Geschätzt werden weiters die vielfältigen kulturellen Angebote, die schöne Landschaft und die hohe persönliche Sicherheit.
Im Badezimmer erwarten sie ein Bidet. Sie wünschen sich dichte Vorhänge oder Fensterläden.
Italienischkenntnisse der Mitarbeiter wären wünschenswert.

Kanadische Gäste

Gäste aus Kanada schätzen es, wenn sie von US-Bürgern unterschieden werden. Sie sind ausgesprochen höflich und legen größten Wert auf zuvorkommende Behandlung.
Sie erwarten eine schöne Landschaft, ein reichhaltiges kulturelles Angebot, sportliche Einrichtungen und vor allem freundliche Menschen.
Sie sind es von ihrem Heimatland gewohnt, dass auf Nichtraucher Rücksicht genommen wird, zB durch Nichtrauchertische im Restaurant, in der Halle sowie Nichtraucherzimmer.
Der Kanadier setzt im Gastgeberland Englischkenntnisse voraus. Gäste aus Quebec freuen sich, wenn man Französisch mit ihnen spricht.

Norwegische Gäste

Norwegische Gäste reisen gerne mit Familie. Der Individualtourismus steht im Vordergrund. Sie erwarten ein qualitativ hoch stehendes, aber unaufdringliches Service am Urlaubsort. Sport ist ein wichtiger Bestandteil der norwegischen Lebenskultur, aber auch das kulturelle Angebot bietet einen Reiseanreiz.
Die Nüchternheit im täglichen Leben, die Gewohnheit, Notwendiges sofort zu tun, gehören zu den Eigenschaften der Norweger. Sie wünschen keine überflüssigen Worte.
Englisch ist den Norwegern sehr vertraut und wird von den meisten Norwegern gesprochen.

Portugiesische Gäste

Portugiesische Gäste schätzen vor allem Sauberkeit, Freundlichkeit und Hilfsbereitschaft.
Sie zählen zu den Spätaufstehern und schätzen es daher auch, spät zu frühstücken.
Als Gastgeber empfiehlt es sich, die Empfindsamkeit der Portugiesen zu berücksichtigen. Auch wenn es kaum zu offenen Kontroversen mit Portugiesen kommt – vergessen werden Unannehmlichkeiten nicht so leicht.
Urlauber aus Portugal erwarten von den Gastgebern Grundkenntnisse einer romanischen Sprache. Die Mitarbeiter sollen zumindest aber Englischkenntnisse haben.

Russische Gäste

Russische Gäste buchen Auslandsreisen fast ausschließlich über Reisebüros.
Ein Frühstücksbuffet ist für Russen unbedingt notwendig.
Im Urlaub wird spät zu Bett gegangen, aber rechtzeitig zum Frühstücksbuffet aufgestanden. Die Badewanne wird der Dusche vorgezogen.
Der russische Gast erwartet gutes Service, gemütliche und gepflegte Hotels und kann auf Englisch kommunizieren.

Schwedische Gäste

Schweden sind das Reisen gewohnt, haben daher viel Erfahrung und erwarten modernen Komfort. Besonders ausgeprägt ist die Forderung der Schweden nach hygienisch einwandfreier Umgebung.
Schwedische Gäste schätzen keine Improvisationen und akzeptieren Änderungen nur ungern.
Sie erwarten freundlichen Kontakt mit ihren Mitmenschen und eine gemütliche Atmosphäre. Das kulturelle, sportliche und landschaftliche Angebot soll individuell näher gebracht werden.

Schweizer Gäste

Auch die Schweizer sind als sehr reisefreudig bekannt. Auf Lärmbelästigung reagieren sie sehr sensibel.
Die Ansprüche an Komfort und Hygiene sind sehr hoch.
Schweizer wollen sich im Urlaub erholen, Kultur genießen, Besichtigungen machen. Sie schätzen Sicherheit, die Freundlichkeit der Mitarbeiter, die Bereitschaft zur Dienstleistung, die Veranstaltung von Festen.

Spanische Gäste

Spanische Gäste schätzen im Urlaub sportliche und kulturelle Angebote. Sie genießen Gastfreundschaft besonders. Spanier gehen meist spät schlafen und stehen eher spät auf. Die Frühstückszeit sollte für sie länger dauern.
Spanier haben hohe hygienische Ansprüche an Bad, Dusche, WC und Bidet – das oft vermisst wird.
Fremdsprachenkenntnisse erwarten Spanier kaum. Wenn sie aber in ihrer Muttersprache angesprochen werden, freuen sie sich über die ihnen entgegengebrachte Wertschätzung.

Unseren Gästen Homefeeling zu vermitteln, kann durch die Summe der Leistungen aller Verantwortlichen im Housekeepingdepartment gelingen. Ein Fehler in der Serviceleistung, eine kleine Missstimmung gefährden den an sich positiven Gesamteindruck. Erfahrung, Umsicht sowie fundiertes Fachwissen der Etagenmitarbeiter schaffen jene Atmosphäre, die unsere Gäste erwarten.

Für die gute Betreuung der Gäste müssen die Aufgaben zwischen Rezeption und Etage bestens koordiniert werden. Auch mit Küche, Service und evtl. mit der Bankettabteilung sowie mit der kaufmännischen Abteilung wird das Housekeepingdepartment in gewissen Bereichen zusammenarbeiten.

Mitarbeiter in der Etage

Geleitet wird das Housekeepingdepartment von der Hausdame, in kleineren Betrieben vielleicht auch von der Betriebsinhaberin. Die geschlechtsneutrale Bezeichnung für die Leitung des Housekeepingdepartments lautet Executive Housekeeper. Da die Führung der Etage bis heute eine Domäne der Frauen ist und in der gesamten Fachliteratur der Begriff Hausdame vorkommt, wird in den folgenden Kapiteln ebenfalls dieser Begriff verwendet.

Die Hausdame ist für das Hygienemanagement, dh für den reibungslosen Ablauf von Wartung, Pflege und Reinigung des Beherbergungsbereichs verantwortlich. Für den gesamten Betrieb, besonders aber für die Etage gilt: Alles Selbstverständliche wird außergewöhnlich gut erledigt! Dies wirkt sich auf das positive Image des Hauses aus und kann eine Bindung der Gäste an den Betrieb bewirken. Die Zufriedenheit der Gäste ist für ihre Tätigkeit wiederum Motivation und bringt Freude und Erfolg.

Die Aufgaben jedes einzelnen Mitarbeiters müssen klar festgelegt und die Verantwortlichkeiten, die Vertretung und die Position bereits in der Stellenbeschreibung definiert werden. Eine gute Vorbereitung der Verantwortlichen in der Personalabteilung und der Bewerber auf das Bewerbungsgespräch hilft bei der Entscheidungsfindung.

Ein wesentliches Kriterium für die optimale Bewältigung der gestellten Aufgaben ist die Führung der Mitarbeiter. Regelmäßige Schulung und gutes Training geben den Mitarbeitern Sicherheit und gewährleisten die Optimierung der Arbeitsmethoden und die Standardisierung der Leistung. Bei der Ausbildung sind die besonderen Gegebenheiten des Betriebes zu berücksichtigen.

Die Berufsbekleidung der Mitarbeiter soll ansprechend, leicht zu pflegen und der Tätigkeit entsprechend ausgewählt werden. Mitarbeiter sollen bei der Auswahl der Berufsbekleidung mitentscheiden können. So fühlen sie sich wohl und gewinnen Selbstbewusstsein, arbeiten selbstverantwortlich und kompetent. Insgesamt muss festgehalten werden: Je intensiver die Einbeziehung der Mitarbeiter in die Entscheidungsprozesse erfolgt, umso höher ist ihre Loyalität dem Betrieb und der Betriebsführung gegenüber.

Da das Housekeepingdepartment maßgeblichen Anteil am Betriebserfolg hat, sind eine klare Organisationsstruktur, die optimale Durchführung der Aufgaben und eine permanente Kontrolle unumgänglich. Die Höflichkeit und Diskretion der Mitarbeiter, ihr Service und ihre selbstverständliche Leistung beeinflussen, wie der Gast sich fühlt, wie lange er bleibt – und ob er wieder kommt. Die Hausdame geht selbstverständlich mit gutem Beispiel voran.

Organisation

Bei der Organisation von Beherbergungsbetrieben unterscheidet man zwischen zwei großen Systemen. Das europäische System wurde im 19. Jahrhundert von Cäsar Ritz in Paris entwickelt und später von vielen ähnlichen Betrieben in der ganzen Welt übernommen. Im Mittelpunkt steht dabei die individuelle Betreuung der Gäste. Dieses System ist jedoch sehr personal- und somit kostenintensiv.

Das **amerikanische System** wird vor allem in Hotelketten praktiziert. Hier werden die Aufgabenbereiche etwas anders als beim **europäischen System** aufgeteilt.

Beide Systeme wurden für Großbetriebe entwickelt. Klein- und Mittelbetriebe haben eine einfachere Organisationsstruktur. Trotzdem müssen dieselben Aufgaben wahrgenommen werden. Anhand der angeführten Organisationsbeispiele können Sie für Ihren Betrieb nachvollziehen, wie Aufgaben verteilt und evtl. Positionen zusammengefasst werden.

Organisationsbeispiel für das europäische System

Direktor		
Beherbergungsabteilung	Verpflegungsabteilung	Kaufmännische Abteilung
Rezeption	Einkauf und Lagerverwaltung	Verwaltungsabteilung
Halle	Küche	Haustechnik
Etage	Service	Nebenbetriebe

Organisationsbeispiel für das amerikanische System

Generalmanager			
Food-and-Beverage-Manager	Sales-and-Marketing-Director	Rooms-Divison-Manager	Chiefaccount
		Housekeepingdepartment	
		Frontoffice	
		Engineering	

Organisationsbeispiel des Housekeepingdepartments im Großbetrieb

Hausdame/Executive Housekeeper		
Stellvertretende Hausdame/Assistant Executive Housekeeper		
Bereichsleitung Etage	Bereichsleitung Wäsche/Laundry	
Etagenhausdame/Floor Supervisor	Wäschebeschließer/in	Evtl.
Abendhausdame	Wäscher/in/Bügler/in	Garderobier/e
Zimmersteward/Zimmerstewardess	Schneider/in	Gärtner/in
Abendstewards		
Hausdiener		
Reinigungskräfte		

Organisationsbeispiel der Etage im Mittelbetrieb

Hausdame		
Zimmerstewards/-stewardessen	Wäscher/in/Bügler/in	Hausdiener
Reinigungskräfte	Evtl. Hilfskräfte	

Die Vertretung der Hausdame übernimmt ein(e) eigens dafür bestimmte(r) Zimmersteward/stewardess.

Organisation und Größe des Betriebs bestimmen also die Personalstruktur in der Etage. Die Aufgabenbereiche der einzelnen Mitarbeiter sind klar zu definieren und das Arbeitsausmaß ist genau abzugrenzen. Somit können Kompetenzüberschreitungen vermieden werden, und eine exakte Mitarbeiterbeurteilung ist möglich. Eine klare Aufgabendefinition für die Leitung der Hausdamenabteilung ergibt sich aus der Organisation des jeweiligen Betriebes.

Hausdame/Executive Housekeeper

Mit der Etagenführung sind bis heute fast ausschließlich Frauen betraut, daher die Stellenbezeichnung Hausdame. Ist ein Mann in dieser Führungsposition, wird er als Executive Housekeeper bezeichnet. Der Hausdame obliegen alle organisatorischen Aufgaben und Kontrolltätigkeiten in der Etagenführung. Bei Abwesenheit werden die Aufgaben der Hausdame von der stellvertretenden Hausdame, der Etagenhausdame oder der Abendhausdame ausgeführt. In kleineren Betrieben wird diese Position auch von der dienstältesten oder einer dafür ausgebildeten Zimmerstewardess ausgeübt.

Etagenhausdame/Floor Supervisor

Die Etagenhausdame bzw. der Floor Supervisor ist meist nur für eine Etage verantwortlich. Neben den Aufgaben der Reinigung werden Teilbereiche der Organisation bzw. manche Kontrolltätigkeiten auf die Etagenhausdame übertragen, um eine teilweise Entlastung der Hausdame zu ermöglichen.

Zimmersteward/Zimmerstewardess

Aus Gründen des veränderten Selbstverständnisses und der Imageverbesserung werden in mitarbeiterorientierten Betrieben die Bezeichnung Zimmersteward bzw. Zimmerstewardess statt der traditionellen Bezeichnung Zimmermädchen bzw. Stubenfrau eingeführt. Sämtliche Arbeiten, die der Aufrechterhaltung des Hygienestandards und der Werterhaltung des Inventars dienen und zum Wohlfühlen der Gäste beitragen, werden von ihnen ausgeführt. Sie sind zuständig für die Routinereinigung aller Räumlichkeiten, die in den Aufgabenbereich der Hausdamenabteilung gehören, für den Wäschetausch und für die Kontrolle und Nachbestückung der Minibar. Anhand von Checklisten werden Eigenkontrollen durchgeführt. Die Einschulung von Praktikanten erfolgt durch die Zimmerstewards. Wenn im Betrieb eine hauseigene Wäscherei vorhanden ist, werden die Zimmerstewards auch hier eingesetzt.

Hausdiener

Körperlich anstrengende Arbeiten im Reinigungsbereich, zB Verstellen von Möbeln, werden vom Hausdiener durchgeführt. In kleineren Betrieben übernimmt er meist auch kleine Reparaturen.

Reinigungskräfte

In größeren Beherbergungsbetrieben werden Halle, Gänge, Stiegen und öffentliche Toilettenanlagen von einer eigenen Reinigungscrew betreut. Da die Reinigung der Verkehrswege im Betrieb während des Tages schwer möglich ist, müssen die Reinigungspläne so erstellt werden, dass die Gäste möglichst nicht gestört werden.

Wäschebeschließer/in

Die Koordination aller Tätigkeiten des Wäschereibereichs und der Wäscheverwaltung obliegen der Wäschebeschließerin. Der Wäschetausch in allen Abteilungen des Betriebs wird von ihr durchgeführt, der Verbrauch der Wäschepflegeprodukte erhoben und die Funktionstüchtigkeit der technischen Ausstattung der Wäscherei kontinuierlich überprüft. Gibt es im Haus keine eigene Wäscherei, ist die Hausdame für die Verwaltung der Wäsche zuständig.

Wäscher/in, Bügler/in, Schneider/in

Die fachgerechte Reinigung, Trocknung sowie das Bügeln der Wäsche sind die Aufgaben der Mitarbeiter der Wäscherei. Auch die Gästewäsche, wenn sie im Haus gereinigt wird, gehört in deren Aufgabenbereich. Schadhafte Wäschestücke werden, sofern die Optik nicht leidet, ausgebessert. Uniformen der Mitarbeiter werden evtl. von der Schneiderin geändert.

Stellenbeschreibung

Die Stellenbeschreibung beinhaltet alle wichtigen Informationen, die einen Mitarbeiter vom ersten Tag des Dienstantritts bis zum letzten Arbeitstag begleiten. Sie enthält genaue Angaben zur Stellung im Unternehmen, zu den Aufgaben und Verpflichtungen und definiert die Befugnisse eines jeden Mitarbeiters. Weiters dient die Stellenbeschreibung einer Position als Grundlage für die Ausschreibung einer offenen Stelle.
Je genauer festgelegt wird, welcher Verwendung die Stelle dient, umso weniger innerbetriebliche Schwierigkeiten werden auftreten. Es ist vorteilhaft, wenn auch die Vertretung angegeben wird.

Eine Stellenbeschreibung legt schriftlich die Ziele, Aufgaben und Kompetenzen einer Stelle in einem Betrieb fest. Arbeitsabläufe werden nicht beschrieben. Die Stellenbeschreibung soll dem Arbeitsvertrag beigelegt werden. Bei der Einstellung erklärt sich die/der Bewerbende mit Unterschrift bereit, die Inhalte der Stellenbeschreibung zu erfüllen. Eine spätere Änderung bedarf neuer Verhandlungen über Gehalt und Inhalte der Stelle.
Die folgende Tabelle zeigt jene Punkte auf, die eine Stellenbeschreibung unbedingt enthalten sollte.

Aufbau einer Stellenbeschreibung

Stellenbenennung	*Berufsbezeichnung, geschlechtsneutral.*
Stellenziel	*Gesamtauftrag zur Erfüllung der Stelle.*
Stelleneingliederung	*– Vorgesetzte Stelle – Erfüllungspflicht.* *– Gleichgestellte Stellen – Kommunikation.* *– Nachgeordnete Stellen – Weisungsrecht.*
Stellenaufgabe/Aufgabenbereiche	*– Einzelaufträge innerhalb des Stellenziels.* *– Genaue Beschreibung der Menge der zu leistenden Arbeit.*
Stellenbefugnisse	*Je nach Position werden besondere Verantwortlichkeiten zugesprochen.*
Stellenanforderung	*Persönliche und fachliche Eigenschaften, Kenntnisse und Vorbildung.*
Stellenbewertung und besondere Pflichten	*– Gehalt.* *– Arbeitszeit und Freizeit.* *– Zusätzliche Leistungen.* *– Frühdienste, Spätdienste.* *– Wochenenddienste.*

Zusammenarbeit mit anderen Abteilungen

Die gute Führung der Etage bedarf der guten Zusammenarbeit mit den anderen Abteilungen des Hauses.

- **Innerhalb der Beherbergungsabteilung:** Zusammenarbeit mit den Mitarbeitern der Rezeption und der Halle.
- **Mit der Verpflegungsabteilung:** Zusammenarbeit mit den Mitarbeitern von Küche, Service und Bankettabteilung.
- **Mit der Verwaltungsabteilung:** Zusammenarbeit mit den Mitarbeitern der Buchhaltung.
- **Mit der Technikabteilung:** Zusammenarbeit mit den Mitarbeitern der Haustechnik und der Hilfsabteilungen.

Zusammenarbeit mit der Rezeption

Die **Buchung, Vergabe bzw. Reservierung** der Hotelzimmer erfolgen in der Rezeption.

Reinigung, Wartung, Pflege und Bereitstellung der Hotelzimmer werden von den Mitarbeitern der Etage durchgeführt.
Da diese beiden Abteilungen zwar örtlich getrennt im Betrieb angesiedelt sind, voneinander jedoch stark abhängen, ist ein intensiver exakter

Informationsaustausch zwischen Rezeption und Etage unabdingbar.
Die Rezeption gibt die aktuellen Reservierungs- oder Zimmerbelegungspläne an die Etage weiter. Umgekehrt meldet die Etage, welche Zimmer frei, dh gereinigt und bereit für neue Gäste, sind.
Die Rezeption teilt weiters mit, welche Gästezimmer besonders zu gestalten sind, zB mit einem Blumenstrauß oder mit einem Obstkorb.
Zimmer, die zur Grundreinigung vorgesehen sind oder saniert werden, müssen an die Rezeption gemeldet werden.
Eine Liste jener Zimmer, die für Gäste mit Behinderungen ausgestattet sind, liegt in der Rezeption auf. Weiters sind der Rezeption jene Zimmer bekannt zu geben, in denen das Bereitstellen eines Zusatzbettes oder eines Kinderbettes möglich ist, sowie jene Räume, die für Gäste mit Haustieren vergeben werden können.
Ist ein Gast krank oder hilfsbedürftig, wird dies an die Rezeption gemeldet. Gleichfalls erfolgt eine Meldung an die Rezeption, wenn Gäste etwas verloren oder bei der Abreise vergessen haben, oder wenn sie einen Schaden verursacht haben.
Der Verbrauch der Minibar wird über die Rezeption abgerechnet.

Für alle diese Fälle gibt es eigene Formulare

- Reservierungsvorschau
- Zimmerbelegungsplan
- Mitteilung für die besondere Ausstattung eines Gästezimmers → Gästezimmer
- Sanierungskonzepte
- Out of order
- Lost-and-found-Formular ...

Zusammenarbeit mit Küche und Service

Das **Zimmerservice** obliegt dem Etagenservice. Ein klassisches Zimmerservice ist das Frühstücksservice. Ebenso gehört das Abservieren zum Zimmerservice. Sollte bei der Zimmerreinigung noch schmutziges Geschirr vorgefunden werden, ist es vom

Hausdamenliste, 1. Etage, 18. Oktober

Zimmer-nummer	Gastname	Anreise	Abreise	Erwach-sene	Kinder
Abreisen					
102	*Rieger, Erwin Res.-Info: Gast-Info:*	17. 10. 2002	18. 10. 2002	1	-
103	*Durakovic, Dina Res.-Info: EZ Gast-Info:*	16. 10. 2002	18. 10. 2002	1	-
105	*Ekeus, Richard Res.-Info: EZ, späte Anreise Gast-Info: Wäschewechsel*	17. 10. 2002	18. 10. 2002	1	-
106	*Tobler, Felix Res.-Info: Nichtraucher Gast-Info:*	15. 10. 2002	22. 10. 2002	1	-
111	*Merritt, Natascha Res.-Info: Gast -Info: Übernachtung und Frühstück an Firma verrechnen.*	7. 10. 2002	18. 10. 2002	1	-
112	*Jardfelt, Antoine Res.-Info: EZ, späte Anreise Gast-Info:*	17. 10. 2002	18. 10. 2002	1	-
Anreisen					
102	*Out of order Res.-Info: Teppichgrundreinigung Gast-Info:*	18. 10. 2002	19. 10. 2002	-	-
103	*Bacourt, Eric Res.-Info: EZ Gast-Info: Zeitung*	18. 10. 2002	22. 10. 2002	2	-
104	*Antinoja, Leena & Ju Res.-Info: Ankunft 11.00 Uhr! Gast-Info:*	18. 10. 2002	23. 10. 2002	2	-
105	*Schwerin, Matthias Res.-Info: Späte Anreise, EZ Gast-Info:*	18. 10. 2002	19. 10. 2002	1	-
106	*Weissbacher Peter Res.-Info: EZ, Gast-Info: Rechnung auf Firmenwortlaut*	18. 10. 2002	19. 10. 2002	1	-
108	*Majanlahti, Mikko Res.-Info: DZ, single use Gast-Info:*	18. 10. 2002	21. 10. 2002	1	-
111	*Norais, Jandi Res.-Info: EZ Gast-Info: Tiefgaragenticket*	18. 10. 2002	20. 10. 2002	1	-
112	*Majhanlahti, Hanna Res.-Info: DZ, single use, VIP-Obstkorb Gast-Info:*	18. 10. 2002	21. 10. 2002	1	-
Bleiben					
107	*Wagener, John Res.-Info: Baden Gast-Info:*	17. 10. 2002	21. 10. 2002	1	
109	*Pfennig, Regine Res.-Info: Baden Gast-Info:*	17. 10. 2002	21. 10. 2002	1	
110	*Ging, John Res.-Info: EZ Gast-Info:*	16. 10. 2002	20. 10. 2002	1	
115	*Stangl, Alois Res.-Info: EZ Gast-Info:*	17. 10. 2002	19. 10. 2002	1	
117	*Kaspar, Beate Res.-Info: Gast-Info:*	17. 10. 2002	19. 10. 2002	1	
I. Etage				***Total: 21***	

Res.-Info = Reservierungsinformation
EZ = Einzelzimmer
DZ = Doppelzimmer

Zimmersteward in einem Etagenservicewagen meist im Etagenoffice der Serviceabteilung zu deponieren.
- **Obstkörbe** werden in der Küche bestellt.
- **Champagner und Sekt** für besondere Gäste werden bei der Serviceleitung bestellt.
- **Dekoration und Blumenschmuck** werden von der Etagenführung für die Bankettabteilung angefertigt oder bestellt.
- Die **Grundreinigung von Küche und Restaurant** wird gemeinsam geplant.
- Die **Küchen- und Restaurantwäscheverwaltung** obliegt der Etagenführung.
- Die **Anschaffung der Reinigungschemie für Küche und Service** soll gemeinsam mit der Etage durchgeführt werden.

Zusammenarbeit mit der kaufmännischen Abteilung

Die Etagenführung gibt an die kaufmännische Abteilung die **Budgetplanung** weiter.
Die **Depotverwaltung** liegt bei der Etagenführung, die kontinuierlich die kaufmännische Abteilung informiert.
Die **Anschaffung** neuer Geräte, anfallende Service- und Reparaturarbeiten, der Einkauf von Reinigungsmitteln usw. werden mit der kaufmännischen Abteilung gemeinsam geplant und durchgeführt.

Wenn es keine hauseigene Wäscherei gibt, wird auch die **Vergabe der Schmutzwäsche an externe Wäschereien** zwischen kaufmännischer Abteilung und Etagenführung abgesprochen.

Zusammenarbeit mit der Haustechnik

Die **Wartungsvereinbarungen** für die technischen Geräte werden von der Etagenführung verwaltet. **Service- und Reparaturaufträge** werden an die Haustechnik weitergeleitet. **Renovierungsprogramme** werden mit der Geschäftsleitung (Direktion) gemeinsam erstellt.

Aufgaben der Hausdame

Die Hausdame ist sowohl für die Planung der Reinigungsabläufe, für die Organisation der Mitarbeiter als auch für die Kontrolle der geleisteten Arbeit verantwortlich. Sie ist zuständig für eine permanente Leistungsverbesserung und kümmert sich um die Erfüllung von Gästewünschen.

Zuständigkeitsbereich

Sehen wir uns zunächst alle Räumlichkeiten an, die in den Zuständigkeitsbereich der Hausdame fallen:
- Gästeräume.
- Gesellschaftsräume: zB Salons, Clubräume, Seminar- und Konferenzräume, Kinderspielzimmer, Halle.
- Verkehrsräume: Gänge und Stiegen.
- Garderoben.
- Sanitärräume: alle öffentlich zugänglichen Toilettenanlagen.
- Evtl. Sporteinrichtungen: Hallenbad, Sauna, Gymnastikräume.
- Depots und Offices für Wäsche und Betriebsmittel.
- Wäscherei: falls im Haus vorhanden.
- Besprechungsräume, Büros.
- Mitarbeiterunterkünfte.

Planung

Zur optimalen Erledigung der Aufgaben gehören:
- Mitarbeiterplanung: Mitarbeiterstand und Einsatz
- Einkauf und Einsatz von Materialien, Geräten, Wäsche
- Jahresbudgeterstellung
- Erstellen von Reinigungsplänen
- Erstellen von Renovierungsplänen

Reinigung und Wartung

Die Hauptaufgaben der Etagenführung sind die Entwicklung von Reinigungskonzepten, die damit verbundene Werterhaltung, Wartung und Pflege der Materialien sowie das Erreichen und Erhalten eines hohen Hygienestandards.

Mitarbeiterorganisation

Für die Planung und Durchführung der Reinigungs- und Wartungsaufgaben ist eine gute Mitarbeiterorganisation unabdingbar, bei der folgende Punkte zu berücksichtigen sind:
- Mitarbeitereinsatz.
- Mitarbeiterführung und -motivation.
- Mitarbeitertraining.
- Arbeitsüberwachung.
- Dienst- und Urlaubspläne.
- Mitarbeitereinstellung.

Kontrolle

Um einen hohen Hygienestandard zu halten, ist permanente Kontrolle unumgänglich.
Überprüft werden der Zustand der Zimmer und der Einrichtung, der Wäschebestand, der Materialverbrauch, der Zustand der Geräte und Maschinen sowie vertragliche Vereinbarungen, so genannte Außer-Haus-Verträge, mit Fremdfirmen.

Leistungsverbesserung und Weiterentwicklung

Die festgehaltenen Qualitäts- und Leistungsstandards sind die Basis für die Weiterentwicklung. Um die angebotenen Leistungen zu optimieren, werden Überlegungen zu folgenden Punkten angestellt:

- Arbeitsvereinfachung und Weiterbildung der Mitarbeiter.
- Steigerung der Arbeitsleistung durch effizientere Arbeitsmethoden.
- Einführung arbeitserleichternder Methoden.
- Permanente Beobachtung der Dauer aller Arbeitsvorgänge.
- Periodische Überprüfung der Leistungsstandards.

Gästebetreuung

Die Beherbergungsabteilung will dem Gast ein zweites Zuhause bieten, Homefeeling vermitteln. Der Gast erwartet sich:

- Die Durchführung der täglichen Routinearbeiten.
- Die Erfüllung allgemeiner und besonderer Wünsche.
- Ein rasches Reagieren auf Wünsche und Beschwerden.

Anforderungsprofil der Hausdame

Als Teil der Betriebsführung repräsentiert die Hausdame stellvertretend die Direktion und verhandelt mit den Gästen und den Etagenmitarbeitern in dienstlichen Belangen weitgehend autark. Es ist die Aufgabe der Unternehmensführung, für die Position der Hausdame genaue Anforderungen zu definieren. Gepflegtes Auftreten, gute Umgangsformen, fachliche Qualifikation sowie eine gute Allgemeinbildung sind Grundvoraussetzungen für die Erlangung dieser Position.

Ehe ein Anforderungsprofil und somit eine Stellenbeschreibung erstellt wird, ist innerbetrieblich zu klären, wie umfangreich das Arbeitsgebiet im Einzelnen ist, um späteren Kompetenzschwierigkeiten vorzubeugen.

Persönliche Voraussetzungen für die Führung der Etage

Da die Hausdame das Housekeepingdepartment leitet, hat sie ein mehr oder weniger großes Mitarbeiterteam zu führen. Sie benötigt daher einerseits Fachkompetenz und anderseits Selbstkompetenz und Führungskompetenz, um ihre Aufgaben erfolgreich zu erledigen.

Fachkompetenz

Fachkompetenz bedeutet, fundiertes fachliches und rechtliches Wissen zu haben. Alle Arbeitsaufträge, die man erteilt, muss man auch selber ausführen können.

Folgende Kenntnisse sind erforderlich:

- Kenntnis der Einrichtungsmaterialien und ihrer räumlichen Wirkung.
- Kenntnis der Pflegeansprüche.
- Kenntnis der Betriebsmittel und ihres Einsatzes.
- Kenntnis der Arbeitsvorgänge und ihrer Dauer.
- Ergonomische Grundkenntnisse.
- Kenntnis arbeitserleichternder Methoden.
- Kenntnis der Brandschutz- und Sicherheitsvorschriften.
- Kenntnis der arbeitsrechtlichen Bestimmungen.
- Kenntnis der korrekten Abfallbewirtschaftung.

Die ersten sieben Punkte werden in den nachfolgenden Kapiteln ausführlich behandelt. Die arbeitsrechtlichen Bestimmungen und die Bestimmungen für die richtige Abfallentsorgung sind in den einzelnen Bundesländern unterschiedlich und können bei den Wirtschafts- und Arbeitskammern sowie bei der für Sie zuständigen Gemeinde eingeholt werden.

Selbstkompetenz

Unter Selbstkompetenz fasst man alle persönlichen Eigenschaften zusammen, die für eine verantwortungsvolle Tätigkeit notwendig sind, wie zB Selbstdisziplin, Verantwortungsbewusstsein, Pünktlichkeit, Organisationsfähigkeit, gutes Zeitmanagement usw. Selbstkompetenz unterteilt man in emotionale und soziale Kompetenz.

Emotionale Kompetenz

Die emotionale Kompetenz umfasst alle Eigenschaften, die man im Umgang mit sich selbst verwendet. Emotionale Kompetenz fasst man auch unter dem Begriff Selbstmanagement zusammen:

- Kann man sich rasch neuen Situationen anpassen?
- Ergreift man die Initiative?
- Wie schätzt man die eigenen Stärken und Schwächen ein?
- Wie geht man mit Gefühlen, zB Ärger, um?

Soziale Kompetenz
Zur sozialen Kompetenz zählen die zwischenmenschlichen Verhaltensweisen:
- Fähigkeit zur Kommunikation, zB eine gute fachliche und sachliche Argumentation.
- Teamfähigkeit.
- Konfliktlösungskompetenz.
- Fähigkeit zur Motivation.
- Einfühlungsvermögen (Empathie).

Führungskompetenz
Darunter versteht man den richtigen Umgang mit Mitarbeitern sowie die optimale Aufgabenverteilung und den bestmöglichen Einsatz der Mitarbeiter, zB effizientes Führen von Besprechungen und Gesprächen (Informations-, Beurteilungs-, Kritikgespräche).

Entscheidend für den Erfolg sind:
- Leitung und Weiterbildung der Mitarbeiter.
- Einführung arbeitserleichternder Methoden.
- Zeitmanagement durch permanente Beobachtung der Dauer aller Arbeitsvorgänge.

Stellenbeschreibung Hausdame

Durch die exakte Zieldefinierung der Stelle wird eine Grundlage für die gute Führung der Etage gegeben. In der optimalen Erfüllung der aufgelisteten Aufgaben kann der wesentliche Unterschied zu anderen Betrieben liegen.

Arbeitsplatz der Hausdame

Der Arbeitsplatz symbolisiert Sicherheit und Betriebszugehörigkeit und trägt wesentlich zum Wohlbefinden bei. Ist dies gegeben, wird die Leistung den Anforderungen entsprechen. Es ist daher sehr wichtig, dass die Hausdame ein eigenes Büro hat, in dem sie ihre schriftliche Arbeiten erledigen kann. Leider ist dies noch viel zu selten selbstverständlich.

Steht der Hausdame ein eigenes Büro zur Verfügung, dann ist es am besten neben dem Zentraldepot gelegen. Dieses Büro ist wie die anderen Abteilungsleiterbüros ausgestattet. Die allgemeinen Richtlinien für eine ergonomische Arbeitsplatzgestaltung haben auch hier Gültigkeit. Die Funktionalität des Arbeitsplatzes ist besonders wichtig. Planungsarbeiten, schriftliche Ausarbeitungen und Fachliteratur benötigen Platz. Die elektronische Ausstattung muss den Arbeitsanforderungen entsprechen.

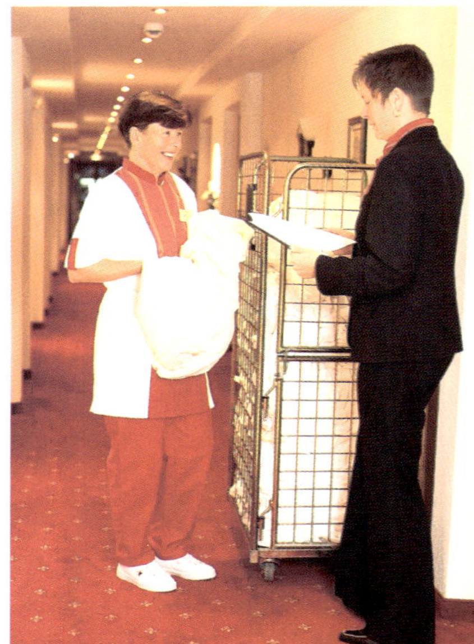

Stellenbezeichnung	**Erste Hausdame/Executive Housekeeper**
Stellenziel	**Führung und Organisation der gesamten Abteilung Etage.**
Eingliederung	• *Berichtspflicht und Weisungsgebundenheit an die Direktion; Kooperation mit allen Abteilungen.* • *Unterstellt sind die stellvertretende Hausdame, die Etagen- sowie die Abendhausdame, die Zimmer- und Abendstewards, die Reinigungsmitarbeiter, die Mitarbeiter der Wäscherei, die Hausdiener und die Auszubildenden.*
Vertretung	• *Die dieser Stelle unmittelbar unterstellten Mitarbeiter übernehmen die Vertretung.* • *Die Hausdame übernimmt die Vertretung der Abteilungsmitarbeiter.*
Ziele der Stelle	• *Erhaltung und Verbesserung des Qualitätsstandards für den gesamten Arbeitsbereich.* • *Werterhaltende Pflege der anvertrauten Anlagen und Güter.* • *Wirtschaftliche Verwaltung der Materialien und Erreichen des bestmöglichen Arbeitsergebnisses.* • *Förderung einer guten Zusammenarbeit mit den Mitarbeitern.*
Aufgabenbereiche	• *Gästeräumlichkeiten in sechs Etagen, sowie Konferenz- und Clubräume, Halle, Verkehrsräume, Hallenbad und Nebenräume, Dachterrasse.* • *Verwaltungsräume.* • *Etagendepots, Etagenbetriebsmittelpark.* • *Wäscherei: Wäschedepot und Wäscheorganisation.* • *Mitarbeiterunterkünfte.*
Aufgaben	• *Koordination der Arbeitsabläufe.* • *Überwachung des Hygienestandards.* • *Zusammenarbeit mit der Beherbergungs-, Verpflegungs- und der kaufmännischen Abteilung, vor allem mit Rezeption und Haustechnik.* • *Lager- und Depotverwaltung sowie Einkauf aller in der Etage benötigten Materialien, Inventur.* • *Rechnungseingangsprüfung.* • *Veranlassen von Reparaturen, Nachbestellungen für die Depots, Auftragsvergabe an Fremdfirmen (bis zur Auftragshöhe von EUR 350,00, ansonsten Rücksprache mit der Geschäftsleitung).* • *Verwaltung des Budgets der Kostenstelle Etage für laufende Ausgaben.* • *Mitarbeit bei der Erstellung und Ausarbeitung von Renovierungsplänen und Ersatzbeschaffungen.* • *Auswahl und Betreuung von Blumen und Pflanzen. Pflanzenbestückung nach Erfordernis ergänzen.* • *Auswahl von Dekorationen.* • *Organisation der Wäscheverwaltung; Verantwortung für Übernahme, Pflege und Ausgabe der Gästewäsche.* • *Beachtung und Einhaltung gesetzlicher, arbeits- und sicherheitsrechtlicher Vorschriften.* • *Teilnahme an Bewerbungsgesprächen und an Abteilungsleiterbesprechungen.* • *Leiten der Dienstbesprechungen mit den Etagenmitarbeitern.* • *Erstellen der Dienst- und Urlaubspläne.* • *Einführung, Einarbeitung und Beurteilung der Etagenmitarbeiter und der Auszubildenden.* • *Gästebetreuung und evtl. Beschwerdebehandlung.*
Befugnisse	• *Weisungsbefugnis gegenüber den Etagenmitarbeitern.* • *Mitspracherecht bei der Einstellung von Etagenmitarbeitern sowie bei der Auflösung von Arbeitsverhältnissen.* • *Vergabe der Berechtigung für bestimmte Schlüssel.* • *Selbstständige Beschaffung des laufenden Bedarfs bis zu einem bestimmten Betrag.*
Fachliche Anforderungen	• *Facheinschlägige Berufsausbildung.* • *Zweijährige Assistententätigkeit in einschlägigen Betrieben.* • *Fundiertes Fachwissen in professioneller Haushaltsführung.* • *Umfassende Allgemeinbildung.* • *EDV-Kenntnisse.* • *Organisationstalent.* • *Sprachkenntnisse: Englisch, Französisch, evtl. einer dritten Fremdsprache.* • *Sprachgewandtheit in der Muttersprache, Gesprächskompetenz.*
Persönliche Anforderungen	• *Beste Umgangsformen.* • *Teambildungsfähigkeit.* • *Bereitschaft zur Übernahme von Verantwortung.* • *Menschenkenntnis, Einfühlungsvermögen und Bereitschaft zur Konfliktlösung.* • *Genauigkeit.* • *Einsatzfreude.*

Datum ______________________________

Unterschrift ______________________________________

Mitarbeiterführung

Zu einer gelungenen Mitarbeiterführung gehören ein guter Führungsstil sowie das Motivieren und das Trainieren der Mitarbeiter. Die gute Kommunikation mit den Mitarbeitern ist dafür eine Grundvoraussetzung.

Kommunikation

Kommunikation bedeutet:
- Wer
- sagt was
- mit welchen Mitteln
- zu wem
- mit welcher Wirkung?

Kommunikation setzt im Gegensatz zur Information eine so genannte Face-to-Face-Beziehung, also eine direkte Beziehung, voraus. Kommunikation verläuft auf zwei Wegen, Information auf einem Weg. Wenn Sie Nachrichten im Fernsehen hören, dann ist dies Information. Wenn Sie in einem Gespräch oder einer Besprechung Ihre Meinung sagen und die Reaktion der Kollegen beobachten können, dann ist das Kommunikation. Das Ziel der Kommunikation ist, Verständigung zu erreichen, ohne Verständigung kommt keine Kommunikation zustande. In sozialen Systemen wie Unternehmen wird etwa durchschnittlich 40 bis 60 % der Arbeitszeit kommuniziert, in Spitzenfällen bis zu 80 %.

Information

Zu einer guten Kommunikation im Betrieb gehört die rechtzeitige Information der Mitarbeiter über die Arbeitsabläufe und über Änderungen im normalen Arbeitsablauf.

Unterweisung

Richtiges Unterweisen, dh Einführen in bestimmte Arbeitstechniken oder -abläufe, spart Zeit und hilft Fehler zu vermeiden.

Problemlösung

Bei Problemen zwischen den Mitarbeitern oder zwischen Mitarbeiter und Führungskraft ist der Sachverhalt zu klären. Anhand dieser Sachverhaltsdarstellung kann eine Korrektur oder eine Änderung gemeinsam erarbeitet und eine Problemlösung gefunden werden.

Lob und Kritik

Lob soll nicht nur bei herausragenden Leistungen, sondern auch bei gleich bleibend guten Leistungen erteilt werden. Auch Kritik gehört zu einer guten Kommunikation. Kritik soll sachlich sein, zu Verbesserungen beitragen und nach der Korrektur eines Fehlers zum Erfolg führen. In gelegentlich stattfindenden Meetings soll dafür die Zeit und die Möglichkeit eingeräumt werden.

Besprechungen mit den Etagenmitarbeitern

Besprechungen mit den Etagenmitarbeitern sollen regelmäßig und in kollegialer und entspannter Atmosphäre abgehalten werden. Tagesaufträge, Vorkommnisse, Schwachstellen bei der täglichen Arbeit, dienstliche und rechtliche Belange, Wünsche und Anregungen sowie Neuerungen oder auch Änderungen der Diensteinteilung sollen sachlich behandelt werden → Lob und Kritik.

Bezeichnung und Anrede der Mitarbeiter

Ob bei der Anrede der Vorname oder der Familienname gewählt wird, richtet sich nach der Tradition des Hauses. Eine höfliche Anrede sollte jedoch selbstverständlich sein.
Auch für den Gast ist es angenehm, wenn er weiß, wer für sein Wohl in der Etage sorgt. Eine Anstecknadel mit dem Logo des Betriebes und mit dem Namen und der Funktion der Person erleichtert die Kommunikation.

Beispiel für ein Namensschild

BEST WESTERN HOTEL
KAISERHOF

Maria Nowak
Housekeeping

Motivation

Motivation ist die Summe der Beweggründe, die unser Handeln bestimmen. Motivierte Mitarbeiter sind ein wesentlicher Erfolgsfaktor für jedes Unternehmen.

> **Motive**
> **S** *elbstverwirklichung*
> **P** *restige*
> **A** *nerkennung*
> **S** *icherheit*
> **S** *paß*

Selbstverwirklichung
Mitarbeiter sollen in ihrem Aufgabengebiet die Möglichkeit zur Entfaltung der eigenen Persönlichkeit haben. Gute Leistungen werden durch entsprechende Weiterbildungsangebote honoriert, die Mitarbeiter erhalten weitere Befugnisse.

Prestige
Prestige bedeutet Ansehen, Geltung. Der Stellenwert und damit das Ansehen, das der einzelne Mitarbeiter im Betrieb hat, ist ein wichtiger Motivationsfaktor. Jede Dienstleistung ist für den Betrieb wichtig, unabhängig von der hierarchischen Position.

Anerkennung
Anerkennung beinhaltet Achtung, Wertschätzung, Würdigung. Durch Lob erhält der Mitarbeiter Anerkennung und Wertschätzung seiner Leistungen und damit seiner Person. Dadurch erfolgt ein Ansporn für die weiteren Aufgaben. Die Zusammengehörigkeit wird durch kollegialen Umgang und durch stete Gesprächsbereitschaft gefördert. Im gesamten Betrieb soll die gegenseitige Achtung und die Akzeptanz der Mitarbeiter untereinander selbstverständlich sein.

Sicherheit
Die klare Definition der Aufgabenbereiche, die Einhaltung der in der Stellenbeschreibung festgelegten Ziele, Aufgaben, Kompetenzen sowie der Verdienstzusage und der Regelung der Dienstzeiten gibt den Mitarbeitern Sicherheit. Angemessen bezahlte Leistung macht stolz auf die eigenen Fähigkeiten und fördert das Selbstbewusstsein. Auch die Sicherheit des Arbeitsplatzes ist meist ein wesentlicher Motivationsfaktor.

Spaß, Vergnügen, Freude an der Arbeit
Was Freude bereitet, gelingt besser, auch wenn die gestellte Aufgabe nicht einfach ist. Freude an der Arbeit beflügelt.

Motivation gibt den Mitarbeitern Antrieb, die gemeinsam festgelegten Ziele zu erreichen. Sie entwickeln eigene Strategien zur Erfüllung der gestellten Aufgaben. Die positive Erledigung der Aufgabe und die Anerkennung durch den Vorgesetzten ergeben eine weitere Motivation. So können den Mitarbeitern weitere, kleine Ziele gesetzt werden, um Stagnation zu verhindern und den Leistungsprozess lebendig zu erhalten. Das angestrebte Arbeitsziel und die dafür nötige Arbeitsleistung müssen den Fähigkeiten der Mitarbeiter entsprechen. Dies setzt eine gute Kenntnis der Mitarbeiter voraus.

Führungsstile

Führungsstil bedeutet die Art und Weise, wie Vorgesetzte die inhaltlich definierten Führungsaufgaben wahrnehmen. Welcher Weg der Mitarbeiterführung gewählt wird, hängt einerseits vom Führungsleitbild des gesamten Betriebes ab, anderseits aber auch von der Führungsperson selbst. Der Begriff Führung soll durch die nachstehenden Punkte konkretisiert werden:

- Führen heißt, Potenziale der Mitarbeiter zu erkennen und zu fördern.
- Führen heißt, anderen zu vertrauen, ihnen Verantwortung zu übertragen.
- Führen beinhaltet Achtung und Respekt vor dem anderen.
- Führen bedeutet, Einfühlungsvermögen zu zeigen.
- Führen heißt entscheiden.
- Führen bedeutet, durch Vorbild zu wirken.

Im Rahmen des **autoritären Führungsstils** bedeutet Führen das Geben von Befehlen, denen unbedingt Folge zu leisten ist. Dieser Führungsstil entspricht nicht mehr den Wünschen und Vorstellungen der Menschen von Mitbestimmung und Mitwirkung. Es treten auch Probleme auf, wenn der autoritär führende Vorgesetzte längere Zeit ausfällt. Die Mitarbeiter sind gewohnt, auf Weisungen zu warten, die dann nicht oder nicht zeitgerecht kommen. Auch die im Kapitel Motivation angeführten Punkte lassen sich mit diesem Führungsstil nicht vereinbaren.

Das **Laisser-faire-Prinzip** entspricht eigentlich nicht dem Begriff Führung. Der Vorgesetzte enthält sich weitestgehend der Wahrnehmung der Führungsaufgaben. Sollte dieses Prinzip Platz greifen, wird sich die Effizienz der Leistung verringern.

Der **kooperative oder partizipative Führungsstil** fördert die Mündigkeit der Mitarbeiter unter Beachtung ihrer Individualität und Menschenwürde. Es werden keine willkürlichen Anweisungen erteilt, die Kontrolle ist ein konstruktives, aufbauendes Führungsmittel. Ein Höchstmaß an Selbstständigkeit, Verantwortung und Entscheidungsbefugnis wird an die Mitarbeiter übertragen. Hier werden Kompetenzen für die Aufgabenbereiche klar abgegrenzt. Der Vorgesetzte ist verpflichtet, die Mitarbeiter in Entscheidungsprozesse einzubinden und Führungsmittel, wie zB Mitarbeiterbesprechung, Information und Kontrolle der Mitarbeiter, bewusst anzuwenden. Dieser Führungsstil entspricht den gesellschaftspolitischen Forderungen unserer Zeit und fördert die Motivation der Mitarbeiter.

Während die bisher genannten Führungsstile in einer hierarchischen Struktur, die von Vorgesetzten und Mitarbeitern geprägt ist, angewendet werden, erfolgt die Führung der Mitglieder einer **selbst steuernden Gruppe** durch diese selbst. Die Führungsaufgaben gehen auf die Gruppe als Ganzes und von dieser je nach Situation auf einzelne Gruppenmitglieder über. Entweder gibt es einen Koordinator, der für einige Zeit von den Mitgliedern der Gruppe gewählt wird, oder es übt derjenige die Führung aus, der auf die augenblicklichen Bedürfnisse der Gruppe eingehen kann. An die Stelle einer Hierarchie tritt ein kollegiales Verhältnis der Zusammenarbeit. Gemeinsame Arbeitsziele werden mit der Arbeitsgruppe vereinbart. Dieser Führungsstil ist nur in einer kleinen Gruppe möglich.

Personalentwicklung

Die Personalentwicklung beschäftigt sich mit der systematischen Förderung der fachlichen, methodischen, sozialen und persönlichen Qualifikation der Mitarbeiter. Weil eine gezielte Personalentwicklung für die Zukunft eines Betriebes sehr bedeutsam sein kann, ist es notwendig, Karriereplanungen für einzelne Mitarbeiter und Entwicklungskonzepte für die gesamte Betriebsorganisation zu entwerfen.

Ziel der Personalentwicklung ist es, alle Mitarbeiter für die Bewältigung der zu erledigenden Aufgaben zu qualifizieren und bei Bedarf neue Mitarbeiter einzustellen. In einem Soll-Ist-Vergleich werden die Differenz zwischen den derzeitigen und den zukünftigen Arbeitsplatzanforderungen sowie der aktuelle Ausbildungsstand der Mitarbeiter festgestellt. Darauf basiert die Planung unter Berücksichtigung der Weiterbildungskosten und der evtl. notwendigen Neueinstellungen.

Schulung und Weiterbildung

Die Möglichkeit zur Weiterbildung ist ein wesentlicher Motivationsfaktor. Alle Mitarbeiter sollen regelmäßig geschult und ausgebildet werden. Besonders wichtig ist jedoch die Einschulung neuer Mitarbeiter.
Arbeitsmethoden und -vorgänge werden durch Arbeitsunterweisungen klar definiert. Anhand dieser Arbeitsunterweisungen werden neue Etagenmitarbeiter auf ihren Job vorbereitet.

- **Fachkurse:** Auch Fachleute des eigenen Betriebes können abteilungsübergreifend als Referenten gewonnen werden, zB von der Verkaufsabteilung, von der Rezeption, von der Haustechnik usw.
- **Sicherheitstechnische Kurse:** Verhalten bei Gefahr, Umgang mit Brandschutzeinrichtungen usw.
- **Erste-Hilfe-Kurse,** die regelmäßig von allen Betriebsangehörigen verpflichtend besucht werden müssen.
- **Sprachkurse.**
- **Einschulung und Fortbildung** in der EDV, bei technischen Betriebsmitteln etc.
- **Persönlichkeitsbildende Kurse.**

Auch Mitarbeiter, die schon längere Zeit dem Betrieb angehören, können aus auffrischenden Schulungen profitieren. Die Erkenntnisse der Arbeitswissenschaft werden in der modernen Schulung eingesetzt.
Diese Schulungen sollen in regelmäßigen Abständen stattfinden. Die Kosten dafür müssen in der Budgetplanung berücksichtigt werden.

Ziele von Schulungen

- Optimierung der Arbeitsmethoden.
- Verbesserung der Arbeitsweise.
- Verringerung des Zeitbedarfs.
- Schonung der Kräfte der Mitarbeiter.
- Standardisierung der Arbeitsleistung.
- Qualitätssicherung bei Mitarbeiterwechsel.

Wer seine Mitarbeiter schult - hausintern oder durch einen externen Trainer - wird mit den Arbeitsergebnissen, der Leistungsverbesserung und der Weiterentwicklung zufrieden sein.

Trainer

Trainer sind speziell für die Aus- und Weiterbildung geschulte Personen mit pädagogischem Geschick, viel Geduld und der Fähigkeit, klar, deutlich und zielorientiert zu sprechen. Sie beherrschen die Arbeiten in ihrer Abteilung perfekt und haben idealerweise Erfahrung aus anderen Beherbergungsbetrieben. Häufig werden Schulungen auch von der Hausdame vorgenommen.

Trainees

Als Trainees bezeichnet man alle zu Trainierenden, also zB neu eingestellte Zimmerstewards oder -stewardessen, Praktikanten und Praktikantinnen. Weiters zählen jene bewährten Mitarbeiter zu den Trainees, die neue Aufgabenbereiche übernehmen sollen. Sie werden trainiert. Je mehr der Trainee motiviert und gefördert wird, umso mehr wird er in dieser Phase lernen und Freude an seiner Tätigkeit finden.

> ***Es gibt nichts, was man nicht besser machen kann!***

Arbeitsunterweisung

Die Arbeitsunterweisung dient dem organisierten Lehren und Lernen von bestimmten Arbeitsweisen und wird überall dort eingesetzt, wo neue Mitarbeiter, Praktikanten, Hilfskräfte eingeschult werden oder wenn neue Aufgaben übernommen werden müssen. Je besser ein Trainee durch eine methodische Arbeitsunterweisung in seine neue Aufgabe eingeführt wird, umso erfolgreicher kann er seine Aufgabe erledigen.

Eine gute Unterweisung bedeutet für den Betrieb:

- Kosteneinsparung durch Verkürzung der Einarbeitungszeit.
- Gutes Betriebsklima durch gegenseitige Anerkennung des fachlichen Könnens.
- Qualitätssicherung für neu einzuschulende Mitarbeiter.

> ***Kurz gesagt:***
> ***Zeit, Kosten und Ärger werden gespart!***

Auswahl der Unterweisungen

Nach den Erfahrungen sind für jene Handgriffe, die in stets gleich bleibender Qualität zur Erhaltung des Standards durchgeführt werden sollen, Unterweisungstafeln zu entwickeln. Pro Arbeitstag sollen nur zwei Unterweisungen durchgeführt werden, dann bleibt der Lernerfolg erhalten.

Erstellung einer betriebsinternen Arbeitsunterweisung für das Mitarbeitertraining

Die Gliederung der Arbeitsschritte muss für den Trainee klar erkennbar sein. Die Arbeitsschritte ergeben sich aus der Folge der Arbeitsmethode, beim Wechseln eines Betriebsmittels oder bei der Änderung der Handgriffe und führen vom Arbeitsauftrag zur Erfüllung der Aufgabe. Es ist wichtig, die betriebsintern erstellten Unterweisungspläne von Zeit zu Zeit auf Aktualität und klare Sprache zu überprüfen. Beispiele für Arbeitsunterweisungen sind in den einzelnen Kapiteln zu finden.

Der Unterweisungsplan ist keine Gebrauchsanleitung. Er stellt nur eine Hilfe für den Trainer bei der praktischen Einschulung dar. Eine systematische Darstellung nach folgenden Punkten erleichtert die Arbeit.
Alle folgenden Arbeitsunterweisungen zur Mitarbeiterschulung sind nach diesem Schema aufgebaut.

Vorbereitung auf das Training

Der reibungslose Ablauf und der Erfolg eines Mitarbeitertrainings sind wesentlich von den Vorbereitungen abhängig. Alle Faktoren, die den Trainingsverlauf beeinträchtigen können, werden so bereits im Vorfeld minimiert:

- Betriebsmittel und Arbeitsgegenstände für Trainee und Trainer bereitlegen.
- Trainingsplatz vorbereiten: Lichteinfall und Arbeitshöhe der Aufgabe anpassen.
- Dem Trainee den Grund der Unterweisung erklären: es geht schneller, es wird exakter, man ermüdet nicht so schnell usw.
- Der Trainee steht neben dem Trainer, um alle Handgriffe zu sehen, so dass er sie sofort nachmachen kann.

Arbeitsunterweisung zur Mitarbeiterschulung

Lernabschnitte	***Beschreibung***	***Begründung***
Was ist zu tun?	***Wie geht das?***	***Warum geht das so?***
Lernabschnitte beschreiben in leicht fassbaren Schritten, ***was*** *getan wird. Die Arbeitsschritte sind logische Teilziele.*	*Die Beschreibung erklärt die Methode,* ***wie*** *etwas gemacht wird.* *Beschreibung der Tätigkeit, um das jeweilige Teilziel zu erreichen.*	*Die Begründung gibt an,* ***warum*** *gerade diese Methode für den nächsten Schritt richtig ist.* *Die beschriebene Methode hat sich bewährt. Sie ist sicher und führt rasch zum Ziel.*

Durchführung des Trainings

Stufe 1

Der Trainer zeigt vor und sagt, ***was*** *er tut. Der Trainee sieht genau zu. Das Interesse wird geweckt.*

Stufe 2

Der Trainer zeigt noch einmal vor und sagt dazu, ***wie*** *es gemacht wird. Er spricht in Gegenwartsform, da es sich um die momentane Arbeitsstufe handelt. Zur Einprägung wird bei der nochmaligen Wiederholung auch begründet,* ***warum*** *so zu arbeiten ist.*

Stufe 3

Nun möchte in der Regel der Trainee selbst probieren. Erst ohne Worte, dann noch einmal mit den gesprochenen Arbeitsschritten und der Begründung des Trainers. Dieser greift nur ein, wenn etwas zu verbessern ist, und lobt, sobald die Arbeit fehlerfrei ist.

Stufe 4

Bis zur vollständigen automatischen Beherrschung übt der Trainee die Handgriffe und wiederholt mündlich die Arbeitsschritte dazu. Dadurch prägen sich die Inhalte der Unterweisung sehr gut ein, der Trainee kann diese Arbeit in Zukunft selbstständig und exakt ausführen. Er ist im Stande, sich fachlich richtig auszudrücken.

Was man kann, tut man gerne!

Wichtig ist, dass der Trainee für seine rasche Auffassung, für seine Geschicklichkeit und für seinen Fleiß gelobt wird. So erwirbt er sich schrittweise Fachkompetenz. Dadurch steigen Selbstwertgefühl und Motivation, Frustration wird verhindert.

Einstellung neuer Mitarbeiter

Das Housekeepingdepartment hat je nach Organisation des Betriebs die Aufgabe, bei Bedarf gute Mitarbeiter zu gewinnen. Wird die Einstellung neuer Mitarbeiter vom Personalbüro durchgeführt, wird dem Housekeepingdepartment Mitsprache eingeräumt.

Ähnlich der Stellenbeschreibung für die Verantwortlichen in der Etagenführung wird auch die Stelle, die es nun zu besetzen gilt, beschrieben.

Benennung	**Zimmersteward/Zimmerstewardess**
Ziel	*Einsatz in der Hausdamenabteilung.*
Eingliederung	• *Vorgesetzt: Hausdame/Executive Housekeeper* • *Gleichgestellt: Etagenmitarbeiter.*
Aufgabenbereiche	• *Routinereinigung der 3. Etage.* • *Betriebsmitteldepot verwalten.* • *Schadensmeldung an die Hausdame.* • *Kontrolle und Nachbestückung der Minibar.* • *Reinigung der Terrassenanteile und Balkone.* • *3 Einzelzimmer mit Badezimmer bzw. Dusche.* • *1 Appartement: Livingroom, 2 Schlafzimmer, Vorraum, Badezimmer mit Bad und Dusche.* • *19 Doppelzimmer mit Badezimmer mit Badewanne.* • *Clubzimmer mit Fernsehanlage.* • *Gang und Stiegenanteil vom 2. bis zum 3. Stock.* • *Terrasse und Blumentröge bis zur Frühstücksterrasse.* • *20 Balkone mit Blumenkästen.* • *Reinigungsmaschinen warten, Schäden melden.* • *Reinigungsmittel bei Magazinführung anfordern.* • *Reinigungs- und Wäschewagen bestücken.* • *Wäschetausch im 3. und 4. Stock.* • *Eigenkontrollen mit Checklisten durchführen.*
Befugnisse	• *Nach Einarbeitungszeit Schulung der Praktikanten.* • *Selbstständige Verwaltung und Abrechnung der Minibar.*
Fachliche und persönliche Anforderung	• *Praxis erwünscht.* • *Absolvierung eines hauswirtschaftlichen Kurses.* • *Pünktlichkeit.* • *Genauigkeit.* • *Hygienebewusstsein.* • *Gute Umgangsformen und Höflichkeit.* • *Weiterbildungsbereitschaft.*
Datum	______________
Unterschrift	______________

Vorauswahl

Die eingelangten Bewerbungen werden durch die zuständige Stelle geprüft und die in Betracht kommenden Bewerber eingeladen. Lebenslauf, Zeugnisse, Empfehlungsschreiben sowie die persönlichen Dokumente in beglaubigter Kopie liegen bereit und wurden nach der Begutachtung gereiht.

Vorbereitung auf das Bewerbungsgespräch

Als Grundlage zur Führung des Gesprächs dient ein Fragebogen, der nach den Bedürfnissen und Vorstellungen des Betriebes gestaltet ist.

Beispiel für einen Fragebogen

Häufig ist bei einem Bewerbungsgespräch neben der Hausdame auch der Personalchef anwesend. In kleineren Betrieben entscheidet oft eine Person, die alle Funktionen vereinigt, über die Einstellung.

Die folgenden Anhaltspunkte können für die interne Aufzeichnung hilfreich sein. Der erste Eindruck entscheidet!

Fragebogen für Einstellungsgespräche

Name des Kandidaten: ______________________

Datum: ______________________

Interviewer: ______________________

Position: ______________________

Evtl. empfohlen von: ______________________

Einstellung zum Beruf

- *Warum streben Sie diese Stellung an?*
- *Was stellen Sie sich unter dieser Arbeit vor?*
- *Was gefällt Ihnen am meisten an diesem Beruf?*
- *Was glauben Sie, ist das Schwerste, was auf Sie zukommen wird?*
- *Geben Sie mir ein Beispiel, was für Sie harte Arbeit bedeutet.*
- *Beschreiben Sie einen Anlass, bezogen auf Ihre Arbeit, bei dem Sie richtig erschöpft waren.*

Fragen für Kandidaten, die schon vorher in diesem Beruf gearbeitet haben

- *Beschreiben Sie bitte Ihre Arbeit, die sie verrichten mussten.*
- *Was hat Ihnen am besten an dieser Arbeit gefallen?*
- *Was waren die Gründe, warum Sie Ihre Arbeitsstelle verlassen haben?*

Schulbesuch

- *Welche Schulen haben Sie besucht?*
- *Was waren Ihre Lieblingsfächer?*
- *Welche Gegenstände waren für Sie schwierig?*
- *Hat Ihnen das Lernen mehr Spass gemacht als das Arbeiten?*
- *Was stellen Sie sich für die Zukunft vor, welche Endziele haben Sie?*

Persönliche Fragen

- *Wie würden Sie auf die Beschwerde eines Gastes reagieren, wenn diese aus Ihrer Sicht nicht ganz gerechtfertigt ist?*
- *Was macht Sie zornig und wie reagieren Sie?*
- *In welchen Situationen haben Sie anderen geholfen und wie?*
- *Was erwarten Sie sich von einem Vorgesetzten?*
- *Haben Sie schon einmal eine Unstimmigkeit mit Ihrem Vorgesetzten gehabt und wie haben Sie reagiert?*

Arbeitsmoral

- *Geben Sie mir ein Beispiel, wann Sie schon einmal mehr als Ihre Pflicht tun mussten oder etwas taten, ohne dass es verlangt wurde.*
- *Beschreiben Sie eine Zeit, in der Sie mehr (oder weniger) gearbeitet haben als vorgesehen war.*
- *Mussten Sie schon besondere Entscheidungen für sich treffen, die Ihnen leicht oder schwer gefallen sind?*

Arbeitsvorstellung

- *Was würden Sie am liebsten tun?*
- *Die Arbeitszeiten im Gastgewerbe sind verschieden. Können Sie nachts oder am Wochenende arbeiten, können Sie die Arbeitszeit verlängern, würden Sie Überstunden machen?*
- *Gibt es irgendwelche Gründe dafür, dass Sie nur in einer normalen Arbeitszeit zur Verfügung stehen können?*
- *Dieser Beruf verlangt enormen Einsatz, sowohl psychisch als auch physisch (stehen, gehen, tragen, freundlich sein etc.). Gibt es irgendwelche Gründe, die Ihren Einsatz beeinträchtigen würden?*
- *Wir stellen Ihnen eine eigene Arbeitskleidung zur Verfügung. Nur für verschiedene Wäschestücke und Accessoirs müssen Sie selbst aufkommen. Gibt es irgendwelche Gründe, dass Sie dies ablehnen?*

Gesprächsnotiz

Als Gedächtnisstütze sollen Gesprächsnotizen (formlose handschriftliche Notizen) über das Vorstellungsgespräch geführt werden, in denen die Eindrücke festgehalten sind:
Diese Liste kann beliebig erweitert und auf die Position abgestimmt werden. Die Inhalte sind vertraulich zu behandeln.

Einschulung

Nach der Auswahl erfolgt die Einstellung und es beginnt die Einschulung. Anfangs wird ein gut geschulter Etagenmitarbeiter die neue Arbeitskraft in alle Belange der Stelle einweisen. Dazu wird eine integre und dem Betrieb gegenüber loyale sowie fachlich hervorragende Etagenfachkraft ausgewählt. Die Hausdame übernimmt meist einen großen Teil der Schulung und bedient sich der ausgearbeiteten Unterweisungspläne, um den hohen Standard der Dienstleistung in der Etage zu gewährleisten. Den neuen Mitarbeitern wird der Arbeitsplatz zugewiesen.
Bei der Einschulung wird es manchmal notwendig sein, über Benehmen, Körperpflege, Haarpflege, Wahl des passenden Outfits sowie über den Umgangston zu sprechen, was viel Taktgefühl verlangt.
Die gelungene Einschulung neuer Mitarbeiter bringt teamorientierte, entscheidungsfreudige, gewissenhafte und eigenverantwortlich handelnde Mitarbeiter für die Etage.

Gesprächsnotiz

Äußeres Erscheinungsbild	*Kleidung*			
	Frisur			
	Reinlichkeit			
Auftreten, Gesprächsverhalten	*Körperhaltung*			
	Selbstständigkeit			
	Persönliche Präsentation			
	Nervosität			
	Kontaktfreudigkeit			
	Ausdrucksvermögen			
Sprachkenntnisse	*Deutsch*			
	Englisch			
	Sonstige			
Fachwissen	*Ausbildung*			
	Reinigung			
	Wäsche			
Motivation, Interesse	*Bereitschaft zur Weiterbildung*			
Vollständigkeit der Bewerbungsunterlagen				
Berufserfahrung				
Verkehrsverbindungen zum Arbeitsort				
Evtl. notwendiger Wohnungswechsel				

Outfit der Etagenmitarbeiter

Die Berufskleidung wird nach dem Stil des Hauses gewählt, um ein einheitliches und ordentliches Erscheinungsbild der Mitarbeiter in allen Bereichen des Hotelbetriebs zu garantieren. Es bewährt sich, wenn die Mitarbeiter bei der Auswahl der Berufskleidung einbezogen werden. Modische, korrekte Kleidung trägt viel zum Ansehen des Berufsstandes bei. Da gerade in der Etage viel körperliche Arbeit zu verrichten ist, müssen Schnitt und Material diesen Anforderungen gerecht werden.
Kasackensembles mit langen Hosen sind sehr beliebt. Schuhe müssen optimal stützen und bequem sein. Neben modischen Überlegungen soll das Wohlbefinden der Mitarbeiter im Vordergrund stehen. Bereits bei den Einstellungsgesprächen muss auf die Bekleidungsvorschriften eingegangen werden.

Folgende Kriterien sind zu beachten

- Sehr gute Passform, die viel Bewegungsfreiheit lässt.
- Modische Ausfertigung mit Taschen.
- Luftdurchlässige und feuchtigkeitsaufnehmende Materialien.
- Mit 60 °C waschbare Textilien.
- Farbechtheit.
- Ohne hautreizende Zusätze.

Die **Kosten für die Anschaffung** und **Reinigung der Berufskleidung** sind zu erheben. Kostenvoranschläge für anzukaufende und für geleaste Berufskleidung werden verglichen, um die für den Betrieb beste Variante herauszufinden. Der Bestückungs- und Ausstattungsumfang für die einzelnen Abteilungen muss genau festgelegt werden.

Vom Unternehmen zur Verfügung gestellte Berufskleidung

Das Housekeepingdepartment ist auch für die Verwaltung aller Uniformen eines Hotels verantwortlich. Je nach Betriebsgröße und Auswahl werden sie zugekauft oder speziell angefertigt. Die Konfektionsgrößen aller Mitarbeiter sind in einer Datei, in der jedem Mitarbeiter eine Mitarbeiternummer zugewiesen wird, zu erfassen. So können Verwechslungen verhindert werden.

Von den Mitarbeitern anzukaufende Berufskleidung

Die Geschäftsleitung gibt den neuen Mitarbeitern jene Firma bekannt, die mit dem Vertrieb und der Produktion der im Betrieb verwendeten Berufskleidung betraut wurde. Jeder Mitarbeiter erwirbt bei dieser Firma selbstständig seine Bekleidung. Im Dienstvertrag wird festgelegt, ob die Reinigung unentgeltlich ist oder ob die Mitarbeiter für die Reinigung selbst aufkommen.

Leasing bzw. Miete von Berufskleidung

Für die Mitarbeiter wird eine so genannte Trägerliste erstellt, die Auskunft über die zu liefernden Artikel, Größen und Wochenbestückungen gibt.

Die Leasingfirma repariert beschädigte Kleidung bzw. ersetzt auszuscheidende Ware. Die Schäden müssen mit der Artikelnummer erfasst werden. Je nach Vereinbarung werden Reparaturen und Ersatzware abgerechnet.

Trägerliste

Kundennummer: 245678 Hotel Goldener Stern, 5600 St. Johann

Name	Artikelnummer	Bezeichnung	Größe	Menge
Moser Josef, Küche	121703	Kochhose, pepita	52/54	3
	121705	Kochjacke, weiß	52/54	4
	100400	Vorbinder, weiß	-	6
Maria Novak, Etage	700300	Kasak, mint	38	3
	120010	Hose, weiß	38	3
	100150	Poloshirt, weiß	38	4

Datum: 2003-05-04

Reinigung und Reparatur

Hoteleigene Berufsbekleidung wird, sofern dies aus pflegetechnischer Sicht möglich ist, in der hauseigenen Wäscherei gereinigt und gebügelt. Wird die Hotelwäsche an eine hausfremde Wäscherei zur Reinigung übergeben, wird selbstverständlich auch die Berufskleidung außer Haus gereinigt. Sollten Schäden durch die tägliche Beanspruchung auftreten oder sollte ein Kleidungsstück nicht mehr passen, werden in der Schneiderei Ausbesserungs- bzw. Änderungsarbeiten durchgeführt.

Ausgabe und Verwaltung

Die gekennzeichneten Kleidungsstücke werden auf Kleiderständern abteilungsweise und größengerecht sortiert. Eine Liste der Mitarbeiter, der Konfektionsgrößen und der Anzahl der ausgefassten Kleidungsstücke liegt in der → Wäscheverwaltung auf.

Schränke und Spinde für Berufs- und Privatkleidung

Für die Aufbewahrung der persönlichen Oberbekleidung sowie der Dienstbekleidung ist ein Spindraum mit Umkleidekabinen vorzusehen. Jeder Mitarbeiter hat in diesem Raum einen eigenen versperrbaren Schrank oder Spind. In diesem Schrankraum soll ein großer Spiegel angebracht sein, in dem jeder vor Dienstantritt sein Outfit kontrollieren kann.

Als Lager oder Depots werden jene Funktionsräume bezeichnet, die für die gesamte Lagerhaltung vorgesehen sind. Offices sind die kleineren Handlager und Vorbereitungsräume, wie es sie zB auch im Servicebereich gibt.

Die Vorgabe einer klar strukturierten Organisation der Warenbereitstellung im Housekeepingdepartment führt zur Qualitätssteigerung der Arbeitsleistung und ist für die Mitarbeiterführung und -schulung unabdingbar.

Eine gut geplante Organisation der Warenanforderung, -bereitstellung und -ausgabe und die Betreuung und Wartung der zur Verfügung stehenden Betriebsmittel, dh eine gute Lagerbewirtschaftung, sind wesentliche Faktoren für Wirtschaftlichkeit und Kostenkontrolle.

Die Situierung der Depots und der Etagenoffices richtet sich nach den Arbeitswegen zu den zu reinigenden Räumen und nach dem Arbeitsablauf. Bei einem Neu- oder Umbau ist auf die Lage und Größe der Depots großer Wert zu legen, da durch kurze Wege zu den Etagen, durch die Nähe zu den Liften Zeit und Kraft sparend gearbeitet werden kann.

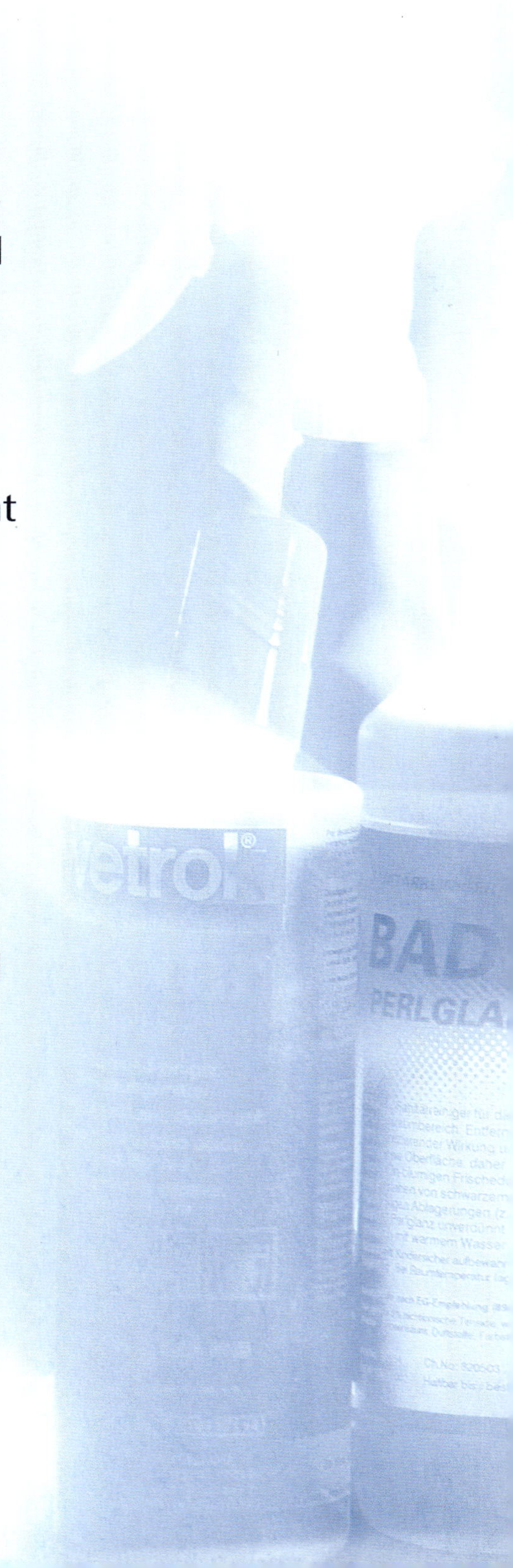

Depots und Offices

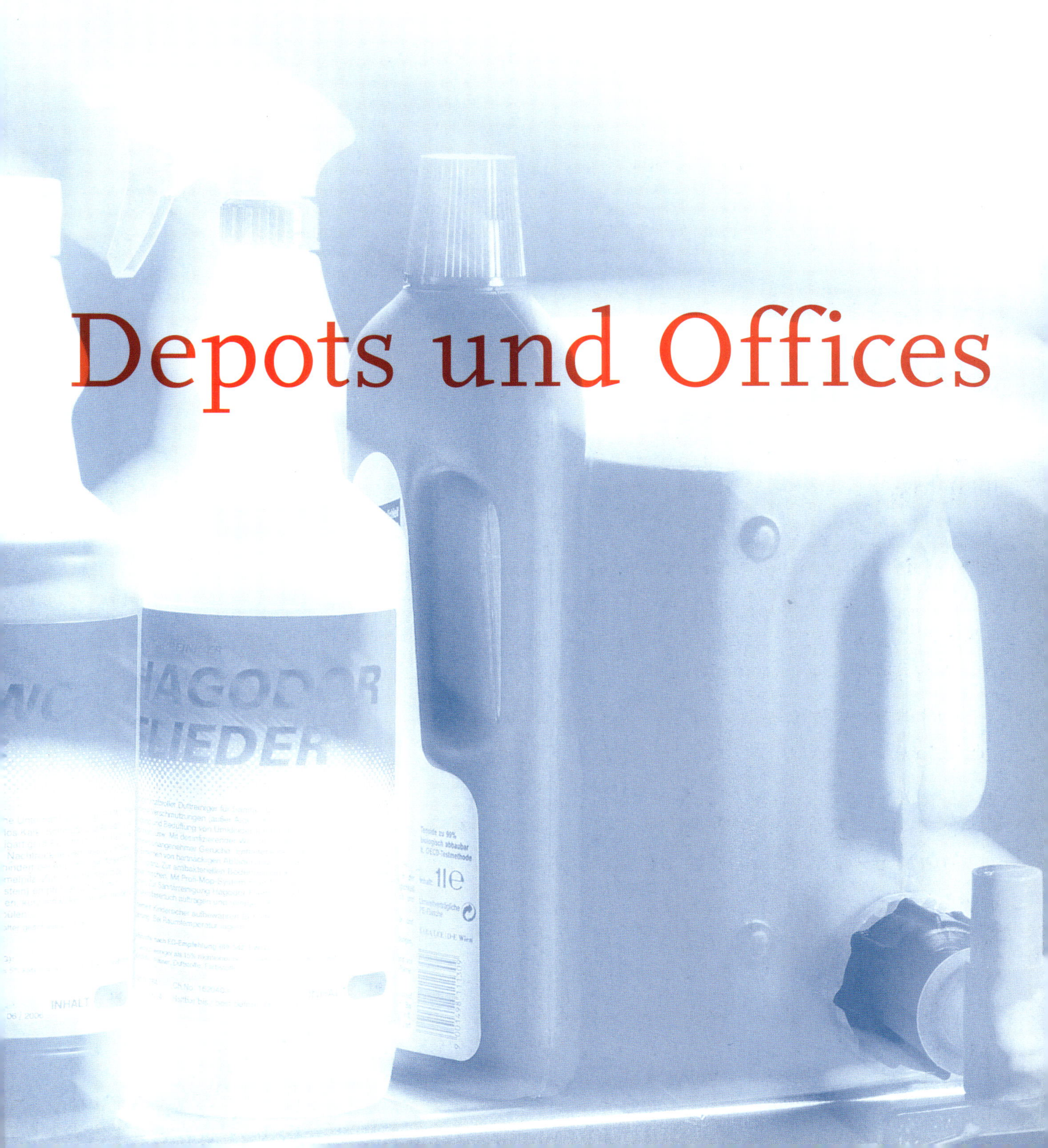

Für die Arbeitsorganisation sind die räumlichen Gegebenheiten auf der Etage entscheidend. Die funktionelle Ausstattung der Depots und Offices sowie die Größe und die Ausstattung der Lagerräume tragen wesentlich zum optimalen Arbeitsablauf bei. Das Reinigungsmanagement wird dadurch wesentlich bestimmt.

Zentraldepot und Etagenoffice werden so bestückt, dass ein reibungsloser Arbeitsablauf möglich ist. Dies erfordert eine gute und genau geführte Lagerverwaltung. Fehlende Artikel, nicht funktionierende Betriebsmittel usw. stören die Arbeitsabläufe und bringen Chaos. Das gesamte Hygienemanagement hängt davon ab.

Die Depots werden in den meisten Fällen nur zu bestimmten Zeiten geöffnet sein. Die für die Depots verantwortliche Mitarbeiterin übernimmt nach Schließung der Depots Aufgaben auf der Etage.

Inventar-, Service-, Reparatur- und Wartungskarten sind wichtige Instrumente für die exakte Depotverwaltung. Checklisten zur Inbetriebnahme von Geräten, Warenanforderungsscheine, Bestandsbücher und Bestelllisten sind für die ordnungsgemäße Führung der Depots erforderlich.

In Großbetrieben gibt es getrennte Depots für Maschinen und Reinigungsmittel. Kleinere Betriebe werden mit einem Raum das Auslangen finden.

Neben den Maschinendepots ist besonders das Wäschedepot für die Gesamtorganisation der Etage von Bedeutung, unabhängig davon, ob eine hauseigene Wäscherei vorhanden ist oder ob die Wäsche an externe Wäschereien vergeben wird.

Für die flexible Einrichtung von Seminarräumen, Festsälen oder Gästezimmern ist ein Möbellager zur Aufbewahrung der Bestuhlung, zusätzlicher Tische, Kinderbetten oder -stühle erforderlich.

Räumliche Voraussetzungen

Depots und Offices dienen der Aufbewahrung aller Betriebs- und Arbeitsmittel, der Verbrauchsgüter, des Wäschebestandes sowie des Ersatz- oder Zusatzmobiliars. Die räumlichen Gegebenheiten können die Arbeitsbedingungen wesentlich erleichtern, aber auch erschweren, wenn zB die Depotverwaltung durch weit auseinander liegende Räume schwierig wird, keine Frischluftzufuhr möglich ist oder wenn die Depots zu klein und zu eng sind.
Das Zentraldepot soll in der Nähe des Büros der Hausdame, des Materiallifts und des Lieferanteneinganges liegen. Das Etagenoffice soll ebenfalls in der Nähe des Lifts untergebracht sein. Sind die Depots und Offices nach Norden hin gelegen, ist eine konstante Temperatur gewährleistet. Außerdem muss eine gute Belüftung gegeben sein. Die Fenster sollen mit feinmaschigen Gitternetzen bespannt werden, um das Eindringen von Insekten zu verhindern.

Depots für die Etagenführung
- Zentraldepot.
- Etagenoffice.
- Lost-and-found-Office.
- Maschinendepot.
- Wäschedepot.
- Möbeldepot.

Bauliche Ausstattung und Einrichtung

Alle Depots und Offices sind den feuerpolizeilichen Richtlinien entsprechend auszustatten → Technik und Sicherheit.
Ideal ist, wenn das Depot aus mehreren kleinen Räumen besteht. So können Temperatur und Luftfeuchtigkeit für jene Warengruppen, für die dies erforderlich ist, zB für Reinigungspulver oder -textilien, entsprechend einge-

stellt werden. Gerüche von chemischen Betriebsmitteln werden nicht auf andere gelagerte Güter übertragen.
Für den **Boden** eignet sich ein Fliesenbelag mit leicht gerauter Oberfläche und breiten Fugen. Hohlkehlleisten als Wandabschluss erleichtern die Reinigung. Wenn die Räume niveaugleich mit dem Gang liegen, können Reinigungs- und Wäschewägen problemlos herausgefahren werden.
Die **Wände** können bis zu drei Viertel der Gesamthöhe verfliest sein → Wände. Durch das restliche Wanddrittel kann ein Luftaustausch erfolgen, eine Klimaanlage ist nicht unbedingt nötig. Die Temperatur soll etwa 18 °C betragen, die Luftfeuchtigkeit soll 50 % nicht übersteigen.
Der gesamte Lagerbereich soll schattenlos ausgeleuchtet sein. Ein guter Überblick über die Lagerbestände ist dadurch gegeben.
Die übersichtliche Lagerung der Waren und Geräte ermöglichen **Stellagen** aus leicht zu reinigendem Material mit gelochten Fachböden und einer Tiefe von maximal 50 cm sowie Schränke mit Belüftungsschlitzen. Die Höhe der Stellagen ist der maximalen Griffhöhe anzupassen. Für das Einlagern und Entnehmen höher gelagerter Waren sind unfallsichere Aufstiegshilfen bereitzustellen.
Ein Handwaschbecken mit Seifenspender und Einweghandtuchbox sowie ein Abfallkorb ergänzen die vorbildliche Einrichtung.

Der Zugang zu den Depots darf nur in Anwesenheit der verantwortlichen Mitarbeiter möglich sein.

Verwaltung der Depots und Offices

Die Lagerbestände stellen gebundenes Betriebskapital dar, das umsichtig und genau verwaltet werden muss. Die Verantwortung für die Depots trägt die Hausdame, in sehr großen Betrieben ein eigener Lagerverwalter. Elektronische Verwaltungssysteme erleichtern die administrative Arbeit und werden direkt im Zentraldepot oder in einem angeschlossenen Raum installiert. Warenbestände und Bestellungen können betriebsintern übermittelt und eingesehen werden.

Eine kluge Einkaufsstrategie nach ökonomischen Überlegungen ist wichtig, da durch die Wahl der Gebindegröße und fix vereinbarte Preise sparsam gewirtschaftet werden kann. Die Bestellmenge ist aber auch von der Größe der Depots abhängig. Diese administrative Arbeit wird durch elektronische Warenbewirtschaftungsprogramme erleichtert.

Die **Lagerhaltung** verursacht Erhaltungs-, Verwaltungs-, und Reinigungskosten. Die Lagerbestückung errechnet sich aus dem täglichen, dem wöchentlichen oder dem monatlichen Verbrauch. Das Lagersortiment enthält alle Betriebs- und Arbeitsmittel, die für die Etagenführung erforderlich sind. Wenn die Größe des Depots es zulässt, sollten die wichtigsten Artikel für mindestens drei Monate im Zentraldepot vorhanden sein.

Der durchschnittliche Lagerbestand kann auf Basis der Jahresinventur oder der Monatsinventur berechnet werden.
Die Ausgabe in den Depots erfolgt durch die Hausdame oder ihre Vertretung bzw. durch einen eigenen Lagerverwalter zu genau festgelegten Ausgabezeiten.
Einmal jährlich wird eine Hauptinventur durchgeführt.

Die Verwaltungsarbeit für die Depots besteht aus:
- Inventarführung der Depots: Bestandsaufnahme, Inventur.
- Ausgabe der Waren.
- Überprüfung der Qualität der gelagerten Materialien und Betriebsmittel.
- Warenbestellung.
- Wäscheverwaltung bei hauseigener Wäscherei oder Wäscheverwaltung gemeinsam mit externen Firmen.
- Evtl. Diensteinteilung für die Mitarbeiter im Lagerbereich.

Warenbestand

Die Hausdame legt in Absprache mit der kaufmännischen Abteilung die Warenbestände fest. Für alle Lagerwaren sind folgende Bestände zu definieren:
- Mindestbestand.
- Meldebestand.
- Höchstbestand.

Diese Bestände richten sich nach der Betriebsgröße und ergeben sich aus den Erfahrungswerten der letzten Monate.

Meldebestand

Als Meldebestand wird jene Warenmenge bezeichnet, die die Bestellung eines Artikels erforderlich macht. Der Meldebestand muss so groß sein, dass während des Zeitraums der Warenbestellung und -lieferung der Lagerbestand nicht unter dem festgelegten Mindestbestand liegt.

Höchstbestand

Dieser ist so festzulegen, dass weder ein für das Betriebskapital noch ein für die Lagerkapazität belastender Lagerbestand erreicht wird.

Durchschnittlicher Lagerbestand auf Basis der Jahresinventur

$$\frac{\text{Jahresanfangsbestand} + \text{Jahresendbestand}}{2}$$

Beispiel: $\frac{220 + 314}{2} = 267$

Durchschnittlicher Lagerbestand auf Basis der 12 Monatsinventuren

$$\frac{\text{Jahresanfangsbestand} + \text{12 Monatsinventuren}}{13}$$

Beispiel: $\frac{220 + 3740}{13} = 304{,}61$

Umschlagshäufigkeit

$$\text{Umschlagshäufigkeit} = \frac{\text{Wareneinsatz}}{\text{durchschnittlicher Lagerbestand}}$$

Beispiel: $\frac{30.000 \text{ EUR}}{5.000 \text{ EUR}} = 6$ (Umschlagshäufigkeit pro Jahr)

Durchschnittliche Lagerdauer

$$\text{durchschnittliche Lagerdauer} = \frac{\text{360 (Tage des Jahres)}}{\text{Umschlagshäufigkeit}}$$

Beispiel: $\frac{360}{7} = 51$ (durchschnittliche Lagerdauer in Tagen)

Personenbezogener Abfassungsschein

BEST WESTERN HOTEL

KAISERHOF

Reinigungschemie und Arbeitsmittel

Abgefasst: Frau Johanna Huber, Jänner 2003

	1. Woche	2. Woche	3. Woche	4. Woche	5. Woche
Scheuermittel, flüssig					
Desinfektionsmittel					
Glasreiniger					
Haushaltshandschuhe					
Hygienebeutel					
Kosmetikboxenset					
Seifen					
Möbelpolitur					
Müllsäcke, 110 Liter					
Müllsäcke, 60 Liter					
Sanitärreiniger					
Schwämme					
WC-Bürsten					
WC-Papier					
WC-Auflagen					
Schwammtücher					

Warenausgabe

Für jede Warenausgabe ist ein Abfassungsschein oder ein Warenentnahmeschein auszustellen. Alle Warenbewegungen müssen nachvollziehbar sein. Werden elektronische Warenbewirtschaftungsprogramme verwendet, werden automatisch der Iststand, die durchgeführten Abfassungen und eine Warnung bei Unterschreitung des Meldebestands angezeigt.

Beispiel

Frau Huber ist hauptverantwortlich für die erste Etage und fasst monatlich aus dem Zentraldepot für ihr Etagenoffice im ersten Stock die erforderlichen Arbeitsmittel aus. Aus den bisherigen Verbrauchsdaten erhält die Hausdame eine genaue Übersicht über den Verbrauch einer bestimmten Reinigungskraft. Sie kann daraus entnehmen, ob möglicherweise ein Reinigungsmittel zu häufig und evtl. auch falsch eingesetzt wird, welche gravierenden Änderungen im Vergleich mit anderen Abfassungsscheinen auftauchen etc.

Sämtliche Waren, die für die tägliche Arbeit erforderlich sind, werden für die Bestückung des Etagenoffice einmal täglich abgefasst. Das Etagenoffice ist also ein so genanntes Handlager und entlastet die Mitarbeiter und die Lagerverwaltung.

Warenbestellung und Warenübernahme

Die Warenbestellung wird von der Hausdame oder von der kaufmännischen Abteilung durchgeführt.

Qualität und Ausführung der zu bestellenden Waren müssen festgelegt werden. Günstige Angebote oder zukünftige Preisentwicklungen haben großen Einfluss auf die Warenbestellung. Werbematerial, Vertreterbesuche, Artikel in Fachzeitschriften und Informationsmaterial von Fachverbänden dienen der Entscheidungsfindung. Der Besuch von Fachmessen gibt einen Überblick über die neuen Produkte auf dem Markt.

Warenbestellungen sind auf standardisierten Formularen an die entsprechenden Firmen weiterzuleiten. Fehlbestellungen und Qualitätsabweichungen können so verhindert werden.

Bei der Anlieferung der bestellten Waren sind folgende Überprüfungen erforderlich:

- Lieferschäden feststellen: Sie müssen sofort vom Lieferanten bestätigt werden.
- Lieferschein mit dem Bestellschein vergleichen: Anzahl, Qualität und Verpackungsgröße.
- Preise kontrollieren.
- Lieferung in die EDV, in das Wareneingangsbuch, eintragen.
- Kontrolle bei Rechnungserhalt: Vereinbarte Konditionen kontrollieren: Skonto, Frachtkosten etc.

Alle Waren sind nach dem **rollierenden Lagersystem** zu verwahren, dh, dass alle neuen Waren in den Stellagen nachgereiht und die vorhandenen Waren zuerst verbraucht werden. Das Ablaufdatum ist zu beachten.

Inventur

Einmal jährlich hat jeder Unternehmer eine Inventur für die Bilanzerstellung zum Bilanzstichtag durchzuführen. Regelmäßige Inventuren, zB monatliche, geben einen genauen Überblick über die Warenbewirtschaftung und bieten eine ideale Planungsgrundlage für betriebswirtschaftliche Entscheidungen. Elektronische Warenbewirtschaftungssysteme erleichtern die regelmäßige Inventur wesentlich.

Beispiel: Bestellliste für Reinigungsmittel

Artikel	Artikelnummer	Beschreibung	Verpackungseinheit	Bestellmenge	Bemerkungen
Bella Vit Citro	*0029*	*Scheuermilch*	*10 kg*		
Fox-Allesreiniger	*0003*	*Allzweckreiniger*	*10 kg*	*5*	
Fox-Allesreiniger	*00032*	*Allzweckreiniger*	*25 kg*	*3*	
Glaseffekt	*0115*	*Fensterputzmittel*	*10 l*	*5*	
Wischpflegeseife	*0131*	*Wischpflege*	*10 kg*		
Teppichsprühex	*0301*	*Extraktionsmittel*	*10 kg*		
Weichspüler	*0191*	*Weichspüler*	*10 l*		
HUP-Putzessig	*0145*	*WC-Reiniger*	*10 kg*	*5*	
Urophen	*0316*	*starker WC-Reiniger*	*10 kg*		
Duftreiniger	*0120*		*10 l*		
Duftspender	*0038*	*Spender*	*1 St.*		
Duftfüller	*0039*	*Füllung*	*1 Karton à 6 St.*		
Radikalin	*0240*	*für starke Verschmutzung*	*10 kg*	*2*	
Hygienic D 100	*0141*	*Desinfektionsmittel*	*10 kg*		
Eco Plus	*0105*		*13 kg*		
Eco Plus	*01052*		*34 kg*		
Eco Plus, Fass	*01507*		*160 kg*		
Ecosol neutral	*0099*		*10 kg*		
Ecosol neutral	*00992*		*25 kg*		
Ecosol neutral, Fass	*00997*		*120 kg*		
Ecosol-Entkalker	*0103*	*Entkalker*	*14 kg*		
WC-Mini	*022608*	*120 m/21 cm*	*8 Rollen/Karton*		
WC-Midi	*022606*	*350 m/22 cm*	*6 Rollen/Karton*		
Recyclingrollen	*004411*		*11 Rollen/Karton*	*5*	
Nimm 1/Z-Falz	*0219*		*4.500 St./Karton*	*2*	
WC-Papier, einlagig	*005148*	*Zellmatic, 1.200 Blatt*	*48 Rollen/Karton 1*		
Müllsäcke, 35 l	*0197*	*normal*	*100 St.*		
Rosshaarbesen	*0542*	*28 cm breit*	*1 St.*		
Profi-Mopp	*0199*		*1 St.*		
Schwammtuchrolle	*03311*	*rot, 120 cm breit*	*1 Laufmeter*		
Schwammtuchrolle	*0331*	*blau, 120 cm breit*	*1 Laufmeter*	*3*	

Zentraldepot

Im Zentraldepot lagern alle Betriebs- und Arbeitsmittel und die Gästegaben. Von hier werden die Waren an die Etagenoffices nach Bedarf ausgegeben. Die Größe des Zentraldepots richtet sich nach der Art des Betriebes, den Lieferbedingungen, der internen Organisation und nach der Größe und Ausrichtung der Etagenoffices.

Im Zentraldepot soll ein Schreibtisch mit allen für die Inventarführung und Warenausgabe benötigten Unterlagen und Geräten vorhanden sein, zB ein Computer. Ein Ausgabetisch mit Waage, Abfüllbehelfen, Zettelablage etc. ist für die Warenausgabe ebenfalls erforderlich. Mehrere fahrbare Tischchen in Höhe des Abgabetisches können zwischen den Regalen variabel aufgestellt werden. Fahrbare Transporthilfen erleichtern die Warenannahme und -ausgabe.

Bestückung

Ware	Auswahl/Hinweise	Besondere Lagerbedingungen
Abfallsäcke, reißfest	*Größe für Reinigungswagen und für die Abfallkörbe in den Räumen.*	*Keine.*
Aschenbecher und Gläser	*Leicht zu reinigende Ausführung mit tief eingeschnittenen Zigarettenhaltern. Gläser sollen einen planen Boden haben.*	*In Gebindekartons verpackt und beschriftet.*
Babyartikel (in manchen Betrieben)	*Wegwerfwindeln.* *Reinigungs- und Pflegetücher.* *Trinkflaschen und -becher.*	
Gästegaben 	*Hier ist besonders auf Qualität zu achten.* *Das Sortiment richtet sich nach der Kategorie des Betriebes und den Gästegruppen,* *- zB Seifen, Duschgel, Shampoons, Duschhauben, Erfrischungstücher. Vorsicht bei Duftstoffen.* *- Gästemappen: Briefpapier, Kuverts, Kugelschreiber, Ansichtskarten, Prospekte.* *Gästegaben für bestimmte Anlässe sind rechtzeitig zu bestellen.*	*Getrennt von anderen Waren lagern, um Geruchsübertragung zu vermeiden.*
Dekormaterial	*Für die verschiedenen Anlässe im Hotel.*	*Lagerung entsprechend den Materialien.*
Desinfektionschemie	*Rücksprache mit der Herstellerfirma über Anwendung und Einsatzbereich.*	*- In verschlossenem Kasten.* *- Eventuell Verbrauchsdaten beachten.*
Glühlampen, Leuchtstoffröhren	*Für die gesamte Beleuchtung des Hauses: Ein Vorrat von allen im Betrieb verwendeten Glühlampen und Leuchtstoffröhren muss vorhanden sein.*	*- Erschütterungsfrei.* *- Die Gebrauchsdauer ist beschränkt.*
Gummihandschuhe	*- Verschiedene Größen.* *- Einstreupuder bereitstellen.* *- Für Allergiker geeignete Ware.* *- Verschiedene Ausführungen für alle Ansprüche.*	*- Die Gebrauchsdauer ist beschränkt. Überlagerte Ware reißt leicht ein.* *- Luftfeuchtigkeit über 50 %.* *- Nicht über 20 °C.*

Ware	Auswahl/Hinweise	Besondere Lagerbedingungen
Kinderspielzeug (in manchen Betrieben) 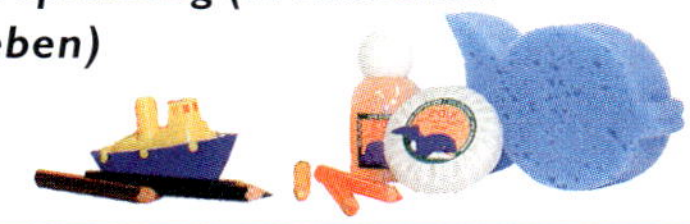	– Auf Qualität achten. – Robuste und chemisch und mechanisch unbedenkliche Erzeugnisse für alle Altersstufen passend auswählen. – Pädagogische Beratung beanspruchen.	Verpackt und nach Altersstufen sortiert.
Kunststoffwannen	– Stapelware spart Platz. – Farben je nach Bestimmung für die Arbeitssysteme wählen: zB Rot für Möbelpflege, Grün für Pflanzenpflege. – Eingriffe am Boden der Wannen erleichtern das Ausgießen. – Breiter Griffrand ohne Henkel. – Glatte Oberfläche, verschiedene Tiefen.	Gestapelt und nach Farben sortiert.
Mechanische Reinigungsbehelfe und Reservestiele	– Unterschiedlich lange Stiele für Stielgeräte. – Teleskopstiele müssen jede gewählte Länge sicher stabilisieren. – Gewinde erleichtern die Montage der Stiele an den Ansatzteilen. – Durchmesser der Stiele beachten: Dünne Stiele bewirken eine schnellere Ermüdung. – Durchgezogene Borsten sind haltbarer. – Plastikborsten laden sich bei Gebrauch statisch auf.	– Bürsten und Besen nicht auf den Borsten liegend lagern. – Stiele nach Längen sortiert in hohen Köchern lagern.
Nähutensilien 	– Weiße Hemdknöpfe. – Zwirn, schwarz und weiß. – Fadenscheren. – Fingerhut. – Nähseidensortiment, Knopfseiden. – Näh- und Sicherheitsnadeln. – Einziehgummi, weiß und schwarz. – Unsichtbarer Faden.	Durchsichtige Plastikbox erleichtert den raschen Zugriff.
Papierhygieneartikel	– Einweghandtücher. – Hygienebeutel mit mehrsprachigem Aufdruck und Verschlussmöglichkeit. – Küchenrollen. – Kosmetikpflegetücher, Papiertaschentücher. – Toilettepapier, doppellagig.	Trocken lagern.
Reinigungschemie Einsatz chemischer Mittel.	– Großpackungen und wieder befüllbare Kanister sind kostengünstig. – Dosiervorrichtung beachten. – Die Produktdatenblätter müssen im Sicherheitsdatenordner aufliegen.	– Nach Kategorien geordnet lagern. – Stark riechende Substanzen getrennt aufbewahren. – Nicht über 20 °C Raumtemperatur lagern.
Reparaturbehelfe 	– Hammer. – Schraubenziehersortiment. – Zangensortiment. – Isolierband. – Taschenlampe, aufladbar. – Alleskleber. – Fugenmasse, weiß. – Möbelschoner aus Filz, Kunststoff oder in verchromter Ausführung. – Wasserwaage. – Maßstab. – Scheren. – Vorhanghäkchen, Schienenstopper. – Nägel und Schrauben.	– Im Werkzeugkoffer. – Trocken lagern. – Alleskleber öfter ersetzen. – Isolierband ist nur beschränkt lagerfähig.

Ware	Auswahl/Hinweise	Besondere Lagerbedingungen
Schilder und Tafeln 	– *Preisauszeichnungen für die Gästezimmer.* – *Aushang für Verhalten im Brandfall.* – *Bitte-nicht-stören-Schilder.* – *Hinweistafeln.*	
Reinigungstücher und -schwämme	→ *Betriebsmittel.* – *Unterschiedliche Farben für verschiedene Arbeitssysteme, um ein Verwechseln am Einsatzort zu verhindern.* – *Flusenfreie Qualität wählen.* – *Schwammtücher in Rollen, die je nach Bedarf abgeschnitten werden.* – *Ausführung und Verarbeitung beachten und prüfen.*	– *In Originalpackung und nach Verwendung sortiert.* – *Trocken lagern.*
Vasen und Pflanzenpflegezubehör	– *Weiße Porzellanvasen (einfach zu reinigen). Vasen für große und kleine Blumensträuße, für eine langstielige Blume.* – *Gießkannen, Pflanzenbesteck, Dünger, Bast, Glanzmittel für glattblättrige Pflanzen, Sprühflaschen, Übertöpfe und Untersetzer.*	– *Nach Größen sortiert.* – *Flaschenbürste dazulegen.* – *Dünger verwahren.*
Zünder und Kerzen	– *Elegante Kerzen für besondere Anlässe.* – *Wirtschaftskerzen für Stromausfall in Großpackungen.*	– *Trocken und kühl lagern.*
Zusätzliche Toiletteartikel 	– *Gästezahnbürsten.* – *Hygieneartikel.* – *Rasiercreme.* – *Zahnpaste.* – *Hygienebeutel.* – *WC-Streifen.* 	

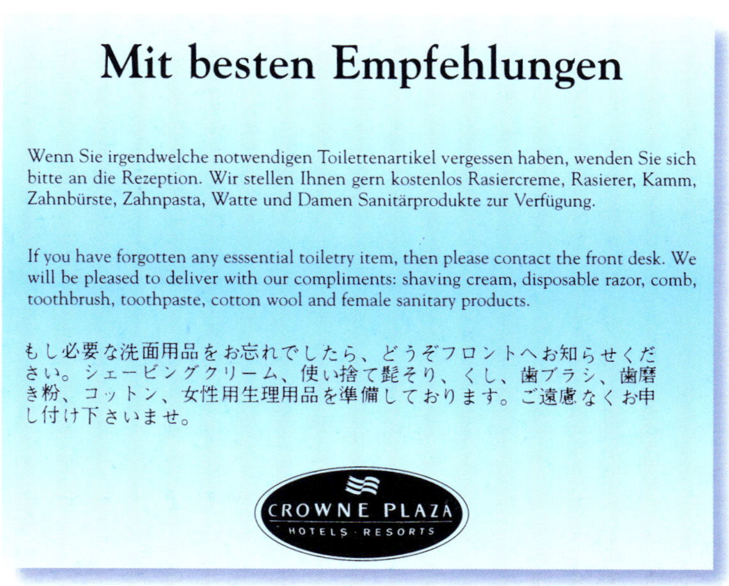

Mit besten Empfehlungen

Wenn Sie irgendwelche notwendigen Toilettenartikel vergessen haben, wenden Sie sich bitte an die Rezeption. Wir stellen Ihnen gern kostenlos Rasiercreme, Rasierer, Kamm, Zahnbürste, Zahnpasta, Watte und Damen Sanitärprodukte zur Verfügung.

If you have forgotten any esssential toiletry item, then please contact the front desk. We will be pleased to deliver with our compliments: shaving cream, disposable razor, comb, toothbrush, toothpaste, cotton wool and female sanitary products.

もし必要な洗面用品をお忘れでしたら、どうぞフロントへお知らせくだ
さい。シェービングクリーム、使い捨て髭そり、くし、歯ブラシ、歯磨
き粉、コットン、女性用生理用品を準備しております。ご遠慮なくお申
し付け下さいませ。

CROWNE PLAZA
HOTELS · RESORTS

Etagenoffice

Idealerweise gibt es in jedem Stockwerk ein eigenes Etagenoffice. Es ist eine Außenstelle des Zentraldepots und enthält alles, was in einer Etage für die permanente Reinigung und Instandhaltung benötigt wird, um unnötige Beschaffungswege zu vermeiden. Es ist kein Aufenthaltsraum für die Mitarbeiter.
Die Verantwortung für das Etagendepot wird einem Mitarbeiter der Etage übertragen. Die Art der Organisation bestimmt, wer Zutritt und Berechtigung für die Entnahme aus dem Office hat und wer für die Nachfassung aus dem Zentraldepot sorgt. Der Zustand dieses Raumes ist ein Indikator für das gesamte Hygienemanagement, aber auch für das Betriebsklima.

Einrichtung und Ausstattung

Das Etagendepot soll ein Handwaschbecken, einen Ausguss und einen Kalt- und Warmwasseranschluss in Fahreimerhöhe haben. Der Raum soll hell sein. Die Beleuchtung ist so anzubringen, dass Kästen und Regale gut eingesehen werden können. Der Bodenbelag soll pflegeleicht und beständig gegenüber Reinigungschemikalien sein.

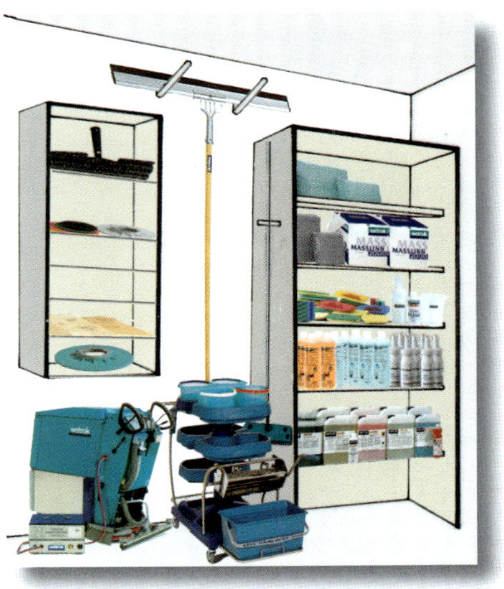

Beispiel für die Einrichtung und Ausstattung des Etagenoffice

Büroarbeitsplatz *(falls ausreichend Platz vorhanden)*	*Duplikate der Sicherheitsblätter der Reinigungschemie* *Betriebsanleitung für die Geräte* *Dosierangaben* *Checklisten, zB für die Zimmerkontrolle* *Stecktafel für Mitteilungen und Notizen*
Reinigungsgeräte	*Staubsauger mit Zubehör* *Scheibenmaschine mit Zubehör* *Doppelfahreimer mit Presse* *Breitwischgerät mit entsprechenden Bezügen* *Nasswischmopp* *Teleskopwand- und -fensterreiniger* *Verschiedene Handbürsten* *Bürsten- und Besenreiniger* *Kehrgarnitur* *Kübel*
Halterungen	*Halterungen für die Zusatzgeräte der Maschinen* *Stielklemmen oder Geräterechen für alle Stielgeräte*
Reinigungstücher und -schwämme	*Staubtücher* *Mikrofasertücher* *Bodenwischvliese* *Scheuertücher* *Gazetücher* *Einwegvliestücher* *Raumpflegetücher* *Schwammtücher*
Kästen und Stellagen	*Wäsche* *Reinigungschemikalien* *Badutensilien, Gästegaben: Gästemappen, Schreibsets etc.* *Prospekte und Informationsmaterial für die Gästemappen* *Gummihandschuhe* *Toilettenbürsten* *Toilettenpapier* *Hygienebeutel* *Glühlampen* *Vasen* *Trinkbecher* *Aschenbecher*
Leiter	*Sicherheitsgeprüfte Stehleiter*
Bettwaren	*Reservepolster* *Reservedecken* *Wolldecken*
Bettwäsche	*Mindestbestand laut Lagerverwaltung*
Container	*Schmutzwäschecontainer* *Mülltrenncontainer*
Bügelutensilien	*Bügelbrett* *Bügeleisen* *Nähzeug*
Sicherheitsausstattung	*Erste-Hilfe-Kasten* *Sicherheitsvorschriften (sind ausgehängt)* *Vorschriften für das Verhalten im Brandfall* *Feuerlöscher*

Alle diese Dinge beanspruchen Platz. Sie müssen übersichtlich und leicht erreichbar untergebracht sein. Es ist auch auf genügend Bewegungsraum zu achten.
Die Checklisten zur Inbetriebnahme, zur Reinigung (Dosieranleitungen für Reinigungschemie) und zur Wartung sind in sehr gut lesbarer Schrift direkt bei den Maschinen zu platzieren → Maschinendepot.
An auffallender Stelle sind die Sicherheitsvorschriften, die Vorschriften im Brandfall sowie die vom Betrieb geforderten Verhaltensregeln anzubringen. Da Unbefugte keinen Zutritt haben, ist eine abschließbare Tür vorzusehen.

Da die Reinigungschemikalien und die Reinigungsgeräte und -tücher sowie die Schmutzwäsche von der sauberen und neuen Ware streng zu trennen sind, sind zwei so genannte Etagenwägen die beste Lösung: **der Reinigungswagen und der Wäschewagen.** Sind Reinigungsmittel und -geräte sowie saubere Wäsche auf einem Wagen unterzubringen, muss die Trennung in saubere und nicht saubere Bereiche gut konzipiert sein.

Reinigungswagen

Größe und Ausführung des Reinigungswagens richten sich nach der Anzahl der Zimmer in der Etage. Die Bestückung stellt die Basis für die tägliche Arbeitsdurchführung dar.

Bei der Anschaffung eines Reinigungswagens ist Folgendes zu beachten:
- Große Räder, leicht schwenkbar, mit einer Rollenstoppvorrichtung.
- Gute Einteilung der Ladeflächen.
- Stabile Haltevorrichtungen für Müllsäcke, die für den Lifttransport umzulegen sind.
- Integrierte Mopppresse – je nach Wischsystem – mit Schmutz- und Frischwasserbehälter.
- Haltevorrichtungen für Stiele verschiedener Reinigungsgeräte.

Zur Vorbereitung für den nächsten Arbeitstag wird täglich nach Abschluss aller Arbeiten der Reinigungswagen laut Bestückungsliste ergänzt:
- Abfallsäcke für die Mülltrennung
- Reinigungsset für die Badezimmer
- Toilettenbürsten
- Toilettenpapier
- Reinigungstücher
- Reinigungsschwämme
- Mindestens zwei Kunststoffwannen
- Spezialpflegemittel
- Ablage für Schmutzgeschirr
- Mopps, passend zum Wischsystem

Wäschewagen

Der Wäschewagen wird ausschließlich mit Wäsche und Ergänzungsmaterialien für die Gästezimmer bestückt. Laut Belegungsplan wird die Bestückung des Wäschewagens erfolgen:
- Bettwäsche
- Frottierwäsche
- Bademäntel
- Badezimmerbestückung
- Zahnputzbecher, desinfiziert und verpackt
- Ergänzungsmaterial für die Gästemappen
- Gästegaben: Seife, Duschgel ...
- Aschenbecher
- Gläser für die Minibar

Bestückter Wäschewagen

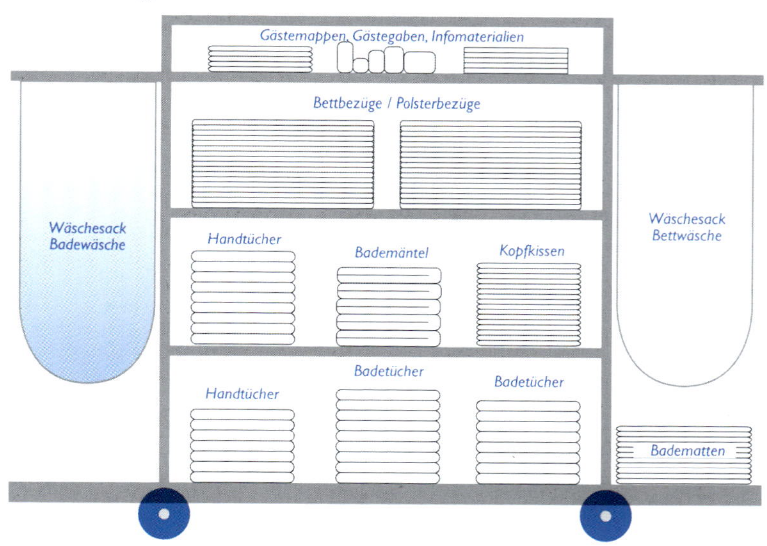

Tipps

Wenn es keine eigene Wäscherei gibt, sollen eine Waschmaschine und ein Trockner für die Reinigungstextilien zur Verfügung stehen.

Für die Zahnputzgläser ist eine Gläserspülmaschine praktisch, die ausschließlich dafür reserviert ist. Sie erspart viel Zeit, da an Ort und Stelle gewaschen werden kann.

Lost-and-found-Office

Da immer wieder Dinge von Gästen liegen gelassen werden, ist die Verwaltung der Fundsachen erforderlich. Sie kann entweder durch das Housekeepingdepartment oder durch die Rezeption erfolgen. Fundsachen können in einem dafür vorgesehenen Sack oder Beutel abgepackt werden. Auf einem Begleitzettel stehen Zimmernummer, Datum und Uhrzeit, Fundort und der Gästename. Eine Kopie des Begleitzettels wird in der Rezeption aufbewahrt, damit bei Anfragen dem Gast sofort Auskunft erteilt werden kann. Gelagert werden Fundgegenstände entweder im Büro der Hausdame oder in einem eigenen Lost-and-found-Office.

Begleitzettel

Lost and found

Zimmer-Nr. ____________ *Datum:* ____________________________

Fundgegenstand: ______________________________________

Gastname: ____

gefunden von: ______________________ *Uhrzeit:* ____________

deponiert im Lost-and-found-Office am: ____________________

nachgesendet am: ________ *von:* ___________________________

Inventarkarte für Reinigungsgeräte und -maschinen

Gerätebezeichnung: Dampfreiniger, Type DE 4002			
Kauf- und Servicedaten			
Lieferfirma und Kontaktperson	Firma Rupert Fritzenwallner Kärcher Reinigungsmaschinen 5511 Hüttau	Servicetechniker:	Herr Fritzenwallner 06 64 / 38 0 28 38
Lieferdatum/ Anschaffungsdatum	2001-08-23	Preis exkl. MwSt.	EUR 605,00
Gerätebeschreibung			
Anschlussleistung	2.250 W	Druck (bar)	3,2
Bestellnummer	1.092-100		
Zubehör	Bodendüse	Bestellnummern:	4.130-143
	Handdüse		4.130-144
	Rundbürste		2.863-077
	Tuchset		6.960-019
Interne Informationen			
Standort	Maschinendepot		
Einsatzbereich	Sanitärraume, Wellnessbereich, Küche		
Wartung/Service			
durchgeführt am		von	
durchgeführt am		von	
Reparaturen			
Schaden festgestellt am			von
Reparatur durch		Kosten	EUR
Art des Schadens/ Reparaturumfang			

Maschinendepot

Geräte, die nicht für die tägliche Reinigungsorganisation gebraucht werden, können in einem zentralen Maschinendepot bereitgehalten werden. Die Auswahl, welche Geräte in den Etagendepots dem Reinigungsdienst zugänglich sind und welche auf Anweisung aus dem Maschinendepot ausgegeben werden, hängt von den Reinigungsanforderungen des Hauses ab. Da Maschinen meist groß und sperrig sind, ist auf eine entsprechende Dimensionierung der Lifte zu achten.

Der Boden des Maschinendepots soll leicht zu wischen sein, für die Gerätebestandteile und das Zubehör stehen entsprechende Aufhängevorrichtungen und Stellagen zur Verfügung.

Neben den → Reinigungsmaschinen werden hier auch noch die Originalersatzteile aufbewahrt.

Der Zustand der Maschinen muss ständig kontrolliert werden. Dies gewährleistet, dass nur tadellos funktionierende Geräte zum Einsatz kommen. Alle Maschinen sollen regelmäßig durchgecheckt werden, alle im Haus zu erledigenden Geräteservicearbeiten sind zu leisten.

Inventarkarte für Reinigungsgeräte und -maschinen

Für jedes Gerät ist eine Inventarkarte anzulegen. Diese Inventarkarten können handschriftlich ausgeführt oder in der EDV gespeichert werden. Auf ihnen werden alle wichtigen Daten vermerkt.

Entnahme aus dem Maschinendepot

Um eine doppelte Vormerkung der Geräte zu vermeiden, werden auf einer Entnahmekarte oder in einem Entnahmebuch die Einsatztermine eingetragen und damit eine termingerechte Bereitstellung gewährleistet.
Durch die Unterschrift des Mitarbeiters, der das Gerät entnimmt, wird die Übergabe bestätigt. Die Rückgabe wird ebenfalls eingetragen. Bei der Rückgabe des Gerätes werden von der Hausdame Zustand und Funktionstüchtigkeit des Gerätes überprüft und eventuelle Mängel vermerkt.

Entnahmeschein

Bezeichnung	*Dampfreiniger*					
Type	*DE 4002*					
Standort	*Maschinendepot*					
Entnahme durch	*Ausgangsdatum*	*Grundangabe*	*Übernahme, Unterschrift*	*Eingangsdatum*	*Beschädigung, Mängel*	*Übergabe, Unterschrift*
2. Etage, Frau Huber	*2003-04-20*	*Zwischenreinigung Sauna*	*Huber*	*2003-04-21*	*Keine*	*Meier*

Checklisten zur Inbetriebnahme der Reinigungsgeräte und -maschinen

Die Checklisten zur Inbetriebnahme der Reinigungsgeräte liegen im Zentraldepot und im Etagenoffice auf. Sie enthalten die entsprechenden Hinweise für die **vorbereitenden Tätigkeiten** zur Inbetriebnahme, die **Benützung,** die **Reinigung** und die **Endkontrolle.** Sie müssen verständlich formuliert sein, um den Mitarbeitern als Checkliste zur raschen Erfüllung des Arbeitsauftrages zu dienen. Sie sind ein wichtiger **Beitrag zur Unfallverhütung.**

Checkliste für Staubsauger

Bei Arbeitsbeginn	*Vor der Benützung bitte beachten:* *– Staubsackfüllung.* *– Vollständigkeit aller Standarddüsen.* *– Ist das Gehäuse staubfrei?* *– Ist der Schlauch intakt?* *– Ist das Kabel in Ordnung?*
	Stellen Sie das Saugrohr auf die eigene Arbeitshöhe ein.
Bei Arbeitsende	*Nach der Benützung bitte beachten:* *– Staubvolumenanzeige beachten, bei Bedarf Staubsack wechseln.* *– Gehäuse feucht abwischen.* *– Bürstenkranz von Haaren befreien.* *– Rohr und Schlauch innen kontrollieren, Steckengebliebenes entfernen.* *– Alle benützten Düsen feucht reinigen und trocknen.* *– Kabel auf den Haken befestigen.*
	Falls Sie einen Schaden entdeckt haben, bitte melden Sie ihn und stellen Sie das Gerät zurück.

Reparaturmeldung

Defekte Maschinen werden aus dem Verkehr gezogen und besonders gekennzeichnet, zB mit einem roten Klebestreifen, und so bald wie möglich zur Reparatur weitergegeben. Die im Maschinendepot aufliegende Reparaturmeldung gibt Auskunft über den Verbleib des Gerätes.
Durchgeführte Reparaturen, die Anschaffung von Ersatzteilen sowie die durchgeführten Servicearbeiten werden auf den Inventarkarten der Geräte und Maschinen vermerkt. Die Reparaturanfälligkeit eines Gerätes kann dadurch rasch festgestellt werden. Die Inventarkarte dient also auch der Entscheidung, ob eine weitere Reparatur oder eine Neuanschaffung wirtschaftlicher wäre.

Gesamtübersicht der Reparaturmeldungen für Reinigungsgeräte

Gerät	Datum	Reparatur/ Service bei	Retour am	Kontrolliert von
Staubsauger, 1. Etage	*2003-07-21*	*Haustechnik zur Filterreinigung*	*2003-07-23*	*Huber*
	2003-11-06	*Firma Mustermann, Bischofshofen, Tel. (06 64) 778 89 91*	*2003-11-14*	*Meier*

Wäschedepot

Die Organisation der Wäschereinigung eines Betriebes bestimmt die Größe des Wäschedepots. Wird die gesamte Schmutzwäsche in der hoteleigenen Wäscherei bearbeitet, ist eine entsprechende Lagerkapazität vorzusehen. Bei der Vergabe an externe Wäschereien oder beim Einsatz von Mietwäsche ist der Raumbedarf für das Wäschedepot geringer.

Einrichtung und Ausstattung

Das Wäschedepot für frische Wäsche ist ähnlich wie das Zentraldepot konzipiert. Die Temperatur soll 20 °C betragen, die Luftfeuchtigkeit soll unter 50 % liegen. Je trockener das Wäschedepot ist, umso besser ist dies für die Wäsche. Bei zu großer Feuchtigkeit können Stockflecken entstehen! Die Berufskleidung der Mitarbeiter kann auf fahrbaren Hängestangen bereitgestellt werden, das erleichtert die Ausgabe.

Bettwaren sollen in einem eigenen, sehr gut belüfteten und trockenen Magazin gelagert werden. Wo das nicht möglich ist, kann man sich mit Wäscheschränken in der Wäschekammer behelfen. Gegen Mottenbefall sind die Fenster mit feiner Gaze zu versehen.

Achtung!

Schmutzwäsche ist räumlich streng separat bis zur Abholung und Weitergabe an die Wäscherei zu lagern. In großen Betrieben gibt es eine Wäscherutsche, über die die Schmutzwäsche in die Container fällt. Diese Container sollten im Betrieb möglichst in der Nähe des Lieferanteneingangs bzw. der Wäscherei liegen, um lange Transportwege zu vermeiden.

Wäschebestand und Wäscheverwaltung

Die Organisation der Wäscheverwaltung eines Hotels bestimmt den Wäschebestand → Textile Ausstattung. Für alle Textilien werden **Inventarkarten** angelegt, so kann bei der Ersatzbeschaffung die Produkt- und Qualitätsgleichheit sichergestellt werden.

Hauptverantwortlich für die Wäscheverwaltung ist die Hausdame. Bei einer hauseigenen Wäscherei wird meist eine eigene Wäschebeschließerin die Wäscherei leiten. Sie ist der Hausdame unterstellt und berichtspflichtig.

Das **Wäscheausgabebuch** gibt über die Wäschebewegung Auskunft → Warenausgabe. Die Aufzeichnungen können auch elektronisch geführt werden. Die Wäscheausgabe soll nach dem roulierenden Prinzip erfolgen, dh, die zuletzt gewaschene Wäsche wird auch zuletzt verwendet. Dadurch wird eine Ruhezeit für die Wäsche gewährleistet, die die Haltbarkeit erhöht. Der Ausgabemodus gleicht der Materialausgabe bei den Verbrauchsgütern. Da für die Etagenoffices stets die gleiche Menge Wäsche kontingentiert ist, wird die gleiche Stückzahl, die als Schmutzwäsche gebracht wird, umgetauscht.

Wäscheinventarkarte

Wäschebezeichnung	Betttuch
Kaufdaten	
Lieferfirma/Kontaktperson	
Lieferdatum	
Stückzahl	
Preis exkl. MwSt.	
Produktbeschreibung	
Qualität	
Größe	
Gewicht	
Farbnummer	
Design	
Reinigungs- und Pflegehinweise	
Waschtemperatur, max.	
Tumbler	
Ersatzanschaffungen	
Lieferdatum	
Stückzahl	
Preis	

Möbeldepot

Ein zentrales Möbeldepot ist für alle Möbel, die nicht permanent gebraucht werden, vorgesehen. Hier haben alle Abteilungen des Betriebs eine Abstellmöglichkeit. Das Möbeldepot ist für die individuelle Gestaltung der Räume auf Wunsch der Gäste bzw. für Veranstaltungen erforderlich.

Es lagern hier Zusatz-, Kinder- und Babybetten, die Seminarraumeinrichtung (Stühle, Tische, Flipcharts usw.), Beistelltischchen, Kinderstühle, Buffettische, Gartenmöbel, Liegen, Hinweistafeln für Veranstaltungen usw.

Die Verwaltung der einzelnen Möbelstücke erfolgt wie im Maschinendepot. Die Hausdame fordert die benötigten Einrichtungsgegenstände laut täglicher Zimmerbelegungsliste an. Der Hausdiener besorgt die Abholung, den Transport und die Aufstellung im Raum sowie den Abbau und den Rücktransport. Beim Auftreten von Schäden wird eine Reparaturmeldung erstellt.

Tipp

Das Möbeldepot soll nicht zur Abstellkammer verkommen!

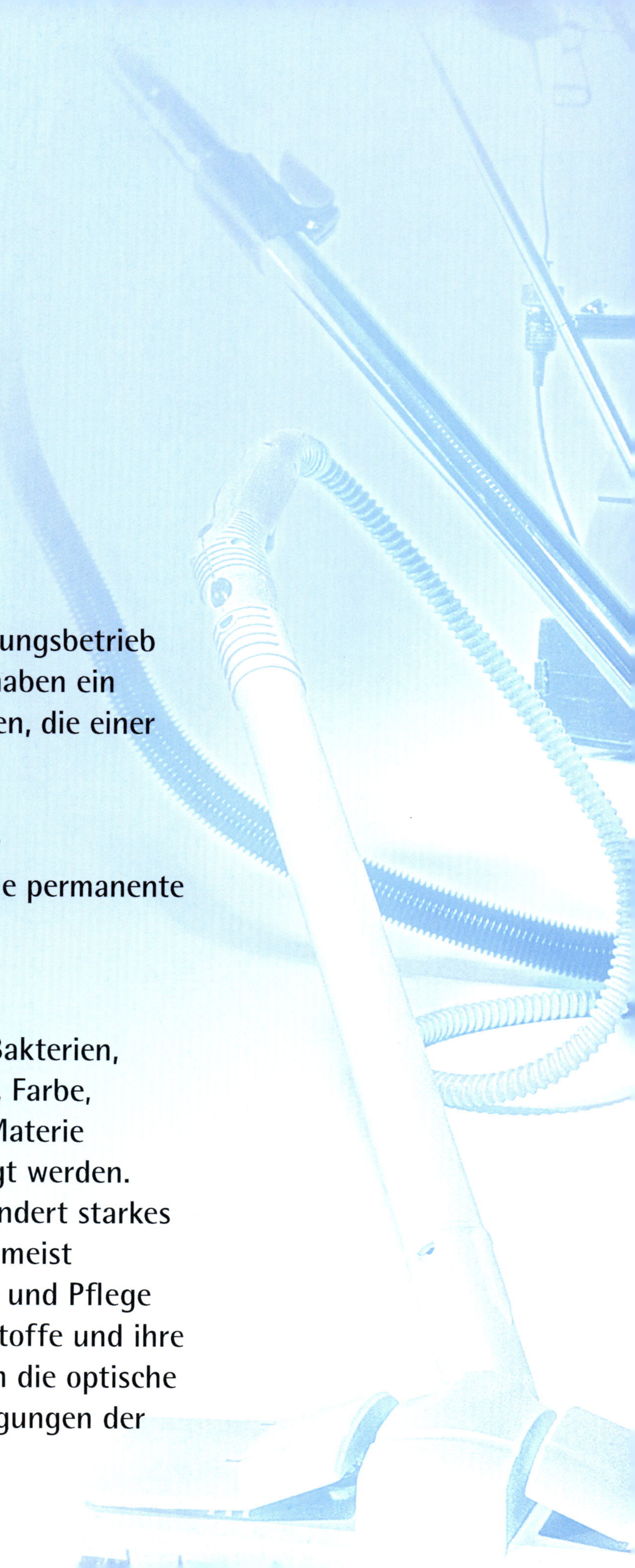

Gäste erwarten in jedem Beherbergungsbetrieb einen hohen Hygienestandard. Sie haben ein Anrecht auf tadellose Räumlichkeiten, die einer genauen Kontrolle standhalten.

Die ständige Weiterentwicklung der Reinigungstechnologie erfordert eine permanente Kontrolle der Reinigungsabläufe.

Schmutz ist vielfältig: Staub, Haare, Hautschuppen, Pflanzenreste, Kot, Bakterien, Pilzsporen, Schimmel, Speichel, Ruß, Farbe, Fäden – in jedem Fall ist Schmutz Materie am falschen Platz und muss beseitigt werden. Permanente schonende Pflege verhindert starkes Verschmutzen, so dass milde Mittel meist ausreichen. Fachgerechte Reinigung und Pflege erhöhen die Lebensdauer der Werkstoffe und ihre Reinigungsfreundlichkeit, verbessern die optische Wirkung und auch die Arbeitsbedingungen der Mitarbeiter.

Betriebs- und Arbeitsmittel

Fünf Faktoren beeinflussen das Reinigungsergebnis: Wasser, Chemie, Temperatur, Zeit und Mechanik, sie stehen in direktem Zusammenhang. Handelt es sich bei Wasser hauptsächlich um die Kriterien Härtegrade und Wasser sparende Maßnahmen, so sind für den Einsatz der Chemie wesentlich umfangreichere Kenntnisse erforderlich. Bei Reinigungsvorgängen kann zB durch die Erhöhung des Faktors Mechanik in Form eines optimalen Geräteeinsatzes der Faktor Chemie wesentlich gesenkt werden. Auch der Zeitfaktor kann sich in diesem Fall wesentlich verringern. Bei manchen Reinigungsvorgängen kommen nicht alle Faktoren gleichzeitig zum Einsatz.

Das für das zu pflegende Material ausgewählte Produkt muss richtig eingesetzt werden, um zu einem zufrieden stellenden Reinigungsergebnis zu führen.

Die richtige Lagerung und Dosierung, die Einhaltung der Schutzmaßnahmen bei der Anwendung und die schadlose Entsorgung der Reinigungsflotte sind unbedingt zu beachten.

Reinigungsmaschinen erleichtern vor allem die körperliche Tätigkeit. Vor der Anschaffung von Geräten sind verschiedene Überlegungen in Bezug auf die Betriebsgröße und den Einsatzbereich anzustellen, damit das Gerät auch richtig genutzt wird.

Die Arbeitssicherheit darf beim Einsatz der Betriebs- und Arbeitsmittel nicht außer Acht gelassen werden.

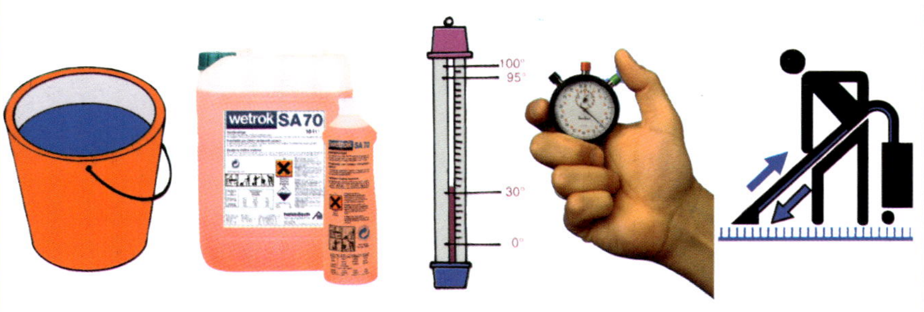

Wasser *Chemie* *Temperatur* *Zeit* *Mechanik*

Wasser

Wasser ist für viele Reinigungsprozesse und zur Inbetriebnahme mancher Reinigungsmaschinen notwendig:

- Es lässt sich mit Chemikalien in Reinigungsflüssigkeit (Reinigungsflotte) und Pflegeflüssigkeit verwandeln.
- Es löst und transportiert Verschmutzungen.
- Es entfernt Reinigungsmittelrückstände.

Wasserhärte

Die Gesamthärte des Wassers wird durch den Gehalt an Kalzium- und Magnesiumionen bestimmt. Der Anteil an gelösten Erdalkalien, die Karbonathärte, wird beim Erhitzen ab 60 °C ausgefällt und legt sich als Kesselstein an. Die Wasserhärte wird durch die **Stoffmengenkonzentration** bezeichnet: **mmol/l.** Gängig ist auch noch die frühere Bezeichnung **Grade deutscher Härte = °dH.**

Gemeinden, Magistrate oder das Wasseramt geben Auskunft über die aktuellen Wasserhärtewerte. Mit speziellen **Wasserhärtemessstreifen** kann auf unproblematische Art und Weise sehr rasch die Wasserhärte ermittelt werden. Stichproben geben immer wieder Aufschluss über die meist auch jahreszeitlich variierenden Härtegrade.

Hartes Wasser verursacht höhere Reinigungs- und Waschmittelzugaben. In Verbindung mit Seife bildet sich Kalkseife, die sich nicht löst und zB an Wäsche und Waschmaschine ablagert. **Sehr weiches Wasser** löst Seife unzureichend, greift die Chromschicht der Armaturen und auch die Kupferrohre an, was zu grünlichen Filmen in Waschbecken und Badewannen führt, die mühsam entfernt werden müssen.

Wenn zu hartes Wasser das Reinigungsergebnis beeinträchtigt und trotz entsprechender Dosierung der Reinigungschemie sogar Schäden an Geräten auftreten, soll ein Fachmann zur Wasserhärtemessung herangezogen werden. Es werden unterschiedliche Entkalkungssysteme angeboten, die einer genauen Abstimmung auf die örtlichen Gegebenheiten bedürfen. Erfahrungswerte anderer Betriebe aus der Region können zur leichteren Entscheidungsfindung eingeholt werden. Um eine **Verkeimung** der Entkalkungsanlage zu verhindern, ist sie regelmäßig zu reinigen. Das gilt auch für Geräte mit integrierter Entkeimungsanlage. Sind **Filteranlagen** vorgeschaltet, müssen sie ebenfalls gereinigt werden, um einer Algenbildung vorzubeugen.

Beispiel einer Auswertungsskala eines Wasserhärtemessstreifens in fünf Stufen.

Härtebereich	Anzeige
Stufe I weniger als 3 °dH	
Stufe II mehr als 4 °dH	
Stufe III mehr als 7 °dH	
Stufe IV mehr als 14 °dH	
Stufe V mehr als 21 °dH	

Wasser sparen

Der Wasserverbrauch verursacht beträchtliche Kosten. Zur Kostenminimierung soll der Wasserverbrauch beobachtet und eine Verbrauchsdatenbank angelegt werden. Die periodische Registrierung der Verbrauchswerte durch die Ablesung der Wasserzähler ist im Interesse einer ökonomischen und ökologischen Betriebsführung. Dabei zeigt eine Differenzierung nach Kostenstellen Möglichkeiten, Wasser sparende Maßnahmen zu setzen.

Tipps

Tropfende Wasserhähne abdichten, denn sie führen zu hohen Wasserverlusten. Besonders bei Saisonende müssen alle Armaturen überprüft werden.

Ideenbörse für das Wassersparen einrichten. Alle Mitarbeiter sind eingeladen, sich zu beteiligen!

Wasserbelebung

Wasser kann Schwingungen verschiedenster Substanzen aufzunehmen und auf andere Stoffe übertragen. Auch durch den Transport in Rohrleitungssystemen wird Wasser in seiner „Urform" stark verändert. Selbst bei der Wasseraufbereitung, zB durch Filtrierung oder Bestrahlung mittels ultraviolettem Licht, bleiben Schadstofffrequenzen aller Art im aufbereiteten chemisch reinen Trinkwasser erhalten.

Wasserbelebungssysteme nutzen die regulierende Wirkung der Sauerstoffenergie. Kommt Wasser mit dem sauerstoffaktivierten Trägermaterial in Kontakt, wird die Sauerstoffschwingung übertragen und das Wasser reaktiviert. Schädliche Schwingungen werden überlagert.

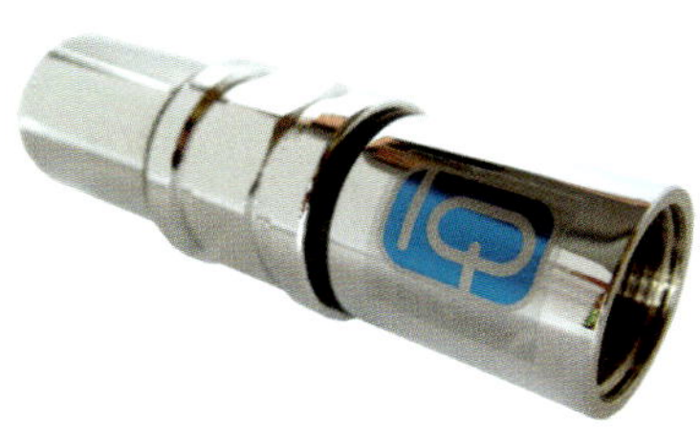

Neben den günstigen Wirkungen auf den menschlichen Organismus weist belebtes Wasser folgende Vorteile auf:
- Erhöhung der Reinigungs- und Desinfektionskraft
- Reduktion der Reinigungschemie
- Verringerung des Keim- und Bakterienwachstums
- Verhinderung von festhaftenden Kalkablagerungen

Chemie

Der Einsatz chemischer Reinigungsprodukte ist in der gewerblichen Reinigung unerlässlich und erfordert Fachkenntnisse und vielseitige Informationen über
- Inhaltsstoffe,
- Einsatz der Reinigungschemie für verschiedene Werkstoffe,
- Lagerung der Chemikalien und
- Schutzmaßnahmen bei der Anwendung für die Mitarbeiter.

Chemie macht Schmutz erst transportabel!

Inhaltsstoffe

Chemische Produkte sind in ihrer Zusammensetzung sehr komplex. Sie enthalten **Schmutz lösende, desinfizierende und pflegende Substanzen,** deren Einsatz genau auf die Schmutzart, das Ausmaß der Verschmutzung und auf den zu reinigenden Werkstoff abgestimmt werden muss.
Die Auswahl der entsprechenden Reinigungschemie soll erst nach reiflichen Überlegungen getroffen werden. Es sind sowohl ökonomische und ökologische als auch ergonomische Überlegungen anzustellen:
- Welche Hinweise zur Reinigung der Einrichtung und Ausstattung werden angegeben?
- Wurden für bestimmte Werkstoffe bereits Produktempfehlungen abgegeben?
- Welches Reinigungsausmaß soll erreicht werden?
- Wie oft ist eine Reinigung möglich?
- Welche Verschmutzungen sind zu beseitigen?
- Welche Geräte bzw. Maschinen sind zum Einsatz der Reinigungschemie notwendig?
- Sichern die Produkte eine problemlose Anwendung und einfache Dosierung?

- Welche Lieferbedingungen und Entsorgungskonzepte für Gebinde bieten die einzelnen Firmen?
- Welche Preisvorteile ergeben sich durch den Kauf größerer Mengen bei entsprechender Lagerkapazität?
- Ist durch die Produktwahl die größtmögliche Schonung der Umwelt und Wahrung des ökologischen Gleichgewichtes gegeben?

Tenside sind Verbindungen, deren Moleküle aus je einem wasser- und einem fettfreundlichen Teil bestehen. Sie setzen die Oberflächenspannung des Wassers herab, wodurch der Schmutz von den Materialien entfernt werden kann. Sie verhindern auch, dass der gelöste Schmutz sich wieder absetzt, denn sie halten ihn in der Schmutzflotte in Schwebe. Auch die Pflegesubstanzen werden in der Trägerflüssigkeit in Schwebe gehalten. Weiters wird die gezielte Schaumbildung eines Reinigungsprodukts durch die Tenside ermöglicht. Das älteste Tensid ist die Seife.

Es ist jedoch auch die überaus schädigende Wirkung der Tenside auf die Umwelt zu erwähnen. Gesetzliche Verordnungen geben die entsprechenden Werte der vorgeschriebenen biologischen Abbaubarkeit vor.

PH-Wert-Skala

Der pH-Wert eines Produktes gibt an, ob eine Reinigungslösung im neutralen, im sauren oder im alkalischen Bereich reagiert. Der Messbereich wird auf einer Skala von 0 bis 14 dargestellt, wobei der pH-Wert 7 für eine neutrale Lösung steht.

0 → sauer ← 7 → alkalisch ← 14
neutral

Jedes Reinigungsprodukt weist in der Liste der technischen Daten einen spezifischen pH-Wert auf und kann damit sofort einer speziellen Reinigungseigenschaft zugeordnet werden:
Neutraler Bereich: Unterhaltsreiniger.
Saurer Bereich: Sanitärreiniger.
Alkalischer Bereich: Grundreiniger, Glasreiniger.

Tenside

Die eigentliche Schmutz lösende Wirkung für wasserunlösliche Schmutzteile erfüllen die Tenside. Auch in Pflegemitteln sind Tenside enthalten.

Aufbau eines Tensids

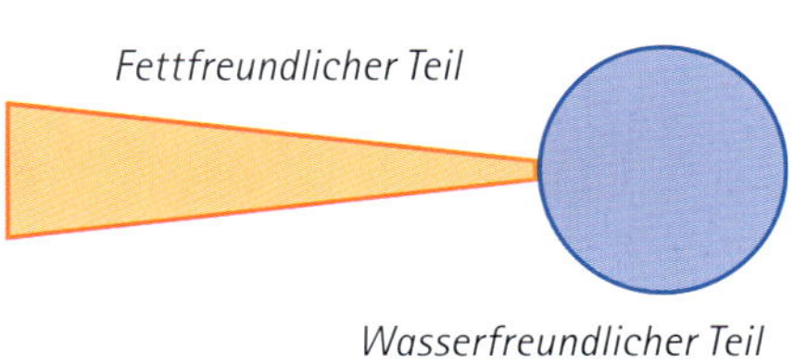

Arbeitsweise von Tensiden, zB bei der Entfernung einer fetthaltigen Verschmutzung von einer glatten Oberfläche.

Erste Phase: Zur Schmutzschicht vordringende Tenside
Die fettfreundlichen Teile der Tenside lagern sich an der Verschmutzung an.

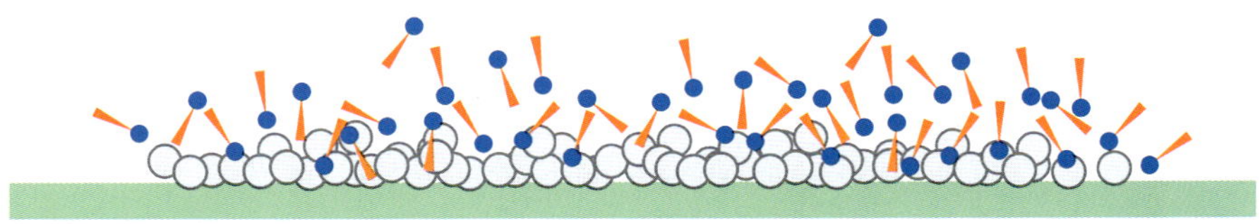

Zweite Phase: Aufbrechen der Schmutzschicht in kleine Teile.
Die Oberfläche wird aufgebrochen, der Schmutz in kleinere Teilchen gespalten und von der Oberfläche abgehoben. Dabei umschließen die fettfreundlichen Teile den Schmutz vollständig.

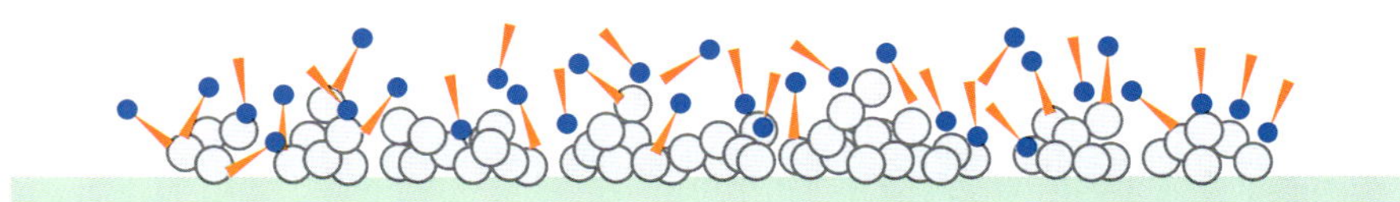

Dritte Phase: Schmutzteile werden abgehoben und in der Reinigungsflotte stabilisiert.
Die Schmutzteilchen werden im Wasser in Schwebe gehalten.

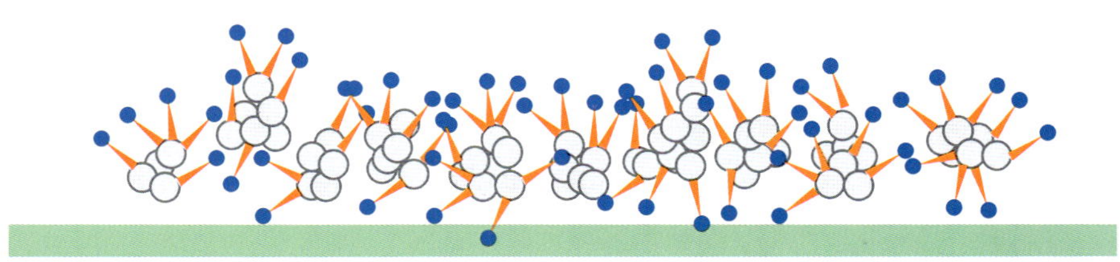

Weitere Inhaltsstoffe

Bezeichnung	Wirkung/Eigenschaften	Einsatzbereich
Abrasivstoffe	– Wirken mechanisch. – Schleifen ab.	– In pulverförmigen Scheuermitteln. – In flüssigen Allzweckreinigern. – Eingearbeitet in Schwammauflagen oder in Pads.
Alkalien/Basen	– Entfernen alte Pflegefilme. – Entfernen eiweißhaltige bzw. öl- und fetthaltige Verschmutzungen.	– Grundreiniger. – Abflussrohrreiniger.
Alkohole	– Halten andere Inhaltsstoffe in der Lösung. – Konservieren die Substanzen. – Lösen Verschmutzungen.	– Teppichreiniger. – Allzweckreiniger. – Metallputzpolituren. – Glasreiniger.
Bleichmittel	– Zerstören Farbstoffe durch Oxidation. – Wirken oft auch desinfizierend. – Umweltschädigend.	– Flüssige Abflussrohrreiniger. – WC-Reiniger. – Desinfektionsreiniger. – Spezialreinigungsmittel.
Duftstoffe	Signalisieren Sauberkeit.	
Elastin	Dient der Hautverträglichkeit.	
Emulgatoren	Erhalten die Emulsion nicht mischbarer Substanzen in Flüssigkeiten.	– Fluids. – Möbelpflegemittel. – Lederpflegemittel. – Metallpflegemittel.
Essigsäure	– Löst Kalk und Schmutz. – Verursacht Oxidation auf Kupfer- und Messinglegierungen (bei beschädigter Chromschicht). – Vorwässerung von Fugen unbedingt erforderlich.	– Sanitär- und WC-Reiniger. – Glaspflegemittel. – Wenn die Chromschicht der Armaturen beschädigt ist, kann Essigsäure Oxidation auf Kupfer- und Messinglegierungen verursachen.
Farbstoffe	Sorgen für eine bessere Optik.	
Hilfsstoffe	– Unterstützen die Reinigungskraft. – Erhalten die Rieselfreudigkeit. – Regulieren die Abgabe der Chemikalien. – Fördern die Filmbildung.	– Poliermittel. – Allzweckreiniger. – Pulverförmige Reinigungsmittel. – WC-Beckensteine. – Bodenpflegemittel. – Steinpflegemittel.
Glykole und Glykolether	– Verstärken die Schmutz lösende Wirkung. – Entfernen alte Pflegefilme.	– Spezialreiniger für starke fettige Verschmutzung. – Allzweckreiniger. – Badewannenreiniger. – Metallpflegemittel.
Kohlenwasserstoffe	Haben eine hohe Fettlösekraft.	– Teppichreinigungsmittel. – Fleckentfernungsmittel.
Konservierungsmittel	– Schützen vor Schimmelansatz. – Verhindern die Vermehrung von Bakterien.	
Paraffinöle	Geben Glanz.	– Möbelpflegemittel. – Lederpflegemittel für Glattleder.
Poliermittel	Unterstützen den mechanischen Abreibeffekt.	– Scheuermittel. – Metallpflegemittel.
Polymere	– Bilden trittfeste, selbstglänzende Pflegefilme. – Verbessern die Absaugbarkeit des gebundenen Schmutzes. – Verhindern rasches Anschmutzen.	– Fußbodenpflegemittel. – Teppichreiniger. – Wischpflegemittel.
Silikonöl	– Verbessert den Glanz bei mechanischer Polierarbeit. – Hat entschäumende Wirkung.	– Metallpflegemittel. – Ceranpflegemittel. – Möbelpflegemittel – Sprühextraktionsmittel.
Treibgas	Erleichtert die Verteilung der Pflegesubstanzen.	Verschiedene Sprays.
Wachse	Bilden auspolierbare Filme.	– Bodenpflegemittel. – Lederpflegemittel. – Wischpflegemittel.
Zellulose	Nimmt Flüssigkeiten auf und speichert sie.	Teppichreiniger.
Zitronensäure	– Löst Kalk. – Weist keine saure Reaktion auf.	– Allzweckreiniger. – WC-Reiniger. – Metallpflegemittel.

Reinigungsprodukte für verschiedene Werkstoffe

Die Reinigung und Pflege von **Böden** aller Art gehören zum flächenmäßig größten Aufgabenbereich der Etage. Die richtige Verlegung und die Vor- bzw. Erstbehandlung des Bodens bzw. des Bodenbelags sind Voraussetzungen für die problemlose Reinigung. Der Fachhandel und die Herstellerfirma geben die entsprechenden Reinigungs- und Pflegehinweise. Auch ein Produktdatenblatt kann Informationen über die richtige Reinigung des Bodens liefern. Die korrekte Behandlung und Reinigung sichern auch die Garantieansprüche bei Einhaltung der angegebenen Reinigungsvarianten.

Der gesamte **Sanitärbereich** eines Beherbergungsbetriebes stellt überaus große Anforderungen an das Reinigungsmanagement. Die Aufrechterhaltung der Hygiene in Bad, WC und in den Wellness- und Fitnessbereichen erfordert gute Kenntnis der Reinigungschemie, der Reinigungsdurchführung und der Handhabung der einzusetzenden Reinigungsgeräte. Kalkablagerungen, Seifenreste, Glas- und Spiegelverunreinigungen müssen im Zuge der täglichen Reinigungsabläufe entfernt und Desinfektionen vorgenommen werden.

Im Besonderen werden **Einrichtungsgegenstände,** wie zB Türen und Mobiliar, mit Hilfe von Reinigungschemie nicht nur von Staub und Schmutz befreit, sondern auch gepflegt und damit die Optik und die Werkstoff- und Pflegeeigenschaften wesentlich verbessert.

Reinigungsprodukte

Bezeichnung	Einsatzbereich/Funktion	Hinweise zur Anwendung
Alkoholreiniger	– *Wasserbeständige Oberflächen.* – *Glasreinigung.*	– *Reinigungswirkung geringer als bei Allzweckreinigern.* – *Greifen oft Pflegefilme an.* – *Lösen Kalkseifen gut.* – *Streifenfreies Arbeiten möglich.*
Allzweck-, Universal- oder Neutralreiniger	– *Holzfußböden.* – *Lackierte Flächen.* – *Versiegeltes Parkett.* – *Kunststoff.* – *Fliesen, Klinker.* – *Linoleum.* – *Glas, Fenster und Fensterrahmen.* – *Entfernen ölige Verschmutzungen bei wasserbeständigen Bodenbelägen.*	– *Die Verträglichkeit soll vor der ersten Anwendung geprüft werden.* – *Achtung bei Konzentraten: Dosierung ist genau einzuhalten.*
Antistatika	– *Bodenbeläge in EDV-Bereichen.* – *Wäschepflege.*	– *Durch Sprühen auf textile Beläge aufbringen.* – *Bei bereits vom Hersteller antistatisch ausgestatteten Belägen nicht verwenden!*
Cleaner (Sprayreiniger)	– *Eingepflegte Bodenbeläge → Reinigungsmanagement.* – *Pflegefilmsanierung (Zwischenreinigung).*	– *Die Art des Cleaners ist auf die Belagsart und die Beschichtung genau abzustimmen.*
Desinfektionsreiniger	*Wasserbeständige Oberflächen.*	– *Vor Gebrauch Kennzeichnung und Produktinformation lesen.* – *Nur in hygienisch heiklen Bereichen einsetzen.* – *Reinigt und desinfiziert in einem Arbeitsgang.* – *Bei ständiger Reinigung nicht erforderlich.*
Grundreiniger	– *Vor der Schutzversiegelung.* – *Zur vollständigen Entfernung aller* – *Pflegefilme bis zur Belagsoberfläche.* – *Entfernt alte Pflegefilme auf Acryl- bzw. Polymerbasis.* – *Zur Entfernung von Fett- und Ölverschmutzungen.*	– *Gebrauchsanweisung genau beachten.* – *Vorsicht bei Linoleumböden: Die Angaben der Beständigkeit bis zu einem bestimmten pH-Wert sind zu beachten.*
Kältespray	*Entfernt eingetretenen Kaugummi auf Teppichen.*	*Gebrauchsanweisung genau einhalten.*
Möbelpflegemittel	*Versiegelte und unversiegelte Holzflächen.*	*Mit weichem Baumwolltuch auspolieren.*

Bezeichnung	Einsatzbereich/Funktion	Hinweise zur Anwendung
Naturseife	– Klinker. – Kunststein. – Kunststoff.	– Konzentration ist je nach Verschmutzungsgrad durch – Wasserzugabe veränderbar. – Nicht für Linoleum und Holzböden geeignet!
Pflegeprodukte – Spraywachs	– Holzböden. – Terrazzo.	– Trittfester Pflegefilm. Der Boden wird an der Oberfläche imprägniert als Schutz gegen mechanische Beanspruchung. – Wasserfrei, enthält Lösungsmittel. – Heiß und kalt verwendbar. – Ist bürst- und polierbar. – Nicht für lösungsmittelempfindliche Böden geeignet.
– Hartwachs	– Holz mit Originaloberfläche oder versiegelt. – Stein, Terrazzo, Linoleum.	– Heiß und kalt verwendbar. – Bürst- und polierbar. – Flüssig, schnell trocknend. – Nicht für lösungsmittelempfindliche Böden geeignet. – Alte Wachsreste müssen abgezogen werden: • Durch mechanische Abhebung mit Stahlspänen entlang der Maserung. • Durch flüssige Wachsentferner mit Lösungsmittel.
– Selbstglanzemulsion (Polymerdispersion)	– Für glatte Böden. – Nicht geeignet für strukturierten Kunststoff und Holz, glasierte Steinzeugbeläge.	– Nicht bürsten, nur polieren. – Alte Pflegefilme müssen vor neuerlicher Behandlung unbedingt entfernt werden.
– Lösungsmittelfreie Wischpflege und Selbstglanzwischpflege (Reinigungsmittel mit Pflegemittelzusatz)	– Klinker, Stein. – Kunststoff. – Fliesen. – Linoleum.	– Bildet einen Pflegefilm, der lückenlos den ganzen Boden überzieht. – Er kann beschädigt werden! – Bei neuerlicher Wischpflege lagern sich Tröpfchen in den Beschädigungen ein und schließen die Oberfläche, sobald sie trocken ist.
Rohr- bzw. Abflussreiniger	Abfluss- und Siphonreinigung.	– Nur im Extremfall verwenden. Besser ist es, Wasser- oder Ausgusssauger einzusetzen. – Kunststoffschädigende Wirkung bei Leitungen und Dichtungen. – Belasten die Umwelt!
Sanitärreiniger	– Fliesen. – Glas. – Porzellan.	– Löst Kalk-, Urin- und Wasserstein. – Entfernen Zementschleier. – Fugen vorher nass machen, um Schäden zu verhindern. – Vorsicht bei emaillierten Flächen: Sie können matt werden.
Teppichreiniger – Sprühextraktion	– Spannteppiche. – Auslegeware.	– Verklebungen dürfen nicht gelöst werden. – Die getrockneten Rückstände müssen gründlich abgesaugt werden, um Allergien oder Atemwegserkrankungen zu vermeiden.
– Teppichreiniger für Shampoonierung	– Vollflächig verklebte Teppiche, kleine Teppiche. – Fleckentfernung.	Schaumbildung beachten: Gründliches Absaugen ist unbedingt nötig.
– Teppichreinigungspulver	– Kleinere Flächen textiler Beläge. – Sofort begehbare Flächen.	Gründliches Absaugen durch einen Bürstsauger ist unbedingt nötig.
– Fleckentferner: Reinigungsschaum, Reinigungsspray	– Für das rasche Entfernen von Flecken (Detachieren).	– Reinigungsschaum zur Entfernung wasserlöslicher Flecken. – Reinigungsspray zur Entfernung lösungsmittellöslicher Flecken.

Anwendungssymbole für den Betriebs- und Arbeitsmitteleinsatz

Die Piktogramme sind meist firmenspezifisch. Hier wurden die bekanntesten ausgewählt. Auf dem Gebinde und dem Sicherheitsdatenblatt finden sich die Symbole und ihre Bedeutung.

Symbole

Nasswischen

WC-Reinigung

Reinigung mit der Scheibenmaschine

Reinigung mit der Scheuersaugmaschine

Reinigung mit dem Sprühextraktionsgerät

Alternative Reinigungschemie

Bezeichnung	Zu beachten
Essigessenz, Essigwasser	– *Essigwasser: 2 Esslöffel Essenz auf 10 Liter Wasser.* – *Ätzend, daher aus Sicherheitsgründen nach Angabe verdünnt in Flaschen aufbewahren.* – *Zur Kalkentfernung.* – *Desinfizierend.* – *Neutralisiert nach Behandlung mit Seifenlösung.* – *Verhindert Putzstreifen und Schlieren.* **Vorsicht!** *Essigsäure wirkt korrosiv auf Messing und Kupfer (Grünspanbildung, zB bei Armaturen).*
Salz	– *Als Scheuermittel einsetzbar.* – *Trocken lagern.* – *Oberflächenbeschaffenheit der zu reinigenden Materialien kontrollieren.*
Schichtseife, Kernseife	– *Kann im Stück oder gehobelt verwendet werden.* – *Helle PVC-Beläge und Linoleum können sich gelblich verfärben.* – *Nicht bei Aluminiumteilen und polierten Kalksteinen verwenden!*
Schlämmkreide	– *Wie Scheuermittel verwenden.* – *Zur Metallreinigung.* – *Mit angefeuchtetem Tuch aufnehmen.* – *Trocken lagern.*
Schmierseife	– *Seifenlösung: 1 Kaffeelöffel in heißem Wasser auflösen, mit 6–10 Liter Wasser ergänzen.* – *Schmierseife löst sich in kaltem Wasser schlecht.* – *Hoher pH-Wert, dh stark alkalisch.* – *Zur Lösung von öl- und fetthaltigen Verschmutzungen.* – *Kalkseifenbildung berücksichtigen: Seife verliert in hartem Wasser die Reinigungswirkung und kann auf gereinigten Oberflächen zu Ablagerungen führen, die in weiterer Folge abpudern.* – *Auf glasierten Flächen entstehen bei unsachgemäßer Anwendung Wischspuren.* – *Kann durch den hohen pH-Wert Pflegefilme lösen.* – *Schädigung der Handoberflächen.*
Soda	– *20–30 g in heißem Wasser lösen, mit 6–10 Liter Wasser ergänzen.* – *Eine vierprozentige Lösung desinfiziert.* – *Löst fetthaltige Verschmutzungen.* – *Stets heiß lösen.* – *Wirkt ätzend!* – *Hygroskopisch, daher verschlossen aufbewahren.*
Spiritus	– *2 Esslöffel auf 5 Liter Wasser.* – *Für Fenster, Spiegel, Glasflächen und Kunststoff.* – **Vorsicht:** *entflammbar!*

Dosierung von Reinigungsprodukten

Die Einhaltung der angegebenen Dosierangaben macht die Reinigung ökonomisch und ökologisch. Die meist hoch konzentrierten Reinigungsprodukte müssen genau nach den auf den Gebinden angeführten Dosieranleitungen vorbereitet werden. Bei der Einschulung der Mitarbeiter ist darauf besonders hinzuweisen. Die mit Wasser zu verdünnenden Hochkonzentrate sind bei der Verwendung ständig zu beobachten und die Mengenempfehlungen gegebenenfalls zu revidieren. Die Angaben müssen exakt sein, denn – wie viel ist „ein Schuss"?

Die **Messkappen** auf den Reinigungsmittelflaschen sind laut Angabe für eine bestimmte Wassermenge als Maß gedacht. Es soll mit einem **Millilitermaß** nachgemessen werden, wie viel Milliliter für bestimmte Reinigungsprozesse zu empfehlen sind.

Die „Schussdosierung" führt zu einer 60%igen Überdosierung. Diese ist unökonomisch, bringt keinen besseren Arbeitserfolg, greift Hände und Materialien an und schädigt die Umwelt.

Dosierbehelfe

Die Dosierbehelfe sind den meisten Reinigungsprodukten beigepackt und sollen nicht für andere Produkte verwendet werden. Häufig vorkommende Dosierbehelfe sind:

- Messbecher.
- Dosierpumpen, passend auf die Schraubgewinde von Flaschen und Kanistern.
- Dosierflaschen mit aufgesetztem Dosierbehälter oder Dosierkappe.
- Dosierflaschen mit integrierter Dosierkammer.
- Tabletten bzw. Tabs: Bei der Verwendung von Tabs ist die Stückmenge auf die Wassermenge der Reinigungsflotte abzustimmen.
- Vollautomatische Dosieranlagen.

Dosierflasche mit Dosierbehälter

- Die handliche Einliter-PE-Flasche wird aus dem Zehnliterkanister gefüllt, der mit dem praktischen Auslaufhahn versehen ist.
- Anschließend wird der Dosierer aufgeschraubt.
- Der Dosiervorgang erfolgt dann durch drei einfache Handgriffe laut Grafik.

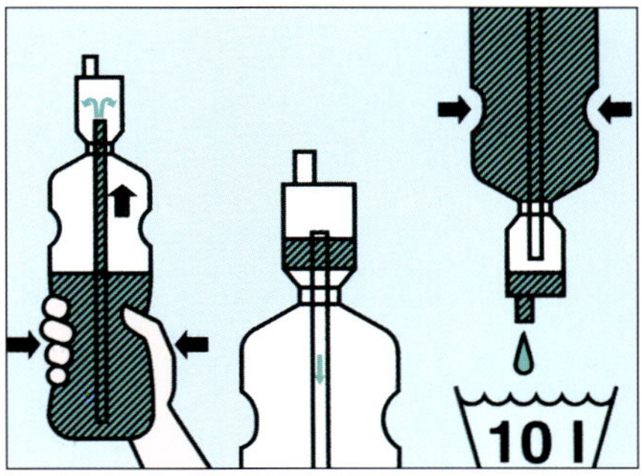

Die Dosierhilfen

- sind leicht und handlich,
- benötigen wenig Platz,
- sind durchsichtig,
- geben eine hohe Dosiergenauigkeit,
- sind einfach und sicher in der Handhabung,
- sind bruchfest, dadurch unbeschränkt wieder auffüllbar.

Dosierspender für Hochkonzentrate

Tipps

Bei Umfüllarbeiten soll eine Schutzmaske getragen werden, wenn Staub oder Dämpfe zu bemerken sind.

Allergische Reaktionen auf der Haut können durch die Verwendung von Schutzhandschuhen vermieden werden.

Lagerung und Schutzmaßnahmen bei der Anwendung

Die Hersteller der Reinigungsprodukte liefern zu jedem Produkt so genannte **Sicherheits- bzw. Produktdatenblätter,** die im Büro der Hausdame aufliegen und allen betroffenen Mitarbeitern zugänglich sein sollen. In diesen Produktdatenblättern sind Anwendung, Lagerung und besondere Hinweise für den Umgang mit den Reinigungsprodukten enthalten.

Sicherheits- bzw. Produktdatenblätter

Diese Datenblätter sollen übersichtlich in einer Mappe geordnet oder in der EDV gespeichert sein. Bei den Dienstbesprechungen ist besonders darauf hinzuweisen.

Die **Sicherheits- und Produktdatenblätter** müssen folgende Angaben enthalten:

- Name des Herstellers.
- Chemische Charakterisierung.
- Physikalische und sicherheitstechnische Angaben, wie Dichte, Löslichkeit, pH-Wert, Zustandsänderungen.
- Hinweis auf Kennzeichnungs- und Gefahrenstoffverordnung.
- Schutzmaßnahmen, Lagerung und Handhabung.
- Maßnahmen bei Unfällen und Bränden.
- Angaben zur Toxikologie (Giftigkeit).
- Angaben zur Ökologie bei der Entsorgung usw.

Betriebsintern sollen alle **für den Gebrauch wesentlichen Daten** unter Mithilfe erfahrener Mitarbeiter herausgearbeitet und dokumentiert werden. Somit liegen aktuelle Verbrauchswerte für die Lagerbewirtschaftung bereit und es kann eine Überdosierung oder eine falsche Produktanwendung schnell festgestellt werden. Die im Sicherheitsdatenblatt angeführten Lagerbedingungen sowie die Vorschriften zur Entsorgung von Chemikalien müssen berücksichtigt werden.

Alle Dosierangaben für die in Verwendung befindlichen Produkte müssen in Form einer Checkliste im Etagenoffice sichtbar aufliegen.

Gefahrensymbole und Gefahrenbezeichnungen für den Umgang mit Chemikalien

An sichtbarer Stelle sollen die Gefahrensymbole und die Symbole für die schadlose Beseitigung mit leicht verständlichen Erklärungen angebracht werden.

Symbole

Giftig (T), Sehr giftig (T+)

Umweltgefährlich (<< N)

Leicht entzündlich (F), Hochentzündlich (F+)

Explosionsgefährlich (E)

Gesundheitsschädlich (Xn) Reizend (Xi)

Ätzend (C)

Brandfördernd (O)

Vergiftungsinformationszentralen

Österreich:
Wien (+43 1)406 43 43-0

Deutschland
Berlin (+49 30)19 240
München (+49 89) 19 240

Schweiz
Zürich (+41 1)251 51 51

Sicherheitsdatenblatt

HANDELSNAME	ALLZWECKPASTA		
Chemische Charakterisierung	Anionische Tenside, verseifte Fettsäuren, Aspektverbesserer und Hilfsstoffe.		
Form	Pastös.		
Farbe	Weiß.		
Geruch	Parfümiert.		
PHYSIKALISCHE UND SICHERHEITSTECHNISCHE ANGABEN			
Zustandsänderung	Stockpunkt ca. 40 °C		
Dichte	(20 °C) 1,05	g/cm³ g/l kg/ m³	
Dampfdruck n. b.		mbar mbar	
Viskosität n. b.		mPa.s	
Löslichkeit in Wasser	(40 °C)	ca. 10 g/l	
pH-Wert (bei ---- g/l)	ca. 7,0		
Flammpunkt n. a.	°C		
Zündtemperatur n. a.	°C		
Explosionsgrenzen	untere:	obere:	Vol.-%
Thermische Zersetzung	°C		
Gefährliche Zersetzungsprodukte			
Gefährliche Reaktionen			
Weitere Angaben			
Transport	GGVSee/IMDG-Code: ICAO/IATA-DGR: GGVE/GGVS: Sonstige Angaben: kein Gefahrengut.		UN-Nr.: RID/ADR.: ADNR.:
SCHUTZMAßNAHMEN, LAGERUNG UND HANDHABUNG			
Technische Schutzmaßnahmen	Keine		
Persönliche Schutzausrüstung			
– Atemschutz	– Nicht erforderlich.		
– Handschutz	– Nicht erforderlich.		
– Augenschutz	– Nicht erforderlich.		
– Andere	– Nicht erforderlich.		
Arbeitshygiene	Wie beim Umgang mit Chemikalien üblich.		
Brand- und Explosionsschutz	Nicht erforderlich.		
Entsorgung	Sondermülldeponie oder Verbrennung.		
MAßNAHMEN BEI UNFÄLLEN UND BRÄNDEN			
Nach Verschütten, Auslaufen	Mechanisch aufnehmen, Reste mit Wasser aufwaschen.		
Löschmittel			
– Geeignete	–		
– Ungeeignete	–		
Erste Hilfe			
– Augenkontakt	– Mit viel Wasser spülen.		
– Verschlucken	– Arzt aufsuchen.		
ANGABEN ZUR TOXIKOLOGIE	Nach bisherigen Erfahrungen sind keine gesundheitsschädlichen Auswirkungen zu erwarten.		
ANGABEN ZUR ÖKOLOGIE	Die verwendeten Tenside sind zu mindestens 80 % biologisch abbaubar (OECD-Methode).		
ERKLÄRUNGEN	n. a. = nicht anwendbar. n. b. = nicht bestimmt.		

Die vorstehenden Angaben stützen sich auf den heutigen Stand unserer Kenntnisse und stellen keine Zusicherung von Eigenschaften dar.

Produktdatenblatt

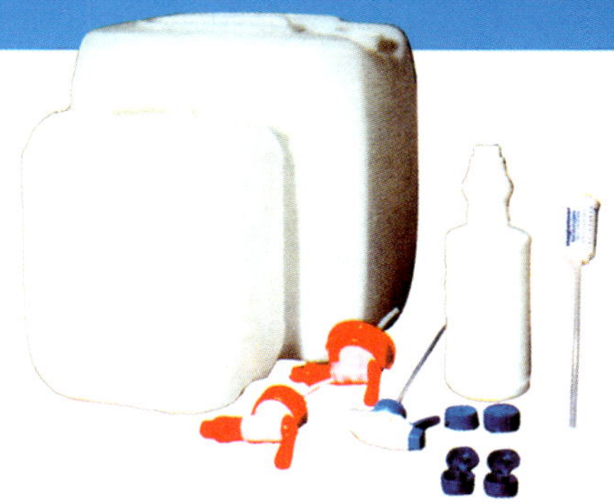

ALLZWECKPASTA

Reinigungspasta mit Citrusfrische

Beschreibung / Anwendungsgebiete:	Entfernt schnell, gründlich und schonend selbst hartnäckige Verschmutzungen. Reinigt alle abwaschbaren Flächen und Gegenstände, wie Böden, Teppiche, Möbel, Türen, Fenster, Fliesen, Autos u.v.a. ohne nachspülen. Auch geeignet zum Einweichen der stark verschmutzten Wäsche, wie Küchenwäsche, Deckservietten usw.
Anwendung / Dosierung:	Je nach Verschmutzung 1 - 3 Eßlöffel auf 10 lt Wasser und wie gewohnt reinigen.

Zusammensetzung:	Anionische Tenside, verseifte Fettsäuren, Aspektverbesserer und Hilfsstoffe
Schutzmaßnahmen:	Kindersicher aufbewahren !
Verpackungseinheiten:	800 g / 10 kg

hagleitner

Hagleitner Hygiene International GmbH 5700 Zell am See,

Tel.: 06542/7 28 96, Fax: 06542/7 44 22

Anwendungssymbole für die Entsorgung

Nachstehende Symbole sind auf den Verpackungen angeführt, damit der Benützer die richtige Entsorgung durchführen kann.

Hausmüll

Kann mit dem Müll entsorgt werden.

Sonderabfall, Problemstoff

Nicht mit dem Hausmüll entsorgen, sondern dem Sonderabfallsammler übergeben. Zu Problemstoffsammelstelle bringen. Gifte an den Abgeber bzw. an die Verkaufsstelle zurückgeben.

Verbot der Beseitigung über die Kanalisation

Reste nicht in den Ausguss oder das WC leeren, sondern mit dem Hausmüll entsorgen oder dem Abgeber bzw. der Verkaufsstelle, dem Sonderabfallsammler oder der Problemstoffsammelstelle übergeben.

Die betriebsinterne Durchführung der Mülltrennung wird von der Unternehmerleitung mit dem von ihr beauftragten Entsorger festgelegt.
Die Mitarbeiter der Etage müssen laufend von der Hausdame oder dem Abfallwirtschaftsbeauftragten darüber informiert und entsprechend geschult werden.

Schädlingsbekämpfung

Tierische Schädlinge kommen aus der Luft, werden mit Schuhen und Gepäck eingeschleppt, kriechen oder fliegen ein oder befinden sich im Wasser. Da ihre Anwesenheit als Indikator für den Hygienestandard eines Hauses angesehen wird, ist der Kampf gegen den Schädlingsbefall eine wichtige Angelegenheit. Manche Gegenden sind von bestimmten Schädlingen stark betroffen. Schädlinge können Krankheiten übertragen und auch Werkstoffe und Warenvorräte schädigen.
Die Bekämpfungsmittel enthalten meist mehr oder weniger bedenkliche Stoffe, die Materialien, Menschen, Tiere, Pflanzen und Umwelt schädigen. Vorsicht ist bei allen Mitteln, die Lindan – einen chlorierten Kohlenwasserstoff – enthalten, geboten, ebenso bei Dioxin, das als Rattengift verwendet wird.
Schädlingsbekämpfungsmittel werden als Sprüh-, Spritz- oder Ködermittel angeboten. Mit Hilfe von Kunststoffträgern werden die Inhaltsstoffe auch an die Raumluft abgegeben und belasten somit die Atemorgane.
Nicht immer ist der Einsatz hoch konzentrierter Schädlingsbekämpfungsmittel erforderlich. In jedem Fall soll fachliche Beratung eingeholt werden. Konzessionierte Betriebe führen professionell und schonend die entsprechende Schädlingsbekämpfung durch.

Sicherheitshinweise bei der Verwendung von Schädlingsbekämpfungsmitteln

- Gebrauchsanweisung genau lesen, Gefahrensymbole beachten.
- Aufbewahrung in einem verschließbaren Schrank.
- Handschuhe verwenden.
- Evtl. Mundschutz tragen.
- Nach Anwendung Räume gut lüften.
- Bei Unfällen Vergiftungsinformationszentrale kontaktieren.
- Bei Vergiftungserscheinungen keinesfalls Milch, Eiweißprodukte und Alkohol verabreichen.

Maßnahmen zur Bekämpfung tierischer Schädlinge

Bezeichnung	Vorkommen	Maßnahmen
Silberfischchen – *8–12 mm.* – *Vertilgen Hausstaubmilben.*	*Bei feuchten Stellen im Mauerwerk und in Ritzen.*	– *Trockenlegung der betroffenen Mauerstelle.* – *Borax in die Ritzen streuen.*
Schaben – *Verschieden groß.* – *Sehr hartnäckig und widerstandsfähig.* – *Nicht zertreten: Die Eier bleiben an den Schuhen haften und werden weitergetragen.*	*Hinter Wandleisten und in Ritzen.*	– *Wirkstoffbeschichtete Klebestreifen auslegen.* – *Schlupflöcher suchen und abdichten.*
Motten *Graue oder hellbraune kleine Schmetterlinge: Schaden entsteht besonders durch die Larven.*	*Besonders in Textilien aus Naturfasern, wie Bettwaren, Polstermöbeln, Teppichen und Vorhängen.*	– *Nur gereinigte Textilien lagern.* – *Depotfenster mit feiner Gaze bespannen.* – *Getrocknete Lavendel- oder Fliederblüten in Gazesäckchen aufhängen.*
Fliegen	*In sonnigen Räumen, bei Blumen, Früchten, Schmutz usw.*	– *Fliegengitter vor den Depotfenstern.* – *Peinliche Sauberkeit.* – *Essensreste rasch entfernen.* – *Zugluft.* – *Lavendel- oder Fliederblüten.* – *Lorbeeröl.*
Läuse – *Kopfläuse: schwarz, kleine weißliche Eier.* – *Tierläuse.* – *Staubläuse.*	– *In Polstern.* – *Auf Liegeplätzen von Tieren.* – *Unter Tapeten, in Textilien.*	*Komplettdesinfektion der befallenen Textilien.*
Wanzen – *10 mm groß.* – *Platt.* – *Typischer Geruch.* – *Nachtaktiv.*	*In Ritzen und Spalten, hinter Bildern und Spiegeln*	– *Vergasung der Räume durch konzessionierte Betriebe.* – *Peinlichste Sauberkeit!*
Ameisen – *Große, schwarze Ameisen.* – *Kleine, rote Ameisen.*	*Ameisenstraßen auf Fensterbrettern, Türschwellen, Mauern*	– *Ameisenstraßen mit Backpulver oder Hefe bestreuen.* – *Schälchen mit Zucker und Borax aufstellen.* – *Einwanderungsloch verkitten.*
Pharaoameise *Hellgelbe, kleine Ameise.*	*In Dämmungen und Bewicklungen von Heizungs- und Warmwasserrohren*	*Bekämpfung durch konzessionierten Betrieb, da die Aufenthaltsplätze schwer zu finden sind und nur dort entsprechende Vernichtungsmaßnahmen getroffen werden können.*

Bezeichnung	Vorkommen	Maßnahmen
Spinnen	– *In länger nicht begangenen Räumen.* – *In Zimmerecken usw.*	– *Spinnennetze entfernen.* – *Wände regelmäßig reinigen.*
Flöhe	*In Bettgestellen und Matratzen.*	– *Thymianöl aufstreichen.* – *Zitronenscheiben in einem Schälchen aufstellen.*
Milben *Kleine Pünktchen, unterschiedliche Farben.* **Hausstaubmilbe** – *Mit freiem Auge kaum erkennbar.* – *Die Exkremente verursachen Juckreiz.*	– *Zwischen Büchern, auf Pflanzen, Wänden, altem Holz, Tapeten usw.* *→ Bettwaren.*	– *Peinliche Sauberkeit.* – *Wischbare Flächen mit Essigwasser behandeln.* *→ Bettwaren.*

Schimmelbekämpfung

In feuchtem Mauerwerk kann es leicht zur Schimmelbildung kommen. Ursache dafür können schlechte Belüftung, hohe Raumluftfeuchte, kalte Mauern, an denen sich Kondenswasser niederschlägt, falsch eingestellte Klimaanlagen, zu dicht schließende Fenster oder ein Wasserrohrbruch sein. Schimmel bildet dunkle Flecken. Gefährlich ist die Schimmelbildung aufgrund der Sporen. Sie gelangen mit der Atemluft in den Körper und können ernste Erkrankungen verursachen. Bausachverständige können feststellen, welche gezielten Sanierungsmaßnahmen notwendig sind, um Schimmel nachhaltig zu entfernen.

Tipps

Kalkanstriche binden Wasser und sind für Räume, in denen hohe Luftfeuchte zu erwarten ist, ideal. Daher werden sie für Funktionsräume, zB in der Wäscherei, und in anderen verfliesten Räumen für Plafonds und das obere Wanddrittel empfohlen.

Stockflecken entstehen bei der Lagerung feuchter Wäsche → Laundry.

Bekämpfung von Mikroorganismen

Nur penible Reinigung gewährleistet, dass Bakterien und Viren nicht zu gesundheitlichen Problemen bei Gästen und Mitarbeitern führen.

In der Etage muss nur in Ausnahmefällen desinfiziert werden. In jedem Fall ist **zuerst die Grundreinigung** durchzuführen. Über Wirkung und Umweltbelastung von Desinfektionsmitteln soll man sich vor der Verwendung sehr genau informieren, da die Einwirkzeit und die Konzentration der Desinfektionslösung wesentlichen Einfluss auf die Keimtötung haben. Die Schutzmaßnahmen für die mit Desinfektionsmitteln arbeitenden Mitarbeiter müssen eingehalten werden (Kontrolle).

Im **Hallenbad-, Sauna- und Freizeitbereich** müssen die geltenden Bestimmungen besonders genau eingehalten werden, um eine Verkeimung zu verhindern. Die Gesundheitsbehörde ist für Kontrollen verantwortlich und auch die Ansprechstelle für die Auswahl von Maßnahmen. Die Desinfektion wird im Kapitel Reinigungsmanagement ausführlich behandelt.

Legionellen (Erreger der Legionärskrankheit) stellen im Hotelbetrieb ein großes Problem dar, denn sie verbreiten sich durch die Warmwasser- und die Klimaanlage. Sie werden mit dem Wasserdampf eingeatmet und verursachen schwere Erkrankungen der Atemwege. Wird als Ursache einer Erkrankung nachgewiesen, dass der Hotelbetrieb mit Legionellen verseucht ist, wird das Haus bis zur vollständigen Sanierung behördlich geschlossen.
Legionellen vermehren sich bei Temperaturen unter 60 °C. Da wegen der Verbrühungsgefahr maximal 55 °C als Abgabetemperatur für Warmwasser vorgeschrieben sind, sollen ältere Warmwassergeräte zumindest dreimal im Jahr höher eingestellt werden und zugleich soll Warmwasser ausfließen. Regelmäßige Kontrollen durch eine Fachfirma sind unerlässlich. Neue Geräte sind legionellensicher konstruiert, da sie gleichmäßig aufheizen.

Temperatur

Die Reaktionstemperaturen der reinigungsaktiven Substanzen liegen bei ca. 40 °C. Meist reicht jedoch handwarmes Wasser, oft sogar kaltes Wasser für die Erzielung des Reinigungserfolges, da sich bei hohen Wassertemperaturen bestimmte Reinigungssubstanzen rasch verflüchtigen können, wodurch die Wirksamkeit verloren geht.

Aufgrund der chemischen Zusammensetzung der Waschmittel kann Kochwäsche oft schon bei einer Temperatur von nur 60 °C, Fein- und Buntwäsche bei 30–40 °C gewaschen werden.
Anderseits kann durch die Erhöhung der Wassertemperatur, zB bei Hochdruckgeräten oder bei Geräten mit Dampfeinsatz, der Einsatz des Faktors Mechanik verringert werden und Zeit und vor allem Chemie können eingespart werden.

Zeit

Die Anzahl der Mitarbeiter, das Reinigungsverfahren und/oder der Einsatz entsprechender Geräte bestimmen den Faktor Zeit.
Bei starken und hartnäckigen Verschmutzungen kann durch den erhöhten Einsatz von Reinigungschemie ebenfalls die Arbeitszeit verkürzt werden.
Einwirk- oder Trocknungszeiten verlängern die Zeit der Reinigungsvorgänge.

Mechanik

Der Faktor Mechanik im Bereich der Reinigung erfordert genaue Fachkenntnisse, da auf dem Markt eine Vielzahl von Reinigungsmaschinen und Reinigungsmaterialien angeboten werden. Um die Betriebsmittel richtig einzusetzen, sind Informationen vor der Neuanschaffung und bei der Planung und Kontrolle von Reinigungsabläufen notwendig:

- Reinigungsgeräte und -maschinen: Funktion, Zubehör, Anwendung, Auslastungsgrad, Hinweise zur Neuanschaffung und Pflege.
- Manuell geführte Geräte zur Bodenpflege.
- Reinigungstücher, Schwämme, sonstiges Zubehör.

Anschaffung von Neugeräten und Auslastungsgrad

Größe und Ausstattung des Betriebes bestimmen Art und Menge der benötigten Maschinen.
Eine gut durchdachte Einsatzplanung aller zur Verfügung stehenden Reinigungsgeräte kann einen wesentlichen Beitrag zur Arbeitserleichterung und zur Verkürzung von Reinigungsprozessen leisten. Durch den erhöhten Einsatz der Mechanik kann bei vielen Reinigungsabläufen der Einsatz chemischer Mittel verringert werden.

Wie jedes gebundene Betriebskapital sollen sich auch die Reinigungsmaschinen rasch amortisieren und noch lange Zeit nach der Abschreibung an der Erwirtschaftung des Betriebskapitals mitwirken. Daher sollen sie optimal ausgelastet werden. Stehzeiten sind unproduktiv.

Bei großen Geräten kann auch an einen Leasingvertrag gedacht werden. Inwieweit **Kombinationsgeräte** oder **Spezialmaschinen** sinnvoll sind, hängt von der zu leistenden Arbeit ab. In jedem Fall ist fachliche Beratung einzuholen und eine Kosten-Nutzen-Rechnung zu erstellen.

Beispiel für das Errechnen des Auslastungsgrades bei 8 Stunden Arbeitszeit pro Tag = 480 Minuten:

$$\frac{\text{Einsatzzeit x 100}}{\text{mögliche Arbeitszeit}} = \text{Auslastungsgrad}$$

$$\frac{\text{180 (Minuten) x 100}}{\text{480 (Minuten)}} = 37{,}5\ \%$$

	Einsatzzeit pro Tag	Auslastungsgrad in Prozent
Gerät A	180 Minuten	37,50 %

Der Besuch von Fachmessen, Einschaltungen in Fachzeitschriften, Werbematerial, der Besuch eines Vertreters im Betrieb oder zu hohe Reparaturkosten für ein Altgerät können zu Überlegungen zum Ankauf eines Neugerätes führen.

Tipps

Bei der Neuanschaffung von Geräten ist immer die Betriebsgröße, die Größe der Räume, die Gangbreite und die Liftgröße zu berücksichtigen.

Gerätevorführung im eigenen Betrieb veranstalten.

Geräte im Betrieb mindestens eine Woche lang testen, um festzustellen, ob sie den betrieblichen Gegebenheiten und den Vorstellungen der Mitarbeiter gerecht werden.

Alle Geräte und Maschinen selbst in Betrieb nehmen und alle Funktionen mehrmals durchprobieren.

Betriebsanleitungen vor der Bestellung genau durchlesen und bei Unklarheiten nachfragen.

Leicht verständliche Checklisten für Inbetriebnahme, Wartung und Reinigung erstellen → Reinigungsorganisation.

Beratungsgespräch

Entscheidungshilfe vor dem Kauf

- Handhabung aller Teile, auch der Stecker, auf ihre Funktionalität hin prüfen.
- Lärmentwicklung.
- Entstatisiertes Gehäuse.
- Garantiezeit.
- Nachkaufgarantie für Ersatzteile.
- Vereinbarung der Servicedienste.
- Robuste Ausführung.
- Bandbreite der Einsatzmöglichkeiten.
- Einfache Wartung und Reinigung.
- Unfallsichere Ausführung.
- Einschulung durch Firmenvertreter.

Reinigungsgeräte bzw. -maschinen

Geräte und Maschinen zur effektiven Schmutzentfernung sollen unter Berücksichtigung folgender Faktoren eingesetzt werden:

- Art der zu reinigenden Materialien.
- Arbeitserleichterung und Arbeitszeitverkürzung.
- Verschmutzungsgrad.
- Arbeitssicherheit.
- Arbeitsweise, Arbeitsergebnis und Arbeitszeit.

Staubsauger

Staubsauger sind wohl die in der Etage am häufigsten eingesetzten elektrischen Betriebsmittel. Das Grundprinzip ist ausgereift und sehr funktionell. An den Zusatzteilen werden laufend Verbesserungen vorgenommen, um die Geräte noch benutzerfreundlicher zu gestalten und universell einsetzen zu können.

Bodenstaubsauger gibt es als **Schlitten-** oder als **Kesselsauger.** Die Motor- und die Filtereinheit liegen somit am Boden. Ihre Beweglichkeit hängt von allseits drehbaren Kugelrädern ab. Die arbeitende Person hält nur noch Saugrohr und Saugdüse in der Hand, die über den Saugschlauch mit dem Grundgerät verbunden sind.

Schlittensauger

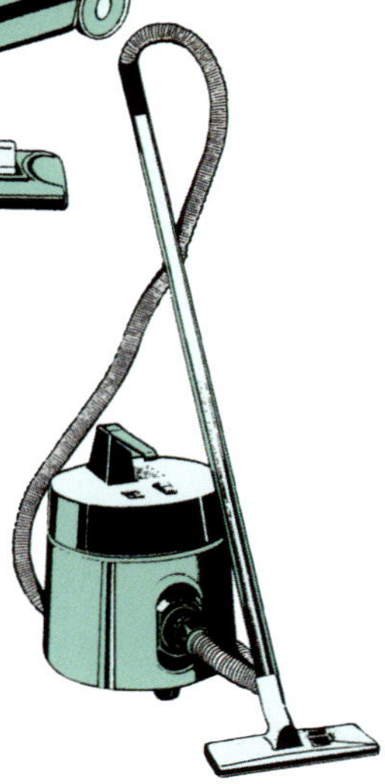

Kesselsauger

Bei der Ausführung von **Hand- bzw. Stielsaugern** werden sowohl Motor- und Filtereinheit als auch Bürsten und Düsen durch eine in der Hand liegende Griffstange geführt.

Spezielle Konstruktionen erlauben das Abstellen auf Stufen und sind selbst treppengängig. Dadurch wird das Arbeiten in Treppenhäusern sehr erleichtert.
Auch Modelle, die auf dem Rücken getragen werden, so genannte **Rückentragsauger** oder **Hüftsauger,** eignen sich besonders für den Treppenhausbereich.

Rückentragsauger

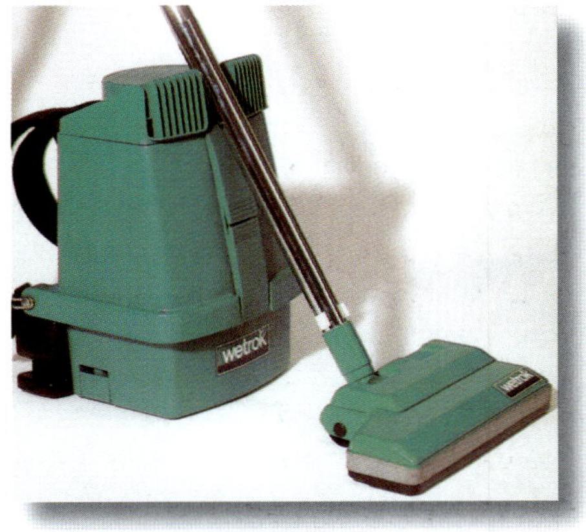

Anatomisch geformtes Rückentraggestell für ermüdungsfreies Arbeiten

Grundgerät

Das Staubsaugergrundgerät besteht aus schlagfestem Kunststoff oder aus Chromnickelstahl. Der Saugeffekt entsteht durch ein motorbetriebenes Gebläseaggregat, das im Gerät Unterdruck erzeugt.

Das Ein- oder Mehrstufengebläse wird mit Hilfe des Motors angetrieben und befördert die Luft, die sich im Inneren des Saugbehälters befindet, über die

Ausblasöffnung nach außen. Dadurch wird im Gehäuseinneren ein hoher Unterdruck erzeugt. Über die Saugdüse, das Saugrohr und den Saugschlauch strömt Luft somit ins Innere des Gehäuses nach. Die eingesaugte, staubbeladene Luft passiert den Staubsack, der als Einwegfiltersack die größte Menge an Staub, Fädchen, Haaren und sonstigem Kehricht aufnimmt, durchstreicht vorgereinigt den Motorfilter, wird restgereinigt über den Motor geführt, dient als Kühlung und entweicht durch den Abluftfilter nach außen. Dadurch ist der ausgeblasene Luftstrom so gut gefiltert, dass nur mehr feinste Staubteilchen in die Raumluft gelangen. Dort bleiben sie eine Zeitlang in Schwebe, ehe sie sich absetzen.
Mikrofilter und Absolutfilter minimieren den Reststaub fast zur Gänze und vermindern allergische Reaktionen.

Tipp
Nach dem Saugen Räume durchlüften, damit der Feinstaub abzieht.

Leistungskenngrößen
Auch darüber soll der Hersteller informieren:
1. Elektrische Aufnahmeleistung (W).
2. Unterdruck (mbar).
3. Luftleistung (l/s).
4. Drehzahl.

Diese Leistungskenngrößen sind miteinander durch physikalische Gesetzmäßigkeiten verbunden. Während des Einsatzes sind die Luftwege des Gerätes oft durch verschiedene Faktoren gedrosselt: Filterfüllmenge, Art der Düse und der Düsenführung, Belagsart, verstopfte Rohre durch sperriges Aufnahmegut, starke Verunreinigung der Saugdüsen und des Rohres. Daher müssen alle Teile vor Inbetriebnahme kontrolliert werden.

Vorsicht!
Gerät immer ausschalten, wenn die Düsen entfernt werden! Nie in eingeschaltetem Zustand in das Saugrohr schauen! Der ungehinderte Saugstrom ist sehr stark!

Die Saugleistung kann händisch mit der **Drosselklappe** am Griffteil des Schlauches, durch einen **Luftschieber** am Saugrohr oder durch **Drosselung der Motorleistung** mit einer Tasten- oder Drehschaltvorrichtung reguliert werden. Bei feinen Geweben, bei Möbeln und Bildern sowie bei Beleuchtungskörpern darf nicht die volle Leistung angewendet werden. **Bei automatischer Regelung** passt sich die Saugleistung der Füllmenge des Staubbeutels an. Manche Geräte haben Sensoren, die die Saugleistung auf die verschiedenen Bodenarten abstimmen.

Großflächenbürstsauger

Zubehör

Zubehörteile	Zu beachten	Im Einsatz
Saugschlauch aus *Kunststoff mit verstärkten Rillen*	*– Hohe Beweglichkeit durch Drehansätze für Saugrohr und Grundgerät.* *– Gute Steckvorrichtungen mit Fixierung bevorzugen.*	*Gerät nicht abrupt am Schlauch nachziehen!*
Saugrohr *aus verchromtem Stahl oder aus Kunststoff; für große Distanzen aus Aluminium*	*–* ***Steckprinzip:*** *Verlängerungsrohre müssen leicht zu montieren sein.* *–* ***Teleskopprinzip:*** *Gewählte Veränderung muss stabil bleiben.*	*Der Reichweite entsprechend verlängern oder verkürzen.*
Kombidüse/Universaldüse *aus Kunststoff, mit Chromstahlrippen und Borstenkranz, Kippgelenk für leichteres Unterfahren von Möbeln, Fadenheber, integriert*	*– Mit Umschaltvorrichtung (Fußbedienung).* *– Die Ausführung beachten –* ***Ränder und Ecken müssen mitgesaugt werden können.***	*–* ***Glatte Düse*** *für Teppiche: Die Saugdüse öffnet den Flor so, dass auch tiefer liegender Staub abgesaugt werden kann.* *– Mit ausgefahrenem* ***Bürstenkranz*** *für glatte Böden, die Borstenschluss erfordern, um ein Zerkratzen der Oberfläche und der Pflegefilme zu vermeiden.*

Fugendüse *aus Kunststoff*	*Schräges Mundstück erleichtert die Arbeit an Schmalstellen, zwischen Möbelteilen und Wänden.*	*– Polstermöbel.* *– Hinter Heizkörpern, in Ecken, bei Wandleisten.*
Polsterdüse, *glatt, aus Kunststoff*	*Evtl. geteiltes Mundstück, so dass auch Lehnen und Kanten gesaugt werden können.*	*– Polstermöbel, Matratzen.* *– Gardinen stets mit gedrosseltem Luftstrom saugen!*
Pinseldüse mit Borsten *aus Kunststoff*	*Bei manchen Fabrikaten darf nur mit geringer Saugleistung gearbeitet werden, da sich die Borsten sonst einziehen. Kippgelenk ermöglicht Schrägstellung.*	*– Zierleisten.* *– Bücher.* *– Regale.* *– Beleuchtungskörper.*
Heizkörperbürste mit Borsten *aus Kunststoff*	*Ausführung des Heizkörpers bestimmt die Bürstenform.*	*– Rippenheizkörper.* *– Flachheizkörper.*
Hartbodenbürste *mit Gummilippe*	*Gummilippe säubern und kontrollieren.*	*Oberflächenempfindliche Böden.*
Teppichbürste *mit eigenem Elektromotor, der ein oder zwei Bürstenwalzen antreibt*	*Gute Randsaugung beachten.*	*– Teppichböden: Der Flor wird nach der Reinigung aufgerichtet.* *– Nicht für Nadelvlies, da es aufgeraut wird.*
Turbobürsten: *Nur der Saugstrom treibt die Bürstrollen an*	*Pflegeleistung und Saugkraft sind nicht so gut wie bei der Teppichbürste.*	*Teppichböden.*

Tipps

Die Standarddüsen sollen in einem Gerätefach am Gerät mitgeführt werden können.

Für lose Teppiche eignet sich die Sonderform Klopfbürstsauger: Der Teppich wird durch den Saugstrom angehoben und mit der Hartleiste geklopft. Dadurch wird tief liegender Staub hochgeschüttelt, mit der Bürstenreihe abgebürstet und abgesaugt.

Integriertes Zubehör

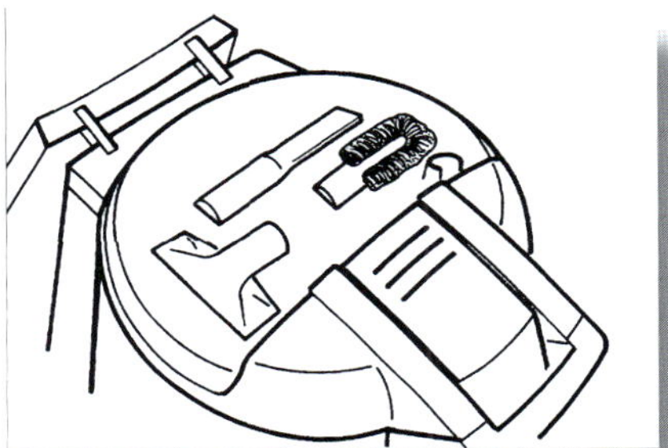

Elektrische Teppichbürste

Platz sparende Aufbewahrungsmöglichkeit

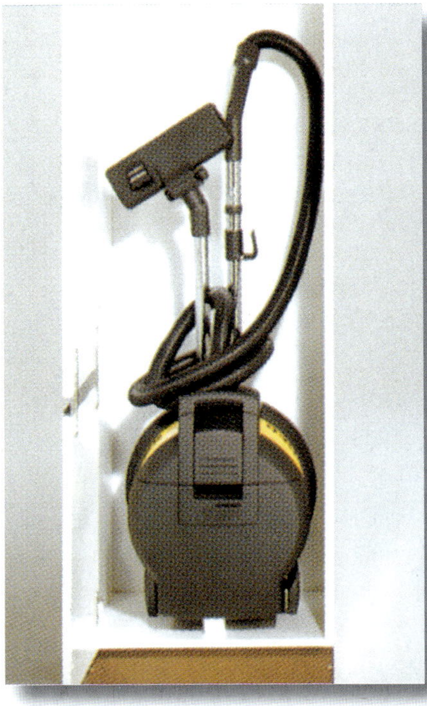

Entscheidungshilfe vor dem Kauf

- Einsetzen und Entfernen des Staubsacks.
- Wechseln des Motorfilters.
- Einlegen des Abluftfilters.
- Montage des Saugschlauchs, Beweglichkeit und sicheren Halt prüfen.
- Montage der Düsen.
- Kontrolle der Saugstromstärke.
- Zusammensetzen und Auseinandernehmen der Saugrohrverlängerungen: Kraftaufwand beobachten.

Bedienung und Pflege

- Wartung und Pflege sichern lange Lebensdauer und ein tadelloses Arbeitsergebnis.
- Originalstaubsäcke verwenden. Papierstaubsäcke nur einmal verwenden.
- Bei jedem Staubsackwechsel ist auch das Innengehäuse zu reinigen.
- Düsen und Rohre sauber halten (nur bei abgezogenem Kabel kontrollieren). Bürstenwalze auf Abnutzung kontrollieren, Haare etc. entfernen.
- Vorsicht: Glasscherben, Flaschenkappen und feuchter Schmutz beschädigen den Staubsack.
- Kunststoffteile des Staubsaugers mit feuchtem Tuch reinigen.
- Filter zeitgerecht wechseln.

Zentralstaubsauganlage

Bei Neubau oder Renovierung kann an eine Zentralstaubsauganlage gedacht werden. Anzahl und Montage der Adapterdosen werden je nach Länge des Saugschlauchs geplant. Die Adapterdosen sind mit dem Sauggerät, das sich abseits im Gebäude, in einem Kellerraum oder an der Außenmauer befindet, verbunden. Nur Saugschlauch, Saugrohr und Zusatzgeräte werden im Einsatz mitgeführt. Es wird keine Abluft in den Raum geblasen, die Raumluft bleibt staubarm. Da sich das Gerät nicht in den Gästeräumen befindet, wird geräuscharm gearbeitet.

Bestandteile

- Saug- und Staubbehälter entlässt mit einem Abluftrohr die gefilterte Abluft ins Freie.
- Installiertes Rohrsystem mit Adapterdosen, so genannten Schlauchsteckdosen.
- Saugschlauch, der beim Einstecken in die Adapterdose durch Schwachstromkontakt automatisch oder mit einem eigenen Schalter den Saugmotor des Zentralgerätes einschaltet. Die Länge des Saugschlauchs ist auf den gewünschten Aktionsradius abzustimmen.
- Saugrohr, aus ergonomischen Gründen verstellbar.
- Saugdüsen und Zubehör → Staubsauger.

Bedienung und Pflege

Die Anlage ist wartungsfrei. Die Filter sind selbstreinigend. Die Füllmenge der Staubsammelbehälter wird mindestens einmal monatlich kontrolliert und bei Bedarf entleert.

Installation einer Zentralstaubsauganlage

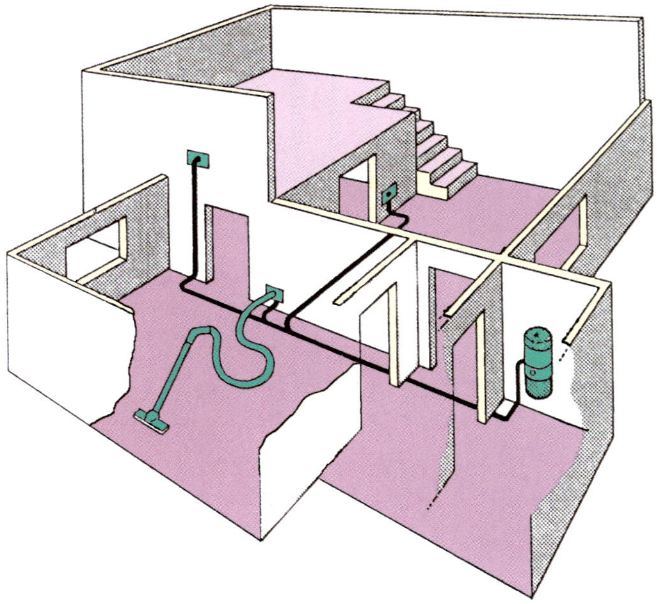

Nasssauger

Die Bau- und Funktionsweise ist jener von Bodenstaubsaugern in Kesselform vergleichbar. Mit dem Saugstrom gelangt die aufzunehmende Flüssigkeit in den Aufnahmeraum. Je nach den durchzuführenden Arbeiten und den zu bearbeitenden Flächen sind das Fassungsvermögen (ab ca. 15 Litern) und das Material des Gehäuses bei der Anschaffung zu berücksichtigen.

Einsatz

- Bei Wasseraustritt.
- Zur Aufnahme der Schmutzflotte.
- Zur Reinigung von verstopften Rohren.
- Bei großen Flächen wird die Saugdüse direkt am Grundgerät montiert, für schwer zugängliche Stellen werden Saugrohr und Saugschlauch verwendet.

Nass- und Trockensauger mit Saugdüse auf Saugrohr

Hallenreinigung

Nasssaugzubehör

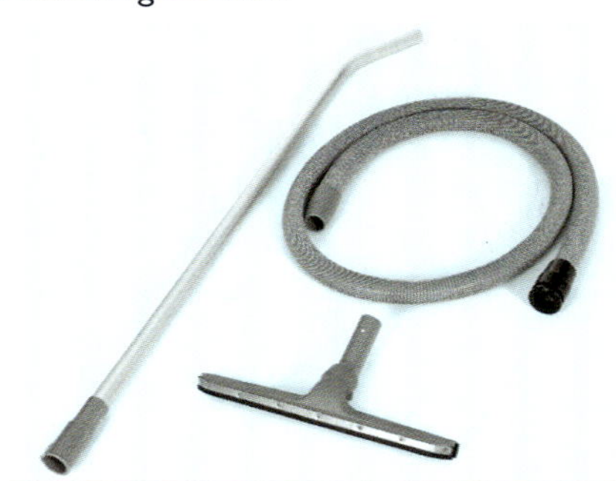

Saugdüse am Grundgerät

Die Saugluft enthält viel Feuchtigkeit, daher ist sie für die Motorkühlung nicht verwendbar. Saug- und Motorkühlluft sind durch ein Bypasssystem getrennt. Schaum- oder Wasserstopp in Form eines Schwimmers oder einer elektronischen Vorrichtung unterbrechen die Saugleistung automatisch.

Prinzip des Bypasssystems

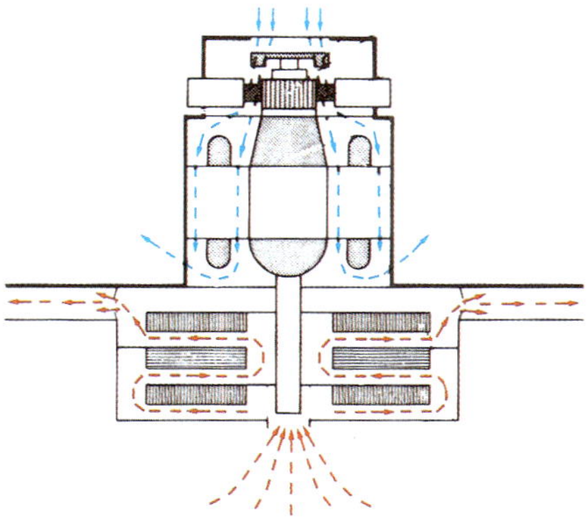

blau: Kühlluft
rot: Saugluft

Bedienung und Pflege
- Nach Beendigung soll der Saugmotor zur Restentleerung etwas nachlaufen.
- Düsen, Schwimmer und Gehäuse nach Gebrauch gründlich spülen.
- Kessel und Saugzubehör spülen und gut austrocknen lassen.

Entscheidungshilfe vor dem Kauf
- Große Lenkrollen erleichtern den Transport des Gerätes.
- Teleskoprohr zur Längenverstellung.
- Eine Zusatzpumpe ermöglicht das Hochpumpen von Flüssigkeiten, zB die Direktentsorgung in Kanäle bei Hallen- und Schwimmbadreinigung.
- **Dry-Wet-Geräte (Nass-Trocken-Sauger)** sind Kombinationsgeräte und funktionieren nach dem gleichen Prinzip. Sie werden sowohl für das Trocken- als auch für das Nasssaugen eingesetzt.

Ab einem Fassungsvermögen von 25 bis 30 Litern muss die Entleerung des Gerätes mit einer Kippvorrichtung in einen Abfluss oder ein WC möglich sein.

Entleerung ins WC mit Kippfahrgestell

Dank des Kippfahrgestells muss der Behälter zum Entleeren von festem Schmutz nur noch gekippt werden. Das Hochheben entfällt, ist bei Bedarf jedoch immer noch möglich.

Entleerung in den Abfluss mit Ablassschlauch

Einfache Entleerung: Ein Ablassschlauch ermöglicht die komfortable Entsorgung von Flüssigkeiten.

Scheibenmaschinen

Scheibenmaschinen gehören im täglichen Reinigungsablauf zu den vielseitigsten Geräten. Der variierende Einsatz dieser Reinigungsgeräte führt zu einer hohen Auslastungsquote, da viele Reinigungsvorgänge durchgeführt werden können. Die Geräte tragen eine Bürstscheibe an einem Treibteller. Die Scheuerfläche kann mit einer großen Bürste oder mit zwei oder drei Bürstscheiben ausgestattet sein.

Nach der Konstruktion unterscheidet man:
- **Einscheibenmaschine** (Normalläufer, Selbstläufer) oder **Mehrscheibenmaschine** (Zwei- oder Dreischeibenmaschine): je nach Anzahl der Scheiben.
- **High-Speed-Maschine:** schnell laufende Einscheibenmaschine.
- **Ultra-High-Speed-Maschine:** für Polierarbeiten.

Einscheibenmaschinen

Die Leistung wird durch die Umdrehungen des Elektromotors, der zusammen mit der Antriebsvorrichtung in einem schlagfesten Kunststoffgehäuse untergebracht ist, erzielt. Dieses Gewicht ergibt den Anpressdruck, der maßgeblich für den Arbeitserfolg ist. Für besondere Ansprüche gibt es Zusatzgewichte als Sonderzubehör.

Der Verwendungszweck bestimmt die erforderliche Drehzahl der Antriebsscheibe. An den Haltegriffen, mit denen die Führungsstange gelenkt wird, befinden sich die Schalter und Hebel zur Bedienung der Maschine. Bodenart, Verschmutzungsgrad und Reinigungsverfahren bestimmen über den Einsatz von Bürstscheiben oder Pads.

Treibteller mit Pad

Gerät mit Bürstscheibe

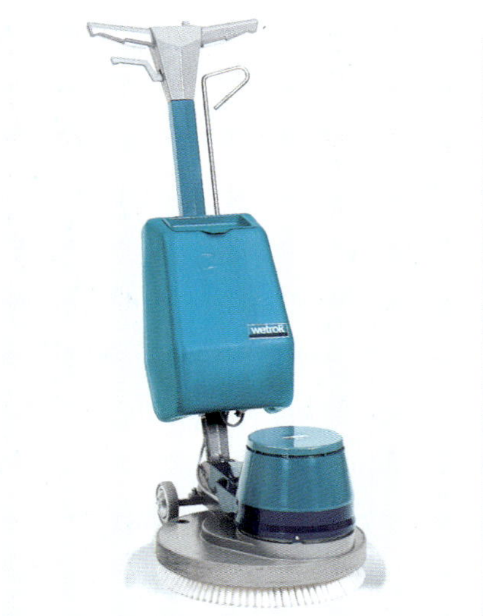

Scheuern

Das gleichzeitige Auftragen der Reinigungslösung über die Bürstscheiben- oder Padmitte geschieht während der mechanischen Schmutzentfernung. Die Wahl der Bürsten- oder Padstärke ist auf den Bodenbelag abzustimmen. Die Reinigungsflotte muss in einem weiteren Arbeitsgang mit dem Nasssauger abgesaugt werden.

Shampoonieren

Die entsprechend der Dosieranleitung vorbereitete Reinigungslösung befindet sich im aufgesetzten Wassertank. Durch die Reibung zwischen Bürste und Teppich entwickelt sich der Schaum. Das Gerät wird so geführt, dass der Schaum kreisend und überdeckend in die Faser massiert und dann der Schmutz aufgenommen wird. Unmittelbar darauf folgend muss mit dem Nasssauger sorgfältig abgesaugt werden, damit der Teppich nicht zu stark durchnässt wird. Er darf bis zur vollständigen Trocknung nicht begangen werden. Vor der Freigabe des Raumes ist noch einmal gründlich trocken zu saugen.

Bodenreinigungsscheiben		
Bürstscheiben	*Borsten aus Nylon oder Polypropylen, abriebfest, chemikalienbeständig.*	*- Scheuern.* *- Shampoonieren.*
Pads mit Treibteller	*- Vliesscheiben aus Polyester oder Polyamid mit eingearbeiteten Schleifkörnern verschiedener Stärke und Mikrofaserscheiben. Sie werden auf die Padtreibteller gesteckt.* *- Automatische Höhenanpassung bei Unebenheiten.*	*- Polieren.* *- Bohnern.* *- Schleifen.* *- Sprayreinigen (cleanern).* *- Bürsten.* *- Wachsen.*
Garn- und Mikrofaserpads	*Scheiben mit Schlingenmaterial oder Vlies aus Mikrofaser.*	*- Bürsten.* *- Detachieren.*

Das Shampoon kann auch mit dem Extraktionsgerät abgesaugt werden. Der Teppich soll in einem weiteren Arbeitsgang durch Aufsprühen und Absaugen von Wasser nochmals klargespült werden.

Polieren

Padart, Umdrehungsleistung und Anpressdruck bestimmen das Poliererergebnis. Die Schutzbeschichtung des Bodenbelages wird erwärmt, verdichtet und erhärtet. Durch die kompaktere Oberflächenstruktur werden laufende Reinigungsvorgänge erleichtert.

Sprayreinigen (Cleanern)

Bodenbeläge mit Pflegefilm werden in einem Arbeitsgang gereinigt, die Schutzschicht wird ergänzt und poliert. Schmutz und abgenutzte Pflegefilmteile werden mit dem Reinigungsmittel, dem Cleaner, entfernt. Dadurch werden auch Tritt- und Absatzspuren beseitigt und gleichzeitig neue Pflegesubstanzen aufgebracht. Wenn kein fix montiertes Spraygerät vorhanden ist, kann der Cleaner mit einer Handsprühkanne aufgetragen

werden. Schmutzpartikel und Abriebstoffe werden vom Pad aufgenommen, es wird anschließend unter fließendem Wasser oder in der Waschmaschine je nach Modell mit 40–60 °C ausgewaschen.

Montiertes Spraygerät

Saugbohnern

Darunter versteht man einen Arbeitsgang für trockene Reinigung und Polieren. Dafür wird eine Saugeinheit in voller Maschinenbreite an der Führungsstange montiert, wodurch die

Bohnerkopf mit Saugeinheit

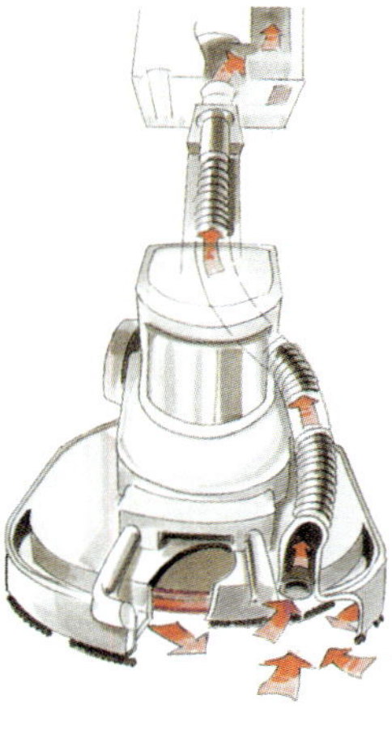

Staubentfernung vor dem Poliervorgang gewährleistet ist. Anstelle des Spritzschutzes wird ein Absaugring als Scheibenabdeckung angebracht.

Schleifen und Trockenreinigen

In einem Arbeitsgang werden mit der Einscheibenmaschine unter Verwendung einer Saugeinheit, von Schleifpads oder Schleifpapier alte Pflegefilme entfernt.

Vorteil: Diese Methode ist besonders kostengünstig, da keine Grundreiniger erforderlich sind und die Flächenstundenleistung gegenüber anderen Methoden erheblich gesteigert wird.

Führungsstange, 90 ° verstellbar

Bedienung und Pflege

Vorsicht: Scheibenmaschinen müssen ständig in Bewegung gehalten werden. Längere Verweildauer auf einer bestimmten Stelle kann den Bodenbelag durch die Reibungswärme schädigen!

- Gehäuse, Tanks und Zubehörteile nach jeder Benützung reinigen.
- Vor der Gerätelagerung sind die Bürstscheiben, Pads und Treibteller zu entfernen. Das Gerät steht auf der Scheibe.
- Stecker, Kabel und Anschlüsse kontrollieren!

Entscheidungshilfe vor dem Kauf

- Bedienungselemente müssen besonders benutzerfreundlich gestaltet sein, da die Arbeitsweise meist viel Kraft beansprucht.
- Die Führungsstange muss um 90 Grad verstellbar sein.
- Geringe Höhe des Motorgehäuses bietet bei Möbelstücken gute Unterfahrmöglichkeit.
- Auf einfachen Bürsten- und Padwechsel sowie auf Treibteller mit automatischer Höhenanpassung und stufenlos regulierbarem Anpressdruck ist zu achten.
- Änderbare Drehrichtung der Bürsten garantiert gleichmäßige Abnutzung.
- Haken zur Befestigung des Kabels an der Führungsstange montieren lassen.
- Einscheibenmaschine: leicht zu führen, Bürstrotation nach links und rechts. 150–220 Umdrehungen/Minute, unterschiedliche Fabrikate.
- High-Speed-Maschine: hohe Wärmeentwicklung, daher nicht für textile Beläge geeignet. 300–750 Umdrehungen/Minute.
- Ultra-High-Speed-Maschine, nicht selbst laufend, bis 2.500 Umdrehungen/Minute.
- Dreischeibenmaschine: bewegungsneutral, da die drei Bürsten in Gegenrotation zum Bürstenteller arbeiten. Nicht selbst laufend.
- Zweischeibenmaschine: nicht selbst laufend; zwei kontrarotierende Tellerbürsten; Einsatz in kleinen Räumen als saugende Bohnermaschine.
- Bei allen Maschinen muss der Gummiwulst so gestaltet sein, dass Mobiliar, Installation und Raumelemente nicht beschädigt werden.

Scheuersaugmaschinen

Scheuersaugmaschinen werden auch als **Reinigungsautomaten** bezeichnet und vereinen die Funktionen von Einscheibenmaschine und Nasssauger in einem Gerät. Es werden zwei Arbeitsgänge miteinander gekoppelt:

- Nasses Scheuern.
- Aufsaugen der Reinigungslösung.

Scheuersaugmaschinen werden bei der Reinigung von größeren Flächen, in Hallenbädern, in Gängen, Sälen und Hallen eingesetzt. Die starke Saugvorrichtung sorgt für rutschfreie Flächen und ermöglicht somit Reinigungsvorgänge während der Betriebszeit, da die gereinigten Flächen sofort wieder begehbar sind. Die Scheuerarbeit wird entweder von Teller-(Scheiben-) oder von Walzenbürsten ausgeführt.

Walzen- und Teller- bzw. Scheibenbürsten

Je nach Modellgröße werden auch mehrere Walzen- oder Scheibenbürsten eingebaut. Sie laufen meist gegenrotierend und bewegen dadurch das Gerät in Eigenkraft vorwärts.

Reinigungsautomat mit Fahrersitz

Großreinigungsautomaten gibt es mit Fahrersitz und Lenkung. Sie werden durch einen eigenen Fahrmotor mit bis zu 6 km/h Antriebsgeschwindigkeit bewegt.
Die Arbeitsbreite der Geräte liegt zwischen 35 und 100 cm. Der etwas längere, schwenkbare Saugbalken ist für rückstandsloses Aufsaugen der Schmutzflotte konstruiert. Frischwasser- und Schmutzwassertank weisen ein Fassungsvermögen von 2–200 Liter auf.

Es werden drei verschiedene Tanksysteme angeboten:

- Zweibehältersystem.
- Einbehältersystem mit Membranbeutel.
- Recyclingverfahren.

Zweibehältersystem

Frisch- und Schmutzwasser befinden sich in zwei voneinander getrennten Behältern.

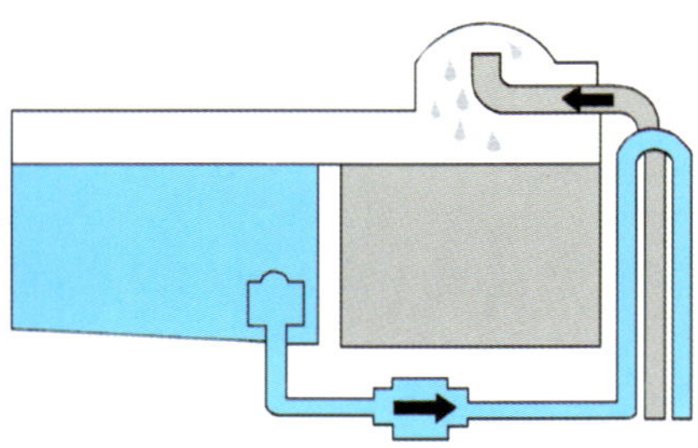

Einbehältersystem mit Membranbeutel

Bei Arbeitsbeginn füllt ein Kunststoffbeutel, der die Reinigungslösung enthält, den gesamten Füllraum des Frisch- und Schmutzwasserbehälters aus. Während des Reinigungsvorganges wird mit Hilfe einer Pumpe das Frischwasser aus dem Beutel abgesaugt und gelangt über die Bürsten auf die zu reinigende Fläche. Das Füllvolumen des Beutels wird geringer und es entsteht ein Leerraum für die Aufnahme von Schmutzwasser. Über Sauglippe oder Saugbalken wird das Schmutzwasser vom Boden in den Sammelbehälter gesaugt. Dadurch wird das Tankvolumen voll ausgenutzt und die Rüstzeiten werden wesentlich vermindert.

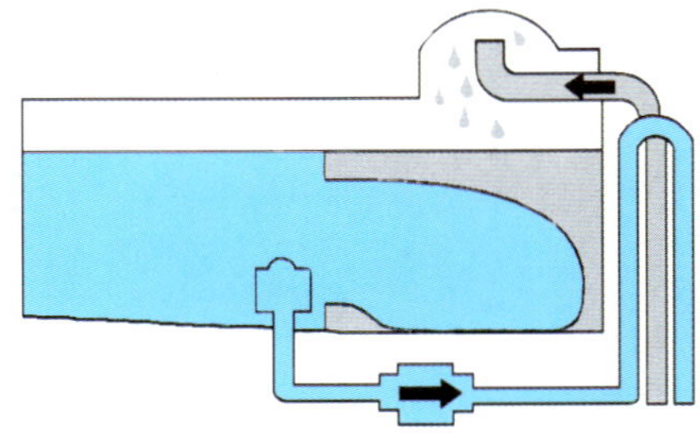

Recyclingverfahren

In den Reinigungsautomaten ist ein Schmutzwasserfiltriersystem integriert. Die Schmutzlauge wird gefiltert und steht sofort wieder für den laufenden Reinigungsvorgang zur Verfügung. Es kann ca. drei bis fünf Stunden ohne Unterbrechung des Arbeitsablaufes gereinigt werden. Wasser- und Reinigungsmitteleinsatz werden dadurch um 30–50 % verringert, die Reinigungswirkung des Recyclingwassers sinkt jedoch nach mehrfacher Wiederverwendung und es kann zur Schlierenbildung auf hoch polierten Bodenbelägen kommen. Geräte mit Recyclingtechnologie werden im Zweitanksystem oder im Membransystem angeboten. Einige Gerätehersteller bieten Umschaltvorrichtungen zwischen Frischwasser- und Recyclingwasserbetrieb an.

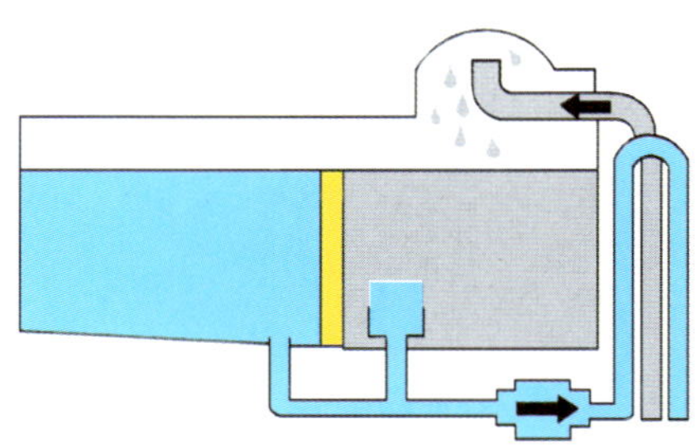

Entscheidungshilfe vor dem Kauf

- Netz- oder Batteriebetrieb: Der Aktionsradius von Batteriegeräten ist wesentlich größer und die Unfallgefahren werden erheblich verringert, da es kein Netzkabel gibt. Batteriebetriebene Geräte haben im Gegensatz zu netzbetriebenen ein höheres Eigengewicht. Ein Batterieeinschub mit Batteriewanne ermöglicht bei einigen Modellen eine Trennung der Batterieeinheit vom Gerät und erleichtert somit den Transport. Ein Tiefentladungsschutz verhindert die Totalentleerung der Batterien. Wartungsfreie Batterien sind zu bevorzugen. Ladestandsanzeigen informieren über den Ladezustand.
- Auf engen Wendekreis und gute Randsaugung ist zu achten!
- Lenkvorrichtungen müssen auf die Körpermaße des Benutzers einstellbar sein.
- Bedienungselemente müssen griffig gestaltet sein.
- Spritzschutz verhindert die Verunreinigung von bereits gereinigten Flächen und Mobiliar.
- Abweisrollen schützen Einrichtung und Reinigungsgerät vor Beschädigung.
- Die Härte der Walzen- und Scheibenbürsten ist auf den Bodenbelag abzustimmen.
- Der Bürstenwechsel muss leicht durchzuführen sein.
- Außen liegende Bürstenteile mit geringer Höhe ermöglichen Reinigungsvorgänge unter Möbeln.
- Ablassschläuche und -rohre ermöglichen die Entleerung des Geräteinhaltes in Eimer oder in einen Abfluss.
- Korrosionsbeständige Frisch- und Schmutzwassertanks.
- Reserveanzeige für Füllwasserstand.
- Schwimmer oder elektronische Vorrichtungen zur Saugstromunterbrechung bei Erreichung des maximalen Füllniveaus als Überlaufschutz.
- Bei einigen Geräten wird die Reinigungsmitteldosierung mit der Fahrgeschwindigkeit gekoppelt. So werden bei gleichmäßiger Reinigungsintensität bis zu 50 % Reinigungsmittel gespart.
- Der Anpressdruck von Scheiben- oder Walzenbürsten muss variabel verstellbar sein, um das Gerät effizient auf die Bodenbeschaffenheit und den Verschmutzungsgrad abzustimmen.

Arbeitsschema für Vor- und Rückwärtsbetrieb

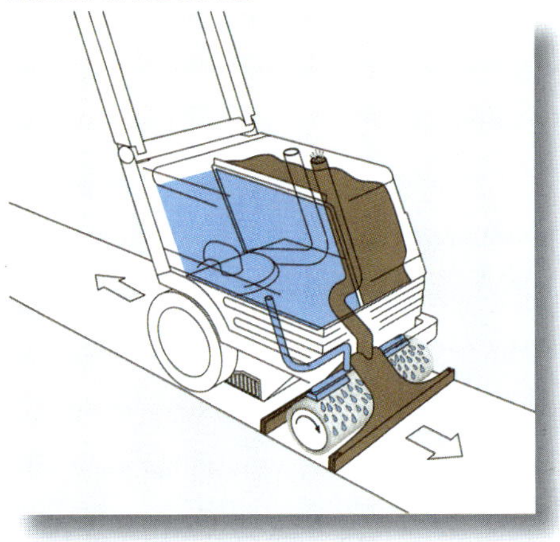

Unterfahrbarkeit und randnahes Reinigen

Bedienung und Pflege

- Die Flächenreinigung erfolgt in sich überlappenden Längsbahnen.
- Die Fahrgeschwindigkeit hat wesentlichen Einfluss auf das Reinigungsergebnis.
- Die Wassermenge wird nach Bodenart und Verschmutzungsgrad gewählt.
- Stark verschmutzte Böden werden bei abgeschalteter Saugfunktion mit Reinigungslösung vorbehandelt und nach entsprechender Einwirkzeit abgesaugt.
- Ausschließlich nicht schäumende Mittel verwenden.
- Gummilippen für Saugbalken regelmäßig erneuern.
- Scheiben- und Walzenbürsten, Sauglippe, Räder und Gehäuse nach Gebrauch reinigen.
- Tank leeren, er darf nicht verunreinigt sein.
- Siebe reinigen und Dichtungen überprüfen.

Sich überlappende Bahnen, Ausfahren von Kurven

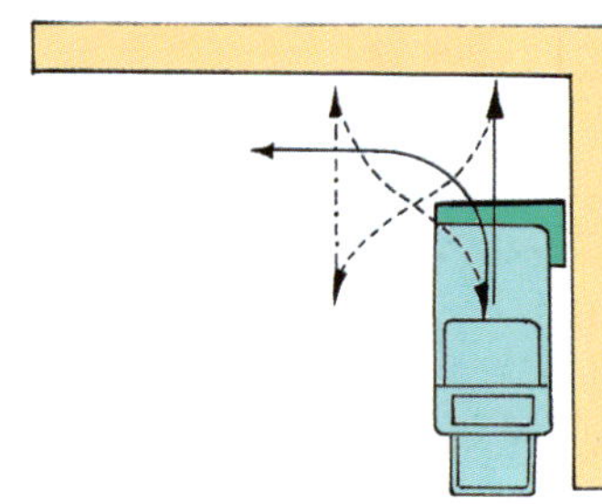

Enge Wendung auf der linken Laufrolle, ein Schritt zurück, Restwasser wird aufgesaugt

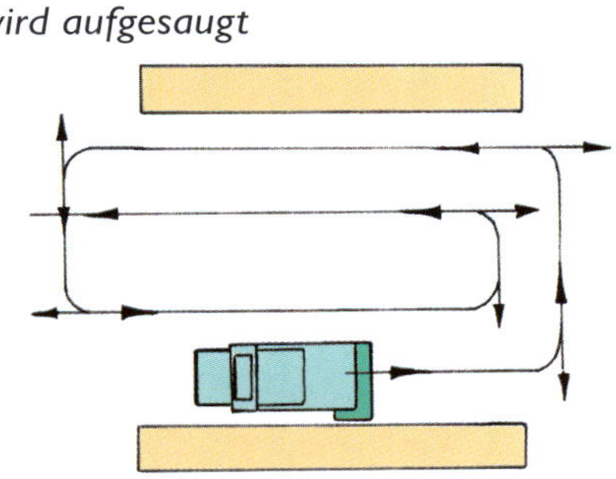

Reinigung der Fläche in sich überlappenden Bahnen: Vom Kabel weg arbeiten; zum Schluss Reinigung der Randfläche

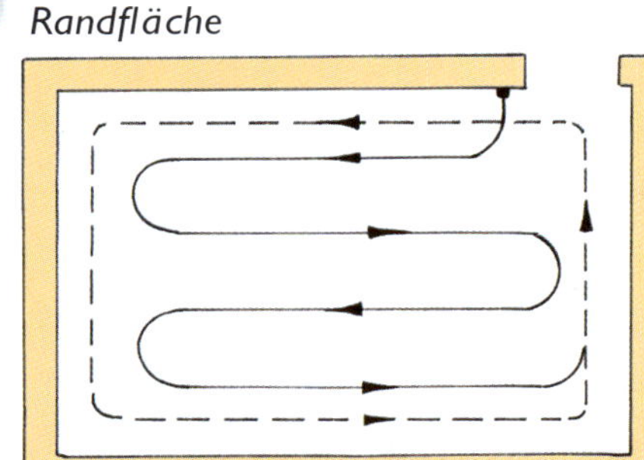

Sprühextraktionsgeräte

Diese Geräte, auch als **Waschsauger** oder **Waschbürstsauger** bezeichnet, dienen zur **Grundreinigung von textilen Belägen,** um starke Verschmutzungen aus den Fasern zu lösen und zu entfernen.
Das **Grundgerät** besteht aus einem Frischwasser- bzw. Laugentank sowie einem Schmutzwassertank, die auch in Form von Membrantanks ausgeführt werden → Scheuersaugmaschinen. Die Sprühdüse befördert die Reinigungsmittellösung auf die zu reinigende Fläche, die Vakuumdüse (Saugschlitz mit Vakuum) führt die Schmutzflotte wieder zurück in den Schmutzwasserbehälter. Das Tankvolumen liegt zwischen acht und 40 Litern.

Nach ihrer Arbeitsweise werden zwei Gerätetypen unterschieden:
- Geräte mit Sprüh- und Saugfunktion.
- Geräte mit Sprüh-, Bürst- und Saugfunktion.

Sprüh- und Saugfunktion

Am Saugrohr, das durch den Saugschlauch mit dem Grundgerät verbunden ist, befinden sich die Sprühvorrichtung mit einer oder mehreren Sprühdüsen sowie die 2–4 cm davor liegende Absaugvorrichtung. Die Breite der Saugdüse beträgt 20–40 cm.
Über die Sprühdüse wird die Reinigungslösung mit Druck in das textile Gewebe eingesprüht und von der vorgelagerten Saugdüse im gleichen Arbeitsgang wieder abgesaugt. Da die Reinigung somit im Rückwärtsgang erfolgt, muss immer zum Ausgang eines Raumes hin gearbeitet werden.

Vorteile der Sprühextraktion
- Die Restfeuchte der Bodenbeläge beträgt ca. 10 %. Dadurch wird die Trocknungszeit im Vergleich zum Shampoonieren verkürzt.
- Die Reinigung wird als Tiefen- oder Grundreinigung bezeichnet.
- Es verbleiben nur geringe Reinigungsmittelrückstände im Gewebe.

Sprüh- und Saugfunktion

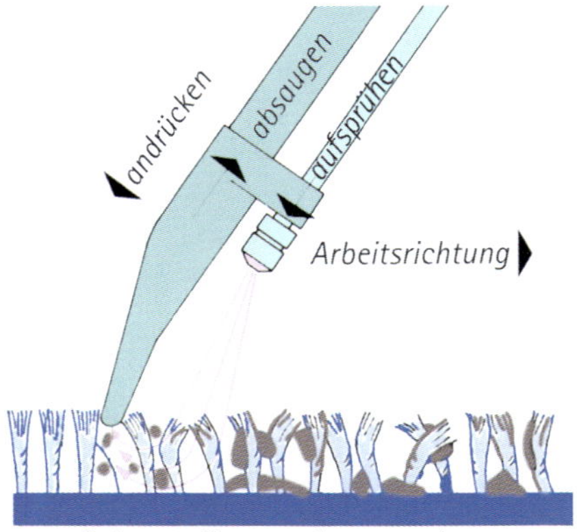

Schmutz lösen und auswaschen

Sprüh-, Bürst- und Saugfunktion

Am Grundgerät befindet sich zwischen Sprühdüse und Absaugvorrichtung eine Bürstenwalze. Die Bürstmechanik öffnet den Teppichflor und unterstützt den chemischen Reinigungseffekt. Bei größeren Geräten wird die Reinigungslösung direkt auf die Bürstenwalze aufgesprüht und in den Teppich eingebürstet.

Sprüh-, Bürst- und Saugfunktion

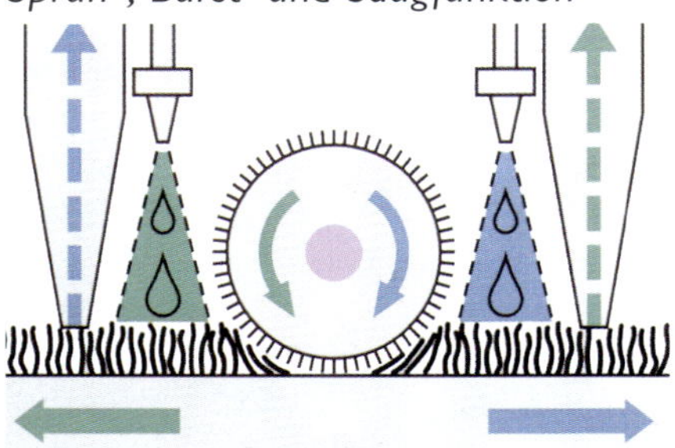

Die rotierende Bürstenwalze treibt die Maschine selbsttätig vor- und rückwärts an. Besteht eine Absaugvorrichtung vor und hinter der Bürstwalze, so ist die Bearbeitung der textilen Fläche im Vor- und Rückwärtsgang möglich.

Düsenausführung einer Teppichreinigungsmaschine

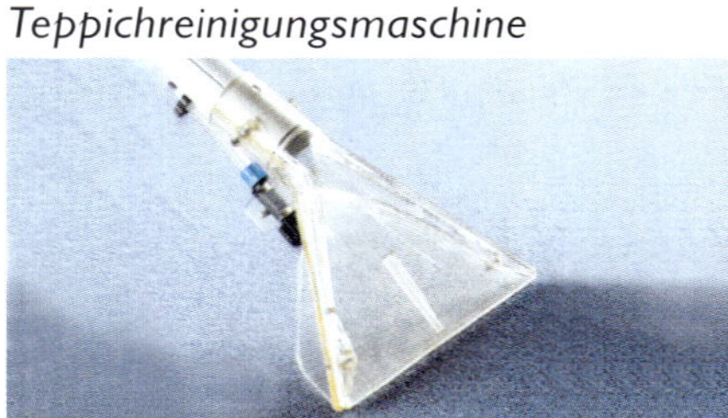

Extrahieren

Zubehör bzw. Ausstattung

Handdüse
- Zur Extraktion an unzugänglichen Stellen, wie zB Ecken und Nischen sowie auf Treppen.
- Entfernen kleiner Verschmutzungen auf Polstermöbeln.

Spezielle Handdüse zur vertikalen Lamellenreinigung

Waschkopf
Bei Geräten mit Sprüh- und Saugfunktion an den Saugschlauch anschließbar.

Waschkopf

Direkter Wasser- und Schmutzwasseranschluss
Einige Maschinen verfügen über einen direkten Anschluss zur laufenden Frischwasserversorgung vom Wasserleitungsnetz und über eine Pumpe zur kontinuierlichen Schmutzwasserentsorgung über die Kanalisation. Ein Reinigungsmitteltank mit Dosiervorrichtung gewährleistet eine konstante Konzentration der Reinigungslösung.

Integrierte Aufheizvorrichtung
Die Reinigungsmittellösung kann bei einigen Modellen mit Hilfe der stufenlos regulierbaren Heizung erwärmt werden, um die Reinigungsleistung zu erhöhen. Es ist jedoch auf die Hitzeempfindlichkeit der Werkstoffe zu achten.

Bedienung und Pflege
- Alle Geräte- und Zubehörteile nach jedem Einsatz feucht reinigen und dann trocknen.
- Tankbehälter vollständig entleeren und klar spülen.
- Saugschlauch und Saugrohr mit Frischwasser spülen und hängend aufbewahren, damit die Feuchtigkeit entweichen kann.
- Verunreinigungen vom Schwimmer entfernen.

Entscheidungshilfe vor dem Kauf
- Angaben über den Druck der Sprühdüse, die Fördermenge und über die Vakuumerzeugung der Absaugvorrichtung der verschiedenen Anbieter vergleichen.
- Große Einfüllöffnungen ermöglichen ein rasches Befüllen des Frischwassertanks.
- Die Schmutzflottenentleerung muss durch Abwasserschläuche direkt in einen Eimer oder Abfluss möglich sein.
- Auf korrosionsbeständige Geräteausführung achten.
- Höhenverstellbare Schubbügel ermöglichen die optimale Anpassung an die Körpermaße der Mitarbeiter.
- Eine Sichtkuppel dient zur Kontrolle der angesaugten Schmutzwasser- und Schaummengen.
- Ein Schwimmer kontrolliert die Wasserstandsmenge und schaltet Sprüh- und Saugpumpe automatisch bei der Erreichung der Wasserhöchststandsmenge ab.
- Der Transport der Geräte wird durch große Räder und umklappbare Schubbügel erleichtert.
- Bedienungselemente sollen übersichtlich angeordnet und funktionell gestaltet sein.
- Der Bürstenanpressdruck soll nach Bedarf auf die Bodenbelagsart abgestimmt werden können.
- Bei größeren Geräten sollte evtl. eine Schaumvernichtervorrichtung vorhanden sein.

Dampfreiniger

Dieses Gerät ist universell einsetzbar, wenn oberflächlicher Schmutz entfernt werden soll:
- Auf glatten Kunststofffußböden.
- Bei keramischen Fliesen und Stein.
- Auf senkrechten Flächen, wobei beschichtetes Material auf Dampfbeständigkeit zu prüfen ist.
- Zur Fensterreinigung.
- In schwer zugänglichen Stellen in Nischen, Ecken, Fugen.
- Bei Heizkörperzwischenwänden.
- In Bädern und Toiletten.

Fettige Beläge und Kalkbeläge lassen sich hygienisch lösen. Da keine chemischen Hilfsmittel gebraucht werden, ist die Anwendung sehr umweltschonend.

Funktion
Dampf wird mit 140–150 °C auf die zu reinigende Fläche aufgebracht. Kalte Oberflächen setzen die Dampftemperatur jedoch beträchtlich herab. Eingetrockneter Schmutz lässt sich nur schwer lösen.
Die Heizleistung beträgt zwischen 1.400 und 3.000 Watt. Für ein Wasserfüllvolumen von ca. sieben Litern rechnet man mit 5–20 Minuten Aufheizzeit.
Der Sicherheitsverschluss garantiert, dass das Gerät nicht unter Druck geöffnet werden kann. Geräte mit integrierter Absaugvorrichtung haben zusätzlich ein Saugaggregat, einen Schmutzwasserbehälter und einen Saugschlauch mit Saugdüse.

Gerät und Zubehör
- Dampfkessel
- Flexibler Schlauch
- Verlängerungsrohr
- Bodendüse
- Verschiedene Düsenausführungen, je nach Hersteller
- Reinigungstücher

Bedienung und Pflege

- Wassernachfüllung nur bei Trennung des Netzanschlusses und nach Kontrolle der Druckanzeige.
- Zubehörteile von Schmutz befreien und Reinigungstücher waschen.
- Beim Wechseln von Zubehörteilen auf überhitzte Geräteteile achten.
- Reinigungschemie nur bei entsprechender Geräteausführung verwenden.
- Kondensierende Schmutzflotte mit Reinigungstüchern oder Nasssauger entfernen.

Tipps

Unbedingt alle Funktionen vorführen lassen.

Da die Verschmutzungen durch den Dampf gelöst, aber nicht entfernt werden, ist manuelle Arbeit zu leisten.

Hochdruckreiniger

Hochdruckreiniger werden im Hallen- und Schwimmbadbereich sowie bei Außenanlagen und Sporteinrichtungen eingesetzt. Auch für die Desinfektion und bei der Abfluss- und Rohrreinigung leisten sie wertvolle Dienste.
Im Gegensatz zur Schlauchreinigung verbrauchen Hochdruckreiniger bei gleichem Ergebnis 80 % weniger Wasser. Sie sind sehr vielseitig einsetzbar. Durch einfaches Umrüsten werden sie zu Sandstrahl- und zu Dampfstrahlgeräten. Je nach Konstruktion laufen sie auf Starkstrom-, Netzstrom- oder auch Benzinbetrieb. Bei größeren Geräten sind eine Dosiervorrichtung für die Reinigungschemie sowie ein Druckmanometer zur Ablesung des Arbeitsdruckes eingebaut.

Nicht beheizbare kleinere Geräte können an Warmwasser bis 60 °C angeschlossen werden. Durch die Erhöhung der Temperatur wird hier Chemie eingespart. Bei fahrbaren Hochdruckreinigern wird das Wasser durch ein Heizaggregat erwärmt.

Punktstrahl, Flachstrahl, Dreckfräser

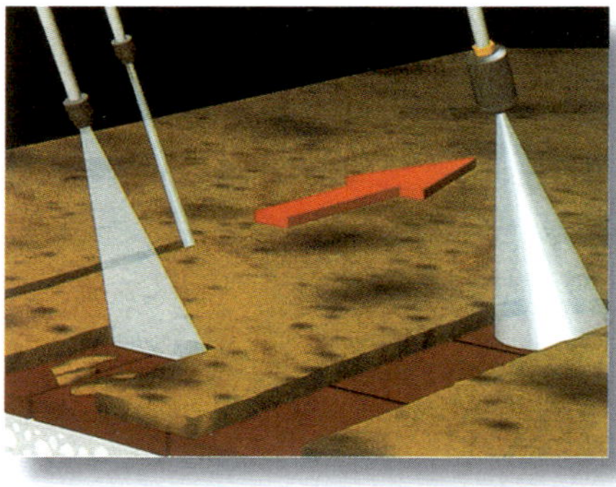

Dampfreinigung

Düsenauswahl

Punktstrahldüse	*Gebündelter Strahl.*	*- Punktuelle Reinigung. - Reinigungskraft sinkt mit der Entfernung.*
Flachstrahldüse	*- Spachtelartige Form mit verschiedenen Spritzwinkeln. - Fächerartiger Strahl.*	*Flächenreinigung, auch auf größeren Flächen einsetzbar.*
Variodüse	*Stufenlose Umstellungsmöglichkeit des Spritzwinkels von 0 bis 90°.*	*Universell einsetzbar.*
Rotierende Punktstrahldüse, Dreckfräser	*- Wasserstrahlturbine in einem kompakten Turbinengehäuse. - Strahl rotiert mit ca. 4.000 Umdrehungen/Minute um die eigene Achse.*	*- Hohe mechanische Wirkung bei Verkrustungen. - Zur Entfernung von dickschichtiger Anlagerung. - Große Flächenleistung.*

Rohrreinigung

Entscheidungshilfe vor dem Kauf

- Kalt- oder Warmwasserbetrieb.
- Ist ein Starkstromanschluss vorhanden?
- Tragbares Gerät, 10–50 kg schwer, oder fahrbares Gerät, bei dem große Räder die Treppengängigkeit ermöglichen.
- Arbeitsdruck: Kleingeräte 30–150 bar, Wasserfördermenge bis zu 500 Litern pro Stunde.
- Alle Dichtungen und die Gerätehaube müssen aus korrosionsbeständigem Material sein.
- Anpassung an die Reinigungsaufgabe durch stufenlose Druck- und Wassermengenregulierung.
- Zumischung von Desinfektionsmitteln und Reinigungschemie soll möglich sein.
- Integrierter oder anbaubarer Reinigungsmitteltank.
- Halterung am Gerät für Schlauch, Strahlrohr und Kabel.
- Gerätegröße nach Aufgabengebiet wählen.
- Sonderzubehör: Waschbürsten, Bodenreinigungsstahlrohr, Rohrreinigungsset.

Bedienung und Pflege

- Heißes Wasser reduziert die Reinigungszeit um ca. 40 %.
- Spritzabstand und Spritzwinkel beachten.
- Die Einwirkzeit des Wasserstrahls bedingt das Arbeitsergebnis.

Kehr- und Kehrsaugmaschine

Kehr- bzw. Kehrsaugmaschinen sind für die Reinigung von Außenanlagen, Parkplätzen und Tiefgaragen vorgesehen. Große Flächen können Kraft und Zeit sparend gesäubert werden.
Die Fortbewegung von Kehr- und Kehrsaugmaschinen kann händisch oder durch den Einsatz eines Antriebsmotors erfolgen.

Kehrmaschine

Eine Kehrwalze, die über die gesamte Maschinenbreite läuft, befördert den Schmutz in den Kehrgutbehälter. Mit Hilfe des Seitenbesens oder der Kehrbänder wird der Schmutz aus Ecken und Rändern zur Gerätemitte befördert.

Automatische Hochentleerung in Großmüllcontainer

Entleerung des Kehrgutbehälters

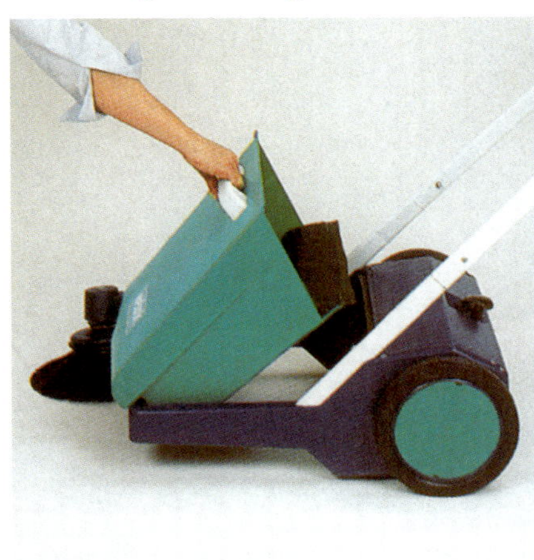

Geräteausführung mit Kehrband

Kehrsaugmaschine

Die Kehrsaugmaschine arbeitet nach dem gleichen Grundprinzip wie die Kehrmaschine, verfügt jedoch über eine Saugvorrichtung zur Aufnahme der aufgewirbelten Staubmengen. Die Maschinen sind mit einem Feinstaubfiltersystem ausgerüstet.

Kehrtechniken

Bei beiden Gerätearten gibt es zwei verschiedene Kehrtechniken:

- **Kehrschaufelprinzip:** Der Schmutz wird direkt von der Kehrwalze in den davor liegenden Behälter befördert. Dieses Prinzip wird vorwiegend bei kleineren Kehrmaschinen eingesetzt. Das Füllvolumen des Kehrgutbehälters kann jedoch nur bis zu ca. 50 % ausgenützt werden.

- **Überkopfkehrprinzip:** Die Schmutzaufnahme in den Behälter erfolgt über die Walze von oben in den Behälter. Das Füllvolumen des Kehrgutbehälters kann – je nach Geräteart – zwischen 85 und 100 % ausgenützt werden. Das Überkopfkehrprinzip ermöglicht auch die Aufnahme größerer Schmutzteile.

Bedienung und Pflege

- Seitenbesen bzw. Kehrbänder und Kehrwalze nach jedem Geräteeinsatz reinigen.
- Wartung und Pflege verlängern die Lebensdauer der Geräte.
- Die äußeren Maschinenteile werden feucht abgewischt.

Entscheidungshilfe vor dem Kauf

- Gerätekonstruktion aus rost- und korrosionsfreiem Material.
- Seitenbesen bzw. Kehrbänder: Höhenverstellung und Zuschaltmöglichkeit.
- Einfache Handhabung der Kehrgutentleerung, der Filterreinigung bzw. des Filterwechsels.
- Kehrwalze soll auf trockenen und nassen Flächen einsetzbar und stufenlos höhenverstellbar sein.
- Der Fahrantrieb soll bei selbst fahrenden Geräten stufenlos regulierbar sein.
- Kehrgeräte mit vorhandener Kehrfunktion in Rückwärtsbewegung bei der Gerätewahl berücksichtigen.
- Gerätetransport über Treppen oder Trottoir prüfen.

Handkehrmaschine: Leichte Stiegengängigkeit

Spezialmaschinen

Kombinationsgeräte für die Fußboden- und Teppichreinigung

Bei diesen multifunktionellen Geräten wird die Reinigungsflotte über Düsen auf die Walzenbürsten des Gerätes aufgebracht. Durch die Walzenrotation wird sie auf die zu reinigenden Materialien übertragen und mit gleicher Bürstbewegung wieder ausgebürstet. Die Schmutzflotte wird auf ein Förderband geschleudert. Dieses streift die Schmutzflotte mit Hilfe einer Gummilippe in den Schmutzwassertank ab. Durch die sehr kurze Verweildauer der Flüssigkeit am Werkstoff wird eine Durchnässung der Faser verhindert. Besonders für Teppichböden wurden Geräte entwickelt, die anstelle der Reinigungsflotte Dampf über Walzen auf die zu reinigende Fläche aufbringen und einen trockenen, begehbaren Boden hinterlassen. Eine genaue Überprüfung der Materialeigenschaften auf Verträglichkeit ist durchzuführen. Das Produktdatenblatt des Belages gibt darüber Auskunft.

Ein Mitarbeiter bei der Hartbodenreinigung

Teppichtrockenreiniger

Die Trockenreinigung der Teppiche und Teppichböden ermöglicht das sofortige Begehen nach Beendigung des Reinigungsvorganges. Die Trockenreinigung eignet sich für Bouclé- und Veloursware sowie für Wolle und Nadelfilz.

Je nach Verschmutzungsart wird der Teppich entsprechend behandelt:

- Grobschmutz mit der Bürstsaugmaschine entfernen
- Vorbehandlung der verschmutzten Fläche zB zum Lösen fetthaltigen Schmutzes mit der entsprechenden Reinigungschemie, zB durch Vorsprühen.
- Hauptreinigung: Durch das Ein- und Ausbürsten des Reinigungspulvers werden der Schmutz und die evtl. noch vorhandene Feuchtigkeit aufgenommen.

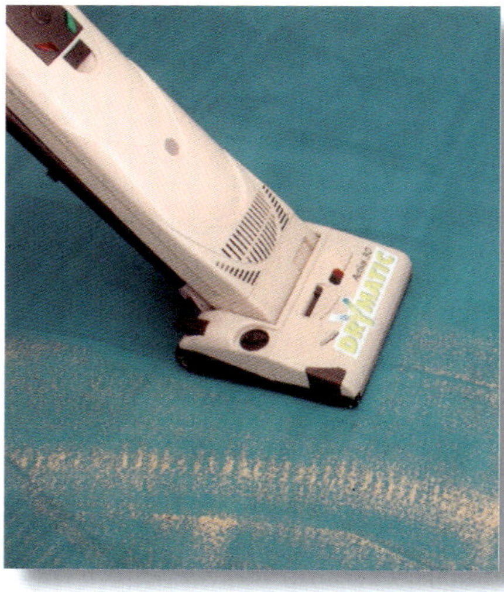

- Finish: Absaugen des mit Schmutzstoffen angereicherten Reinigungspulvers.

Die moderne Teppichtrockenreinigungsgeräte wurden in Form und Funktion den Teppichbürstsauggeräten angepasst. Bei diesen neuen Geräten wird ebenfalls mit Hilfe von speziellen Reinigungspulvern der Schmutz gebunden und durch die gute Bürstmechanik des Gerätes der niedergetretene Teppichflor aufgerichtet. Die gereinigte Fläche ist nach 30 Minuten wieder begehbar. Die aufwendige Grundreinigung kann damit hinausgezögert werden.

Manuell geführte Reinigungsgeräte

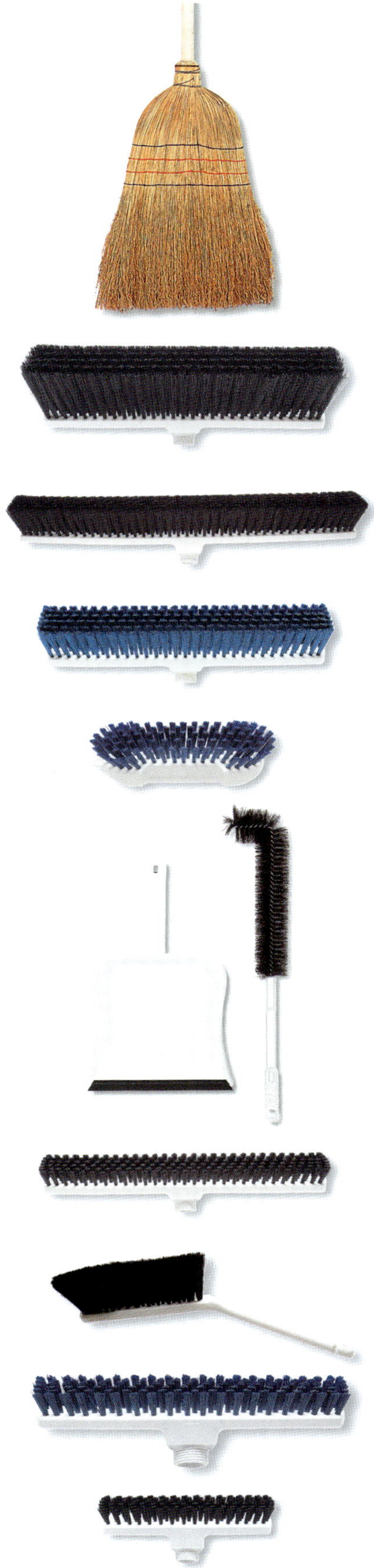

Bei den täglichen Reinigungsarbeiten sind manuell geführte Geräte unentbehrlich. Überall dort, wo ein Maschineneinsatz wegen der Raumgröße, der Möblierung und des Ausmaßes der Reinigungsarbeit bzw. des Verschmutzungsgrads nicht zweckmäßig ist, sind manuell geführte Geräte im Einsatz.

Eine Vielzahl an Wischgeräten steht zur Auswahl. Wischgeräte und ihre Bezüge sowie die Reinigungstücher und -schwämme sind auf die zu reinigenden Werkstoffe, auf die Art der Verschmutzung und auf die Reinigungsmethode individuell abzustimmen.

Besen

Belags- und Verschmutzungsart bestimmen Größe, Ausführung und Borstenbestückung. Zur Borsten- oder Bürstenbefestigung dient ein Holz- oder Kunststoffbalken mit einer Vorrichtung zur Stielbefestigung oder mit einem Grifffortsatz.
Es gibt:
- Handbesen zur Schmutzaufnahme auf eine Kehrschaufel.
- Zimmer- oder Saalbesen (ca. 25 bis 100 cm breit).
- Straßenbesen.

Stiele werden aus Holz, Kunststoff und Leichtmetall hergestellt.
Alle Besen müssen immer hängend gelagert werden, da die Bürsten oder Borsten durch das Gewicht des Stiels umgebogen werden. Starke Verschmutzungen oder anhaftende Staubreste sind mit einem Besenkamm zu entfernen und die vorgereinigten Borsten in einer milden Reinigungsmittellösung zu waschen.

Bürsten

Meist werden zum Ablösen von anhaftenden Verschmutzungen Handbürsten verwendet, die auf einem Holz- oder Kunststoffbalken Kokos- oder Kunststoffborsten tragen.

Schrubber

Der Schrubber gilt als klassisches Scheuergerät. Wie bei den Bürsten ist auf einem Holz- oder Kunststoffbalken ein Borstenbesatz angebracht. Ein Stielgewinde oder eine spezielle Vorrichtung zur Verankerung eines Patentstieles ermöglicht einen Bürstenaustausch nach der Abnützung. Stiele werden aus Holz, Kunststoff und Leichtmetall hergestellt. Polyamidborsten sind nicht säurebeständig und werden bei der Verwendung des Schrubbers in Verbindung mit Sanitärreinigern schnell kaputt. Generell werden alle Borsten bei der Reinigung von Bodenbelägen mit Fugen rasch abgeschrägt.

Nasswischgeräte

Sie werden auch als Mopps oder Fransenwischer bezeichnet. Der Stiel bzw. der Mopphalter muss eine kompakte Ausführung aufweisen. Besonders geachtet werden soll auf:
- Kreuz- bzw. Kugelgelenk zum leichten Schwenken und Führen der Stange und des Mopps.
- Robuste Befestigungsteile für die diversen Mopparten.
- Einfachen Mechanismus für den Moppwechsel.
- Abstimmung auf die Mopppressenart des Reinigungswagens (Vertikal-, Horizontal- und Rollpressen).
- Teleskopfunktion des Stieles bzw. der Führungsstange.

Für die Herstellung von Mopps werden Mischungen von Baumwolle mit synthetischen Fasern verwendet. Die Wahl des Rohstoffes und die Verarbeitung bestimmen das Wasserbindungsvermögen der einzelnen Produkte und ihren Einsatzbereich. Eine gute Qualität der Rohstoffe verhindert das Einlaufen der Fasern bei der Reinigung des Mopps in der Waschmaschine.

Moppausführungen mit Fransen- und Schlingenmaterial sind auf solide Verarbeitung zu überprüfen, damit eine hohe Verschleißfestigkeit und ein gutes Schmutzaufnahmevermögen gewährleistet ist. Moppausführungen mit langen Schlingen stellen oft ein Problem bei der Reinigung von Ecken und Kanten dar.

Wischplatten mit Moppbefestigung

Mopps und Halterung

Nasswischmopp mit Halterung

Mopps

Flachmopp

Der Nasswischmopp wird mit der Haltelasche am Klapphalter befestigt. Am Druckknopf wird durch Fußbetätigung der Klapphalter entriegelt und dadurch der Mopp auf das Spülen bzw. Auspressen am Reinigungswagen vorbereitet. Durch eine kurze Drehbewegung am Stiel beim Absetzen klappt die Wischplatte wieder auf und ist einsatzbereit.

Feuchtwischgeräte

Diese Geräte können zum Feucht- aber auch zum Nasswischen eingesetzt werden. Die Ausführung der Stiele, Halterungen und der Mopps ist wie bei den Nasswischgeräten, jedoch werden die Bezüge nur **nebelfeucht** gemacht. Mopphalterungen werden in zwei verschiedenen Ausführungen angeboten:

- Mit Schnell- bzw. Klappverschluss.
- Trapezförmige Wischplatten mit Kunststoff- oder Schaumstoffauflage.

Trapezförmige Wischplatte für Mopps

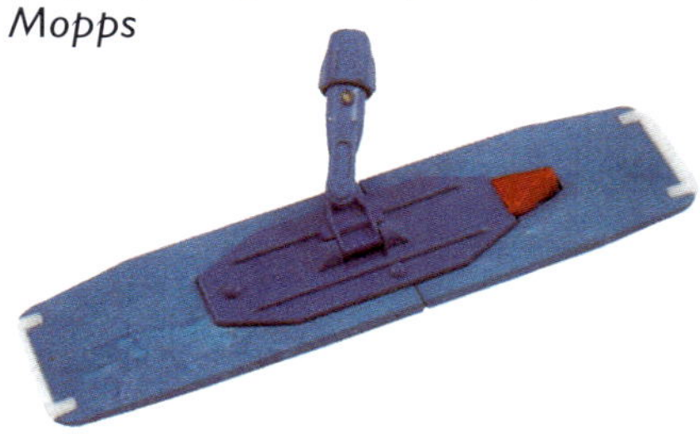

Trapezförmige Wischplatten für Vliestücher

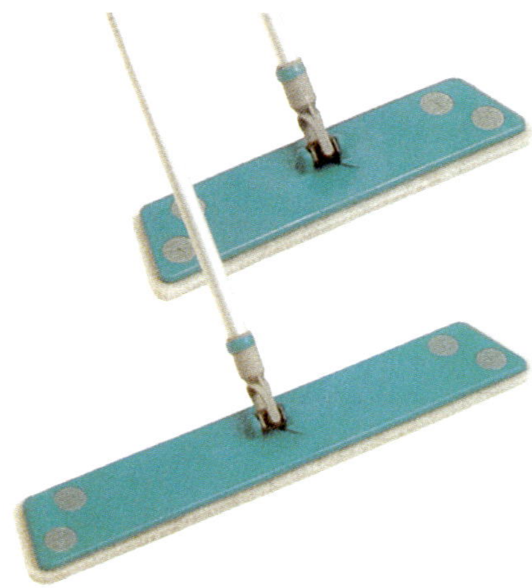

Für die Feuchtreinigung werden hauptsächlich Gaze- und Einwegvliestücher verwendet. Gazetücher bestehen zu 100 % aus Baumwolle und weisen ein großes Staubbindevermögen auf. Sie werden häufig gewaschen. Einwegtücher bestehen aus Gemischen aus Baumwolle und Synthetik und werden oft mit Staubbindemitteln versehen. Obwohl es sich im Grunde genommen um trockene Tücher handelt, wird diese Art der Reinigung als klassische Feuchtwischmethode bezeichnet. Auf einfache Art und Weise können problemlos staubige Flächen mit leichtem Verschmutzungsgrad gesäubert werden. Bei der Verwendung muss darauf geachtet werden, dass die Vliestücher nicht mit nassen Stellen in Kontakt kommen, da dies eine Schlierenbildung hervorruft.

Rand- und Wandreinigungsgeräte

Hier wird zwischen zwei Ausführungen unterschieden:

- **Handgerät:** Eine Kunststoffplatte mit einem Griff dient als Halterung und Führungshilfe von Scheuerauflagen. Die Unterseite der Platte ist stark geraut oder mit Noppen versehen, damit das Reinigungstextil haftet.
- **Stielgerät:** Die Wischplatte wird mit einem Kreuzgelenk und einem Stiel verbunden. Vorteilhaft ist ein Teleskopstiel, der auf die Größe der arbeitenden Person abgestimmt werden kann.

Randputzgerät und Pads

Gummirechen (Wasserschieber)

Er besteht aus einem Stiel mit einem Balken (evtl. auch gebogen) mit einer integrierten Gummilippe. Der Gummirechen dient zum Transport von Flüssigkeiten zu einem Abflussgitter.

Gummirechen

Fensterwischer

Auf einem ergonomischen Griff wird mit einer Feststellklemme eine Wischschiene mit dazugehöriger Gummilippe montiert. Sowohl die Länge als auch der Winkel der Wischposition sollten stufenlos verstellbar sein. So können problemlos auch unzugängliche Stellen, zB Flächen hinter Griffen, gereinigt werden. Eine optimale Abstimmung auf die Glasfläche kann durch das Variieren verschiedener Wischschienenlängen erfolgen. Eine Griffverlängerung mit einer Teleskopstange ist für die Reinigung von höher gelegenen Fensterflächen von Vorteil, da auf Aufstiegshilfen verzichtet werden kann. Die Gummilippe ist auf Kerben oder Risse zu kontrollieren, da dadurch Wasserspuren entstehen könnten.

Fensterset

> **Tipp**
> ***Der Griff mit Feststellklemme sollte auch zur Verwendung einer Klinge für spezielle Reinigungsvorgänge, zB für die Entfernung von Lack- und Farbresten, verwendbar sein.***

Einwascher

Ein Griff mit einem aufgesetzten Alurohr wird mit einem Bezug aus sehr saugfähigem und dichtflorigem Velours oder mit einem Mikrofasertuch bespannt. Der Einwascher dient zur Vorreinigung der Glasflächen, zum Einwaschen der Reinigungsflotte. Auch hier ist die Teleskopvorrichtung empfehlenswert. Sehr häufig wird der Einwascher als **Kombinationsgerät mit dem Fensterwischer** verwendet. Dies erspart den Gerätewechsel und reicht für normale Verschmutzungen aus.

Fenstergerät mit Einwascher aus Mikrofaser

Gerät mit verschiebbarer Gummilippe

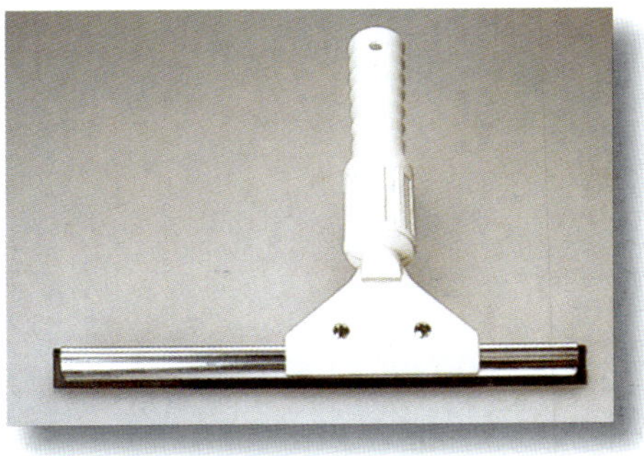

Kombination Einwascher und verschiebbare Gummilippe

Reinigungstücher und -schwämme

Die Materialien der Reinigungstücher müssen auf die Pflegeeigenschaften der zu reinigenden Oberflächen, auf die Art der Reinigung und auf die Reinigungschemie abgestimmt werden. Die tägliche Verwendung von Reinigungstextilien und -schwämmen kann durch die Zuordnung von Farben zu Tätigkeiten organisiert werden, damit eine falsche Verwendung ausgeschlossen wird, dass zB ein Tuch, das für Möbeloberflächen vorgesehen ist, nicht im Badezimmer verwendet wird. Materialschäden an Werkstoffen können dadurch vermindert und eine Verschleppung von Keimen kann ausgeschlossen werden.

Tücher und Schwämme

Staub- bzw. Vliestücher

Man unterscheidet zwischen Mehrweg- oder Einwegtüchern. Staubtücher haben eine geraute Oberfläche, die ein gutes Staubbindevermögen aufweist. Vliestücher sind meist mit einem Staub bindenden Mittel präpariert und antistatisch ausgerüstet. Welche Tücher verwendet werden, hängt vom zu reinigenden Werkstoff ab.

Das Wischen von Bodenflächen mit Vliestüchern zur Vorreinigung kann das Staubsaugen ersetzen. Weiters vermindert das Wischen mit präparierten Vliestüchern die Bildung von Wischspuren, es werden auch kleinste Staubpartikel aufgenommen.

Staub bindendes Wischen: Wischplatte mit Schaumstoffauflage für Vliestücher

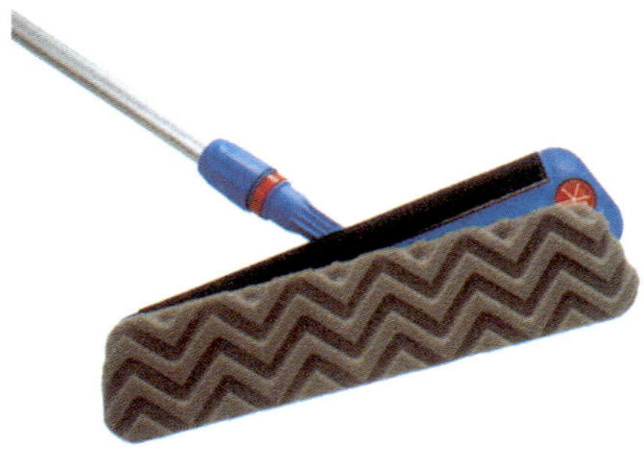

Wischplatte mit Gummilippe

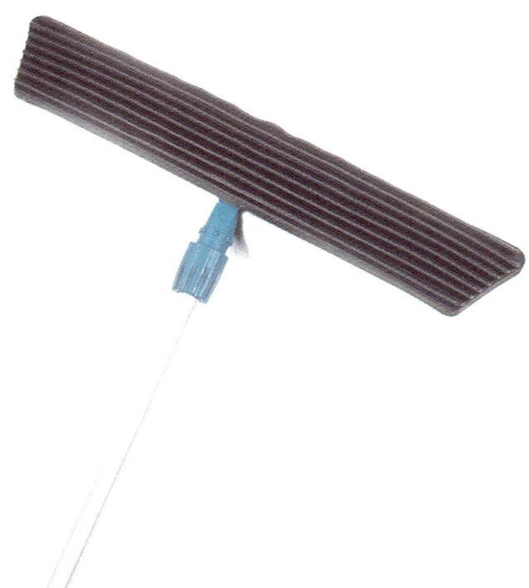

Scheuer- bzw. Bodenwischtücher

Für Scheuer- bzw. Bodenwischtücher eignen sich am besten Baumwoll-, Viskose- oder Polyester- und Polyamidfasern.

Bei der Produktwahl ist zu achten auf:

- Hohe Saugfähigkeit.
- Großes Schmutzaufnahmevermögen.
- Fusselfreiheit.
- Gute Wascheigenschaften.
- Hohe Haltbarkeit der Produkte.

Fensterleder

Fensterleder werden aus verschiedenen Tierfellen, die unterschiedlich gegerbt sind, hergestellt. Neue Fensterleder müssen vor der ersten Verwendung gut durchgeschwemmt werden.
Fensterleder sind alkali- und säureempfindlich, heißes Wasser und direkte Sonneneinstrahlung beim Trocknen beeinträchtigen die Geschmeidigkeit des Materials. Nach der Verwendung muss das Fensterleder gut ausgewaschen, ausgedrückt und wieder in Form gelegt werden.

Poliertücher

Gute Polierfähigkeit weisen Produkte aus Reinleinen auf, die nebelfeucht verwendet werden. Diese Tücher eignen sich auch gut zur Entfernung von Wasserrückständen.

Schwammtücher

Die waffelartige Struktur der Schwammtücher erhöht das Wasser- und Schmutzaufnahmevermögen. Schwammtücher eignen sich gut zur Entfernung von grobem Schmutz und somit für alle Vorreinigungsarbeiten.
Für die Gastronomie gibt es Schwammtücher als Meterware in verschiedenen Farben. Dies ermöglicht einen individuellen Größenzuschnitt für die verschiedenen Reinigungsarbeiten und die Festlegung der einzelnen Farben für bestimmte Einsatzbereiche.

Synthetische Schwämme, Scheuer- oder Padschwämme

Schwämme gibt es in den verschiedensten Formen und Ausführungen für unterschiedliche Verwendungszwecke. Auf die richtige Größe muss geachtet werden. Fingergerechte Einkerbungen erleichtern die manuelle Führung der Schwämme. Schwämme werden meist mit verschiedenen Synthetikfasern und mit verschiedenen Strukturen ausgestattet oder mit einem Scheuervlies beschichtet, so dass sie vielseitig einsetzbar sind. Die Schwämme sollen ebenfalls in verschiedenen Farben vorhanden sein, so kann jede Farbe einem bestimmten Einsatzbereich zugeordnet werden.

Pads

Sie bestehen aus Polyester oder Polyamid und werden als Scheiben für Reinigungsgeräte und für manuelle Reinigungsvorgänge hergestellt. Für die verschiedenen Einsatzbereiche und Reinigungs- oder Pflegeansprüche werden in diese Pads Schleifkörnungen unterschiedlicher Größe und Menge eingearbeitet.

Pads können auch zusätzlich auf Nasswischmopps befestigt oder mit Hilfe einer Haltevorrichtung auf einem Hand- oder Stielgerät angebracht werden. Hartnäckige Verschmutzungen können mit ihnen leichter entfernt werden.
Pads werden unter fließendem Wasser oder in der Waschmaschine je nach Herstellerangabe bei bis zu 60 °C gewaschen.

Reinigungstücher und Mopps aus Mikrofaser

Mit Reinigungstüchern aus Mikrofaser können alle glatten Oberflächen fast ausschließlich mit klarem Wasser gereinigt werden. Es wird damit ein sehr gutes Reinigungsergebnis mit geringem Arbeitsaufwand und geringem Einsatz von Reinigungschemie erzielt.

Eigenschaften

Die Mikrofaser ist eine extrem dünne Faser. Ein Gramm einer Mikrofaser kann eine Faserlänge von bis zu 50 km ergeben. Je nach Qualität werden in verschiedenen Spezialverfahren weitere Faserspaltungen durchgeführt. Ein Faden einer Mikrofaser kann aus über 1.000 Einzelfasern bestehen. Die Mikrofasern wirken durch ihre Bündelung zum Faden wie eine Bürste. Die entstehenden Hohlräume weisen eine hohe Wasserspeicherkapazität und damit auch ein großes Schmutzaufnahmevermögen auf. Der Schmutz wird durch den Bürsteffekt von der zu reinigenden Fläche abgehoben. Eine Reduktion von 80 bis 90 % der Reinigungschemie ist möglich.

Pflegeanleitung und Einsatz

Vor der ersten Verwendung sollen Reinigungstücher aus Mikrofaser, die für die Feuchtreinigung eingesetzt werden, mit klarem Wasser gut ausgespült werden. Aufgrund der Faservielfalt ist die Produktbeschreibung zu beachten, um die verschiedenen Mikrofasertücher richtig einzusetzen. Die Hersteller kennzeichnen die Einsatzbereiche mit Hilfe der Farbgebung der Textilien oder mit Hinweisen zu den Anwendungsbereichen auf dem Pflegeetikett.
Beim Waschen der Textilien darf kein Weichspüler verwendet werden, die Waschtemperaturangabe ist genau einzuhalten.

Vorsicht!
Mikrofaser kann Einscheibensicherheitsgläser zerkratzen!

Vorteile

Die fachgerechte Anwendung und Pflege der Mikrofasertücher und -mopps bietet folgende Vorteile:
- Einfach in der Anwendung.
- Einsparung von bis zu 90 % Reinigungschemie.
- Verminderter Wasserbedarf bei höherem Schmutzaufnahmevermögen.
- Keine Dosierprobleme.
- Keine Allergien durch Chemie.
- Schlieren- und fusselfreie Reinigung.
- Verminderte Wiederanschmutzung.

Verschiedene Mikrofaserprodukte

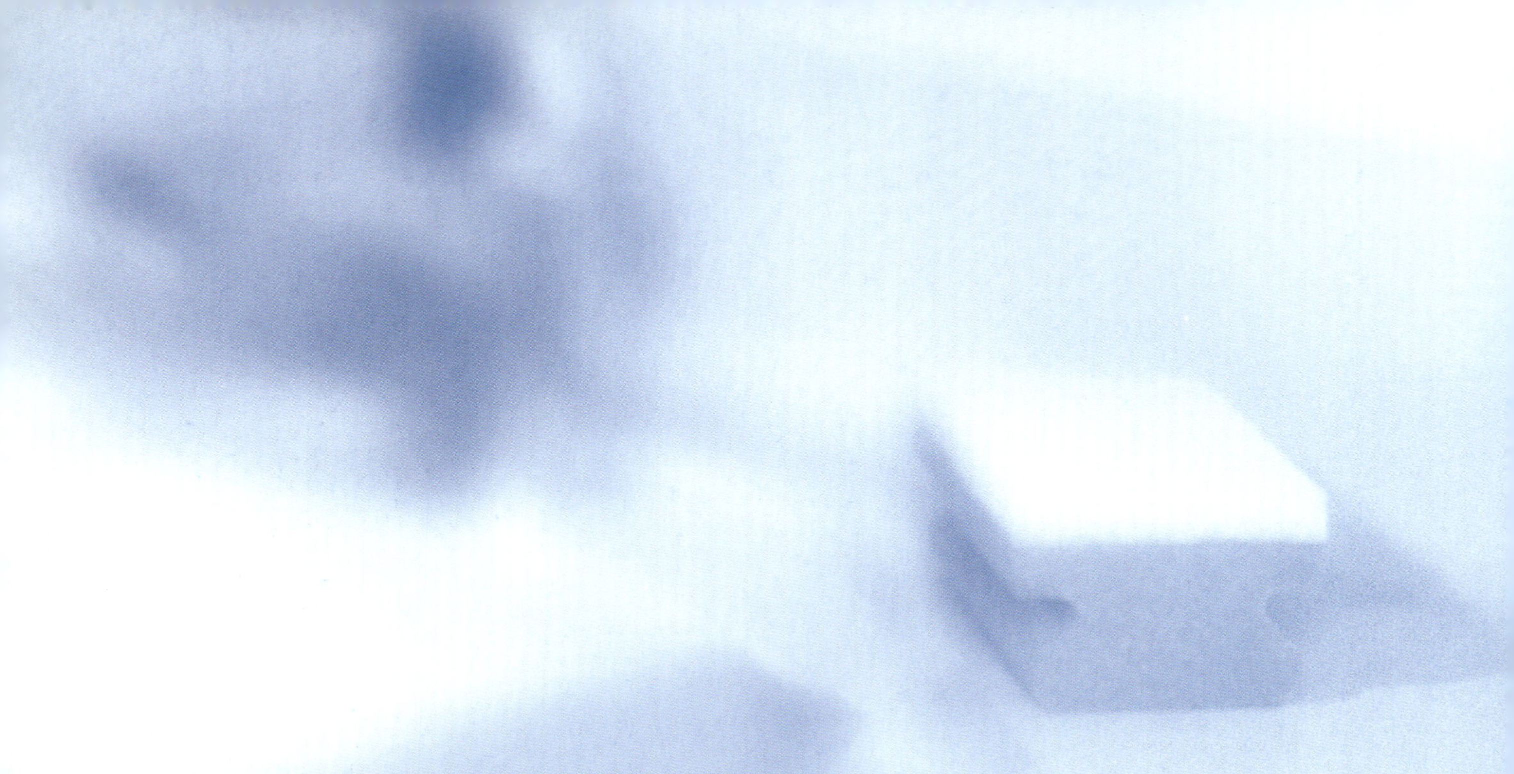

Die Erwartung der Gäste hinsichtlich Pflege und Sauberkeit der Gästeräume ist sehr hoch. Ständig wird an der Erhaltung des Hygienestandards gearbeitet. Ideal ist es, wenn der Gast von der Durchführung der Reinigungsarbeiten nichts bemerkt. Dies erfordert Organisationstalent und Geschick.

Die Erfüllung aller Anforderungen, die an das Housekeepingdepartment gestellt werden, gelingt mit einem guten Reinigungsmanagement und mit effizient arbeitenden Mitarbeitern. Planvolles Arbeiten ist die wichtigste Grundlage für erfolgreiches Handeln. In Schulungen werden die Mitarbeiter trainiert, um eine Sensibilisierung des Hygienebewusstseins zu erreichen.

Reinigung ist eine Dienstleistung, die einer perfekt durchdachten und zeitlich abgestimmten Arbeitsablaufplanung bedarf. Grundlage dafür ist eine genaue Kenntnis aller Reinigungsverfahren. Der Reinigungsablauf muss unter Berücksichtigung ergonomischer Gesichtspunkte erfolgen.

Reinigungs-management

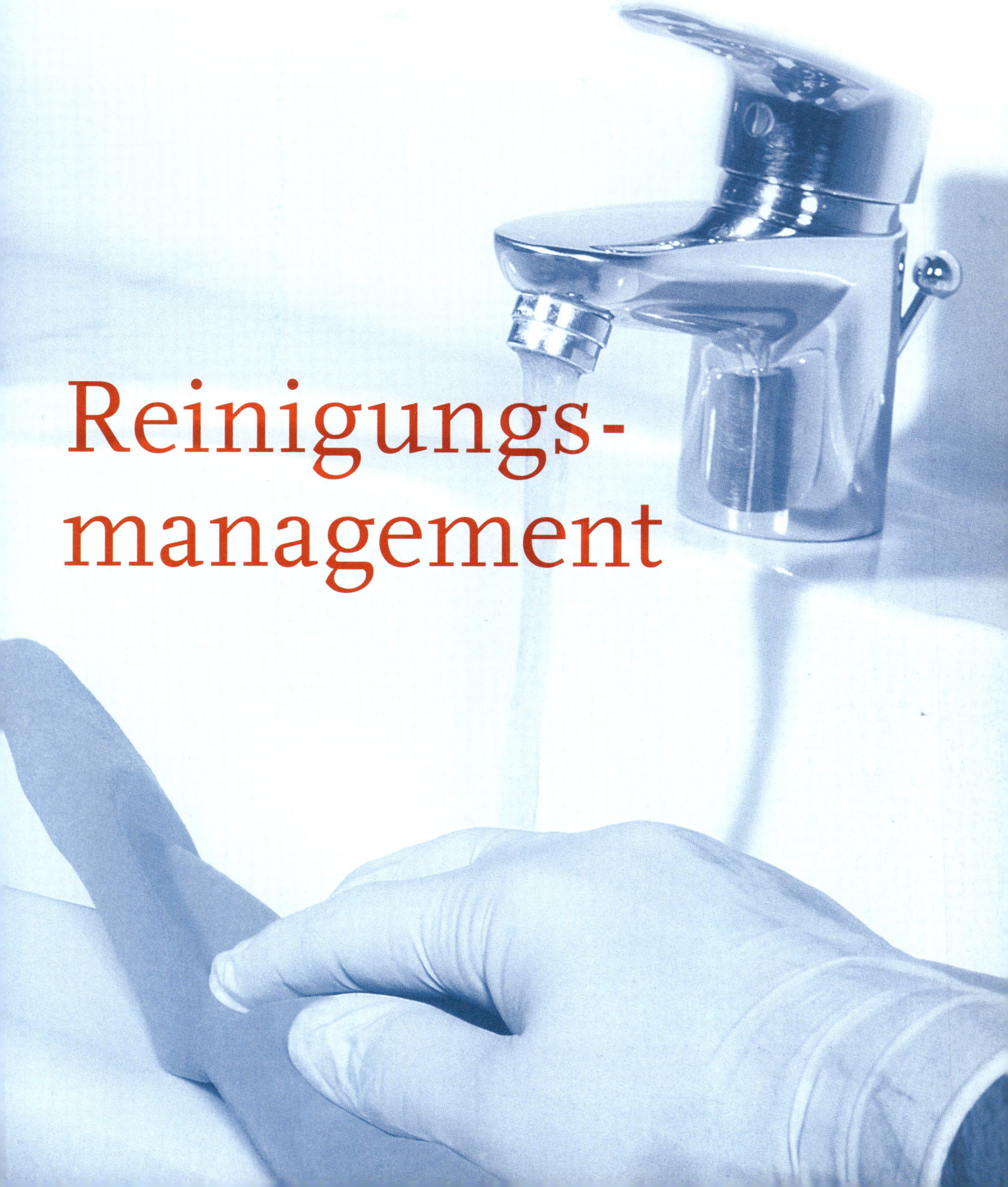

Die Festlegung des Arbeitsumfangs der Reinigung erfolgt durch die Definition der Reinigungsverfahren, wie Grund-, Zwischen- und Unterhaltsreinigung. Der Durchführungszeitpunkt der Reinigungsverfahren wird durch den Hygienestandard des Betriebs und durch die Pflegeeigenschaften der verschiedenen Materialien bestimmt. Im Zuge der Reinigungsverfahren sind verschiedene Reinigungsmethoden anzuwenden. Diese Methoden sind auf Materialart, Verschmutzungsgrad, vorhandene Arbeits- und Betriebsmittel sowie auf die vom betrieblichen Ablauf bestimmte Durchführungszeit abzustimmen. Reinigungsabläufe dienen nicht nur der Aufrechterhaltung des Hygienestandards, sondern auch der Pflege.

Reinigen muss ökonomisch sein!
Anschaffung und Einsatz von Betriebs- und Arbeitsmitteln, Einsatz der Mitarbeiter und Energieverbrauch sind genau zu kalkulieren. Das erklärte Unternehmensziel ist es, das bestmögliche Ergebnis mit möglichst geringem Aufwand zu erzielen.

Reinigen muss ökologisch sein!
Gäste werden zunehmend umweltbewusster und erwarten vom Hotelbetrieb deutliche Zeichen für ökologisches Handeln. Auch im eigenen Interesse ist die ökologische Reinigung zu bevorzugen.

Reinigen muss ergonomisch sein!
Die Arbeiten in der Etage sind körperlich sehr anstrengend. Falsche Belastung kann zu gesundheitlichen Schäden führen, die durch eine Änderung der Arbeitsgewohnheiten zu vermeiden wären.
Die Arbeit ist gut, wenn in kürzester Zeit mit der geringsten Belastung das bestmögliche Ergebnis erreicht wird.

Die Ermittlung der Arbeitszeit erfolgt anhand des Datenkatalogs, der individuell von jedem Betrieb erstellt wird. Der Arbeitsauftrag mit dem Arbeitsausmaß definiert den Reinigungsablauf. Gute Arbeitsausführung und richtiger Einsatz der Betriebsmittel führen zum angestrebten Arbeitsziel. Durch die betriebsintern entwickelten Kontrollinstrumente kann das Ergebnis beurteilt werden.

Präzise Vorgaben zur Arbeitsdurchführung erleichtern die Kontrolle. Anhand von Checklisten werden Vollständigkeit und Qualität der Ausführung der Arbeitsaufträge überprüft. Die Sicherung des Hygienestandards und eine ökonomische Etagenführung werden dadurch gewährleistet.

Reinigungsverfahren

Das Reinigungsmanagement eines Betriebes hängt im Wesentlichen von der Beantwortung folgender Fragen ab:
- Wann muss bzw. kann gereinigt werden?
- Wie oft muss bzw. kann gereinigt werden?
- Wie gründlich muss bzw. kann gereinigt werden?

Der Gast darf durch die täglichen Arbeitsprozesse nicht gestört werden. Das Verschmutzungsausmaß der zu reinigenden Materialien, die Reinigungs- und Pflegeeigenschaften sowie der Betriebs- und Arbeitsmitteleinsatz bestimmen den Zeitaufwand und den Zeitpunkt der Reinigungsdurchführung.
Betriebs- und Arbeitsmittel müssen in tadellosem Zustand sein und wie die Reinigungsprodukte richtig angewandt und eingesetzt werden. Die Mitarbeiter sind periodisch zu schulen, um die Leistung quantitativ und qualitativ zu steigern, die Gefahr von Arbeitsunfällen herab zu setzen und Leerlaufzeiten zu verhindern. In gewissen Zeitabständen sind die Reinigungsabläufe neu zu definieren.

Organisationsformen der Reinigung

Die Reinigungsverfahren können wie folgt eingeteilt werden:

Reinigungsverfahren		
Unterhaltsreinigung	**Zwischenreinigung**	**Grundreinigung**
	Teilflächenreinigung	*Einpflege*
	Spezialreinigung	

Unterhaltsreinigung

Die Unterhaltsreinigung wird auch als laufende Reinigung bezeichnet und in genau festgelegten Zeitabständen, zB täglich oder wöchentlich, durchgeführt. Sie dient der Aufrechterhaltung des Hygienestandards. Die Kategorie des Betriebes und somit die Einrichtung und Ausstattung bestimmen das Arbeitsausmaß.

Zwischenreinigung

Sind starke Verschmutzungen aufgetreten oder Pflegefilme leicht beschädigt, wird eine Zwischenreinigung bzw. eine Pflegefilmsanierung vorgenommen.
Der Einsatz der verschiedenen chemischen Mittel richtet sich nach
- dem Werkstoff,
- der Verschmutzungsart und
- der Reinigungsmethode.

Durch die regelmäßige Zwischenreinigung kann die Grundreinigung hinausgezögert werden. Dies betrifft besonders die Fußböden und Fenster.

Da bei der Zwischenreinigung nur bestimmte Abschnitte eines Belages oder eines Raumes behandelt werden, kann hier auch von einer **Teilflächenreinigung** gesprochen werden.

Treten besondere Verschmutzungen auf, so werden auch **Spezialreinigungen** im Zuge einer Zwischenreinigung durchgeführt.

Grundreinigung

Die Abnützung und die Verschmutzung von Werkstoffen bestimmen im Wesentlichen den Zeitpunkt der Grundreinigung. Am Ende der Saison und in Zeiten geringer Zimmerbelegung werden die Mitarbeiter zu Grundreinigungsarbeiten herangezogen, ohne dass der laufende Betrieb für die Gäste gestört wird.

Zur Grundreinigung gehört die Durchführung der auf den Werkstoff abgestimmten **Einpflege.** Von Einpflege spricht man, wenn auf die rückstandslos gereinigten Flächen ein Pflegefilm aufgebracht wird, der
- den Werkstoff schont,
- die Optik verbessert,
- die Pflegeeigenschaften günstig beeinflusst,
- Reinigungsabläufe somit erleichtert und vereinfacht
- und die Sicherheit der Oberflächenbenutzung gewährleistet.

Wir unterscheiden drei Reinigungssysteme

Reviersystem
Kolonnensystem
Gemischtes System

Reviersystem

Dieses System wird häufig in Kleinbetrieben verwendet. Im Reviersystem ist jeder Mitarbeiter für einen eigenen Bereich zuständig. Alle anfallenden Arbeiten werden von diesem Mitarbeiter selbstständig durchgeführt, der für das Arbeitsergebnis und für die verwendeten Arbeits- und Betriebsmittel auch verantwortlich ist.

Vorteil: Das Reviersystem bietet eine gute Kontrollmöglichkeit von Ergebnis und Zeitvorgaben. Die Mitarbeiter bauen zum Arbeitsbereich einen persönlichen Bezug auf. In der Stellenbeschreibung kann der Arbeitsbereich genau definiert werden.

Nachteil: Eine Leistungssteigerung ist bei diesem System nicht zu erwarten. Fällt ein Mitarbeiter aus, ist der Ersatz nur schwer möglich.

Kolonnensystem

Jeder Mitarbeiter wird mit bestimmten Arbeiten im Gesamtreinigungsablauf betraut, zB reinigt ein Mitarbeiter die Toiletten, ein anderer die Fußböden, ein dritter arbeitet mit den Bodenreinigungsmaschinen etc. Dieser Mitarbeiter ist für die ihm zugeteilte Reinigungsmaschine, für die Pflege und Wartung dieser Maschine und für das Arbeitsergebnis verantwortlich.

Vorteil: Dieses System bietet eine optimale Leistungsausschöpfung durch Spezialisierung und Automatisierung bestimmter Reinigungsvorgänge. Arbeitsausfälle werden innerhalb der Kolonne ausgeglichen.
Nachteil: Die Arbeitsabläufe sind nicht abwechslungsreich.

Gemischtes System

Das gemischte System wird weltweit am häufigsten verwendet. Sind die Reviere einerseits für eine Person zu umfangreich, anderseits für die Beschäftigung einer weiteren Person zu klein, eignet sich das gemischte System. Die Gästezimmer werden zB nach dem Reviersystem gereinigt, die öffentlichen Bereiche nach dem Kolonnensystem.
Häufig wird die Reinigung der öffentlichen Bereiche an externe Reinigungsfirmen übergeben. Die Reinigungsdurchführung durch externe Firmen kann je nach Erfordernis zu bestimmten Zeitpunkten festgelegt werden und ist unabhängig von der Arbeitszeit der betriebseigenen Mitarbeiter.

Arbeitsergonomie

Die beste Organisation kann nicht wirken, wenn die Ausführung mangelhaft ist. Daher ist die Zeit, die für die Schulung in kraftsparende Arbeitsmethoden investiert wird, betriebswirtschaftlich positiv zu verbuchen.

Wie gearbeitet wird, hat Auswirkungen auf
- die Dauer des Arbeitseinsatzes,
- die Ermüdung der Mitarbeiter,
- die Arbeitsfreude,
- die Häufigkeit der Krankenstände,
- den Einsatz der Mittel,
- den Verschleiß der Geräte,
- die Arbeitsergebnisse.

Die Erkenntnisse der Arbeitswissenschaft liefern die Grundlage für die ergonomisch richtige Gestaltung der Arbeitsprozesse.

Oft sind es nur kleine Änderungen, die die Arbeit erleichtern können. Aus Gewohnheit werden diese Änderungen aber nicht vorgenommen. Rasche Ermüdung bzw. das Auftreten von Schmerzen können oftmals durch die richtige Ausführung der Tätigkeit verhindert werden.

Die Betriebsmittel werden dem arbeitenden Menschen gemäß gewählt und die Arbeitsplätze nach den Körpermaßen der Mitarbeiter eingerichtet.

Arbeitshöhe und Arbeitsbreite

Arbeiten, die über der Schulterhöhe und unter der Kniehöhe verrichtet werden müssen, belasten extrem. Kraft raubende Arbeiten sollen nur in Schulterbreite ausgeführt werden, denn die Kraft geht von den Schultergelenken aus. Die zu bearbeitende Fläche wird in passende Abschnitte, die sich überlappen, eingeteilt.

Teilabschnitte, Beginn:

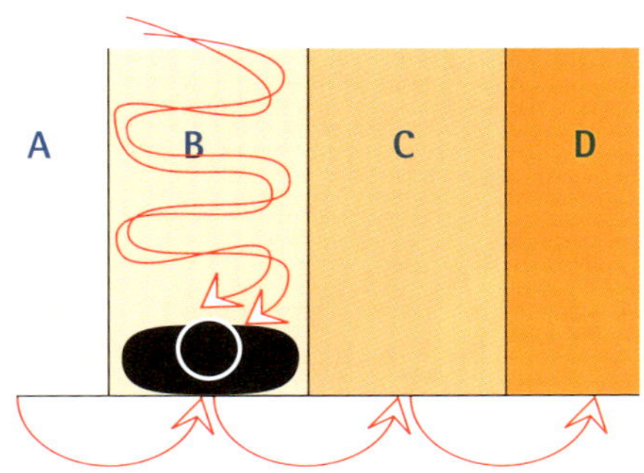

Arbeiten Sie in Abschnitten, die Ihrer Schulterbreite entsprechen, und stets zum Körper hin. Vermeiden Sie großflächige Bewegungen.

Überkopfarbeit soll vermieden werden. So kann zB durch die Montage entsprechender Karniesen sowie durch die Verwendung unfallsicherer Aufstiegshilfen das Aufhängen der Vorhänge sowie das Reinigen der Fenster erleichtert werden. Bei der Verwendung von Sicherheitsleitern im Stiegenbereich kann mit Fußverlängerungen eine bessere Stabilität erreicht werden.

Fußverlängerungen

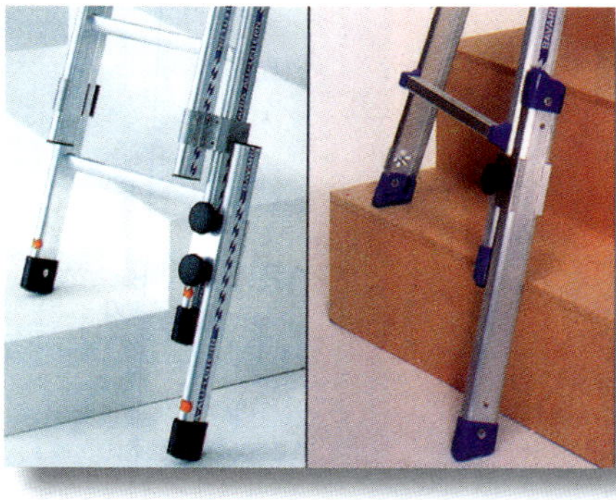

Arbeitshaltung

Keinesfalls soll gebückt gearbeitet werden. Es wird entweder die Arbeitsfläche erhöht, in der Hocke oder – noch besser kniend gearbeitet.

Aufnahme von Kehrgut auf die Kehrschaufel, hockend.

falsch *richtig*

Bei Boden- oder Wandsteckdosen in Bodennähe wird der Netzstecker immer hockend ein- bzw. ausgesteckt.

falsch *richtig*

Lasten sollen stets aus der Hocke heraus aufgenommen und zur Körpermitte gezogen werden, um die Wirbelsäule zu schonen.

Heben aus der Hocke heraus.

falsch *richtig*

Heben eines Gepäckstückes: zur Körpermitte ziehen

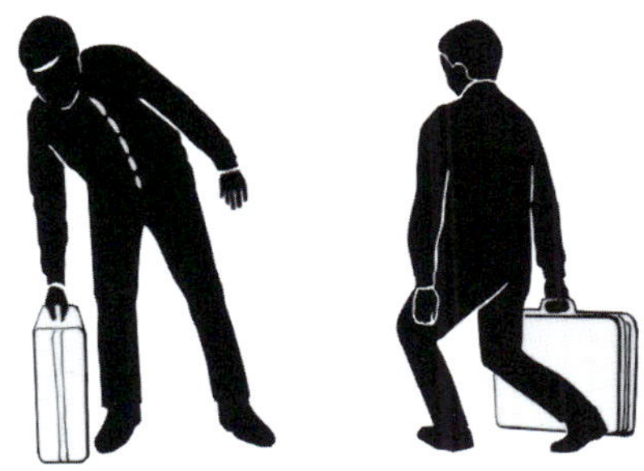

falsch *richtig*

Manche Arbeiten können sitzend ausgeführt werden. So werden Beine, Füße und Rücken geschont. Gerade im Depot oder in der Wäscherei ist daher die Einrichtung eines entsprechenden Arbeitsplatzes erforderlich. Hier lassen sich verschiedene Arbeiten im **Sitzen** ausführen.

Schieben ist besser als heben. Rollende Arbeitsbehelfe sind zu bevorzugen, zB Wäschewagen, fahrbare Blumenübertöpfe, Beistelltischchen, Arbeitswagen. Wenn trotzdem getragen werden muss, soll die Last auf beide Hände gleichmäßig verteilt werden, um die Wirbelsäule zu schonen.

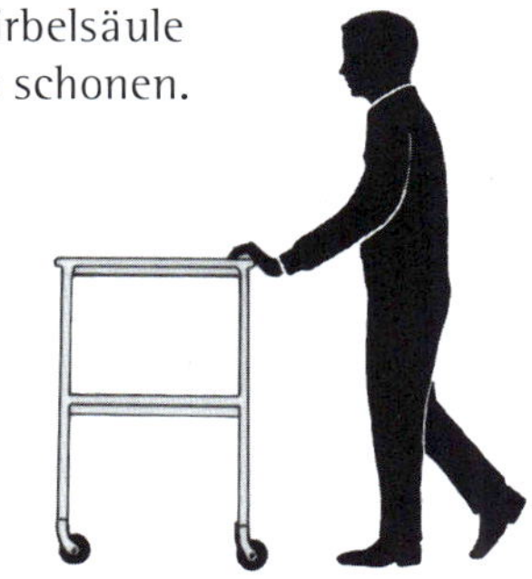

Stielgeräte sollen mindestens bis zur Schulterhöhe reichen. Der Kraftaufwand ist geringer, zB bei Breitwischgeräten. Teleskopstangen bzw. –rohre erleichtern eine Anpassung an die Körpergröße des arbeitenden Menschen.

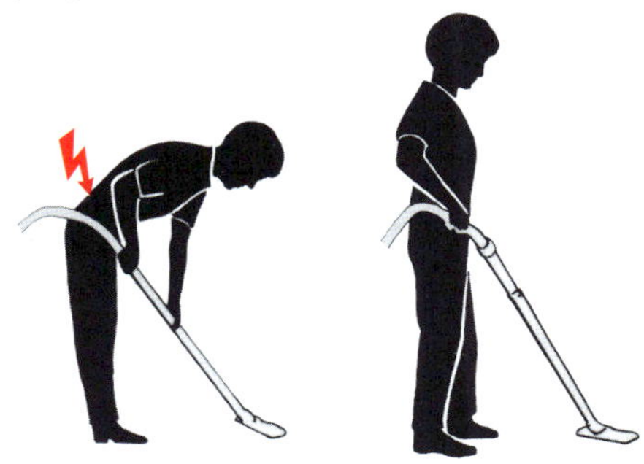

falsch *richtig*

Arbeitssystematik

Die Planung aller Reinigungsabläufe muss im Raum von oben nach unten und immer zum Ausgang hin erfolgen. In einem Gästezimmer wird immer vom Balkon bzw. vom Fenster zur Eingangstüre hin gearbeitet.

Die Pfeile geben die Arbeitsrichtung an: vom Balkon zum Ausgang bzw. vom Bad zum Ausgang.

Reinigen einer Fläche: Die rechte Hand hält das Reinigungstuch mit dem aufzutragenden Reinigungsmittel, die linke Hand hält das ausgespülte Reinigungstuch.

falsch *richtig*

Bei einhändiger Führung von Arbeitsgeräten sollen sie abwechselnd einmal mit der rechten und einmal mit der linken Hand gehalten werden.

Beispiel: Beidhandarbeit

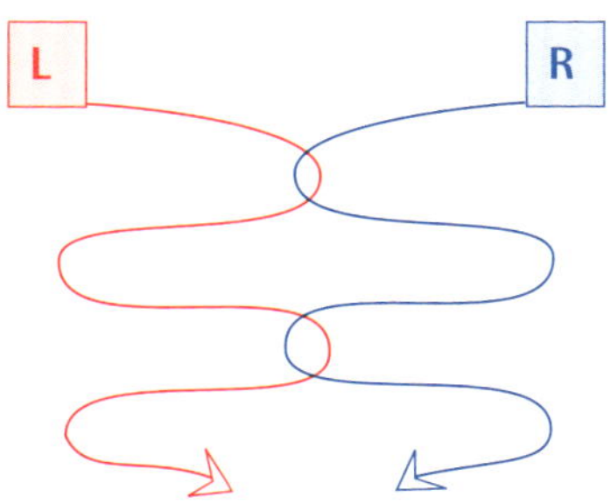

Überwischen einer Fläche: Beide Hände halten je ein Reinigungstuch.

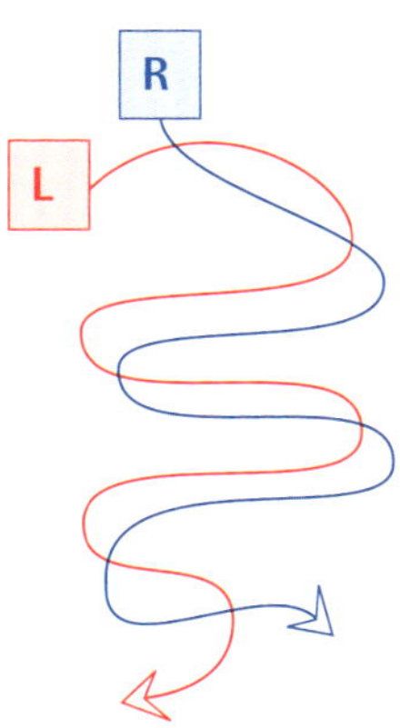

Alle **kleinen Flächen** werden in Serpentinen bearbeitet, wobei am entferntesten Punkt begonnen und zum Körper hin gearbeitet wird. Ruckartige Bewegungen belasten den Bewegungsapparat. Es soll auf eine harmonische Bewegung von Armen und Händen geachtet werden.

Serpentinenförmige Bewegung bei der Fensterreinigung.

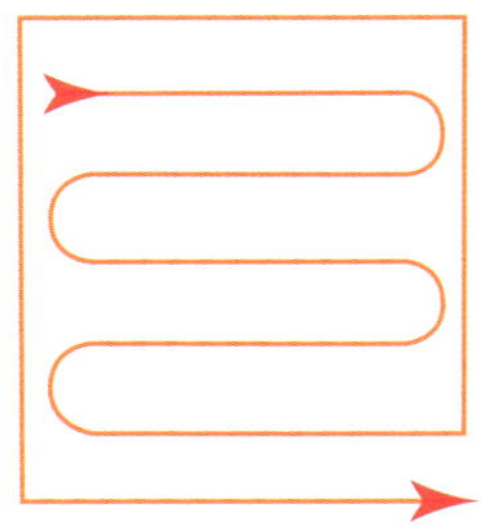

Bei sämtlichen Arbeitsabläufen soll die zu reinigende Fläche in Arbeitsabschnitte eingeteilt werden. Die Größe des Arbeitsabschnittes wird auf die verwendeten Arbeitsgeräte abgestimmt.

Alle **großen Flächen** werden schräg vom Körper weg und überlappend gerade zum Körper hin ziehend bearbeitet → Reinigungsmethode Kehren.

Hebel sollen zum Körper hin gezogen werden, zB bei Mopppressen.

Form und Ausführung der Bedienungselemente, Griffe und Haltevorrichtungen

Bedienungselemente sollen so gestaltet sein, dass sie auch mit feuchten Händen angefasst werden können. Am besten ist es, wenn Form und Oberfläche unterschiedlich ausgeführt werden. Dadurch können sie durch Tasten unterschieden werden. Dies erleichtert die Arbeit, da nicht unbedingt hingesehen werden muss. Auf robuste und bedienungsfreundliche Funktionsschalter und -tasten ist zu achten. Ein- und Ausschaltvorrichtungen, die durch Fußbetätigung aktiviert werden können, ersparen das Bücken.

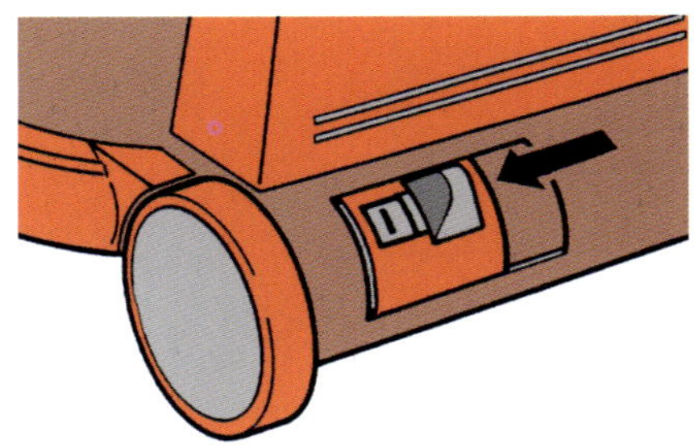

Griffe sollen so breit sein, dass für vier Finger einer Hand genügend Platz ist. Der Daumen stützt von unten dagegen. Vorgegebene Fingerkerben fixieren die optimale Griffführung. Rutschsichere Materialien sind zu bevorzugen.

Bedienungsfeld einer Scheuersaugmaschine

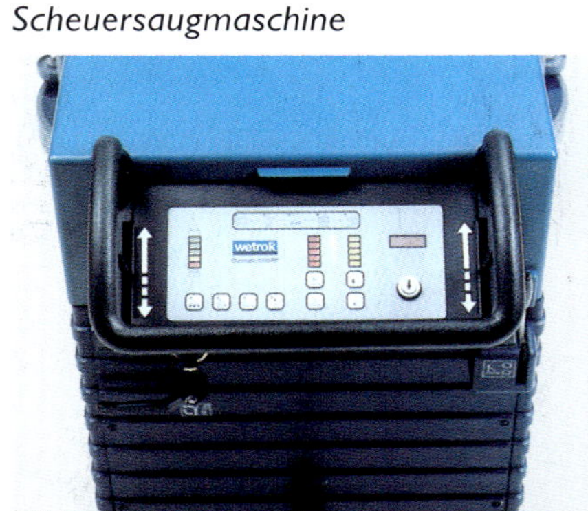

Beim Ankauf neuer Geräte ist auszuprobieren, welche benutzerfreundlich und ergonomisch am besten ausgeführt sind.

Reinigungsmethoden

Bei der Durchführung der nachfolgend beschriebenen Reinigungsmethoden sind alle im Kapitelabschnitt Ergonomie aufgezählten Hinweise zu beachten, sie werden in der Folge nicht nochmals erwähnt.

Kehren

Das Kehren dient hauptsächlich der Entfernung lose liegenden groben Schmutzes. Es erfolgt durch manuell oder maschinell geführte Kehrgeräte und -maschinen. Die Art der Verschmutzung und die Belagsart bestimmen die Wahl des Besens. Staubanteile können mit der entsprechenden Besenart zusammengekehrt werden, jedoch ist das Kehren immer mit Staubaufwirbelung verbunden. Deshalb wird das Kehren zur Vorreinigung von Flächen eingesetzt, so dass die darauf folgende Reinigungsmethode leichter und mit geringerem Zeit-, Betriebs- und Arbeitsmitteleinsatz erfolgen kann.

Kehrbewegung mit Zimmerbesen mit Hinweisen zum Arbeitsablauf

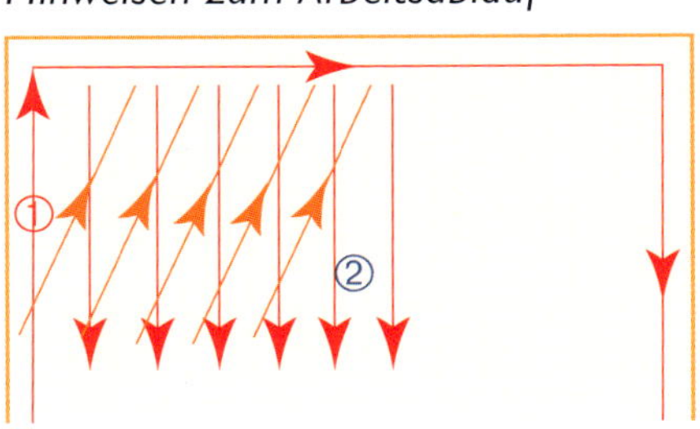

Kehrrichtung.

Retourbewegung: Der Besen wird wieder in Kehrposition gebracht.

Gesamtfläche in überschaubare Arbeitsabschnitte einteilen. Der Mitarbeiter steht seitlich zum Besen und führt ihn am Körper vorbei, die Borstenrichtung bleibt bestehen. Es wird immer in Richtung Ausgang gearbeitet:

① Ecken und Ränder kehren.

② Besen in sich überlappenden Bahnen führen.

Saugen

Das Staubsaugen dient hauptsächlich der Reinigung von textilen und nicht textilen Belägen zur Entfernung von lose aufliegendem und schwach haftendem Schmutz. Die Geräteart und das entsprechende Zubehör bestimmen den Einsatzbereich. Trockener Schmutz, Staub und auch nasse Verschmutzungen und Reinigungsflotten können von horizontalen und vertikalen Flächen entfernt werden.

> ***Beim Saugen wird je nach Geräteart und je nach Zustand des Gerätes sehr oft nur die Hälfte des vorhandenen Schmutzes entfernt.***

Bereits beim Verlegen von Teppichböden ist die Florrichtung zu beachten, damit ein entsprechendes Saugergebnis für den Gast auch sichtbar wird. Sieht man beim Betreten eines Gästezimmers Schritt- und Rollenspuren, ist der Eindruck eines tadellos gereinigten Gästezimmers nicht gegeben.

Saugbewegung mit Hinweisen zum Arbeitsablauf

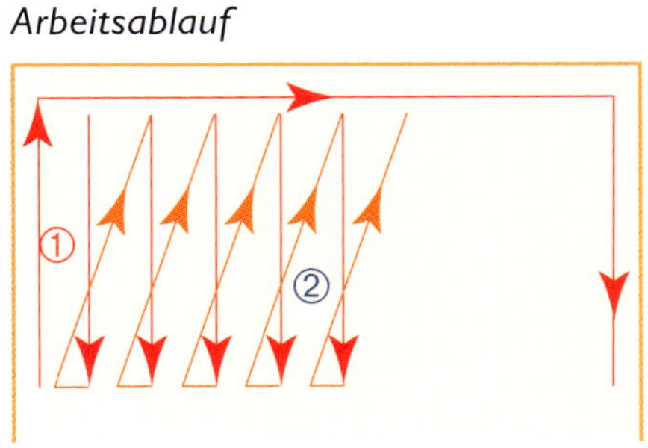

Gesamtfläche in überschaubare Arbeitsabschnitte einteilen. Der Mitarbeiter zieht das Saugrohr mit der Saugdüse gerade zu sich und schiebt es schräg überlappend nach vorne. Es wird immer in Richtung Ausgang gearbeitet:

① Ecken und Ränder saugen.

② Fläche in sich überlappenden Bahnen saugen.

Feuchtwischen, Staub bindendes Wischen

Feuchte Reinigung bedeutet, mit sehr wenig Reinigungsflüssigkeit zu arbeiten. Bei normaler Verschmutzung genügt das Feuchtwischen. Es erleichtert und verkürzt den Arbeitsablauf und spart Reinigungschemie und Wasser.
Wischbezüge aller Art werden mit einem Sprühkännchen befeuchtet, dh nebelfeucht gemacht. Weiters können Wischbezüge, die mit Staub bindenden Mitteln präpariert sind, wie zB Einwegvliestücher, eingesetzt werden. Diese Methode ermöglicht eine hohe Staubbindung und minimiert das Entstehen von Wischspuren.
Stark anhaftende Verschmutzungen werden aber nur ungenügend entfernt.
Die Art der verwendeten Wischbezüge und -geräte ist genau auf die Verschmutzungsart und den Werkstoff abzustimmen. Wischgeräte mit Kreuz- oder Kugelgelenk sind aus ergonomischen Gründen zu bevorzugen.

Feuchtwischbewegung mit Breitwischmopp

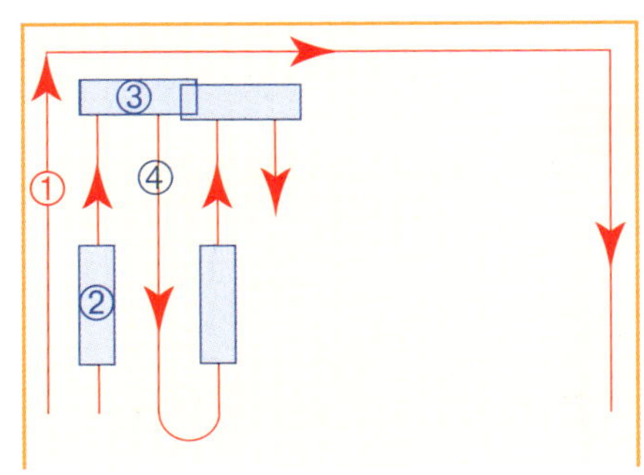

Der Mitarbeiter arbeitet immer zum Körper hin in Richtung Ausgang:

① Ecken und Ränder säubern.

② Wischmopp mit der Schmalseite nach vorne schieben.

③ Wischfläche drehen.

④ Mit der Breitseite in sich überlappenden Bahnen zum Körper ziehen.

Wischbewegungen in Achterform sind ebenso effektiv. Es wird jedoch der gesamte Bewegungsapparat im Bereich der Schulter und Armgelenke stärker belastet.

Tipp

Bei Wischarbeiten soll stets auf die gleichmäßige Belastung der Arme und Hände geachtet werden, dh, die Wischstange wird immer wieder von der rechten in die linke Hand gegeben und umgekehrt.

Nasswischen

Nasswischen wird zur Entfernung von stark haftenden Verschmutzungen eingesetzt. Es wird auch zum Aufbringen von Pflegefilmen verwendet. Eimer und Schrubber mit Scheuertuch sowie Fahreimer mit Presse und Mopp stehen für das Nasswischen zur Verfügung. Beim Nasswischen sind ein Fahreimer und ein Mopp zu bevorzugen, da es dabei keinen Kontakt mit der Reinigungschemie oder mit der Schmutzflotte gibt. Zum Nasswischen werden zunehmend Breitwischgeräte bevorzugt.

Zur Gewährleistung des erforderlichen Hygienestandards ist die **Zwei-Eimer-Wischmethode** zu bevorzugen. Der Reinigungswagen ist dabei mit zwei verschiedenfärbigen Eimern, zB einem blauen Eimer für die saubere Reinigungslösung und einem roten für die gebrauchte, ausgestattet. Er hat eine Halterung für die Wischstange und ist mit einer der Moppart entsprechenden Mopppresse ausgerüstet. Die Wischbewegung erfolgt wie beim Feuchtwischen.

Wischwagen mit zwei Eimern

Zwei-Eimer-Wischmethode

Vorbereitung

- ***Blauen Eimer*** *bis ca. 5 cm unter den Eimerrand mit Reinigungslösung füllen.*
- ***Roten Eimer*** *zu einem Viertel mit Reinigungslösung füllen.*
- *Presse über dem* ***roten Eimer*** *anbringen.*
- *Mopp mit Wischgerät vorbereiten.*

Arbeitsablauf

1. *Mopp in den* ***blauen Eimer*** *eintauchen und leicht auspressen.*
2. *Fläche wischen: zuerst Ecken und Ränder, Fläche in Wischbewegung.*
3. *Mopp im* ***roten Eimer*** *schwenken und fest auspressen.*
4. *Mopp in* ***blauen Eimer*** *eintauchen und fest auspressen.*
5. *Überschüssige Reinigungslösung wird durch Wischen - wie in Punkt 2 ausgeführt - aufgenommen.*
6. *Mopp fest auspressen und im* ***roten Eimer*** *auswaschen (durchschwenken) und gut auspressen.*
7. *Der Arbeitsablauf beginnt von vorne.*

Bezugswechselmethode

Vorbereitung

- ***Blauer Eimer:*** *Desinfektionslösung lt. Angaben vorbereiten.*
- *Zwei schleuderfeuchte Wischbezüge pro Zimmereinheit vorbereiten.*
- *Anstelle der Presse wird ein Abtropfsieb zum leichten Ausdrücken der Mopps montiert.*
- *Breitwischgerät mit Schnellwechselvorrichtung für die Bezüge wählen.*

Arbeitsablauf

1. *Wischbezug aufspannen, in Desinfektionslösung tauchen und durch Abtropfsieb leicht ausdrücken.*
2. *Fläche wischen: zuerst Ecken und Ränder, Fläche in Wischbewegung (ca. 30 m²).*
3. *Mopp in Behälter für schmutzige Mopps geben.*
4. *Neuen Bezug aufspannen.*
5. *Restliche Reinigungslösung aufwischen bzw. nachwischen.*
6. *Zweiten Mopp ebenfalls in Schmutzbehälter geben.*
7. *Der Arbeitsablauf beginnt im nächsten Raum von vorne.*

Die Bezugswechselmethode erfordert einen sehr hohen Bestand an Wischbezügen. Die Anschaffungs- und Waschkosten dafür sind zu berücksichtigen. Die Mopps können auch vor Gebrauch oder während des Waschvorgangs in der Waschmaschine mit Desinfektionslösung aufbereitet werden. Die schleuderfeuchten Mopps werden sofort für den Wischvorgang eingesetzt. Das Mitführen einer Desinfektionslösung und des dazugehörenden Abtropfsiebs ist nicht mehr erforderlich. Außerdem kann man mit dieser Methode Zeit sparen, da das Auspressen der Bezüge wegfällt.

Desinfektion

Auch bei der Desinfektion ist nasses Wischen erforderlich. Zur Flächendesinfektion eignet sich die **Bezugswechselmethode** am besten. Mit dieser Wischmethode wird die Keimverschleppung stark eingedämmt.

Vorratsbehälter mit mehreren aufbereiteten Mopps

Eine weitere Möglichkeit der Desinfektion durch nasses Wischen bieten spezielle Wischgeräte mit integriertem Desinfektionsmitteltank. Die Stange des Wischgerätes hat einen zusätzlich montierbaren oder bereits integrierten Tank für ca. 1,5-2 Liter Desinfektionslösung, die über Knopf- oder Hebelbetätigung auf die Moppfläche dosiert wird. Frotteeartige Bezüge sind der trapezartigen Form der Wischerplatte angepasst und werden nach jeder Zimmereinheit getauscht (ca. 30 m²). Zur

Staub- und Schmutzentfernung sollte hier auch ein Feuchtwischen mit Einwegvliestüchern vor der Desinfektion erfolgen.

> ***Tipp***
> ***Essigwasser oder heiße Sodalösung haben eine verlässlich desinfizierende Wirkung → Betriebsmittel.***

Bürstsaugen

Zur Entfernung starker Verschmutzungen durch Bürsten bzw. Scheuern und durch anschließendes Absaugen der Schmutzflotte dienen nachstehend angeführte Reinigungsgeräte.

Feuchtes Bürstsaugen
Scheibenmaschine mit Absaugvorrichtung oder Scheuersaugmaschinen, so genannte Reinigungsautomaten.

Trockenes Bürstsaugen
Staubsauger mit elektrischer Teppichbürste.
Bürstsaugen mit dem Staubsauger darf man nicht bei Nadelvliesböden und bei hochflorigen Teppichen.

Nassscheuern bzw. Nassbürsten

Sehr stark haftende Verschmutzungen können durch mechanisches Aufbringen größerer Flüssigkeitsmengen entfernt werden. Folgende Betriebs- und Arbeitsmittel sind erforderlich:

Für kleine Flächen: Schrubber, Bürsten, Pads und Eimer.
Für große Flächen: Scheiben- oder Scheuersaugmaschine mit Bürstscheiben oder -walzen oder mit geeigneten Pads.

Polieren

Bei sämtlichen Poliervorgängen wird durch die Reibung der Scheibenmaschinen die Pflegebeschichtung erwärmt. Dadurch werden glatte, gewachste und mit Wischpflege behandelte Beläge von anhaftenden Schmutzschichten und Gehspuren befreit, erneut verdichtet und die Pflegeeigenschaften verbessert. Die Belagsart und die Pflegebeschichtung des Belags bestimmen die erforderliche Drehzahl und die Padart der verwendeten Scheibenmaschine.
Diese Reinigungsmethode wird zur Zwischenreinigung eingesetzt, dadurch wird die Grundreinigung seltener notwendig.

Polieren in sich überlappenden Bahnen in Richtung Ausgang

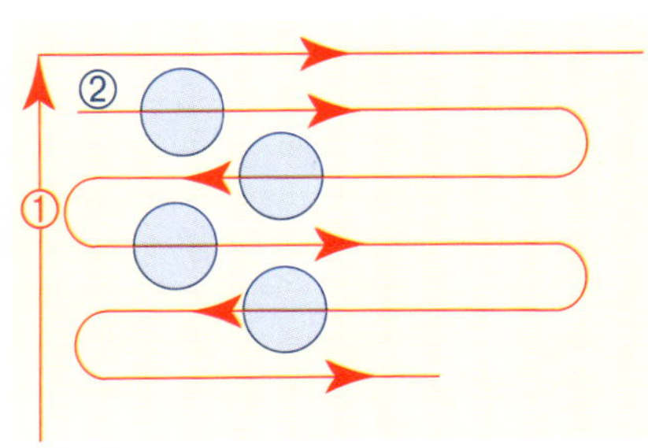

① Ecken und Ränder polieren.
② Fläche in Abschnitte teilen und in sich überlappenden Bahnen ausfahren.
○ = Bürsten oder Padfläche der Scheibenmaschine.

Sprayreinigen/Cleanern

Diese Reinigungsmethode wird auch als Sprayverfahren bezeichnet. In gewisser Weise kann man das Cleanern mit dem Feuchtwischen vergleichen, jedoch wird ein Großteil der Feuchtigkeit durch die Mechanik der eingesetzten Scheibenmaschine ersetzt. Sprayreinigen wird als Unterhalts- und Zwischenreinigung eingesetzt. Es muss jedoch trotzdem eine regelmäßige Grundreinigung erfolgen.
Die Reinigungsbewegung ist dieselbe wie beim Polieren mit der Scheibenmaschine.
Absatzstriche, hartnäckige Flecken und Abnützungen von Pflegefilmen lassen sich mit einer Scheibenmaschine mit Sprayaufsatz oder mit einem Handsprühkännchen leicht entfernen bzw. ergänzen. Die Reinigungslösung wird dabei punktuell auf die zu reinigenden Flächen aufgebracht. Eine wesentliche Rolle spielen dabei die richtige Padwahl und die Umdrehungszahl der Geräte, die auf den Bodenbelag und seine Beschichtung genauestens abgestimmt werden müssen. Vor dem Cleanern empfiehlt es sich, durch Feuchtwischen, zB mit Staub bindenden Vliestüchern, eine Vorreinigung vorzunehmen.

Detachieren (Fleckentfernen)

Bis zu 80 % der auftretenden Fleckverschmutzungen sind wasserlöslich. Vor der Anwendung von Spezialreinigern aller Art ist eine sorgfältige Überprüfung der Materialverträglichkeit vorzunehmen.

> ***Tipp***
> ***Flecken immer in kreisender Bewegung von außen nach innen bearbeiten!***

Reinigungsablauf, Reinigungssystematik

Alle auszuführenden Reinigungsarbeiten werden in ihrer Reihenfolge so aufeinander abgestimmt, dass bei Beendigung des Arbeitsauftrags ein tadelloses Reinigungsergebnis vorliegt. Es ist zum Beispiel nicht sinnvoll, zuerst den Boden zu saugen und dann erst die Betten zu beziehen.

Die Planung der Reinigungsabläufe jedes Reinigungsverfahrens beruht auf einem einfachen Grundschema. Jeder beliebige Reinigungsvorgang kann in der Reinigungssystematik in sechs Teilabschnitte gegliedert werden. Die erforderlichen Reinigungsmethoden sind den Ablaufabschnitten zuzuordnen; daraus ergibt sich die Abfolge der Reinigungsarbeiten:

1. ***Vorarbeiten***
   - *Zu Arbeitsbeginn im Etagenoffice.*
   - *Im zu reinigenden Raum.*
2. ***Staubende Arbeiten***
3. ***Feuchte und nasse Arbeiten***
4. ***Pflegende Arbeiten***
5. ***Staubsaugen***
6. ***Nacharbeiten/Finish***
   - *Im zu reinigenden Raum.*
   - *Am Ende des Arbeitstages.*

Vorarbeiten

Als Vorarbeiten werden jene Arbeiten bezeichnet, die einen reibungslosen Reinigungsfortgang erlauben. Eine Unterscheidung in **Vorarbeiten zu Arbeitsbeginn** und **Vorarbeiten im zu reinigenden Raum** ist bei der Planung zu beachten.

Vorarbeiten zu Arbeitsbeginn
Diese Vorarbeiten umfassen alle Tätigkeiten, die zur Bereitstellung einer tadellosen Arbeitsvorbereitung zur Durchführung der Arbeitsaufträge dienen. Zur Erfüllung des Tagesauftrages müssen zB folgende Vorarbeiten im Etagenoffice durchgeführt werden:
- Bereitstellung und Überprüfung der Arbeitsmittel und -geräte auf Funktionsfähigkeit und Sicherheit laut Checkliste → Etagenoffice.
- Kontrolle der bestückten Wäsche- und Reinigungswägen.
- Bereitstellen der Schmutzwäschecontainer.
- Vorbereiten der Reinigungsmaterialien und -geräte für Spezialarbeiten.

Vorarbeiten im zu reinigenden Raum
Vor der eigentlichen Reinigungsarbeit sind folgende Vorarbeiten im zu reinigenden Raum erforderlich:
- Vorhänge öffnen.
- Fenster öffnen und lüften.
- Im Raum Ordnung schaffen, zB schmutziges Geschirr wegräumen, Gegenstände und Kleidungsstücke ordnen.
- Möbel zurechtrücken.
- Müll entsorgen.

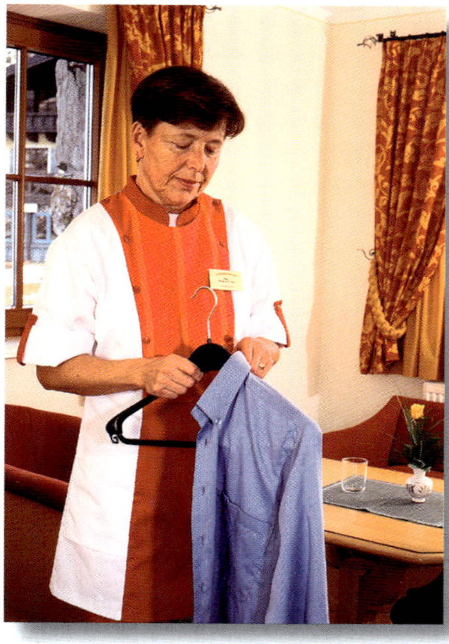

Staubende Arbeiten

Staub sammelt sich in der Luft und auf horizontalen sowie vertikalen Flächen an. Im Staub sind ua Pollen, Bakterien, Viren, Hautschuppen und die Exkremente der Hausstaubmilbe enthalten, die gesundheitliche Probleme verursachen können. Auch der Abrieb von Textilien verursacht Staub.

Arbeiten, die Staub verursachen
- Bettwäsche abziehen.
- Matratzen wenden.
- Matratzenschoner tauschen.
- Schmutzwäsche wegräumen (Schmutzwäschesack oder -container).
- Betten beziehen.
- Tagesdecke auflegen.
- Trockenes Abstauben.
- Abbürsten.
- Ausklopfen (auf Balkon oder Terrasse).
- Kehren.

Der Staubentfernung kommt aufgrund der zunehmenden Anfälligkeit für Allergien große Bedeutung zu. Staub kann nicht nur zu gesundheitlichen Problemen bei Gästen und Mitarbeitern führen, sondern kann bei manchen Materialien die Rutschgefahr erhöhen. Der Staub muss so entfernt werden, dass nicht noch mehr Staub aufgewirbelt wird.

Feuchte und nasse Arbeiten

Durch feuchtes Wischen mit nebelfeuchten oder präparierten Reinigungstextilien werden Staub und leichte Verschmutzungen, wie Fingerabdrücke an Türklinken, Telefonen oder Lichtschaltern oder Straßenschmutz auf den Böden, entfernt.
Stark anhaftende Verschmutzungen werden durch nasses Wischen entfernt, wobei die **Zwei-Eimer-Wischmethode** zu bevorzugen ist.
Die Desinfektion erfolgt ebenfalls im Zuge der Durchführung von nassen Arbeiten im zu reinigenden Raum.

Feuchte und nasse Arbeiten im zu reinigenden Raum

- Einrichtungs- und Ausstattungsgegenstände mit nebelfeuchten Tüchern oder mit präparierten Vliestüchern wischen.
- Bad und WC reinigen.
- Desinfektion durchführen.
- Fenster reinigen.
- Bodenbeläge feucht und/oder nass wischen.

Pflegende Arbeiten

Die Pflege der Einrichtungs- und Ausstattungsgegenstände dient der Qualitäts- und somit auch der Werterhaltung. Durch das Aufbringen von Pflegeprodukten können Schutzschichten erneuert bzw. ergänzt werden. Dies bringt nicht nur eine Verbesserung der Optik, sondern auch Schutz gegen mechanische Einflüsse, zB gegen den Abrieb durch Sesselrollen, und gegen Umwelteinflüsse. Qualitätssicherung bedeutet in Bezug auf die zu pflegenden Werkstoffe auch die Erhaltung der sicherheitstechnischen Eigenschaften eines Produktes und bewirkt auch eine Verbesserung der Pflege- und Reinigungseigenschaften.

Pflegende Arbeiten

- Schutzbeschichtungen auf Bodenbeläge aufbringen.
- Beschichtungen auf Böden ergänzen, zB Sprayreinigung.
- Einrichtungsgegenstände mit Pflegeprodukten einlassen.

Staubsaugen

Im Zuge der täglichen Arbeiten zur Unterhaltsreinigung nimmt das Staubsaugen eine Sonderstellung ein. Die Qualität und die Art der Verlegung des Belags, der Verschmutzungsgrad, das Reinigungsverfahren sowie die Art und das Zubehör des Sauggerätes bestimmen den Zeitpunkt der Durchführung der Saugarbeit.

Staubsaugen erfüllt folgende Reinigungs- und Pflegeansprüche:

- Entfernung von lose aufliegendem Schmutz.
- Entstaubung: Dies gelingt nur bei guter Filterbeschaffenheit.
- Tiefenreinigung durch Bürstmechanik: dient der Werterhaltung.
- Der Teppichflor liegt in Saugrichtung: Die Optik wird positiv beeinflusst.

Nacharbeiten

Als Nacharbeiten oder Finish werden jene Arbeiten bezeichnet, die einen Reinigungsvorgang abschließen und einer anschließenden Prüfung der geleisteten Tätigkeit standhalten.
Eine **Unterscheidung in Nacharbeiten im zu reinigenden Raum** und **Nacharbeiten vor Arbeitsende** ist bei der Planung zu beachten.

Nacharbeiten im zu reinigenden Raum/Finish

Das Finish stellt jenen Zustand in einem Raum her, der dem ersten Blick eines Gastes oder einer kontrollierenden Person entsprechen soll.
Folgende Tätigkeiten sind nach Beendigung der Reinigungsabläufe in einem Gästezimmer noch durchzuführen:

- Gästeartikel und Informationsmaterialien ergänzen.
- Frottierware und Badewäsche auflegen.
- Die Funktion der elektrischen und elektronischen Anlagen überprüfen.
- Die Minibar kontrollieren und gegebenenfalls vervollständigen.
- Die Fenster schließen.
- Die Vorhänge zurechtziehen.

Minibar

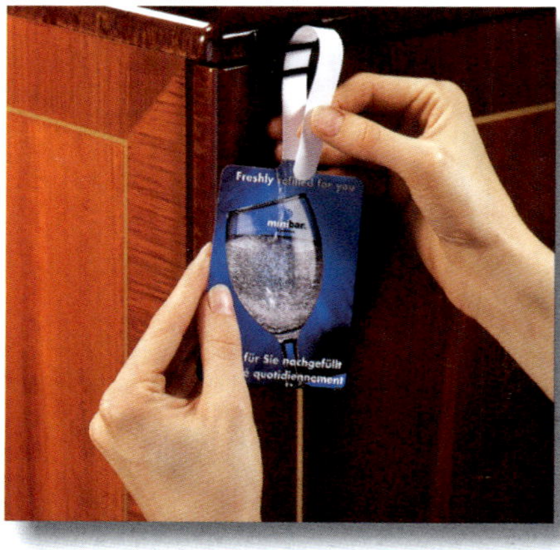

Zimmercheck für die Freimeldung

Wurde ein Zimmer sorgfältig und genau gecheckt und für tadellos befunden, erfolgt die **Freimeldung an das Frontoffice.** Betriebsintern muss genau festgelegt werden, wer die Freimeldung der Zimmer durchführt. In vielen Betrieben obliegt dies ausschließlich der Hausdame. Erfolgt die Zimmerfreimeldung durch die Zimmerstewardess, muss die Hausdame regelmäßige Kontrollen durchführen. Analog zur Arbeitsanweisung an die Zimmerstewardess ist der lückenlose **Zimmercheck** auszuarbeiten.

Check für den Eingangsbereich

Was wird kontrolliert?	Was ist zu beachten?	Was wurde beanstandet?	Erledigt
Klinke, Türstock außen	*Kratzspuren beseitigt*		
Türe	*– Griffspuren beseitigt* *– Scharniere geölt*		
Türschild	*Staubfrei*		
Türfalz	*Abschabung*		
Innenseite der Türe	*– Auspreisung vorhanden* *– Brandschutzplan angebracht* *– Fluchtweg aufgezeichnet*		
Garderobehaken	*Staubfrei*		
Badezimmertür	*Griffspuren beseitigt*		
Klinke	*Glatt*		
Garderobenschrank	*Innen und außen staubfrei*		
Kleiderbügel	*– Vollzählig* *– Staubfrei*		
Spiegel	*Blank*		
Wäschesack	*Vorhanden*		
Preisliste der Wäscherei	*Vorhanden*		
Bitte-nicht-stören-Schild	*Tadellos*		
Reservedecken	*Vorhanden*		
Kleiderablage	*Staubfrei*		
Boden	*Trittspuren beseitigt*		
Wandabschluss	*Staubfrei*		
Schuhputzset	*Komplett*		
Beleuchtung	*Funktioniert*		
Schalter	*Tadellos*		

Check für den Wohnbereich

Was wird kontrolliert?	Was ist zu beachten?	Was wurde beanstandet?	Erledigt
Boden	*– Tadellos – Trittspuren beseitigt*		
Wandabschluss	*Staubfrei*		
Wände	*– Spinnwebenfrei – Fleckenlos*		
Sessel	*Staubfrei*		
Polsterung	*– Fleckenlos – Ritzen staubfrei*		
Ablagen	*– Tadellos – Staubfrei – Poliert*		
Tisch	*– Staubfrei – Tischtuch tadellos*		
Schreibtisch	*– Keine abgeschlagenen Stellen – Staubfrei – Poliert*		
Laden	*Staubfrei*		
Schreibtischlampe	*– Funktionstüchtig – Staubfrei*		
Gästemappe	*– Komplett – Fleckenlos*		
Fauteuil	*– Fleckenlos – Staubfrei*		
Heizkörper	*– Staubfrei – Tadellos*		
Fensterbank	*Glatt poliert*		
Vorhänge	*– Geruchsneutral – Fleckenlos*		
Stehlampe	*– Funktionstüchtig – Staubfrei*		
Allgemeinbeleuchtung	*– Funktionstüchtig – Staubfrei*		
Minibar	*– Komplett – Auspreisung vorhanden – Front poliert – Temperatur richtig eingestellt – Gläser poliert*		
Aschenbecher	*Sauber*		
Fernsehgerät	*– Staubfrei – Fernbedienung vorhanden*		
Schalter	*Tadellos*		
Bilder	*– Hängen gerade – Rahmen staubfrei – Glas sauber*		
Klimaanlage	*– Funktionstüchtig – Staubfrei*		
Fenster	*– Klar – Rahmen sauber*		
Safe	*Staubfrei*		

Check für den Schlafbereich

Was wird kontrolliert?	Was ist zu beachten?	Was wurde beanstandet?	Erledigt
Wandverkleidung	*– Poliert – Sauber*		
Ablage	*Poliert*		
Bettware	*Komplett*		
Betttuch/Laken	*Laut Vorschrift gespannt*		
Decken und Polster	*– Glatt bezogen, Ecken korrekt*		
Telefonanlage	*– Staubfrei – Telefonverzeichnis liegt auf*		
Boden	*Sauber*		
Beleuchtung	*– Funktionstüchtig – Staubfrei*		

Check für Terrasse/Balkon

Was wird kontrolliert?	Was ist zu beachten?	Was wurde beanstandet?	Erledigt
Türe	– Scheibe klar – Rahmen und Stock sauber		
Boden	Staubfrei		
Beleuchtung	– Funktionstüchtig – Staubfrei		
Geländer	Staubfrei		
Sessel, Tisch	Staubfrei		
Tischtuch	Tadellos		
Pflanzen	– Gesund – Verblühte oder abgestorbene Pflanzenteile entfernt		
Schalter	Sauber		

Check für den Sanitärbereich

Was wird kontrolliert?	Was ist zu beachten?	Was wurde beanstandet?	Erledigt
Türinnenseite	Griffspuren entfernt		
Verriegelung	Funktionstüchtig		
Boden	Sauber		
Wände	Sauber		
Fugen	Tadellos		
Spiegelschrank, Ablage	Blank		
Waschbecken, innen und außen	Tadellos		
Zahnputzgläser	Hygienisch einwandfrei		
Badewanne/Dusche	Tadellos		
Bidet	Tadellos		
Armaturen	Poliert		
Abflussverschlüsse	– Keine Ablagerungen – Geruchsfrei		
Beleuchtung	– Funktionstüchtig – Staubfrei		
Hocker	Staubfrei		
Duschtrennwand	– Keine Ablagerungen – Keine Kalkrückstände		
Seifentassen	Keine Ablagerungen		
Föhn	– Funktionstüchtig – Staubfrei		
Gästegaben	Vorhanden		
WC	– Tadellos – Spülung funktionstüchtig		
WC-Papier	– Eingelegt – Reserve vorhanden		
Hygienebeutel	Vorhanden		
Schalter und Steckdosen	– Funktionstüchtig – Tadellos		
Treteimer	- Tadellos – Eingebreitet[1)]		
Papierkorb	- Tadellos – Eingebreitet[1)]		
Notrufglocke	Funktionstüchtig		
Frottierware	– Vorschriftsmäßig aufgelegt – Komplett		

[1)] Mit Mülleimersack ausgestattet

Die **Erledigung** ist zu überprüfen. Je nach Ausstattung wird diese Liste unterschiedlich aussehen. Sie stellt das gesamte Arbeitsausmaß und den Aufwand, der für die Reinigung erforderlich ist, klar und übersichtlich dar. Für alle Räume, die im Rahmen der Reinigungsorganisation zu bearbeiten sind, können passende Checklisten erstellt werden.

Nacharbeiten zu Arbeitsende im Etagenoffice

Zu den Nacharbeiten im Etagenoffice zählen jene Arbeiten, die das Arbeitssystem funktionstüchtig erhalten und als Vorbereitung für den nächsten Arbeitstag dienen, um einen problemlosen Arbeitsablauf zu garantieren:

- Reinigung der Arbeits- und Betriebsmittel.
- Nachfassen der chemischen Reinigungsmittel.
- Bestückung des Wäschewagens und des Reinigungswagens.
- Versorgung und Abgabe der Wäsche.
- Ergänzung der Lagerbestände, sofern eine Unterschreitung des Minimumbestandes am nächsten Arbeitstag erfolgen würde.

Der Lagerbestand an Wäsche und Arbeitsmitteln wird kontrolliert. Notwendige Ergänzungen werden in die Warenanforderungsliste eingetragen und am Ende oder am Beginn eines Arbeitstages aus den Depots ausgefasst.

Planungsinstrumente

Ökonomisches Reinigungsmanagement bedeutet, dass sämtliche Reinigungsvorgänge und Arbeitsabläufe analysiert werden, damit die Planung erfolgen kann. Die Erhebung und Kontrolle des zeitlichen Aufwands der verschiedenen Arbeitsumfänge und Arbeitsausführungen stellen die Basis für die Planung dar. Die Qualitätssicherung darf dabei nie außer Acht gelassen werden.

Die Gewinnung der Daten und die Strukturierung eines innerbetrieblichen Datenkatalogs werden von der Unternehmensführung und der Hausdame festgelegt. Erst dann kann eine Planentwicklung mit den erfassten Daten stattfinden. In der Folge kann zur Personalbedarfsplanung und zur Erstellung einzelner Pläne übergegangen werden. Eine Bewertung des Planungsergebnisses muss ebenfalls in festgelegten Abschnitten erfolgen, damit Schwachstellen beseitigt und Verbesserungen in der Bereichsführung erreicht werden.

Datengewinnung und Inhalt eines Datenkatalogs

Der Datenkatalog wird für jedes Unternehmen individuell erstellt. Die Daten für die Planungsaufgaben in der Etage sind abhängig

- vom Arbeitsumfang,
- von der Ausstattung und Einrichtung,
- vom Reinigungsverfahren,
- von den Arbeits- und Betriebsmitteln
- und von den Fertigkeiten, Fähigkeiten und der Arbeitsgeschwindigkeit der Mitarbeiter.

Um möglichst reale Daten für die Planung zu erhalten, sind die Arbeitsabläufe mehrmals zu erfassen, um Durchschnittswerte zu erhalten. Eine einmalige Datengewinnung über einen bestimmten Vorgang wäre nicht repräsentativ.

Beispiel

Eine erfahrene Zimmerstewardess benötigt für die Reinigung eines Bades in einem Abreisezimmer acht Minuten. Die neu eingestellte Zimmerstewardess benötigt für diese Tätigkeit zwölf Minuten. Für den Datenkatalog ist also die Durchschnittszeit, hier zehn Minuten, heranzuziehen.

Die ermittelten Zeiten dienen der Planung des Mitarbeiter- und des Betriebsmitteleinsatzes und sind bei einem Führungswechsel sowie bei der Mitarbeiterschulung von Vorteil.

Ein gut strukturierter Datenkatalog enthält:

- Arbeitsaufgabe
- Bezugsgröße (BZ)
- Tätigkeit
- Grundzeit
- Belastungsstufe (BS)
- Richtzeit
- Hinweise zur Arbeitsausführung und zum Betriebsmitteleinsatz

Definition der Arbeitsaufgabe

Die genaue Definition der Arbeitsaufgabe ist zur Abgrenzung der Datenerhebung erforderlich. Das Ziel der Aufgabe wird somit klar definiert. Der Beginn und das Ende der Arbeitsaufgaben werden festgelegt.

Bezugsgröße (BZ)

Die Bezugsgröße beschreibt das Arbeitsausmaß und wird mit der entsprechenden Maßeinheit versehen, zB Stück, Quadratmeter, Größe etc. Die Größe der Räume kann den Gebäudeplänen entnommen werden. Die Erfassung der Bezugsgrößen erleichtert auch die Erstellung von Ausschreibungen bestimmter Reinigungsarbeiten an externe Unternehmen.

Tätigkeit
Angeführte Tätigkeiten müssen kurz und prägnant formuliert werden, wobei auf die durchzuführenden Reinigungsmethoden genau eingegangen werden muss.

Grundzeit
Die häufigsten Arbeitsabläufe in der Etage sollen festgelegt und so oft wie möglich bei verschiedenen Mitarbeitern beobachtet werden. Die einzelnen Zeiten werden notiert. Daraus wird die Durchschnittszeit ermittelt, die als Grundzeit zur Planung weiterverwendet wird. Für die Zeitermittlung kann eine Stoppuhr verwendet werden.

Grundzeitermittlung
Die ermittelten Grundzeiten werden in den Datenkatalog eingetragen.

Arbeitsaufgabe: 1 Betttuch spannen	**Mitarbeiter 1**	**Mitarbeiter 2**	**Mitarbeiter 3**	
Zeitermittlung am	*14. Juni*	*19. Juni*	*27. Juni*	*Durchschnittszeit = Grundzeit*
Grundzeit in Minuten	*0.40*	*0.60*	*0.50*	*= 1.50 : 3 = 0.50 Minuten*

Belastungsstufe (BS)
Die Belastungsstufe gibt Aufschluss über das Maß der körperlichen Belastung während der Arbeitsausführung, die in Form eines prozentuellen Anteils der Grundzeit zuzurechnen ist. Die daraus resultierende Richtzeit kann für die Planungsvorgänge herangezogen werden.
Für alle in der Etage anfallenden Arbeiten sollen möglichst gerechte Zeitzuschläge in Prozent für die diversen körperlichen Belastungen der verschiedenen Arbeiten festgelegt werden. Erfahrene Mitarbeiter, Mitarbeitertrainer und evtl. eine Person aus der Mitarbeitervertretung sollen zur Festlegung der Zeitzuschläge herangezogen werden.

Sehr belastend: Alle Arbeiten, die über Kopf und in gebückter Haltung auszuführen sind, sowie bei Überschreitung der Dauerleistungsgrenze, die zumutbar ist.
Belastend: Heben von schweren Gegenständen, Tätigkeiten, die im Knien ausgeführt werden müssen.
Wenig belastend: Ohne sichtbare Ermüdungserscheinungen kann in dieser Intensität lange gearbeitet werden.

Beispiel
Die Prozentsätze sind nach den Gegebenheiten des Betriebs zu evaluieren.

Sehr belastend	**BS 2**	**=**	***15%iger Zeitzuschlag auf Basis der Grundzeit.***
Belastend	**BS 1**	**=**	***10%iger Zeitzuschlag auf Basis der Grundzeit.***

Richtzeit
Zur Grundzeit wird je nach Belastung der prozentuelle Zeitzuschlag addiert. Die daraus resultierende Endzeit wird als Richtzeit in den Datenkatalog übernommen. Die Richtzeit ist die Planungsbasis für alle Reinigungsabläufe und somit das Endergebnis der Datengewinnung.

Hinweise zur Arbeitsausführung und zum Betriebsmitteleinsatz
Hier können Angaben zum Arbeits- und Betriebsmitteleinsatz gemacht werden. Diese Angaben sind von großer Bedeutung.
Beim Ankauf neuer Geräte und bei der Anwendung geänderter Reinigungsverfahren muss die Richtzeit neu ermittelt werden.

Datenerfassung im Datenkatalog

Beispiel: Aufbau eines Datenkatalogs
Definition der Arbeitsaufgabe: Parkettboden in Raum 108, Zwischenreinigung und Pflegefilmsanierung.

BZ	**Tätigkeit**	**Grundzeit**	**BS**	**Richtzeit (min)**	**Hinweise zur Arbeitsausführung und zum Betriebsmitteleinsatz**
10 m²	*Saugen*		*1*	*2.00*	*Hartbodendüse*
	Sprayreiniger im Nasswischverfahren auftragen		*2*	*10.00*	*Wischbahnen überlappend führen, trocknen lassen*
	Polieren		*2*	*5.00*	*High-Speed-Maschine Pad: gelb*
			Summe	*17.00*	

Zeitmodule

Wird aus einem Arbeitsauftrag eine Summe aller Einzelarbeitsschritte gezogen, so entsteht ein Zeitmodul für einen bestimmten Arbeitsauftrag. Die Einzelvorgänge sind im Datenkatalog analytisch dargestellt und ergeben gemeinsam einen Zeitbaustein, ein Zeitmodul.

Beispiel für die Modulzusammensetzung: Bettenreinigung Einzelbett

Arbeitsabschnitt	Richtzeit
Matratze saugen, 1. Seite	*0.20*
Umdrehen der Matratze	*0.10*
Matratze saugen, 2. Seite	*0.20*
Gestell reinigen	*2.60*
Einsatz reinigen	*1.50*
Schoner auflegen	*0.40*
Modulzeit in Minuten	**5.00**

Beispiel: Modulzusammensetzung für die Grundreinigung einer Juniorsuite vor Erstvergabe bei Saisonbeginn.

Modul	Tätigkeit	Zahl	Arbeitsfeld	Richtzeit (min)	Zeitmodul
A	Saugen		Wände, Ecken	4.00	
		1	Balkonboden	1.00	
		2	Matratzen	2.00	
		2	Lattenroste	1.00	
		2	Fauteuils	0.50	
		2	Sesselbezüge	0.50	
		30 m²	Teppichboden	6.00	15.00
B	Beleuchtungskörper reinigen	4	Gestelle	4.00	
		8	Glastulpen	4.00	
		4	Kabel	2.00	10.00
C	Holzmobiliar pflegen	2	Holzteile der Betten	2.00	
			Kasten innen	2.00	
		12	Laden	6.00	
			Kastenkorpus außen	4.00	
		2	Kastentüren	2.00	
		1	Schreibtisch	3.10	
		2	Bilderrahmen	1.00	
		1	Schminktisch	2.00	
		1	Konsole	1.00	
		1	Kofferbock	3.00	
		2	Türen	0.40	26.50
D	Technische Ausstattung reinigen	1	Flachheizkörper	0.50	
			TV-Gerät, Telefon, Radiowecker	1.50	
			Minibar	1.50	
			Schalter, Stecker	1.50	5.00
E	Balkon reinigen	1	Türe, Holzteil lackiert	4.00	
			Balkongitter, Handlauf	1.25	
			Bodenfläche wischen	4.50	
			Beleuchtungskörper	0.25	10.00
F	Sanitärbereich, Bad reinigen		Wandteil absaugen	0.50	
			Fliesenteil, Türe	5.00	
			Ecken, Bodenfugen, Gitter, Gully, Fliesenboden	4.50	
			Batterie, Armaturen	2.00	
			Chromteile, Hocker	2.00	
			WC + Spülkasten	5.00	
			Waschbecken, Spiegel	4.00	
			Wanne	3.00	
			Bidet	2.00	
			Bestückung	2.00	30.00
G	Betten beziehen und aufbetten	2	Schoner auflegen, Betttücher spannen, Decken beziehen, Polster beziehen, auflegen und Finish		10.00
H	Roomfinish		Gästemappe, Gästegaben, VIP-Korb, Blumenarrangement		3.00
			Gesamtarbeitszeit		**109.50**

Die Hausdame arbeitet bei allen Planungen mit Zeitmodulen, da diese eine Summe aller Richtzeiten für einen bestimmten Arbeitsauftrag darstellen. Als sehr nützlich erweist sich dies bei der Erstellung der Tagesaufträge, da für alle Räume eines Betriebes die Modulzeiten für die verschiedenen Arbeiten festgelegt sind.

Die ermittelten Zeitmodule müssen immer wieder kontrolliert werden, da sich durch neue Betriebs- und Arbeitsmittel die Arbeitszeit ändern kann. Auch eine bauliche Veränderung oder veränderte Werkstoffe, die eine andere oder eine aufwendigere Reinigungstätigkeit erfordern, verändern die Modulzeiten.
Diese Zeitmodule dienen der Planung der durchzuführenden Arbeiten. Daraus könnte sich ergeben, dass manche Tätigkeiten an externe Dienstleister vergeben werden müssen, zB die Fenster- oder die Grundreinigung von Böden.

Beispiel: Muster eines Datenkatalogs
Im folgenden Beispiel wurden die Daten für die **Unterhaltsreinigung bei Bleibezimmern (Standard)** sowie für die **Grundreinigung innerhalb der Saison bei Abreisezimmern (Standard)** erhoben, die je nach Grad der Verschmutzung einen unterschiedlichen Zeitbedarf erfordern. Diese Plandaten wurden in einem Mittelklassehotel erhoben und sollen einen Überblick über den Zeitbedarf von Reinigungsvorgängen in verschiedener Ausführung geben. In die freie Spalte sind die im eigenen Betrieb ermittelten Daten einzutragen.

Bezugsgröße	Arbeitsgegenstand	Arbeitsverfahren	Zeitbedarf in Minuten	Ermittelter Zeitbedarf
1	DZ/Bad	Standard-Bleibe	15.00	
1	DZ/Bad	Grundreinigung	55.00	
1	DZ/Bad	Standard-Abreise	25.00	
2	Juniorsuiten	Standard-Bleibe	40.00	
2	Juniorsuiten	Grundreinigung	226.00	
4	VIP-Arrangements	Bereitstellen	40.00	
1	EZ/Bad	Standard-Bleibe	10.00	
1	EZ/Bad	Standard-Abreise	20.00	
1	EZ/Bad	Grundreinigung	40.00	
1	Salon, Etage 1	Standard	12.00	
1	Salon, Etage 1	Grundreinigung	45.00	
2	Salons, Parterre	Standard	30.00	
1	Gang, Parterre	Grundreinigung	50.00	
1	Halle	Standard	25.00	
1	Halle	Grundreinigung	120.00	
1	Bett	Beziehen, aufbetten	5.00	
1	Badezimmer	Standard	6.00	
1	Badezimmer	Grundreinigung	30.00	
1	Balkon	Standard	3.00	
1	Balkon	Grundreinigung	10.00	

Weitere Daten, die für die Planung von periodisch anfallenden Tätigkeiten relevant sind:

Bezugsgröße	Arbeitsgegenstand	Arbeitsverfahren	Zeitbedarf in Minuten	Ermittelter Zeitbedarf
25 m^2	Noppenteppich	Saugen	7.00	
25 m^2	Kurzflor	Saugen	7.50	
25 m^2	Mittelflor	Saugen	22.50	
80 m^2	Sitzungssaal	Saugen	28.00	
16	Stufen, Marmor	Grundreinigung	64.00	
	Stiegenhaus gesamt	Standard	20.00	
	Geländer und Handlauf	Grundreinigung	55.00	
	Glasfront mit Schwingtür	Grundreinigung	30.00	
1	Fenster	Komplett reinigen	20.00	
1	Fensterbank	Steinölpflege	2.00	
3	Hallenfenster	Komplett reinigen	60.00	
1	Kristallluster	Grundreinigung	40.00	
1	Lampenschirm aus Glas	Nassreinigung	3.00	
1	Deckenleuchte aus Glas	Nassreinigung	4.00	
1	Messingleuchter, original	Metallpflege	25.00	
10	Übertöpfe aus Porzellan	Nassreinigung	8.00	
1	Depot	Standard	15.00	
1	Depot	Grundreinigung	85.00	

Planentwicklung aufgrund erfasster Richtzeiten bzw. Zeitmodule

Anhand des erfassten Datenkataloges ist nun eine genaue Arbeitsplanung im gesamten Housekeepingbereich möglich.
Der erarbeitete Datenkatalog ist dabei unentbehrlich, da damit die Arbeit nach dem tatsächlichen Zeitbedarf und nach dem Mitarbeiterbedarf human und gleichzeitig effizient geplant werden kann. Je genauer die Erhebungen geführt werden, desto rationeller kann geplant werden.

Es kann nicht schneller, als die Arbeit Zeit beansprucht, gearbeitet werden. Man kann nur weniger genau arbeiten oder etwas auslassen. Bei gleicher Qualität der erbrachten Leistung ist der Zeitfaktor eine wesentliche Größe.

Grundlagen zur Planentwicklung

Die Zeitdauer, die zur Erfüllung des Arbeitsauftrages erforderlich ist, wird von der Etagenführung anhand des Datenkatalogs ermittelt. Die Summe der Richtzeiten bzw. der Zeitmodule wird für die Ermittlung der erforderlichen Gesamtarbeitszeit und somit zur Mitarbeiterbedarfsplanung herangezogen.

Beispiel: Planentwicklung

Arbeitsauftrag	***Das ganze Stockwerk ist für eine Gästegruppe bis 15.00 Uhr zum Check-in bereitzustellen.***
Arbeitsausmaß	- *10 Einzelzimmer mit Dusche/WC und 6 Doppelzimmer mit Bad/WC für den Neubezug vorbereiten (Abreisezimmer).* - *4 Zimmer, bereits am Vortag gereinigt, Nachkontrolle.* - *Gang und Stiegenanteil laut Tagesauftrag reinigen.*
Betriebsmittel	*Laut Inventar des Etagenoffice*
Arbeitsziel	*20 frei gemeldete Zimmer der Etage*
Arbeitszeit	*9.30-14.00 Uhr*
Mitarbeiteranzahl	*2*

Die aktuellen Daten aus der **Belegungsvorschau (Forecast)** liefern der Etagenführung die Planungsgrundlage für einen bestimmten Zeitraum. Daraus geht zB hervor, wie viele Mitarbeiter einzusetzen sind oder welches Wäschekontingent zur Verfügung stehen muss, um einen reibungslosen Ablauf garantieren zu können.

Forecast - Zimmerbelegungsvorschau für 16. November

Hotel Wildalpen, Sonnendorf — ***Seite I***

Zi.-Nr.	Kat.	Zuname, Vorname, Ort	Nat.	E	K	Arr.	Anreise	Abreise	Gruppe	belegt ab
10	DZ	Müller, Herr Axel		1		ÜF	14. 11.	19. 11.	TUI	
11	DZ					0				
12	DZ					0				19. 11.
14	DZ	Huber, Fam. Herbert		2		HP	14. 11.	19. 11.	TUI	
15	DZ					0				
16	DZ					0				17. 11.
17	DZ	Busch, Fam. Holger		2		HP	16. 11.	22. 11.		16. 11.
18	DZ	Mehner, Herr Klaus		1		HP	16. 11.	22. 11.		16. 11.
19	DZ					0				19. 11.
20	DZ					0				
21	DZ	Mair, Fam. Anna		2		HP	14. 11.	19. 11.	TUI	
22	DZ					0				19. 11.
23	DZ					0				
24	DZ	Grub, Fam. Simone		2		ÜF	14. 11.	19. 11.	TUI	
25	DZ					0				
30	APP	Heinrich, Fam. Stefan		2	1	HP	14. 11.	19. 11.		
101	DZ					0				
102	DZ					0				
103	DZ					0				
104	DZ					0				
105	DZ					0				

Arr. = gebuchte Leistung; ÜF = Übernachtung und Frühstück; HP = Halbpension; E = Erwachsene; K = Kinder

Mitarbeiterbedarfsplanung

Anhand der ermittelten Richtzeiten und der Zeitmodule kann rasch die Gesamtarbeitszeit für ein bestimmtes Arbeitsausmaß errechnet werden. Der Gesamtarbeitsaufwand gibt Auskunft über die Mitarbeiteranzahl, die für die Erfüllung des Arbeitsauftrags erforderlich ist.

Beispiel: Errechnung der erforderlichen Mitarbeiteranzahl

Etagen	Räume	Zeit pro Raum	Zeitaufwand
1. Etage	*10 DZ und Balkone (Bleibezimmer)*	*20,00*	*200.00*
	10 DZ und Balkone (Abreisezimmer)	*30,00*	*300.00*
2. Etage	*6 DZ und Balkone (Abreisezimmer)*	*30,00*	*180.00*
	4 DZ und Balkone (Bleibezimmer)	*20,00*	*80.00*
	8 EZ und Terrassenanteil (Bleibezimmer)	*15,00*	*120.00*
3. Etage	*4 Clubräume und Terrassenanteil*	*30,00*	*120.00*
	10 DZ und Balkone (Bleibezimmer)	*20,00*	*200.00*
4. Etage	*3 Juniorsuiten (Bleibezimmer)*	*30,00*	*90.00*
	Seminarraum	*60,00*	*60.00*
5. Etage	*10 EZ (Bleibezimmer)*	*10,00*	*100.00*
	10 EZ (Abreisezimmer)	*15,00*	*150.00*
6. Etage	*6 Mitarbeiterunterkünfte*	*10,00*	*60.00*
Parterre	*Halle: Aufenthaltsteil, Telefonzelle*		*60.00*
	Nebenräume und Toiletten		*80.00*
Tiefparterre	*Hallenbad und Nebenräume TP*		*110.00*
Stiegen	*Gesamtzeit für das Haus*		*60.00*
Gänge	*Gesamtzeit für das Haus*		*70.00*
Lifte	*2 Kabinen und Türen*	*15,00*	*30.00*
Depots	*1 pro Etage, 1 im Tiefparterre*	*10,00*	*70.00*
Gesamtzeitaufwand in Minuten			**2.140.00**
Gesamtzeitaufwand in Stunden			**35,66 Stunden = 35 Stunden und 40 Minuten**

Aus diesem Gesamtzeitaufwand errechnet sich die erforderliche Mitarbeiteranzahl nach der Formel

$$\frac{\text{Gesamtzeitaufwand}}{\text{Arbeitsstunden pro Tag}} = \text{Mitarbeiter} \quad \frac{35{,}66}{8} = 4{,}45$$

Bei Komplettbelegung sind zur Bewältigung der täglich anfallenden Arbeiten in der Etage (ohne Wäschebetreuung) vier vollbeschäftigte und ein teilzeitbeschäftigter Mitarbeiter erforderlich.

Arbeitspausen und Dienstbesprechungen sind ebenfalls in die Planung des Mitarbeiterbedarfs einzukalkulieren.

Erstellen einzelner Pläne

Egal, ob die Auftragserteilung mündlich oder schriftlich erfolgt, die Vorgaben müssen klar formuliert werden, um das Erstellen der Pläne einfach zu halten. Fehlleistungen und Missverständnisse können so vermieden werden.

Zur Gesamtkoordination aller anfallenden Arbeiten sind für die Etagenführung folgende Pläne erforderlich:
- Dienstpläne
- Tagesaufträge
- Terminpläne

Dienstplanerstellung

Planvorgaben
- Im folgenden Beispiel ist der Samstag der arbeitsintensivste Tag. Daher sind alle Vollbeschäftigten anwesend.
- Jeder Mitarbeiter hat an zwei zusammenhängenden Tagen in der Woche frei.
- Im Laufe der Arbeitswoche ist jeder Mitarbeiter für zwei Etagen hauptverantwortlich.
- Parterre und Tiefparterre werden vom teilzeitbeschäftigten Mitarbeiter betreut.
- Die Vertretung für die anderen Bereiche wird aufgeteilt.
- Die Mitarbeiterunterkünfte werden einmal wöchentlich betreut.
- Ein verschobener Dienstbeginn ist möglich. Die Flexibilität ist durch die Stellenbeschreibungen sichergestellt.

Beispiel: Erstellung eines Dienstplans

MA/Etagen	Montag	Dienstag	Mittwoch	Donnerstag	Freitag	Samstag	Sonntag
Frau Anna	-	1 + 2	1 + 2 6	1 + 2 6	1 + 2	1 + 2	-
Frau Berta	3 + 4	-	-	3 + 4 5	3 + 4	3 + 4	3 + 4
Frau Carla	5 + 6 MA-Zimmer	5 + 6	-	-	5 + 6	5 + 6	5 + 6 TP
Herr Emil	1 + 2	3 + 4	3 + 4 5	-	-	P + TP	1 + 2 P
Herr Daniel *Teilzeitkraft*	P + TP	P + TP	P + TP	P + TP	P + TP	-	-

Erteilen der Tagesaufträge

Der Tagesauftrag weist den Einsatz des Mitarbeiters aus. Er wird nach den W-Fragen zusammengestellt:

- **Wer?**
- **Wo?**
- **Was?**
- **Wann? Von wann bis wann?**
- **Wie lange?**
- **Womit?**

Bei der Erstellung des Tagesauftrags ist zu beachten, dass klar und verständlich formuliert wird und dass bei Abweichungen vom Standard genaue Hinweise gegeben werden. Außerdem muss klar ersichtlich sein, welche Mitarbeiter zusammenarbeiten.
Die vorbereiteten Tagesaufträge werden bei der morgendlichen Besprechung jedem Mitarbeiter zugeteilt, wobei Anträge und evtl. Wünsche der Mitarbeiter berücksichtigt werden sollen.

Beispiel: Mündlicher Tagesauftrag

Frau Emma, die Zimmer, die heute auf Ihrer Etage laut Liste gereinigt werden müssen, sind ab 8.45 Uhr frei. Den Etagenwagen hat Ihnen gestern unser Assistent Herr Johann vorbereitet. Bitte prüfen Sie ihn auf Vollständigkeit.

Heute wird Frau Ilse mit Ihnen gehen, dadurch verringert sich die Standardzeit - ich glaube, 15 Minuten reichen - und für die Einbettzimmer werden 10 Minuten reichen.

Um 10.30 Uhr erwarte ich Sie beide im Besprechungsraum zum Kaffee. Ab 11.00 Uhr sind Sie beide dann wieder auf Ihrer Etage.

Bei der Nachkontrolle weisen Sie bitte Frau Ilse ein. Sie soll dann die Betriebsmittel reinigen. Sie übernehmen bitte für morgen die gesamte Wäsche, die ich Ihnen vorbereite. Heute können Sie den Etagenwagen noch vor dem Mittagessen checken.

Am Nachmittag sind Sie im 4. Stock mit Frau Elli und Herrn Johann in den Juniorsuiten eingeteilt. Frau Elli hat den Arbeitsplan. Wir müssen diese Zimmer vorbereiten, weil sie morgen erstmals in der Saison vergeben werden. Um 15.45 Uhr kommen Sie bitte zu mir. Ich bin schon gespannt, welche Vorschläge Sie für die Blumenarrangements haben.

Beispiel: Schriftlicher Tagesauftrag

Für Frau Emma, Bereichsleiterin der Etage 5
Die Etagenführung wünscht Ihnen einen erfolgreichen Tag!
Dienstbeginn: 8.00 Uhr .
Besondere Aufgaben: Einschulung von Frau Ilse und von Herrn Johann.

Arbeitsauftrag	Uhrzeit	Dauer in Minuten	Bemerkungen
Erhalt und Besprechung des Tagesablaufes	*8.00 - 8.15*	*15.00*	*Lt. Zimmerbelegungsliste*
Reinigungswagen, Betriebsmittel	*8.15 - 8.30*	*15.00*	*Bitte nachprüfen*
1 DZ/Bad 504	*8.30 - 8.45*	*15.00*	*Standard*
6 DZ/Bad	*8.45 - 10.45*	*120.00*	*Bleibezimmer*
Kaffeepause, Besprechung	*10.45 - 11.00*	*15.00*	*Besprechungsraum*
3 DZ/Bad	*11.00 - 12.00*	*60.00*	*Bleibezimmer*
2 EZ/Dusche	*12.00 - 12.40*	*40.00*	*Abreisezimmer*
Telefonische Meldung an Hausdame	*12.40 - 12.45*	*5.00*	-
Etagenwagen für den nächsten Tag richten	*12.45 - 13.00*	*15.00*	*Wäsche nachfassen. Frau Ilse soll die Betriebsmittel reinigen, anschließend kommt sie zu Frau Gerda.*
Mittagspause	*13.00 - 13.30*	*30.00*	
4. Etage: Juniorsuite lt. Arbeitsplan zur Erstvergabe vorbereiten	*13.30 - 15.40*	*130.00*	*Assistent Johann wird eingeschult. Grundreinigung*
Beratung	*15.40 - 16.00*	*20.00*	*Bitte bringen Sie Ihren Vorschlag für die Blumenbestellung mit.*
Dienstende	*16.00*		

Liste für die Etagenstewardess am 19. November

Hotel Wildalpen, Sonnendorf

Zi.-Nr.	Zuname, Vorname, Bemerkung	Stat.	Anreise	Abreise	E	K	Arr.	Geb.-Dat.
10	Müller, Fam. Axel	BEL	14. 11.	19. 11.	1		ÜF	19. 07. 1953
		FREI						
11	Teppichgrundreinigung	0. 0. 0.	20. 11.					
12	Zöggeler, Fam. Alfred	BEL	19. 11.	23. 11.	1	1	HP	15. 04. 1975
	Stammgast, VIP-Paket							
	1 Babybett erforderlich							
14	Huber, Fam. Herbert	BEL	14. 11.	19. 11.	2		HP	14. 11. 1953
14	Maier, Frau Sieglinde	BEL	19. 11.	27. 11.	1		HP	13. 01. 1967
	Zimmer 14 auf Wunsch des Gastes							
15		FREI						
16	Grünberger, Herr Alfred	BEL	17. 11.	21. 11.	1		HP	28. 07. 1954
	Reist erst um 17.00 Uhr ab	Zimmer wird nicht belegt						
17	Busch, Fam. Holger	BEL	16. 11.	22. 11.	2		HP	04. 05. 1967
	Wäschewechsel							
18	Mehner, Herr Klaus	BEL	14. 11.	19. 11.	1		HP	22. 03. 1939
	Umzug auf Zimmer 22							
		FREI						
19	Roll, Fam. Gernot	BEL	19. 11.	24. 11.	2		HP	09. 04. 1937
		FREI						
20		FREI						
21	Mair, Fam. Anna	BEL	14. 11.	19. 11.	2		HP	12. 03. 1935
21	Arnold, Herr Hubert	BEL	19. 11.	25. 11.	1		HP	17. 05. 1975
		FREI						
22	Mehner, Herr Klaus	BEL	19. 11.	22. 11.	1		HP	22. 03. 1939
	Umzug von Zimmer 18							
23		FREI						
24	Grub, Fam. Simone	BEL	14. 11.	19. 11.	2		ÜF	24. 04. 1977
		FREI						
25	Pichler, Fam. Rupert	BEL	19. 11.	23. 11.	2		ÜF	18. 05. 1956
30	Heinrich, Fam. Stefan	BEL	14. 11.	19. 11.	2	1	HP	16. 09. 1967
30	Russegger, Fam. Sebastian	BEL	19. 11.	26. 11	2	2	ÜF	18. 01. 1965
101		FREI						
102		FREI						
103		FREI						
104		FREI						
105		FREI						

Stat. = Zimmerstatus
Arr. = gebuchte Leistung; ÜF = Übernachtung und Frühstück; HP = Halbpension
BEL = belegt
E = Erwachsene
K = Kinder
0. 0. 0. = out of order

NOVACOM SOFTWARE GMBH, 19. Nov., 17:10 Uhr
HOK4ZIL

NOVACOM
SOFTWARE GMBH

Terminplanung

Für besondere Veranstaltungen im Haus, wie Pressekonferenzen, Ausstellungen, Verkaufsmessen, ist eine gute Vorbereitungsarbeit erforderlich, die einer optimalen Terminplanung bedarf.

Das Ende des Arbeitsauftrags ist der Zeitpunkt, zu dem alle Vorbereitungsarbeiten abgeschlossen sein müssen, also kurz vor Beginn der Veranstaltung.

Jeder Tag, an dem für die Veranstaltung zur Erreichung der Zwischenziele gearbeitet werden kann, weil Zeit- und Personalreserven es erlauben, wird im Plan eingetragen. Die Arbeiten werden chronologisch aufgelistet. Der Beginn der Arbeiten ergibt sich aus dem Arbeitspensum und aus dem Datum der Auftragserteilung.

Beispiel: Terminplanung

Der Seminarraum II ist für eine Modeschau, die am 17. April stattfindet, vorzubereiten.

Nr.	Ablaufstufe	1	2	3	4	5
01	*Besprechung mit der Führung*	02. 04	10. 04.	15. 04	16. 04	17. 04
02	*Besprechung mit den Mitarbeitern*					
03	*Beleuchtungsinstallation anordnen*					
04	*Bestuhlungsplan ausarbeiten*					
05	*Blumenarrangements bestellen*					
06	*Laufstegmontage anordnen*					
07	*Garderoben anfordern*					
08	*Sesselaufstellung überprüfen*					
09	*Technische Probe durchführen*					
10	*Finisharbeiten durchführen*					
11	*Blumen aufstellen*					
12	*Freimeldung an Direktion*					

Diese Planungstechnik bewährt sich auch bei **Renovierungsarbeiten** und bei einem Umbau sowie bei der **Darstellung eines Gesamtreinigungskonzeptes.** Es wird genau festgelegt, in welcher Reihenfolge die geplanten Reparaturen, Ausbesserungsarbeiten und die daraus resultierenden Reinigungstätigkeiten durchzuführen sind. Die Etagenführung verhindert durch eine gut durchdachte Terminplanung Kollisionen im Arbeitsablauf und unnötige zusätzliche Arbeit der Mitarbeiter.

Beispiel: Planung der Grundreinigung

Grundreinigung Etage 1

Zi.-Nr.	Wände	Fliesen	Fugen	Sonstiges	Teppich-reinigung	Vorhang	Polster-möbel	Zimmer-reinigung	Kontrolle	Frei-meldung
1	08. 04.	05. 04.	05. 04.		09. 04.	Ab 05. 04. in der Reinigung, retour am . 11. 04.	09. 04.	11. 04.	11. 04.	12. 04.
2	08 .04.	05. 04.	05. 04.		09. 04.		09.04.	11. 04.	11. 04.	12. 04.
3	09. 04.	05. 04.	05. 04.		10. 04.		10. 04.	11. 04.	11. 04.	12. 04.
4	08. 04.	08. 04.	08. 04.	Karniese erneuern 09. 04.	10. 04.		11. 04.	12. 04.	12. 04.	12. 04.
5	09. 04.	08. 04	08. 04		10. 04.		10. 04.	12. 04.	12. 04.	12. 04.
6										
7										

Bewertung der Planungsergebnisse

Die Etagenführung muss ständig die Qualität und die Aussagekraft des Datenkatalogs überprüfen. Dies garantiert eine Weiterentwicklung bei der Gestaltung und Planung der Arbeitsabläufe. Eine kontinuierliche Kontrolle der Mitarbeiterkosten, die einen Großteil der Fixkosten der Etage ausmachen, gibt Aufschluss über die Effizienz der Planung. Die Aufrechterhaltung des Hygienestandards darf nicht vernachlässigt werden.

Belastungskontrolle

Die Belastungen, denen die Mitarbeiter ausgesetzt sind, sind ständig zu überprüfen. Aus der Befragung der Mitarbeiter nach den körperlichen Belastungen durch die verschiedenen Tätigkeiten ergeben sich subjektiv sehr unterschiedliche Aussagen, die auf eine Sachebene gebracht werden müssen. Die Etagenführung kann sich dazu folgende Fragen stellen:

- Entspricht die Arbeit den körperlichen und intellektuellen Fähigkeiten?
- Ist der Mitarbeiter überfordert?

- War die Einschulung gründlich genug?
- Sind noch zeitliche Reserven vorhanden?
- Können weitere Betriebsmittel zur Arbeitserleichterung eingesetzt werden?
- Werden alle sicherheits- und brandschutzrechtlichen Vorschriften berücksichtigt?
- Werden die Pausen optimal genutzt?
- Was kann die Arbeitssituation verbessern?

Leistungsbeurteilung

Die von der Etagenführung permanent durchgeführte Leistungskontrolle dient der objektiven Beurteilung. Schriftliche Aufzeichnungen über das Leistungsbild sollen Datum und Uhrzeit und die Art der Kontrolle enthalten. Das auf lange Sicht aussagekräftigste Leistungsbild ergeben Zimmerchecks und Gästebeurteilungen, weil sie tadellose Aufgabenerfüllung und Beanstandungen wiedergeben.

Auswertungen der Schwachstellen sollen die Basis für innerbetriebliche Schulungen und Verbesserungen der Arbeitstechnik liefern. Für die leistungsorientierte Lohndifferenzierung sind diese innerbetrieblichen Daten unerlässlich. Eigen- und Fremdkontrolle sollen abwechselnd durchgeführt werden.

Akzeptanz der Kontrollen bei den Mitarbeitern

Eigene Kontrolle

Fremdkontrolle mit dem Mitarbeiter

Fremdkontrolle ohne den Mitarbeiter

Kontrollinstrumente

Die Qualität der Leistung wird durch ständige Kontrollen gesichert. Sie sind ein fester Bestandteil der Betriebsführung und werden in die Arbeitsprozesse eingebaut. Die Kontrollinstrumente richten sich nach den Situationen und werden ständig angepasst. Kontrolle hilft, Schwachstellen aufzuzeigen. Die Behebung dieser Schwachstellen spart Zeit und Kosten und vielfach auch Ärger.

Lückenlose Kontrolle sichert die Qualität der Dienstleistung und zeigt die Kompetenz der Führung sowie der Mitarbeiter.

Raumkontrollcheck / Roomcheck

Der Raumkontrollcheck wird vor der Freimeldung des Zimmers an die Rezeption durchgeführt. Da das Gästezimmer eine wichtige Visitenkarte eines Betriebes ist, ist diesem Kontrollinstrument besondere Bedeutung beizumessen.

Die Kontrolle des Gästezimmers erfolgt anhand einer Checkliste (→ Gästezimmer), die mehrere Aufgaben zu erfüllen hat:

- Hilfe für die Mitarbeiter, die in Eigenkontrolle Erledigtes abhaken können.
- Zeitersparnis durch Systematisierung, es wird nichts übersehen.
- Sicherheitsfaktor für die Betriebsführung.
- Hilfe für die Planungsarbeit durch Rückmeldung von Schwachstellen.
- Transparenz für die Routinearbeit.

Vor der Ausarbeitung des schriftlichen Roomchecks soll mit erfahrenen Mitarbeitern an Ort und Stelle festgelegt werden, was in die Liste aufzunehmen ist. Die Mitarbeiter werden dadurch mit der Analyse ihrer eigenen Arbeitsleistung konfrontiert und die Etagenführung erreicht eine große Akzeptanz der Kontrollmechanismen.

Besondere **Schwachstellen in den Gästezimmern** können sein: Telefon, Kabel, Steckdosen, TV-Gerät, Radio, Fenster, Türen (obere Kante und Scharniere), Boden unter den Betten,

Monatsübersicht: Qualitätskontrolle der freigemeldeten Zimmer durch die Hausdame

EG	Dat.	Dat.	I. Etage	Dat.	Dat.	2. Etage	Dat.	Dat.
10			101			201		
12			102			202		
14			103			203		
15			104			204		
16			105			205		
17			106			206		
20			107			207		
22			108			208		
			109			209		
			110			210		
			111			211		
			112			212		
			115			215		
			117			217		

Bad und WC (Waschbeckenunterseite, Siphon, Spiegelschrank, Lüftungsdeckel, Toilettensitz, WC-Bürste und -Ständer).

Zur lückenlosen Qualitätskontrolle empfiehlt es sich, bei gleich eingerichteten Räumen stets die gleiche Blickrichtung einzuhalten → Gästezimmer.

> ***Der letzte Blick der Kontrolle entspricht dem ersten Blick des Gastes.***

Die Freimeldung der Gästezimmer erfolgt durch die Hausdame an das Frontoffice. In manchen Betrieben wird diese Freimeldung in Eigenverantwortung der Zimmerstewards durchgeführt. Hier wird durch die Hausdame eine periodische Kontrolle der frei gemeldeten Zimmer, zB zweimal pro Monat, durchgeführt. Es sollen zuerst jene Zimmer frei gemeldet werden, die am selben Tag wieder neu belegt werden sollen.

Kontrolle der VIP-Zimmer

Zimmer für besonders zu betreuende Gäste werden zusätzlich zur Standardkontrolle nochmals durch einen gründlichen Sondercheck kontrolliert. Eine Liste mit der zusätzlichen Zimmerbestückung wird erstellt und anhand dieser Liste erfolgt die Kontrolle.

Abreisekontrolle

Eine heikle Angelegenheit ist die Blitzkontrolle bei der Abreise eines Gastes, die diskret erfolgen soll. Überprüft werden die Anzahl der Bade- und Handtücher, der Bademäntel die Minibarbestückung, der Zustand und die Vollständigkeit der Einrichtung.
Fehlende Stücke sind an das Frontoffice zu melden.

Inventarüberprüfung

Mindestens einmal jährlich sollen Zustand und Anzahl des gesamten Inventars überprüft werden. Abnützungen, Beschädigungen, Reparaturen werden notiert. Aus dieser Aufstellung ergibt sich für die Erstellung des Jahresbudgets die Kalkulation für Renovierungsarbeiten und Neuanschaffungen.

Quantitative Kontrolle

Die Inventarliste weist aus, welche Einrichtungsgegenstände in einem Raum vorhanden sein sollen. Der Fehlbestand wird gemeldet, begründet und muss ergänzt werden.

Qualitative Kontrolle

Fehlerhaftes Inventar wird an die Haustechnikabteilung oder extern an einen Fachbetrieb zur Reparatur übergeben. Ist dies aus Kostengründen nicht sinnvoll, müssen Neuanschaffungen geplant werden.

BEST WESTERN HOTEL
KAISERHOF

Minibar - Zimmer Nr. ________

Tragen Sie bitte in diese Liste Ihre Konsumationen ein und übergeben Sie sie am Abreisetag dem Rezeptionisten. Die Minibar wird täglich um 15 Uhr aufgefüllt.	Please indicate your consumption on this form and hand it over to the receptionist upon departure. Refill daily at 3 p. m.	Alla Vostra partenza Vi preghiamo di annotare su questa scheda tutte le consumazioni fatte dal minibar e di consegnaria alla ricezione.	Veuillez indiquer sur cette fiche toutes vos consommations et la reméttre le jour de votre départ à la recéption. Nous complétons le minibar à 15 heures chaque jour.

	PRODUKTE / PRODUCTS / PRODOTTI / PRODUITS		€	ANZAHL	BETRAG
1	Perrier Mineralwasser	0,20 l	3,00		
1	Römerquelle stilles Mineralwasser	0,25 l	2,20		
2	Römerquelle Mineralwasser	0,25 l	2,20		
1	Pago Apfelsaft	0,20 l	2,60		
2	Pago Orangennektar	0,20 l	2,60		
1	Pago Erdbeercocktail	0,20 l	2,60		
2	Coca Cola	0,20 l	2,60		
2	Coca Cola light	0,20 l	2,60		
1	Schweppes Tonic Water	0,20 l	2,60		
1	Schweppes Bitter Lemon	0,20 l	2,60		
1	Red Bull	0,25 l	3,00		
1	Gösser Spezial Bier	0,33 l	3,20		
1	Budweiser Bier	0,33 l	3,20		
1	Weisswein		3,60		
1	Rotwein		3,60		
1	Sekt Hochriegl trocken	0,20 l	9,00		
2	Whisky Jack Daniels	5 cl	5,00		
2	Whisky Ballantines	5 cl	6,60		
2	Gordon's Dry Gin	5 cl	5,00		
2	Wodka Wyborowa	5 cl	5,00		
2	Bacardi Rum	5 cl	5,00		
2	Freihof Birnenbrand	2,5 cl	3,60		
2	Martell VSOP	3 cl	6,60		
1	Toblerone	Pkg	1,60		
1	Manner Schnitten	Pkg	1,60		
1	Kelly's Erdnüsse	Pkg	1,60		
1	Kelly's Chips	Pkg	1,60		
1	Kelly's Salzmandeln	Pkg	1,60		
1	Mirabell Mozartkugeln	Pkg	1,60		
	DATUM: **UNTERSCHRIFT:**		**TOTAL:**		

„Nicht allein die Schaffung von Formen ist wichtig, sondern die Entstehung von Orten. Aufgabe ist es, einen sinnlichen Ort zu entwickeln, mit dem sich die Bewohner identifizieren können. Architektur, die keine Lustgefühle erzeugt, ist eine schlechte Architektur! Architektur ohne Poesie ist keine gute Architektur."

Gustav Peichl, „Architektur und Sinnlichkeit", 1988

Beim Eintritt in das Haus ergibt sich wie von selbst eine visuelle und akustische Assoziation. Auf den ersten Blick nimmt der Gast wahr, ob er willkommen ist.

Bauliche Elemente

Bei den Gestaltungskonzepten spielen Nutzung und Funktion ebenso eine Rolle wie die Qualität der baulichen Elemente. Räume vermitteln eine Botschaft. Durch ihre Konzeption, ihre Bauelemente Wand, Boden, Fenster und Tür vermitteln sie den ersten Eindruck. Assoziations- und Symbolwerte der Materialien sind zu beachten: Chrom, Messing und Stahl können edel wirken, Marmor vermittelt Dauerhaftigkeit und Schönheit, Samt und Seide bekunden Luxus, Holz und Textilien strahlen Wärme aus, Glas bringt Transparenz. Der bewusste Einsatz der Materialien lässt das gewünschte Ambiente entstehen.

Diese baulichen Elemente stellen den größten Teil der zu reinigenden und pflegenden Flächen dar. Die Reinigung ist arbeitsaufwendig, Kraft raubend und anstrengend und muss deshalb sorgfältig geplant und rationell durchgeführt werden. Die verwendeten Materialien sind auf ihre Beanspruchung, ihre Haltbarkeit und ihre Pflegebedürfnisse aus wirtschaftlichen Gründen zu prüfen.

Die Wände des Hotelbetriebs in der Halle, in den Gängen und Stiegenaufgängen, in den Gästezimmern und Sanitärräumen bieten viele Möglichkeiten, eine angenehme Atmosphäre zu schaffen. Wände sollen nicht beengend wirken. Durch innenarchitektonische Gestaltung können schmale und enge Gänge optisch verbreitert und verkürzt werden. Lichteffekte, in Bereichen in denen es vielleicht zu dunkel ist, sind wohltuend und können an bestimmten Stellen einen Blickfang bieten. Funktionen der Wände sind die Trennung der Räume und die Schalldämmung. In ihnen sind aber auch Strom- und Wasserleitungen, Luftabzüge, evtl. Klimaanlagen und Heizung verborgen.

Böden bieten weitere Gestaltungsmöglichkeiten. Die Arten der Bodenbeläge richten sich nach den Räumen und ihrer Funktion und sind aufeinander abzustimmen.

Fenster sind die Augen eines Hauses. Die Anordnung und die Gestaltung der Fenster sind einerseits für die architektonische Wirkung, anderseits aber besonders für den Lichteinfall von Bedeutung. Die Funktion des Fensters liegt außerdem in der Regulierung des Raumklimas. Sonnenschutz und Verdunkelungsmöglichkeiten durch Markisen, Jalousien, Fensterläden oder Rollos sind unentbehrlich und auch architektonisch von Bedeutung.

Türen laden zum Betreten des Hauses und der Gästeräume ein. Schließt der Gast nach Betreten des Gästezimmers die Tür, soll er sich sicher und geborgen fühlen und die Betriebsamkeit des öffentlichen Bereiches hinter sich lassen können.

Böden

Für alle Räume im Gästebereich, und dazu gehören außer den Gästezimmern auch Stiegen, Treppenabsätze, Gänge, Hallen, Gesellschaftsräume, Badebereiche, Funktionsräume und Sanitäranlagen, soll der optimale Boden gefunden werden. Die Fußböden sind die größte permanent zu reinigende Fläche im Haus. Die Eignung eines Bodenbelages für einen bestimmten Raum soll von der Lieferfirma garantiert werden. Die Konstruktion des Bodens ist wichtig für die Tragfähigkeit, das Dämmvermögen und den Schwingungsausgleich. Für das Reinigungsmanagement ist aber in erster Linie die Oberfläche entscheidend.

Bei der Neuanschaffung bzw. beim Austausch von Bodenbelägen ergibt sich die Chance, die Qualität des Hauses zu steigern und die Arbeitsbedingungen für die Mitarbeiter entscheidend zu verbessern. Die Entsorgung abgenutzter Beläge muss gewährleistet sein. Die Kosten der Entsorgung richten sich nach dem Material.

Auswahlkriterien

Die Anforderungen, die an Bodenbeläge gestellt werden, sind sorgfältig aufzulisten und in die Kaufentscheidung einzubeziehen:

- Der Bodenbelag muss für den Raum und den Einsatzbereich geeignet sein.
- Die Rutschfestigkeit muss gegeben sein → Sicherheit.
- Der Bodenbelag soll die Schall- und Trittschalldämmung unterstützen.
- Die Punktbelastbarkeit ist zu überprüfen.
- Die Treppen- und Rollstuhleignung muss berücksichtigt werden.
- Die Brandschutzklasse hat dem Einsatzbereich zu entsprechen.
- Unterkonstruktion und Art der Befestigung sind zu beachten.
- Das Service der Verlegefirma ist zu erheben.

- Auf die Verlegearbeit und auf die Qualität des Belags muss von der Verlegefirma eine Garantie gegeben werden.
- Bei Teppich- und Kunststoffböden ist auf eine antibakterielle Ausrüstung sowie auf die Vermeidung elektrostatischer Aufladung zu achten.
- Die Anschmutzungsempfindlichkeit soll festgestellt werden.
- Die Pflege- und Reinigungsansprüche müssen wirtschaftlich vertretbar sein.
- Eine bestimmte Nutzungsdauer muss gewährleistet sein.
- Komfort und körperliches Wohlbefinden sind bei der Wahl der Belagsart zu berücksichtigen.
- Die Farben müssen lange erhalten bleiben.
- Farben und Muster müssen zu den übrigen Einrichtungsgegenständen passen: Ambiente, Stil, Farbe, Muster- bzw. Materialmix.

Wandabschlüsse können aus dem Material der Bodenbeläge sein oder der Einrichtung angepasst werden. Vor der Verlegung der Wandabschlüsse ist auch auf die spätere Reinigung zu achten. Die Wände dürfen bei der Geräteführung nicht berührt werden, daher ist eine Mindesthöhe der Wandabschlüsse von ca. 12 cm günstig. Wandabschluss und Belag sollen passgenau verlegt sein, damit sich in Spalten kein Staub sammelt und kein Ungeziefer Unterschlupf findet. So kann bei der Feuchtreinigung auch kein Wasser eindringen.

Als **Sockel** bezeichnet man Wandabschlüsse aus keramischem Material. Durch Hohlkehlleisten wird die Bodenreinigung sehr erleichtert.

Belagsdatenkartei

Da die Böden unterschiedlich sind und daher auch mit unterschiedlichen Verfahren zu reinigen sind, wird die Anlage einer Belagsdatenkartei empfohlen. Dieser Belagsdatenkartei wird die schriftliche Pflegeanleitung, die laut DIN 18365 vom Hersteller oder von der Verlegefirma verpflichtend auszuhändigen ist, beigefügt. Wird keine Reinigungs- und Pflegeanleitung übergeben, so verbleibt die Verantwortung für die durch unsachgemäße Reinigungs- und Pflegearbeiten entstandene Schäden bei der Verlege- oder Herstellerfirma.

Beispiel für eine Belagsdatenkartei

Verlegeart	*Verspannung*
Belagsart	*Tufting*
Farbnummer	*B70013*
Artikelnummer	*02 175888*
Bestellnummer	*424*
Breite	*400 cm*
Preis pro m²	*EUR 62,00*
Lieferfirma	*Max Muster, Innsbruck, Maria-Theresia-Straße 21, Tel. 0043/051 12/84 45 37/DW 210, Herr Andreas Hofmeister*
Verlegefirma	*wohn-design, Innsbruck, Speckbacherstraße 47, Tel. 0043/051 12/83 13 37/DW 17, Frau Susanne Waldner*
Verlegedatum	*25. Juni 2002*
Eigenschaften	*Stuhlrollengeeignet*

Tipp

Spätestens bei Erhalt der Rechnung über den Kauf und die Verlegung eines Belages sollten Sie die produktspezifische Reinigungs- und Pflegeanleitung anfordern.

Wandabschlüsse für Holzböden

Bodenbelagsarten
Bereits bei der Planung eines Hotels bzw. bei Renovierungen soll die Reinigungs- und Pflegefreundlichkeit der Beläge beachtet werden. Die Wahl des Materials und die farbige bzw. raumgestalterische Abstimmung müssen von reinigungstechnischen Überlegungen begleitet werden.

Aufgrund der Rohstoffe, die zur Herstellung verwendet werden, sind folgende Böden zu unterscheiden:

- Textile Bodenbeläge.
- Hartbodenbeläge.
- Elastische Bodenbeläge.
- Beläge aus Holz und Holzwerkstoffen.

Textile Bodenbeläge

In den Gästezimmern werden meist Teppichböden verlegt. Den Möglichkeiten einer individuell abgestimmten Raumgestaltung, der Auswahl der Materialien und der Verarbeitungsvielfalt sind hier keine Grenzen gesetzt. Alle Wünsche hinsichtlich Stilrichtung und Farbe können berücksichtigt werden.

Die Reinigung und die Pflege von textilen Belägen erfordern gute Fachkenntnisse. Der Gast betritt die Räume mit Straßenschuhen und bringt damit Feuchtigkeit, Steine, Erde, Salz usw. ein, wodurch die Fasern beschädigt werden können.

Einsatzbereich

- Gästeräume
- Öffentliche Bereiche
- Funktionsräume
- Verkehrswege

Die Teppiche sowie die Auslegeware sind zur Erleichterung der Auswahl durch verschiedene Symbole gekennzeichnet, die Hinweise auf spezielle Anforderungen verschiedener Räume geben.

Der **Strapazier- und Komfortwert** eines Teppichbodens richtet sich nach dem Einsatzbereich. Eine Orientierungshilfe dabei ist das **Teppichsiegel** der **Europäischen Teppichgemeinschaft (ETG),** die sich mit Gesundheit und Qualität von Teppichböden befasst.
In das Teppichsiegel wurde ein Balkendiagramm integriert, das die Höhe des Strapazier- und Komfortwertes in vier Abstufungen angibt. Voraussetzung für die Beurteilung ist, dass der Teppichboden definierten Anforderungen an Licht-, Wasser- sowie Reibechtheit genügt. Der Strapazierwert kann von gering über stark bis extrem reichen. Noppenzahl, Polschichtgewicht und Polschichtdicke bestimmen den Komfortwert, der einfach, gut, hoch oder luxeriös sein kann. Die Werte werden nach DIN-Vorschriften ermittelt. Teppiche müssen je nach Anwendungsbereich auch zusätzlichen Anforderungen gerecht werden. Im → Teppichsiegel geben Symbole darüber Auskunft, ob der Teppichboden bestimmte Zusatzeignungen wie extreme Beanspruchbarkeit, antistatische Eigenschaften, Unempfindlichkeit gegen Feuchtigkeit, Eignung für Fußbodenheizungen, Stuhlrolleneignung und so weiter erfüllt. Im Teppichsiegel ist zudem der Rohstoffgehalt der Nutzschicht angegeben.

Faserarten und Verarbeitung

Etwa 75 % der verwendeten Fasern sind **synthetisch.** Sie sind aus Polyamid, Polyester oder Polyacryl hergestellt, sehr strapazfähig, Schmutz abweisend und lichtbeständig. Für den Outdoorbereich werden Beläge aus Polypropylen hergestellt, da diese Faser Wasser abstößt. Naturfasern beeinflussen das Raumklima positiv.

Von den **tierischen Naturfasern** wird besonders die Schurwolle verwendet, auch Ziegenhaar weist eine große Widerstandsfähigkeit auf. Die Weichheit der Fasern, ihre Elastizität und die Schmutz abweisende Wirkung sprechen für dieses Naturprodukt. Die schwer entflammbare Schurwolle wirkt auch isolierend.

Marke: Beispiel für hochwertige Schurwoll-teppiche

Sisal und Kokos werden als pflanzliche Naturfasern wegen ihrer Strapazfähigkeit und Widerstandskraft für die Herstellung von Belägen sehr geschätzt.
Um die positiven Eigenschaften der synthetischen und der natürlichen Fasern zu nutzen, werden sie häufig gemischt verarbeitet. Es werden immer wieder neue Fasermischungen und Herstellungsverfahren entwickelt, um die Produkteigenschaften und damit die Reinigungs- und Pflegeansprüche zu verbessern.

Wollgarne

Sisalagave

Synthetische Garne

Textile Bodenbeläge sind wärme- und schalldämmend, fußwarm sowie trittelastisch und trittsicher.

Die häufigsten Herstellungsverfahren bei den textilen Belägen sind das **Tufting**, das **Nadelvliesverfahren**, das **Weben** und das **Knüpfen.**

Tufting

Das Tuftingverfahren ist die häufigste Herstellungsart bei textilen Belägen. Es kann eine Vielzahl von Produkten mit verschiedenen optischen und fasertechnischen Eigenschaften rationell hergestellt werden.

Die Bezeichnung Tufting leitet sich vom englischen „tuft“ = Büschel ab. Einem Flächengebilde als Träger (aus Polypropylen, Jute usw.) werden mit vielen von nebeneinander angeordneten Nadeln gebüschelte Polfäden eingenadelt (eingetuftet). Die Polfäden können in Schlingen belassen oder aufgeschnitten werden. Die Nutzschicht wird in der Fachsprache als Flor bezeichnet.

Auf die Unterseite des Trägers wird zur Fixierung der Polfäden ein Vorstrich, zB eine Latexdispersion, aufgebracht. Zusätzlich zur Latexeinbindung können getuftete Teppichböden mit einem Doppel- oder Zweitrücken versehen werden. Er besteht meist aus Chemiefaser- oder Jutegewebe. Erfolgt die Ausstattung mit einem Schaumrücken, so ist zu beachten, dass bei der Entfernung vollflächig verklebter Teppiche viele Schaumreste am Bodenuntergrund zurückbleiben.

Mit Hilfe des Tuftingverfahrens können Verlours-, Schlingen-, Hoch-Tief-Struktur- und Cross-over-Produkte hergestellt werden.

Velours

Die Schlingen werden in der Maschine sofort aufgeschnitten. Velours werden je nach Art der Garnverarbeitung oder Polhöhe als Frisé, Saxony oder Shag bezeichnet.

Velours

Frisé

Shag

Bei Veloursteppichen können sich unabhängig von der Beanspruchung Stellen bilden, die fleckenartige Hell-Dunkel-Unterschiede aufweisen. Die scheinbare Farbabweichung wird durch eine veränderte Lage der Polfäden verursacht. Dieses Phänomen wird als „Shading“ (engl. = Schatten werfend) bezeichnet. Materialart, Herstellungsverfahren, Verlegung und das angewendete Reinigungsverfahren werden als Ursachen ausgeschlossen. Möglicherweise handelt es sich bei diesem Phänomen um den Einfluss von elektromagnetischen Feldern. Bei Austausch des Teppichbodens wegen Shadings sollte in diesen Räumen auf Schlingenware zurückgegriffen werden.

Schlinge

Schlingenteppiche bestehen aus aneinander gereihten, kurzen Schlingen und gelten als sehr strapazfähig. Diese Teppiche werden auch als Bouclételppiche bezeichnet.

Schlinge/Bouclé

Hoch-Tief-Struktur

Bei dieser Ausführung des Tuftings werden die Polfäden in verschieden hohen Schlingen durch das Trägermaterial gezogen. Es werden dadurch die verschiedenartigsten Musterungen der Teppichoberfläche erzielt.

Hoch-Tief-Struktur

Es gibt mehrere Ausführungen der Hoch-Tief-Struktur. Bei einigen Ausführungen werden Schlingen aufgeschnitten (Cutloop), die so entstehende Veloursfläche gibt dem Belag ein besonderes Erscheinungsbild. Beim klassischen Cutloop werden immer die hohen Polschlingen aufgeschnitten.

Cut-loop

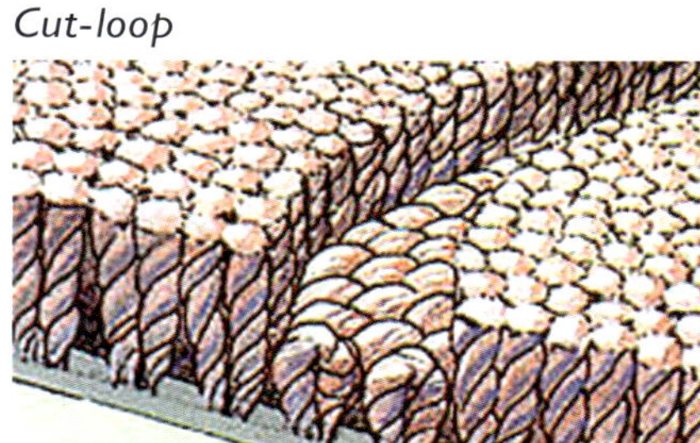

Crossover

Crossover bedeutet überkreuzen und beschreibt die Musterung dieser Belagsart eindeutig. Die mehrfarbigen Garne werden bei der Herstellung immer seitlich verschoben in das Trägermaterial eingetuftet, dadurch entstehen kleine Musterungen.

Crossover

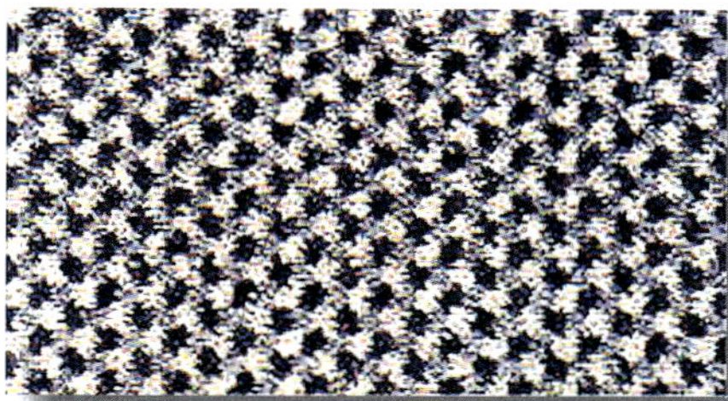

Nadelvliesverfahren

Das Vliesvernadeln zu Nadelvliesbodenbelägen ist das zweitwichtigste Herstellungsverfahren. Diese Textilbeläge setzen sich aus mehreren Faserschichten zusammen. Diese Lagen werden miteinander durch Nadelungen verfilzt. Meist hat nur die oberste Faserschicht eine hochwertige Qualität. Durch chemische oder thermische Bearbeitung kann der Belag zusätzlich verfestigt werden. Nadelvliesbodenbeläge werden in Bahnen oder als Fliesen hergestellt.

Schema des Nadelvliesverfahrens

① *Nadelbrett mit Nadeln*
② *Nadelrost*
③ *Faservlies (Warenlauf von links nach rechts)*
④ *Juteunterlage*

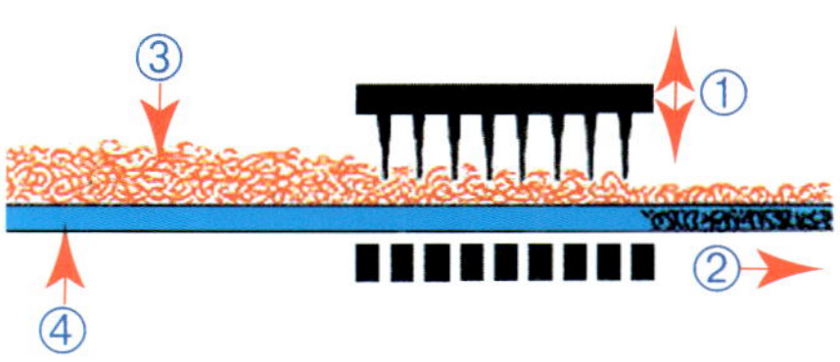

Weben

Kettfäden werden durch die Vorrichtung am Webstuhl oder an der Webmaschine gehoben oder gesenkt. Dadurch entsteht eine Öffnung zwischen den Kettfäden, das so genannte Fach, durch das der Schussfaden geschoben wird. Webteppiche erhalten durch die große Faservielfalt unterschiedliche Qualitäten und Gestaltungsmöglichkeiten.

Gewebter Teppich

Knüpfen

Handgeknüpfte Teppiche kommen aus dem Orient, aber auch aus China, Tibet und Nordafrika. Qualität und Preis hängen ab von der Art des Materials, der Dichtheit des Flors, der Anzahl der Knoten pro cm^2, der Art der Farben, den Mustern und der Ausfertigung.

Geknüpfte Teppiche bestehen aus Kette, Schuss und Flor. Kette und Schuss sind meist aus Baumwolle, Jute oder Hanf. Der Flor, die Schauseite des Teppichs, besteht aus den farbigen Fäden, die in die Kettfäden eingeknüpft und mit dem Schuss festgehalten werden. Dieser Flor besteht meist aus Schafschurwolle, die vom lebenden Tier geschoren wird und sehr strapazfähig ist. Seltener werden Haare von Kamelen und Ziegen verwendet. Für Wandteppiche wird auch Seide verwendet.

Die gängigsten Maße für Teppiche liegen bei ca. 1.300 mm Breite und bei ca. 2.500 mm Länge.
Davon abweichende Größen tragen die folgenden Bezeichnungen:
Läufer: lang und schmal.
Brücken: kurz und schmal.
Vorleger: klein und schmal.
Wandteppiche: in verschiedensten Größen.

Tipps

Große und schwere Teppiche liegen sehr gut. Bei kleineren sollten Teppichgitter untergelegt werden, um ein Verrutschen zu verhindern.

Aufstehende Ecken können mit Winkeln aus Leder, die auf die Unterseite genäht werden, niedergehalten werden.

Türen sollen nicht über den Teppich gleiten, da dies den Flor beschädigt.

Möbel sollen mit Gleitern versehen sein, um bei Bewegungen den Flor nicht aufzurauen.

Teppichsiegel

Die Teppichsiegel der Beläge sind der Belagsdatei beizulegen.

www.certificate-of-quality.com

Symbole für Zusatzeignungen

Für Fußbodenheizungen geeignet

Für Stuhlrollen geeignet

Für Treppen geeignet

Antistatische Ausrüstung

Für Feuchträume geeignet

Beispiel für das Balkendiagramm der Europäischen Teppich-Gemeinschaft auf der Grundlage der EN 1307

Strapazierwert				Komfortwert				
extrem	stark	normal	gering	einfach	gut	hoch	luxuriös	Prestige

Verlegung von textilen Belägen

Die Verlegung von Teppichböden erfolgt hauptsächlich in Bahnen. Teppichfliesen erfreuen sich jedoch aufgrund der raumgestalterischen Möglichkeiten immer größerer Beliebtheit. Vor der Verlegung ist die Beschaffenheit des Untergrundes genau zu überprüfen. Alte Belags- und Kleberreste sind restlos zu entfernen. Unebenheiten des Untergrundes sind mit Ausgleichsmasse zu beseitigen. Der Verlauf der Teppichbahnen erfolgt unter Berücksichtigung der Florrichtung. Ob Velours- oder Schlingenware, die Florrichtung soll stets gleich sein. Sie ist meist auf der Rückseite der Auslegeware durch einen Pfeil gekennzeichnet.

Lose Verlegung

Sie ist nur für kleine Räume oder kleine Belagsgrößen geeignet. Zu empfehlen ist eine Fixierung mit einem Doppelklebeband an den Rändern oder die Verwendung von Teppichhaftnetzen als Belagsunterlage.

Verspannen

Diese Verlegart eignet sich für Beläge, die mit einem Textilrücken ausgestattet sind. An den Rändern wird der Belag mit Hilfe einer Nagelleiste verankert. Teppichböden, die verspannt wurden, können leicht ausgetauscht werden.

Vollflächige Verklebung

Diese Methode eignet sich für große Flächen und stark frequentierte Räume. Die Wahl des Klebstoffes muss vom Fachmann sorgfältig auf Belag und Untergrund abgestimmt werden. Seit einigen Jahren gibt es auch Produkte, die mit Hilfe von Klettbändern am Boden befestigt werden können.

Reinigung und Pflege von Teppichauslegeware

Textile Fasern werden meist werksseitig mit Faserschutzausrüstungen ausgestattet, die einer Schmutzanhaftung entgegenwirken und die das Entfernen von Verschmutzungen erleichtern. Durch die Grundreinigung wird allerdings die Faserschutz- und Antistatikausrüstung aus der Faser schrittweise entfernt und das Anschmutzungsvermögen der Belagsoberfläche steigt. Bei der Sprühextraktion könnten Teppichböden einlaufen. Aus diesen Gründen soll die Grundreinigung der Spannteppiche einem Fachbetrieb übertragen werden.

Tipps

Die Reinigungsmethode muss auf die Belags-, Verlege- und Verschmutzungsart abgestimmt werden. Informationen hat laut DIN 18 365 der Hersteller zu übergeben.

Belagsreste können bei der Erprobung der Reinigungsmethode hilfreich sein.

Unterhaltsreinigung

Der Teppichboden wird regelmäßig mit der Bodendüse gesaugt, wobei die Saugleistung auf die zu saugende Oberfläche abzustimmen ist. Tief liegender Schmutz wird mit einem Bürstsauger aus dem Belag entfernt. Nadelvies- und Teppichböden mit langem Flor nicht mit Bürstsaugern saugen. Flecken sind so rasch wie möglich zu entfernen. Überschüssige Flüssigkeit wird mit einem saugfähigen Tuch aufgenommen. Lauwarmes Wasser reicht meist aus, um anhaftende Verschmutzungen zu entfernen. Bei Bedarf kann ein geeigneter Teppichreiniger zu Hilfe genommen werden. Ein Fleck wird immer von außen nach innen mit kreisender Bewegung bearbeitet.

Eingetrockneter Schmutz wird mit einer Bürste oder einer Kunststoffspachtel abgehoben und die Schmutzteilchen werden abgesaugt.

Zwischenreinigung

Sie wird dann eingesetzt, wenn stark verschmutzte Teilflächen gereinigt werden müssen. Es ist darauf zu achten, dass es durch den Reinigungsvorgang nicht zu Farbabweichungen gegenüber der restlichen Belagsfläche kommt. Je weniger Flüssigkeit zur Reinigung verwendet wird, umso besser ist es für den Textilbelag.

Grundreinigung

Eine Grundreinigung der Gesamtfläche ist dann erforderlich, wenn eine Teilflächenreinigung nicht ausreicht. Grundreinigungen können nur dann durchgeführt werden, wenn der Belag nach dem Reinigungsvorgang restlos trocknen kann.

Trockenreinigungsmethoden

Reinigungspulver oder **-granulat** wird auf der zu reinigenden Fläche verteilt und in die Faser eingebürstet. Nach der vorgegebenen Einwirkzeit wird mit einem Bürstsauger die mit Schmutz angereicherte Reinigungssubstanz abgesaugt. Mehrmaliges Saugen sichert eine restlose Entfernung des Reinigungsproduktes.

Spezialmaschinen zur **Fußboden-** und **Teppichreinigung** hinterlassen beinahe trockene und begehbare Flächen nach der Reinigungsdurchführung. Durch das Aufbringen von Dampf auf rotierende Bürstwalzen und die unmittelbar darauf folgende Absaugung der gelösten Verschmutzungen kann die Feuchtigkeit nicht in das Faserinnere eindringen. Die Verträglichkeit der Werkstoffe muss vorher überprüft werden.

Stark verschmutzte Stellen werden durch Aufbringen einer **Reinigungslösung** mittels Handsprühflasche oder Sprayvorrichtung der Scheibenmaschine vorbehandelt. Das **Mikrofaserpad** auf dem Treibteller der Scheibenmaschine nimmt den gelösten Schmutz auf.

Feuchtreinigungsmethoden

Beim **Shampoonieren** wird mit dem Shampooniergerät oder mit der Scheibenmaschine (Schaumerzeugung durch Bürstenreibung) die Reinigungssubstanz auf den Belag aufgebracht. Nach der vorgegebenen Einwirkzeit wird die Schmutzflotte mit einem Nasssauger oder einem Extrahiergerät vom Belag entfernt. Durch das Klarspülen mit dem Extrahiergerät werden sämtliche Reinigungsmittelrückstände entfernt. Der Belag muss restlos trocknen.

Bei der **indirekten Sprühextraktion** arbeitet man ausschließlich mit dem Extrahiergerät. Im ersten Arbeitsgang wird der Belag mit der Reinigungslösung vorgesprüht. Nach einer kurzen Einwirkzeit wird in einem zweiten Arbeitsgang mit klarem Wasser nachgespült und abgesaugt.

Bei der **direkten Sprühextraktion** wird mit dem Extrahiergerät die Reinigungslösung über eine Sprühdüse mit Druck auf die Faser aufgebracht und im gleichen Arbeitsgang sofort wieder abgesaugt. Die Durchfeuchtung des Bodens ist wesentlich geringer als beim Shampoonieren.

Reste von Reinigern bilden in den textilen Fasern Kristalle, die Feuchtigkeit anziehen. Dadurch kann es zu einer schnelleren Neuverschmutzung kommen.

Reinigung und Pflege handgeknüpfter Teppiche

Diese Teppiche sollen maximal zweimal pro Woche mit der glatten Düse quer zur Florrichtung gesaugt werden. Es dürfen keine rotierenden Bürsten verwendet werden! Zur Farbauffrischung wird ein weiches Tuch in ein mit etwas Essig und mit Spülmittel versetztes Wasser getaucht und damit der Teppich in Florrichtung abgerieben. Dies ersetzt allerdings nicht die Teppichwäsche, die ca. alle acht bis zehn Jahre von einem Fachbetrieb durchgeführt werden soll. Dieser übernimmt auch das Tapitieren, dh Einbürsten von Wollfett in den Teppichflor, und evtl. erforderliche Reparaturen.

Hartbodenbeläge, Fliesen

Das Angebot an Bodenbelägen aus mineralischen Ausgangsstoffen ist sehr groß und bietet aufgrund der vielseitigen Produkt- und Verwendungseigenschaften unzählige Einsatzmöglichkeiten im Hotelbereich. Sowohl im Indoor- als auch im Outdoorbereich kommen sie als gestalterische und überaus strapazfähige Materialien zur Verwendung.

Bei der Wahl des Hartbodenbelages sind der Verwendungszweck, die zu erwartenden Belastungen und die daraus folgende Reinigung zu berücksichtigen. Hartbodenbeläge werden in **Natur- und Kunststeinböden** unterteilt.

Einsatzbereich
- Hallen, Eingangsbereiche
- Verkehrswege
- Repräsentationsräume
- Sanitärräume
- Funktionsräume

Belagsarten

Natursteinböden im Hotelbereich sind meist aus Granit, Marmor, Schiefer oder Sandstein.

Granit, entstanden aus erstarrtem Magma, gilt als der härteste Natursteinboden und wird in extrem stark beanspruchten Bereichen eingesetzt. Er zeichnet sich durch seine Kratz-, Hitze- und weitgehende Säureunempfindlichkeit aus.

Marmor in seiner Farben- und Strukturvielfalt gilt als einer der edelsten Werkstoffe. Da der Grundbestandteil des Marmors aus den kalkhaltigen Ablagerungen der Urmeere besteht, ist er sehr säureempfindlich. Durch die Aufbringung von Imprägnierungen können Pflege und Reinigung wesentlich erleichtert werden.

Schiefer und Solnhofener Platten weisen eine raue Oberfläche auf und sind dadurch sehr widerstandsfähig und rutschsicher.

Die Oberflächenbearbeitung der Natursteine hat großen Einfluss auf die Eigenschaften des Materials und somit auch auf den Einsatzbereich. Oberflächen können poliert, geschliffen oder gebürstet werden.

Kunststein
Kunststein wird aus mineralischen Gemischen hergestellt, die mit Zement oder Kunstharzen gebunden werden. Rohstoffe und Verarbeitungsart bestimmen die Eigenschaften der Kunststeinprodukte. Kunststeinplatten werden nach der Oberfläche in Einkorn-, Waschbeton- und Strukturplatten unterteilt. Werden Plattenoberflächen geschliffen, spricht man von Terrazzo- oder Palladianaplatten. Sie zeichnen sich durch eine harte Oberfläche aus, sind jedoch wegen ihres Zementanteils säureempfindlich.

Fliesen
Glasierte Fliesen werden aus Ton, Kaolin und Porzellanerde hergestellt und glasiert. Feinsteinzeugfliesen bestehen aus den gleichen Rohstoffen, sind jedoch vollkommen dicht und unglasiert. Sie haben eine extrem harte Oberfläche und sind frostsicher, weshalb sie auch im Außenbereich einsetzbar sind.

Tonprodukte
Cotto und **Klinker** sind gebrannte Tonprodukte, die durch die fehlende Glasur zwar fleckempfindlich, aber fußwarm sind. Klinker werden mit wesentlich höheren Temperaturen gebrannt, weisen ein geringes Wasseraufnahmevermögen auf und sind daher frostsicher. Sie sind empfindlich gegen fett- und ölhaltige Verschmutzungen. Klinkerböden können mit einer Imprägnierversiegelung auf Basis von ölmodifiziertem Kunststoff versehen werden.

Zement- und Betonböden
Die Böden für Garagen, Verkehrswege im Haus usw. werden meist mit einer Zement- oder Betonschicht versehen. Sie erhalten eine Bodenversiegelung auf Kautschukbasis, die auch in verschiedenen Farben ausgeführt werden kann und leicht zu reinigen ist.

Verlegung

Meist erfolgt die Verlegung in einem Nassestrich. Eine fugenlose Verlegung der Natur- und Kunststeine erleichtert die Reinigung.
Fugen dienen auch als Gestaltungselemente, ihre Säureempfindlichkeit ist bei der Reinigung jedoch zu beachten. Schmale Fugen ergeben sich, wenn die Bodenplatten eng aneinander gelegt werden. Breite Fugen haben eine dominante Wirkung. Die Fugenmasse, die eingestrichen wird, sorgt für eine dichte Verfliesung.

Oberflächenbehandlung
Nach der Verlegung muss – abgestimmt auf die Art und Oberflächenbeschaffenheit des Belages – sehr oft eine Vorbehandlung der Oberfläche erfolgen. In Abstimmung mit dem Hersteller bzw. Fachhändler können folgende Varianten der Vorbehandlung erforderlich sein:
- **Imprägnierung:** Dadurch werden die Oberflächenstruktur und teilweise auch die Farbe des Belages verändert. Der Belag wird öl-, schmutz- und flüssigkeitsabweisend. Vor der Imprägnierung muss der Boden restlos trocken sein, da es sonst zur Bildung von Flecken kommen kann.
- **Porenfüllung:** Die Belagsporen werden verschlossen und sind dadurch staubfrei. Die Reinigungsfreundlichkeit wird erhöht, wobei das Wasserdampfdiffusionsverhalten des Belages nicht verändert wird → Reinigungsmanagement. Durch das Schließen der Poren wird die Belagsoberfläche wesentlich glatter.
- **Pflegefilmbeschichtung:** Ein Pflegefilm verbessert nicht nur die Reinigungs- und Pflegeeigenschaften des Belages, er macht ihn auch strapazfähiger, trittfester und schützt vor chemischen Einwirkungen. Die Wahl der Pflegemittel, die auf Wachs- oder Polymerbasis bestehen, ist auf die Belagsart abzustimmen.

Zur Sanierung von strapazierten Steinböden werden vor der Versiegelung Porenfüller eingebracht.

Reinigung und Pflege

Unterhaltsreinigung
Lose Verschmutzungen werden durch Kehren, Saugen oder Staub bindendes Wischen entfernt. Anhaftende Verschmutzungen werden mit einem feuchtem Tuch oder mit dem Mopp entfernt.
Durch Nassscheuern mit Reinigungsautomaten können stark anhaftende Verschmutzungen sogar ohne Reinigungsmittelzusatz mühelos entfernt werden. Beim Einsatz von Wischpflegezusätzen muss darauf geachtet werden, dass sie keinen Film bilden und im neutralen pH-Bereich liegen.

Zwischenreinigung/ Pflegefilmsanierung
Trockenes Polieren mit der Scheibenmaschine löst Verschmutzungen und härtet den Pflegefilm. Stark anhaftende Verschmutzungen und Gehspuren werden durch Spraycleanerverfahren entfernt → Reinigungsmanagement.

Grundreinigung
Mit einem geeigneten Grundreiniger ist eine restlose Entfernung des Pflegefilms mit einer Scheibenmaschine durchzuführen. Vor der neuerlichen Pflegefilmbeschichtung muss der Belag trocken sein.

Arbeitsauftrag
Glatten Boden mit der Scheuersaugmaschine reinigen → Reinigungsmanagement und Betriebs- und Arbeitsmittel.

Was ist zu tun?	*Wie geht das?*	*Warum geht das so?*
Scheuerbürste oder -walze auf die Aufsatzvorrichtung stecken.	*Bürste mit beiden Händen nach rechts drehen, bis sie in die Einkerbung einrastet.*	*Die Bürste ist mit dem Trägeraufsatz verbunden.*
Flüssigkeitstank füllen.	*– Verschluss an der Oberseite öffnen.* *– Lösung einfüllen.* *– Tank verschließen.*	
Gerät anschließen.	*– Kabel hinter der Maschine führen.* *– Stecker in die Steckdose stecken.*	*Das Gerät ist betriebsbereit.*
Gerät in Betrieb nehmen.	*Saug- und Bürstmotor einschalten.*	*– Der Bürstenaufsatz beginnt sich zu drehen, das Gerät ist beweglich.* *– Die Schmutzflotte wird abgesaugt.*
Bodenfläche reinigen.	*– Gerät zum Ausgangspunkt führen.* *– Zughebel betätigen.* *– Systematisch mit gleicher Geschwindigkeit überlappend die gesamte Bodenfläche überfahren.*	*Lückenlose Reinigung ist gewährleistet.*
Schmutzwasser entleeren.	*Mit Ablassvorrichtung über Gully fahren.*	*Restlose Entleerung ist gewährleistet.*
Scheuerbürste oder -walze von der Aufsatzvorrichtung herunterziehen.	*Mit beiden Händen nach links drehen, die Einkerbung rastet aus.*	*Die Bürste kann gereinigt werden.*

Elastische Bodenbeläge

Sie weisen ausgezeichnete Produkteigenschaften auf und gehören zu den kostengünstigeren Belagsarten. Die Widerstandsfähigkeit gegen Chemikalien, Öle und Fette macht elastische Beläge vielseitig einsetzbar. Sie sind wasserfest und leicht zu reinigen und bieten einen hohen Gehkomfort. Die große Auswahl an Mustern und Verlegevarianten bietet viele raumgestalterische Möglichkeiten.

Belagsarten
- PVC-Beläge
- Polyolefinbeläge
- Kautschukbeläge (Elastomerbeläge)
- Linoleum
- Kork

Die Belagsarten werden für unterschiedliche Belastungsklassen unterschiedlich ausgestattet. Für den Beherbergungsbereich werden Produkte aus dem Bereich „gewerbliche und industrielle Nutzung“ verwendet. Entsprechende Piktogramme auf den Produktbeschreibungen weisen auf die Zusatzausrüstungen der Beläge hin. Mikroskopisch gesehen weisen die

Beispiele für Piktogramme für industrielle und gewerbliche Nutzung nach EN 685

Klasse	Symbol	Gewerblich nutzbar	Einsatzbereiche	Räume
31	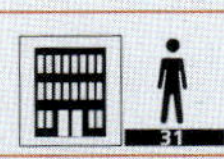	mäßig	Private Nutzung	Schlafzimmer, Hotels, Konferenzräume, kleine Büros
32		normal	Bereiche mit mittlerem Verkehr	Klassenräume, kleine Büros, Hotels, Boutiquen
33		stark	Bereiche mit starkem Verkehr	Korridore, Kaufhäuser, Schulen, Mehrzweckhallen, Schalterräume
34	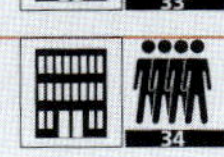	sehr stark	Bereiche mit intensiver Nutzung	Flughafen, Mehrzweckhallen, Schalterräume, Kaufhäuser

Klasse	Symbol	Industriell nutzbar	Einsatzbereiche	Räume
41	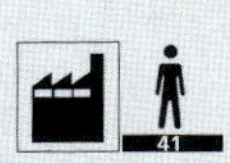	mäßig	Bereiche, in denen die Arbeiten meist sitzend durchgeführt und gelegentlich kleine Fahrzeuge benutzt werden.	Elektronikwerkstätten, Feinmechanikwerkstätten
42		normal	Bereiche, in denen die Arbeiten meist stehend ausgeführt werden und mit evtl. Fahrzeugverkehr	Lagerräume, Elektronikwerkstätten
43		stark	Andere industrielle Bereiche	Lagerräume, Produktionshallen

verschiedenen Beläge vor der Oberflächenbehandlung unterschiedliche Oberflächenstrukturen auf. Die Reinigungs- und Pflegeeigenschaften werden bei elastischen Belägen durch werkseitig aufgebrachtes Oberflächenfinish und durch die Aufbringung von dauerhaften Pflegefilmen wesentlich verbessert.

PVC-Beläge

Als Rohstoff wird ein Granulat aus Polyvinylchlorid mit Zusätzen, wie Weichmachern, verwendet. Stabilisatoren schützen den späteren Bodenbelag vor Vergilbung und thermischer Zersetzung. Die Trittelastizität wird durch Füllstoffe, wie Kreide oder gemahlenen Sandstein, verbessert. Farbpigmente ergänzen die Bestandteile und dienen der Farbgebung. Als Trägermaterial wird Jute oder Glasvlies eingesetzt. Zur Beschichtung der Rückseite wird meist PV-Schaum aufgetragen.

Eigenschaften

- Unempfindlich gegenüber Feuchtigkeit.
- Empfindlich gegenüber Säuren, Lösungsmitteln und lösungsmittelhaltigen Reinigern, zB Kalklösern.
- Elastisch.
- Licht- und alterungsbeständig.
- Verschleißfest.

Einsatzbereich

- Wohn- und Objektbereich
- Funktionsräume
- Feuchträume

Polyolefinbeläge

Sie werden im Gegensatz zu PVC-Belägen ohne Zusatz von Weichmachern produziert. Kreide und Kaolin werden als Füllstoffe verwendet. Der Einsatzbereich von Polyolefinbelägen entspricht jenem der PVC-Beläge.

Eigenschaften

- Stark belastbar, aber kratzanfällig. Daher nicht für jeden Einsatzbereich geeignet.
- Empfindlich gegenüber Sonnenbestrahlung.
- Wasserfest.
- Öle greifen die Belagsoberfläche an.

Verlegung von PVC- und Polyolefinbelägen

Die Bahnen- bzw. Fliesenware wird vollflächig verklebt. Die Nähte werden mit PVC-Schnüren oder Polyolefinschnüren verschweißt. Eine lose Verlegung ist bei einer Raumfläche bis ca. 20 m² möglich. Der Untergrund muss trocken und sauber sein. Eventuell auftretende Unebenheiten sind mit Ausgleichsmasse zu korrigieren.

Reinigung und Pflege von PVC- und Polyolefinbelägen

Unterhaltsreinigung

Leichte Verschmutzungen werden durch Kehren, Saugen oder Wischen mit Staub bindenden Textilien entfernt. Anhaftende Verschmutzungen werden durch Nasswischen oder Nassscheuern, zB mit Reinigungsautomaten, entfernt. Dabei werden nicht beschichtende Reinigungszusätze verwendet.

Achtung:
Lösungsmittelhaltige Reiniger schädigen den Belag!

Zwischenreinigung

Zur Entfernung hartnäckiger Verschmutzungen, wie zB Absatzspuren, wird das Spraycleanerverfahren mit der Scheibenmaschine eingesetzt → Reinigungsmanagement. Dadurch wird auch der Pflegefilm verdichtet und ergänzt. Durch die Zwischenreinigung kann die Grundreinigung durch Anschleifen von sehr stark beanspruchten Belagsteilen hinausgezögert werden. Nach sorgfältiger Entstaubung des Schleifbereiches kann neuerlich ein Pflegefilm aufgebracht werden.

Grundreinigung

Pflegefilme sind mit geeigneten Grundreinigern restlos von der Belagsoberfläche zu entfernen. Die Reinigungsflotte wird durch gründliches Nachwischen restlos entfernt. Nach der entsprechenden Trocknungszeit kann eine neue Pflegebeschichtung aufgebracht werden.

Wichtig:
Polyurethanvergütete PVC-Beläge haben eine extrem geschlossene Oberfläche. Deshalb muss keine Grundreinigung durchgeführt werden.

Kautschukgummibeläge (Elastomerbeläge)

Naturkautschuk wird aus dem Milchsaft (Latex) der Kautschuk- oder auch der Gummibäume gewonnen.
Seit den Dreißigerjahren wird synthetischer Kautschuk produziert, der als Rohstoff für die Elastomerbeläge dient. Die guten Verarbeitungseigenschaften ermöglichen die Produktion von Sockel- und Hohlkehlleisten und die leichte Verlegung im Treppenbereich. Durch die Vielzahl von Mustern gibt es viele farbige Gestaltungsmöglichkeiten. Bei der Wahl des Belages ist ebenfalls auf die entsprechenden Belastungsklassen zu achten.

Eingangsbereich

Kautschukbeläge werden wie PVC-Beläge verlegt. Bei starker Belastung erhöht eine Pflegefilmaufbringung die

Reinigungs- und Pflegefreundlichkeit des Belages.

Eigenschaften

- Außerordentlich strapazfähig.
- Gute Abriebfestigkeit.
- Säuren-, laugen-, fett- und ölbeständig.
- Zigarettenglutbeständig, brandfest.
- Wetterfest.

Flur

Einsatzbereich

- Verkehrswege
- Funktionsräume
- Depots
- Sport- und Fitnessräume

Treppenaufgang

Fitness- und Saunaraum

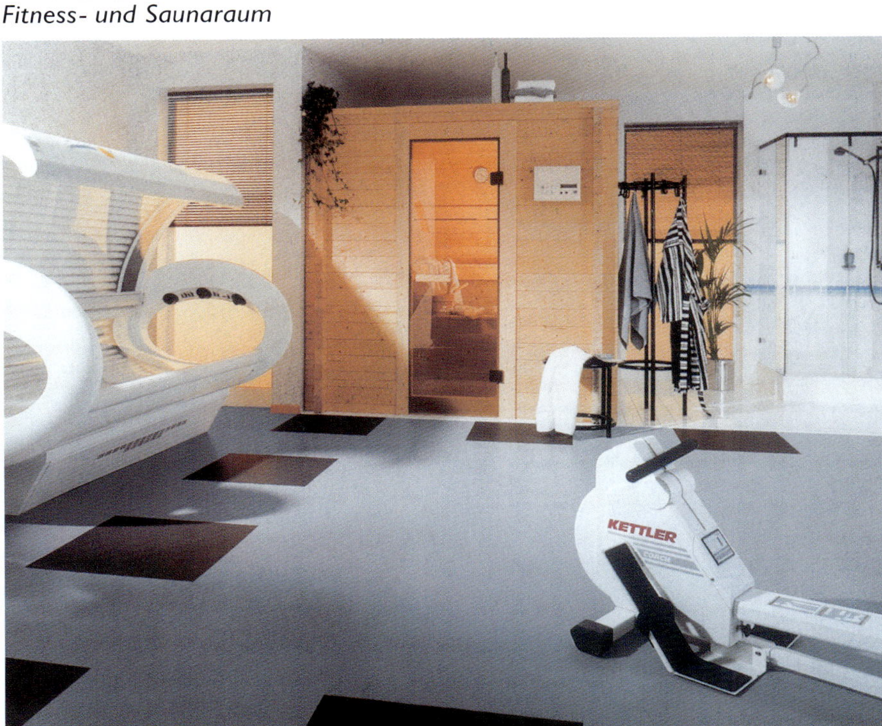

Reinigung und Pflege von Kautschukbelägen

Unterhaltsreinigung

Leichte Verschmutzungen werden durch Kehren, Saugen oder Wischen mit Staub bindenden Textilien entfernt. Anhaftende Verschmutzungen werden durch Nasswischen oder Nassscheuern, zB mit Reinigungsautomaten, entfernt. Dabei werden nicht beschichtende Reinigungszusätze verwendet.

> **Wichtig:**
> ***Scheuernde Reinigungsmittel und das Schleifen der Belagsoberfläche mit Pads, die eine Schleifkörnung haben, schädigen den Belag.***

Zwischenreinigung

Zur Entfernung hartnäckiger Verschmutzungen, wie Absatzspuren, wird das Spraycleanerverfahren mit der Scheibenmaschine eingesetzt. Dieses Verfahren dient auch der Verdichtung und Ergänzung von Pflegefilmen. Durch die Zwischenreinigung kann die Grundreinigung durch Anschleifen von sehr stark beanspruchten Belagsteilen hinausgezögert werden. Nach sorgfältiger Entstaubung des Schleifbereiches kann ein Pflegefilm erneut aufgebracht werden.

Grundreinigung

Pflegefilme werden mit geeigneten Grundreinigern mit der Scheibenmaschine restlos von der Belagsoberfläche entfernt. Die Reinigungsflotte wird durch gründliches Nachwischen restlos entfernt. Nach der entsprechenden Trocknungszeit kann die Aufbringung der neuen Pflegebeschichtung erfolgen.

> **Wichtig:**
> ***Polyurethanvergütete Elastomerbeläge besitzen eine extrem geschlossene Oberfläche. Deshalb muss keine Grundreinigung durchgeführt werden.***

Rohstoffe für Linoleum: Leinöl, Holzmehl, Kalksteinmehl, Pigmente und Jute.

Leinpflanze

Linoleum

In der Rangliste der umweltverträglichen Baumaterialien steht Linoleum ganz vorne. Es besteht hauptsächlich aus nachwachsenden Rohstoffen, wie Leinöl, Baumharzen, Holz- und Korkmehl, Kalksteinmehl, Farbpigmenten und Jute. Nach dem Verkochen des Leinöls und der Vermischung und Verknetung mit den anderen Inhaltsstoffen wird die Masse auf das Jutegewebe aufgebracht. Bei ca. 70 °C muss der Belag mehrere Wochen reifen.

Es sind sehr viele Farbvariationen möglich. Fertige Muster, wie Intarsien, und Sonderanfertigungen, wie Firmenlogos, lassen sehr individuelle und innovative Gestaltungen des Bodens zu und geben den Räumen eine ganz persönliche Note. Der Linoleumboden hat einen natürlichen Eigengeruch, der sich jedoch einige Zeit nach der Verlegung verflüchtigt.

Eigenschaften

- Guter Verschleißwiderstand, daher sehr dauerhaft.
- Chemikalienbeständig.
- Stuhlrollengeeignet.
- Schwer entflammbar.
- Zigarettenglutbeständig.
- Fußwarm und trittschalldämmend.
- Natürliche Antistatik und bakterizid.
- Weitgehend reibungs- und hitzebeständig.

Einsatzbereich

- Funktionsräume, Depots
- Verkehrswege
- Fitness- und Sportflächen

Wohnraum

Verlegung

Die Verlegung erfolgt in Bahnen oder Platten. Die Nähte werden verschweißt. Linoleum, das werkseitig mit einem Oberflächenfinish ausgerüstet ist, ist leichter zu reinigen und zu pflegen.

Reinigung und Pflege

Unterhaltsreinigung
Die Unterhaltsreinigung erfolgt durch Saugen oder Wischen mit Staub bindenden Tüchern. Anhaftende Verschmutzungen werden mit einem feuchten Tuch oder mit einem Mopp entfernt.

Zwischenreinigung
Die Behandlung der Oberfläche mit nicht schichtenden Wischpflegen erhöht die Strapazfähigkeit bei besonders starker Belastung. Durch Polieren und Spraycleanern mit der Scheibenmaschine wird die Oberfläche gehärtet und Flecken, wie zB Absatz- und Gehspuren, werden beseitigt. Alkalische Reinigungsmittel schädigen das Linoleum, es ist daher auf die pH-Werte der Reiniger zu achten. Keine Schmierseife verwenden! Keinesfalls sollte der pH-Wert 10 überschritten werden.

Grundreinigung
Mit einem geeigneten Grundreiniger werden alle Pflegefilmreste entfernt. Pads mit grober Körnung dürfen hier nicht zum Einsatz kommen, da sie die Struktur der Belagsoberfläche und dadurch die Eigenschaften und das Reinigungsverhalten des Belags negativ verändern. Der Belag muss gründlich nachgewischt und getrocknet werden. Ein ganzflächiges Anschleifen der Belagsoberfläche mit anschließender Staubentfernung garantiert eine glatte Oberfläche. Anschließend wird die Grundpflege aufgebracht.

Wandabschluss

Kork

Rohstofflieferant ist die Korkeiche. Ein Baum wird ca. alle zehn Jahre von einem Teil der Rinde befreit, ohne dadurch abzusterben, im Gegenteil → die Qualität des Korks wird dadurch gesteigert. Die Rinde wird zu Granulat zermahlen und unter Zusatz von Bindemitteln unter hohem Druck und bei großer Hitze gepresst. Die Zellwände des Korks sind weder wasser- noch gasdurchlässig. Die Größe der Granulatbestandteile bestimmt das Muster. Kork wird meist im Wohnbereich verwendet.

Eigenschaften
- Elastisch und leicht
- Hitzebeständig
- Schall- und wärmedämmend
- Verrottungsfrei
- Antistatisch
- Fußwarm
- Resistent gegenüber Fäulnisbakterien
- Relativ beständig gegenüber Säure, Öl und Benzin

Kinderspielzimmer

Korkgewinnung

Verlegung

Auf trockenem Untergrund wird eine entsprechende Dämmunterlage aufgebracht, darauf erfolgt eine vollflächige Verklebung oder eine schwimmende Verlegung mit Nut- und Federteilen. Korkbeläge sollen nie auf alte Beläge aufgebracht werden. Unversiegelte Korkböden sind nach der Verlegung zu versiegeln oder mit einem speziellen Wachs einzulassen. Im Handel werden auch Korkböden mit einer PVC-Beschichtung angeboten, hier kann eine Versiegelung oder die Aufbringung eines Pflegefilms entfallen. Die Belagsoberfläche kann nur durch Schleifen repariert oder renoviert werden, wenn die Nutzschicht mindestens 6 mm beträgt.

Reinigung und Pflege

Unterhaltsreinigung
Lose Verschmutzungen werden durch Kehren, Saugen oder Wischen mit Staub bindenden Tüchern entfernt. Anhaftende Verschmutzungen werden durch Feuchtwischen unter Beigabe eines neutralen Allzweckreinigers entfernt.

Zwischenreinigung
Bei gewachsten Oberflächen soll je nach Beanspruchung ca. zweimal jährlich eine hauchdünne Wachsschicht aufgebracht werden. Zur Intensivpflege und zur Erneuerung der Schutzschicht bei starker Beanspruchung wird ein spezieller Ölbalsam mit einer Spachtel aufgetragen.

Wegen der Versiegelung ist keine Grundreinigung nötig.

Beläge aus Holz und Holzwerkstoffen

Parkett wird schon seit 200 Jahren in der heute bekannten Form verarbeitet. Holzböden passen zu allen Stilrichtungen, sind sehr langlebig und bieten einen guten Gehkomfort. Sie weisen eine Nutzschicht von ca. 3 mm auf. Die Qualität der Ware steigt mit zunehmender Nutzschichthöhe. Sie können auch bei Fußbodenheizungen verlegt werden. Es ist aber auf die genaue Kennzeichnung der entsprechenden Produkte zu achten. Zu diesen Belägen zählen

- Massivholzböden,
- Fertigparkett und
- Laminat.

Massivholzböden

Holzarten
Parkett wird meist aus massiven Harthölzern, wie Ahorn, Buche, Birke, Eiche oder Esche, hergestellt. Weichhölzer, wie Kiefer und Fichte, können durch eine entsprechende Oberflächenbehandlung widerstandsfähiger gemacht werden. Mit dunklen Hölzern, wie Kirsch und Nuss, können schöne gestalterische Effekte erzielt werden. Auf die Verwendung von Tropenhölzern, die wegen ihrer Härte sehr strapazfähig sind, sollte aus ökologischen Gründen verzichtet werden.

Die Widerstandsfähigkeit eines Holzbodens wird durch den Brinellwert ausgedrückt: Eine Stahlkugel mit 10 mm Durchmesser wird 30 Sekunden lang mit 100 kg auf den Boden gedrückt. Die dabei entstandene Drucktiefe wird als **Brinellwert** (HB) bezeichnet. Je höher der Brinellwert, desto härter ist das Holz. Kanadischer Ahorn gilt zB als sehr widerstandsfähig, während Fichte eine sehr weiche Oberflächenstruktur aufweist.

Oberflächenbehandlung

Naturgeölte oder gewachste Oberflächen bringen die Holzstruktur durch den matten Glanz hervorragend zur Geltung. Eine sorgfältige, fachlich richtige und regelmäßige Pflege ist wichtig, da diese Böden Schmutz leicht aufnehmen und daher einen größeren Reinigungs- und Pflegeaufwand erfordern.

Lackversiegelte Oberflächen (matt oder glänzend) sind Schmutz abweisend, bieten einen guten Abriebschutz und erleichtern die Reinigungsvorgänge durch die verbesserte Oberflächenstruktur. Belagsrenovierungen sind immer auf der gesamten Fläche durchzuführen.

Einsatzbereich

- Gästezimmer, Salons
- Verkehrswege
- Büros, Besprechungsräume
- Tanzsäle

Fertigparkettböden

Auf Grund der Verarbeitung bzw. der Behandlung des Rohstoffes wird auch von einem Mehrschichtparkett gesprochen. Die Nutzschicht ist aus denselben Hölzern wie bei den Massivholzböden und beträgt ca. 2,5 mm. Je nach Höhe der Nutzschicht kann dieser Boden mehr oder weniger oft abgezogen werden. Die Mittelschicht besteht aus Weichholzstäben oder Holzwerkstoffen, die für die Stabilität bei Temperaturänderungen sorgen. Die unterste Schicht ist aus Holz oder aus einem harzgetränkten Papier, das einen Gegenzug darstellt und für Passgenauigkeit und Formstabilität sorgt. Insgesamt beträgt die Höhe des Fertigparketts max. 7 mm. Diese drei Schichten werden zu Tafeln oder Dielen verleimt und bei der Produktion lackversiegelt. Optisch sind Fertigparkette fast nicht von Massivholzböden zu unterscheiden. Sie werden in quadratischer oder rechteckiger Form angeboten. Fertigparkett ist preisgünstig, pflegeleicht, hat einen geringen Verlegeaufwand (Nut- und Federbretter) und kann auch auf alten Nadelfilz-, PVC-, Linoleum- oder Korkbelägen verlegt werden.
Der Einsatzbereich ist wie bei den Massivholzböden.

Verlegung

Ob ein Massivholzboden oder ein Fertigparkettboden verlegt werden soll, hängt – außer von den Kosten – vom Unterboden ab. Die Wahl der Verlegungsart ist durch den Fachmann festzulegen. Schalldämmung, natürlicher Lichteinfall, Raumwirkung sowie das Vorhandensein einer Fußbodenheizung sind bei der Verlegung zu beachten.

Verlegearten

- **Stab- und Riemenparkett:** Massive Stäbe mit Nut und Feder werden vernagelt oder vollflächig verklebt.
- **Mosaik- oder Klebeparkett:** aus kleinformatigen Lamellen, die zu Verlegeeinheiten zusammengefasst sind und vollflächig verklebt werden.
- **Dielen- oder Schiffböden:** Drei Meter lange Bretter mit einer Breite von 69 bis 183 mm, längsseitig mit Nut und Feder versehen, werden auf Polsterhölzern verlegt.

Fischgrätmuster, Landhausdiele, Schiffboden

Verlegemuster bei Fertigparkett

Reinigung und Pflege

Nach der Verlegung wird laut Herstellerangabe eine Einpflege durchgeführt. Schmutzschleusen verhindern, dass Grobschmutz und Splitt die Oberfläche des Bodens beschädigen. Filzgleiter auf Tisch- und Stuhlbeinen verhindern ein Zerkratzen der Oberfläche.

Filzgleiter

Reinigung von naturgeölten oder gewachsten Oberflächen

Unterhaltsreinigung

Lose Verschmutzungen werden durch Kehren, Saugen oder Wischen mit Staub bindenden oder nebelfeuchten Tüchern oder Mopps entfernt. Bei stark anhaftenden Verschmutzungen ist ein Nasswischen mit sehr gut entwässerten Mopps durchzuführen.

> **Wichtig:**
> **Mikrofasermopps nicht zum Wischen von Holzböden verwenden!**

Eine Nassreinigung mit dem Reinigungsautomaten und einer Scheibenmaschine soll nur in Fällen von extremer Verschmutzung unter geringer Wasserverwendung durchgeführt werden. Hier muss besonders sorgsam gearbeitet werden, da es bei unsachgemäßer Reinigung zum Aufquellen des Holzes kommen kann. Größere Wassermengen machen den Boden grau und stumpf.

Zwischenreinigung

Anhaftende Verschmutzungen und Gehspuren können mit einer Scheibenmaschine mit Pads, die auf den Boden abgestimmt sind, trocken entfernt werden. Durch das Spraycleanern wird nicht nur die Verschmutzung entfernt, sondern auch der Pflegefilm ergänzt. Bei besonders stark beanspruchten Flächen kann eine Grundreinigung des Belages durch das Anschleifen von Teilflächen und eine neuerliche Pflegefilmaufbringung auf diesem Abschnitt hinausgezögert werden.

Grundreinigung

Durch Spraycleanern oder Scheuern erfolgt eine gründliche Reinigung der Belagsoberfläche. Hier gelten dieselben Hinweise wie bei der Unterhaltsreinigung. Der gesäuberte Belag muss restlos abtrocknen, dann kann erst die neuerliche Einpflege erfolgen.

Intarsien

Reinigung von lackversiegelten Böden

Einpflege
Je nach Produkt und Oberflächenbehandlung kann bei mäßiger Belastung eine Behandlung mit Wischpflege (nicht schichtend) vorgenommen werden. Bei starker Belastung ist die Aufbringung eines Pflegefilms zu empfehlen, da der Werkstoffschutz verbessert und die Reinigungsfreundlichkeit erhöht wird.

Unterhaltsreinigung
Lose Verschmutzungen werden durch Kehren, Saugen oder Wischen mit Staub bindenden oder nebelfeuchten Tüchern oder Mopps entfernt. Bei stark anhaftenden Verschmutzungen ist ein Nasswischen mit sehr gut entwässerten Mopps durchzuführen.

> **Wichtig:**
> ***Mikrofasermopps nicht zum Wischen von Holzböden verwenden!***

Eine Nassreinigung mit dem Reinigungsautomaten und der Scheibenmaschine ist nur bei extremer Verschmutzung unter geringer Wasserverwendung durchzuführen. Hier muss besonders sorgsam gearbeitet werden, da es bei unsachgemäßer Reinigung zum Quellen des Holzes kommen kann.

Zwischenreinigung
Verschmutzungen und Gehspuren können mit einer Scheibenmaschine mit abgestimmten Pads trocken entfernt werden. Durch das Spraycleanern wird nicht nur die Verschmutzung entfernt, sondern auch der Pflegefilm ergänzt.

Grundreinigung
Durch das Spraycleanern oder Scheuern erfolgt eine gründliche Reinigung der Belagsoberfläche. Hier gelten dieselben Hinweise wie bei der Unterhaltsreinigung. Der gesäuberte Belag muss restlos abtrocknen, dann kann erst die neuerliche Einpflege erfolgen.

Sanierung
Parkettböden werden abgeschliffen. Das Schleifmaterial wird mit einem Bindemittel zur Fugenfüllung verwendet.
Versiegelungen sollen nur vom Fachbetrieb durchgeführt werden. Je nach Beanspruchung gibt es passende Produkte, die Phenolharze, Harnstoff, Melaminharze, Isocyanat/Polyurethan enthalten. Umweltverträglich sind DD-Lacke oder Zwei-Komponenten-Versiegelungen auf Polyurethanbasis für Böden aus Holz oder für holzähnliche Böden. Im Anschluss daran soll eine Schutzversiegelung aufgetragen werden. Dieses Verfahren kann eventuell mehrmals durchgeführt werden.

Laminat
Laminatböden bieten aufgrund der unzähligen Muster ungeahnte Möglichkeiten in der Raumgestaltung, weil die oberste Schicht aus melaminharzgetränktem Papier besteht, worauf das Dekor aufgebracht wird. Laminatböden erhalten durch die Nutzschicht eine äußerst strapazfähige und pflegeleichte Oberfläche.

Eigenschaften
- Sehr strapazfähig, widerstandsfähig gegen Belastungen.
- Gute Kratzfestigkeit.
- Stuhlrollengeeignet.
- Lichtbeständig, kein Bleichen durch Sonneneinstrahlung.
- Fleckenunempfindlich.
- Gute Zigarettenglutbeständigkeit.

Einsatzbereich
- Wohnbereich
- Funktionsräume
- Verkehrswege

Laminat-Dekore

Schiffboden

Schiffboden, Ahorn blau

Landhausdiele, Buche

Landhausdiele, Kastanie

Für die Beherbergungsbetriebe sind Produkte zu wählen, die der Beanspruchung „gewerbliche oder industrielle Nutzung“ entsprechen.

Beispiel für ein Datenblatt für einen Laminatboden

Technische Daten:

Stärke	Paketinhalt	Palette	Einsatzklasse	Einsatzbereich	Trägerplatte	Wohnemission	Garantie (siehe Bedingungen)
7 mm	1,75 m²	70 m²	33	Flur, Büros, Wohnzimmer	HDF	E1 weit unter Grenzwert	30 Jahre

Verlegung

Die Laminatverlegung erfolgt mit Nut- und Federteilen mit oder ohne Verleimung. Bei der Wahl des Bodens ist auf eine gute Kantenimprägnierung zu achten, da es bei Feuchtigkeit zum Aufquellen kommen kann.

Klicksystem

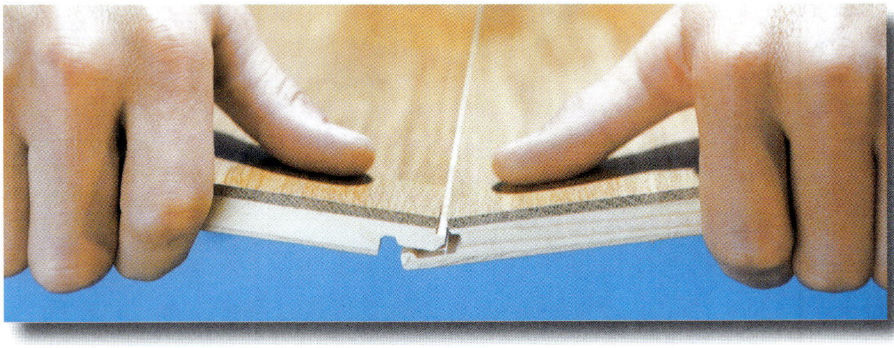

Reinigung und Pflege

Unterhaltsreinigung
Die Entfernung von Grobschmutz kann durch Kehren oder Saugen erfolgen. Bei leichter Verschmutzung reicht das Wischen mit Staub bindenden Tüchern. Anhaftende Verschmutzungen werden durch nebelfeuchtes Wischen entfernt. Schmierseife, Kernseife und Scheuermittel schädigen die Belagsoberfläche! Zur Fleckentfernung, zB von färbenden Flüssigkeiten oder Fetten, kann dem lauwarmen Wasser ein Reinigungsprodukt auf Alkohol- oder Essigbasis beigemengt werden.

Zwischenreinigung
Als Zwischenreinigung wird das Spraycleanerverfahren mit Scheibenmaschinen zur Entfernung von stark anhaftenden Verschmutzungen eingesetzt.

Grundreinigung
Grundreinigungen sind nicht erforderlich, da schichtende Wischpflegen nicht zum Einsatz kommen.

Laminatboden für Gänge

Beispiel
Arbeitsauftrag: Parkettboden saugen → Reinigungsmanagement.

Was ist zu tun?	Wie geht das?	Warum geht das so?
Düse mit Bürstenkranz montieren.	*Auf das Teleskoprohr stecken.*	*Für glatte Böden geeignete Düse.*
Teleskoprohr ausziehen.	*So lange, bis bei gerader Haltung eine Reichweite von zwei Metern erzielt ist.*	*Ergonomisch richtig.*
Saugkraft wählen.	*Mittelstärke einstellen.*	*Richtige Einstellung für den Parkettboden.*
Einschalten.	*Fußtaste drücken.*	
Saugen.	*– Links vom Gerät stehen, Saugschlauch mit der rechten Hand stützen.* *– Laut Arbeitsschema in der linken Ecke beginnend zur Tür saugen.*	*– Richtige Arbeitshaltung.* *– Lückenlose Arbeitsweise.*
Ausschalten.	*Fußtaste drücken.*	

Wird die Grundreinigung an eine Fremdfirma übergeben, sind die zu reinigenden Quadratmeter der Bodenfläche zu erheben, die den Zimmerplänen zu entnehmen sind. Die Angebote sind sorgfältig zu prüfen und mit den Kosten der Eigenreinigung zu vergleichen. Dazu sind Datenblätter anzulegen → Reinigungsmanagement.

Stiegen und Gänge

Stiegen und Gänge gehören zu den Verkehrswegen eines Betriebes. Die ständige Beanspruchung nützt Stufen und Handläufe entsprechend stark ab. Stiegenhäuser sind in der täglichen Betreuung besonders zu berücksichtigen.

Da die Gäste durch die täglich durchzuführende Reinigung nicht gestört werden sollen, ist die Reinigungsorganisation in diesem Bereich besonders wichtig.

Tipps

Stiegenhäuser dürfen nicht durch Stühle, Lampen, Blattpflanzen, Truhen, Kunstgegenstände u. dgl. verstellt sein. Bei Brand sind sie die einzigen Fluchtwege, da die Aufzüge in diesem Fall nicht benützt werden dürfen.

Keine Spiegel an den Treppenabsätzen anbringen! Sie verleiten zum Fehlblick und irritieren, dies könnte zu Unfällen führen.

Die Beleuchtung soll die Stufen voll ausleuchten, um die Bildung von Schatten zu vermeiden - dies verhindert Unfälle.

Für die Reinigungsarbeiten in Stiegenhäusern gibt es spezielle Sicherheitsleitern, die an die Stufen angepasst werden können → Reinigungsmanagement.

Stiegenlauf

Gerade Stiegenläufe sind bequem zu begehen, da sie im Gegensatz zu gewendelten Stiegenläufen über gleich breite Auftritte verfügen. Hier ist auch der Transport gehbehinderter Personen leichter möglich. Die Stiegenbreite soll nicht weniger als 120 cm betragen. Für sehbehinderte Personen ist eine farbliche Markierung am Beginn und am Ende des Stiegenlaufs hilfreich.

Gerade und gewendelte Treppe

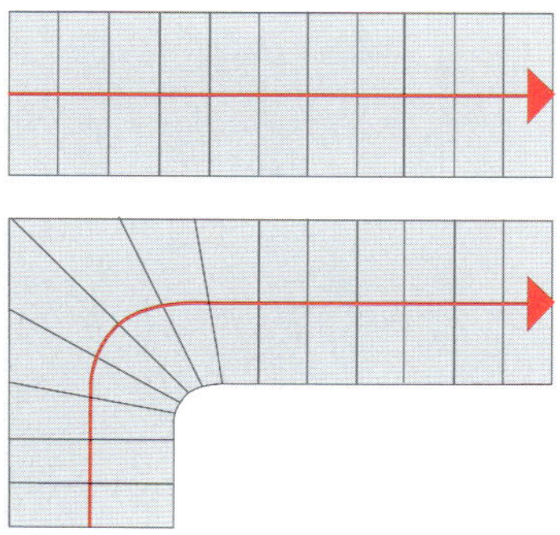

Stufen

Stufen stellen immer wieder eine Unfallgefahr dar, die durch gute Beleuchtung und durch eine gute Markierung von Stufenanfang und -ende verringert werden kann. Aber auch fetthaltige Verschmutzungen, Kantenprofile aus Kunststoff oder Metall sowie Feuchtigkeit können zum Ausrutschen führen. Stufen mit einer Auftritttiefe von 29 cm und einer Höhe von 17 cm sind sehr sicher, da das Verhältnis von Auftritt und Höhe den geringsten Kraftaufwand erfordert. Gerundete Stufenkanten verhindern ein Hängenbleiben mit den Schuhabsätzen. Bei vorstehenden Kanten könnte man mit der Schuhspitze hängen bleiben. Bei der Planung von Stiegen sollen alle Personengruppen, wie gehbehinderte und in der Motorik eingeschränkte Personen, kleine Kinder oder Menschen mit großer Schuhgröße 48 usw., berücksichtigt werden.

Stufen sollen an den Kanten nicht ausbrechen. Sie werden leicht abgerundet. Steinstufen werden im vorderen Teil geraut oder mit Rillen versehen.

Treppe mit vorstehender Kante

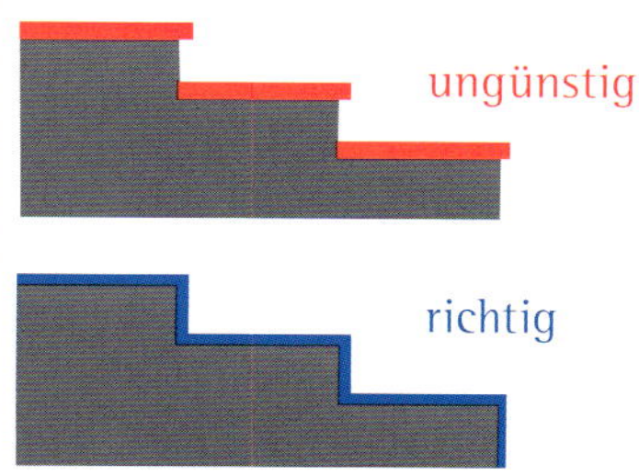

In Bereichen, in denen mit Rutschgefahr zu rechnen ist, zB beim Eingangsportal oder im Wellnessbereich, sind die Stufen rutschhemmend auszustatten. Hier ist bei allen Belagsarten auf Gleitsicherheit zu achten.

Rutschhemmende Treppen

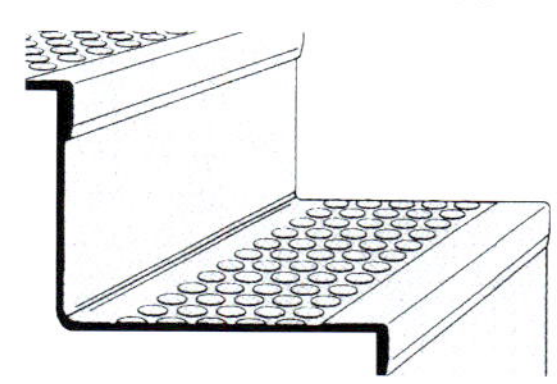

Stiegengeländer und Handläufe

Geländer sind so auszuführen, dass keine Kleinkinder durchfallen können. Die Öffnungen sollen daher nicht breiter als 10 cm sein. Die Geländer sind in einer Höhe von 100 cm, gemessen von der Stufenvorderkante, anzubringen.
Handläufe sind eine wichtige Hilfe beim Stiegensteigen, sie müssen beiderseits des Stiegenlaufs montiert sein. Wird ein Stiegenlauf durch ein Podest unterbrochen, so ist ein weiterführender Handlauf besonders für ältere und gehbehinderte Personen hilfreich. Breite Handläufe sollen mit einer Führungsrille ausgestattet sein, in die die Finger gut eingreifen können. Für Kinder kann ein zusätzlicher Handlauf in Kleinkinderhöhe als gestalterisches Element einpasst werden. Die Konstruktion soll das Geländer frei tragen, eine Anbringung auf den Treppenstufen erschwert die Reinigung.

Geländer auf der Stiegenseite montiert, die Auftrittsfläche ist zur Reinigung frei.

Stiegenhaus mit Handläufen

Brettartige Handläufe oder Profile mit Kanten sind ungeeignet. Bei der Befestigung der Handläufe muss darauf geachtet werden, dass ein Hängenbleiben, besonders an den Enden oder an den Wandverbindungen, nicht möglich ist.

Gänge

Gänge sind nach Möglichkeit stufenlos auszuführen. Die Breite der Gänge soll ca. 150 cm betragen, um ein ungehindertes Passieren für alle zu ermöglichen. Das Wenden mit einem Rollstuhl, mit dem Etagen- und Wäschewagen soll problemlos möglich sein. Im Stiegenbereich ist auf eine gute Ausführung der Wandabschlüsse zu achten.

Reinigung

Je nach verlegter Belagsart ist die entsprechende Form der Unterhaltsreinigung zu wählen. Zum Saugen im Stiegenbereich sollen Hüft- oder Rucksacktragsauger eingesetzt werden. Es gibt dafür auch treppengängige Modelle. Stufe für Stufe wird mit der glatten Bodendüse abgesaugt. Rillen und Ecken werden mit der Fugendüse gesaugt. Das Arbeitsfeld ist klar überblickbar, die Unfallgefahr wird vermindert. Glatte Stufen werden mit der Stielkehrgarnitur gekehrt.

Die **Feuchtreinigung** wird von oben nach unten durchgeführt. Die Mitarbeiter stehen ein bis zwei Stufen tiefer als die zu bearbeitende Stufe. Die Wand darf nicht nass werden. Wird feucht bzw. nass gereinigt, ist der Gast durch ein Hinweisschild aufmerksam zu machen.
Stufen dürfen nur mit rutschhemmenden Mitteln gepflegt werden.

Hinweisschild

Zwischen- und Grundreinigung können im Stiegenhaus und in den Gängen nur dann ausgeführt werden, wenn die gereinigten Stellen restlos trocknen können. Dies ist aufgrund der laufenden Begehung durch die Hotelgäste selten möglich.

Aufzüge

Der Gästeaufzug soll von der Hotelhalle aus leicht erreichbar und zugänglich sein. In größeren Hotels gibt es zusätzliche Mitarbeiter- und Materialaufzüge, die in jenem Teil des Betriebes untergebracht sind, zu dem Gäste keinen Zutritt haben. Diese Aufzüge dienen einerseits den Servicemitarbeitern, anderseits ermöglichen sie den Transport der Etagen- und Wäschewagen, der Betriebsmittel und der Möbel. Für die technische Wartung der Aufzüge wird ein Servicevertrag mit der Herstellerfirma abgeschlossen. Die Aufzüge werden entsprechend der Ausstattungsmaterialien und dem erforderlichen täglichen Reinigungsturnus gereinigt. Türgriffe und Bedienungselemente müssen besonders häufig gereinigt werden.
Materialpflege → Möbel; Bodenpflege → Böden.

Schmutzwäschetransport

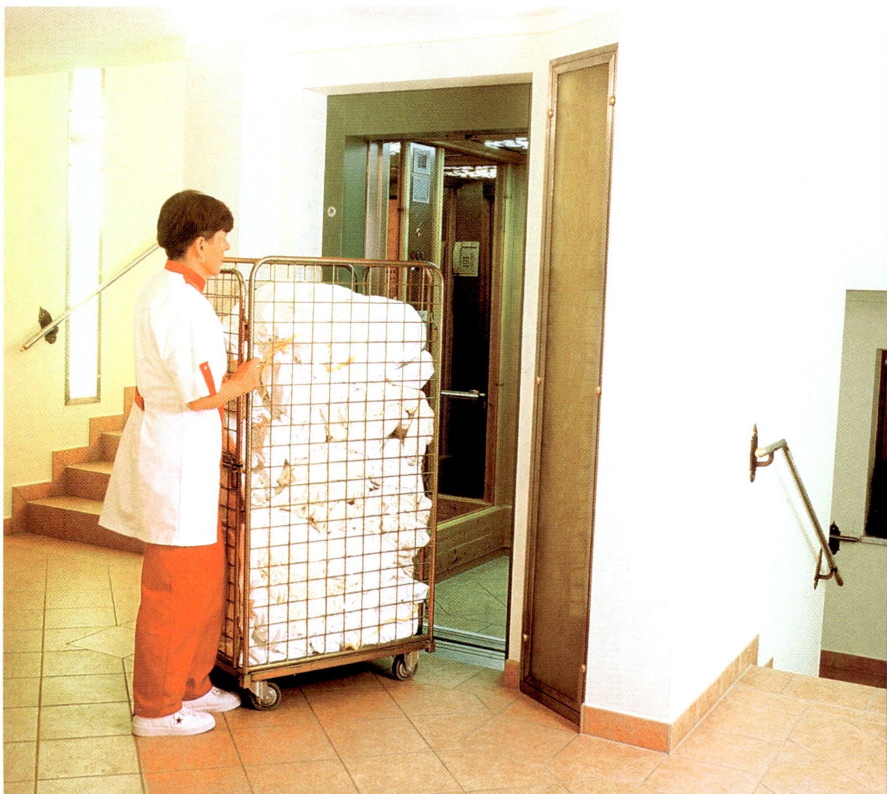

Wände

Die bauliche Qualität und die Oberflächengestaltung der Wände prägen maßgeblich den Charakter des Hauses. Sie bringen Bilder, Möbel und Vorhänge zur Geltung und bergen die Lebensadern des Betriebes, die Leitungen und Installationen.

Gut isolierte Wände garantieren Ruhe und damit Wohlbefinden der Gäste. Eine Außenisolierung ist schall- und wärmedämmend. Die Isolierung der Innenwände soll vor allem schalldämmend sein. Der sich bildende Wasserdampf muss jedoch durchtreten und nach außen abgeleitet werden können. Immerhin beträgt die von einer Person erzeugte Wasserverdunstungsmenge ca. 0,75 Liter pro Tag.

Die **Wandgestaltung** hängt von der Funktion der Räume, von der Innenarchitektur und von den Pflegeansprüchen der Materialien ab.

Möglichkeiten der Wandgestaltung
- Anstriche
- Tapeten
- Täfelungen
- Bespannungen

Anstriche

Anstriche werden am häufigsten für die Wandgestaltung verwendet. Die Art des Anstrichs richtet sich nach
- dem Einsatzbereich,
- dem Untergrund,
- den Rohstoffeigenschaften des Anstrichs,
- der Verarbeitungsart,
- der Farbwahl.

Anstriche enthalten vier Hauptbestandteile:
- Bindemittel
- Farbmittel
- Lösungsmittel
- Zusatzstoffe

Die natürlichen oder synthetischen Rohstoffe, die Qualität und Sorgfalt bei der Herstellung bestimmen die Wirkung des Produktes. Die Untergrundbeschaffenheit hat einen wesentlichen Einfluss auf die Haltbarkeit und auf die Farbwirkung. Eine nicht fachgerechte Untergrundvorbereitung kann zu Rissen, zum Abblättern oder Abreiben führen. Eine falsche Farbwahl oder Farbwirkung kann die Atmosphäre im Raum negativ beeinflussen.
Durch verschiedene Verarbeitungstechniken werden unzählige raumgestalterische Effekte erzielt. Neben den eher traditionellen Methoden der Aufbringung der Anstriche, wie **Streichen, Rollen, Spritzen,** gibt es noch die **Schwamm-, Wisch-, Wickel- und Schablonentechnik.**
Im Schwimmbad oder im Wellnessbereich, in Gängen usw. werden Muster, Bilder usw. zur Dekoration eingesetzt. Hier soll durch die Bemalung eine besondere Stimmung erzielt werden.
In den Gästezimmern werden Muster meist sparsam verwendet, um die Raumgestaltung nicht zu sehr einzuschränken.

- Verschiedene Farben sind möglich.
- Können nicht überstrichen werden. Sie müssen vor jedem Neuanstrich restlos entfernt werden.

Einsatzbereich
- Wohnbereich
- Verkehrswege

Bordüre

Silikatanstriche

Eigenschaften
- Wasserfest.
- Sehr widerstandsfähig gegen Säuren und Laugen.
- Gut deckend.
- Witterungsbeständig.
- Flammhemmend.
- Dampfdurchlässig.
- Keimtötend.
- Atmungsaktiv.
- Weitgehend gegen Feuchtigkeit resistent.
- Desinfizierend.
- Hält Kriech- und Fluginsekten ab.
- Nicht abriebsicher, daher mangelnde Wischbeständigkeit.
- Nicht sehr widerstandsfähig, kann aber leicht und oftmals überarbeitet werden.
- Lässt sich nur beschränkt tönen.
- Günstige Beeinflussung des Raumklimas.
- Absorbiert in gewissem Maß Kochgerüche und Zigarettenrauch.

Einsatzbereich
Silikatanstriche sind für Räume mit hohen hygienischen Anforderungen und starken Beanspruchungen, zB für Küchen und Feuchträume, geeignet. Sie können auch im Spritzwasserbereich eingesetzt werden.

> ***Tipp***
> ***Glas- und Keramikflächen müssen bei der Verarbeitung gut abgedeckt werden, da die Silikatfarben ätzend wirken.***

Kalkanstriche

Plafonds und das obere Drittel der Räume können in manchen Bereichen mit einem Kalkanstrich versehen werden. Dies ist eine sehr kostengünstige Lösung.

Eigenschaften
- Hygroskopisch (wasseranziehend).

Einsatzbereich
- Decken und Wände in Räumen mit wechselnder und oft erhöhter Luftfeuchtigkeit, wie zB in Bädern, Waschküchen und Küchen.
- Wohnräume.
- Feuchträume.
- Lagerräume.

Leimfarbe

Leimfarben können nur in trockenen Innenräumen verwendet werden. Auf alten Dispersionsanstrichen kann Leimfarbe nicht aufgetragen werden.

Eigenschaften
- Dampfdurchlässig.
- Nicht feuchtigkeitsbeständig.
- Wischbeständig, aber nicht wasserfest.
- Gute Deckkraft.

Dispersionsanstriche

Kunstharzdispersion

Die verwendeten Bindemittel sind Polymere, die aus Erdöl gewonnen werden. Kunstharzdispersion kann auf allen Untergründen aufgebracht werden. Bei Verwendung in Feuchträumen ist die Beigabe von fungiziden (pilztötenden) Zusätzen erforderlich.

Einsatzbereich
Für den Innen- und Außenbereich gibt es verschiedene Dispersionsarten.

Dispersionsanstriche können auf fast allen Untergründen aufgebracht werden.

Eigenschaften
- Sehr widerstandsfähig.
- Hohe Deckkraft.
- Wenig dampfdurchlässig.
- Abwischbar.
- Lösungsmittelempfindlich.
- Bei Beschädigungen springen sie leicht auf.
- Können sich elektrostatisch aufladen.

Naturharzdispersion

Hier werden pflanzliche Harze verwendet. Naturharzdispersion ist für mineralische Untergründe, Putze, Gipskartonplatten und Raufasertapeten geeignet. Naturharzanstriche werden in Betrieben, die mit umweltfreundlichem Image werben, bevorzugt gewählt und können im gesamten Wohnbereich eingesetzt werden. Sie sind garantiert giftfrei, aber nur gering abriebsicher. Sie sind mit Naturzusätzen gefärbt.

Reinigung und Pflege der Anstriche

Anstriche werden nach ihren Reinigungs- und Pflegeeigenschaften in wisch-, wasch- und scheuerbeständige Produkte eingeteilt.

Wischbeständig	**Kalkanstriche**	*Sie haben nur mangelnde Wischbeständigkeit.*
	Leimanstriche	*Durch trockenes Abreiben darf keine Abfärbung erfolgen.*
Waschbeständig	**Silikatanstriche, Dispersionsanstriche**	*Feuchte Reinigung mit einem Schwamm muss ohne Abfärben möglich sein. Ein neutrales Feinwaschmittel kann bei stärkeren Verschmutzungen eingesetzt werden.*
Scheuerbeständig	**Silikatanstriche und Dispersionsanstriche** *mit besonderer Bezeichnung*	*Durch nasses Scheuern mit einer Bürste mit weichen Borsten wird der Anstrich nicht beschädigt.*

Tapeten

Tapeten stehen in großer Auswahl zur Verfügung. Ihre Raumwirkung kann schlicht bis repräsentativ sein. Sie wird zum Stil des Hauses passend ausgesucht. Material, Struktur und Muster beeinflussen die Wirkung. Die Oberfläche soll möglichst glatt sein, um Staubanlagerungen zu vermeiden. Helle Streifen strecken den Raum. Zu vielen Tapeten gibt es auch entsprechende Borten für die Abschlüsse.
Es gibt **Papier-, Kunststoff- und Textiltapeten.** Weiters gibt es Tapeten, die mit Alufolie oder mit Naturwerkstoffen, wie Kork oder Blättern, entsprechende Effekte erreichen. Die Symbole auf den Produktdatenblättern geben Auskunft über die Eigenschaften. Tapeten sollen lichtecht, abwischbar und für mittlere Beanspruchung geeignet sein.

Symbole Euro-Norm EN 235

wasserbeständig zum Zeitpunkt der Verarbeitung

waschbeständig

scheuerbeständig

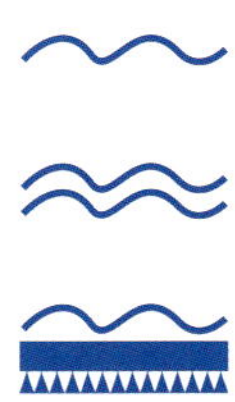

Farbbeständigkeit gegen Licht

ausreichend

befriedigend

gut

sehr gut

ausgezeichnet

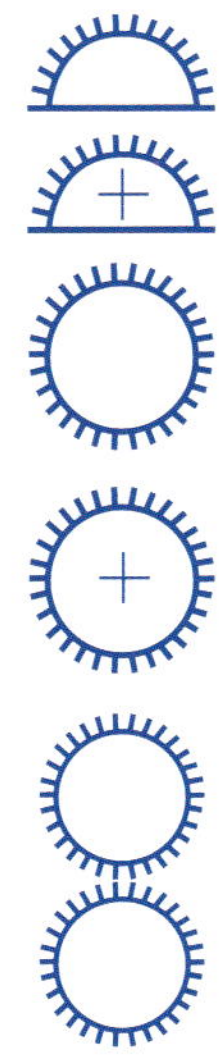

Wie bei den Anstrichen muss auch für die Tapezierung der Untergrund entsprechend vorbereitet werden. Alte Tapeten- und Kleberreste sind zu entfernen. Die Feuchtigkeit und die Saugfähigkeit des Untergrundes bestimmen die Konsistenz des neuen Klebers. Risse und Unebenheiten müssen behoben werden. Durch das Aufbringen von Untertapeten kann ein relativ staubfreier Tapetenwechsel vorgenommen werden.

Tipps

Ersatzrollen von Tapeten beschriftet aufbewahren.

Einschlagen von Bilderhaken: Tapete an der entsprechenden Stelle mit scharfem Messer einritzen, Nagel einschlagen. Die Tapete hat kein Loch, reißt nicht ein und kann später fast unsichtbar angeklebt werden.

Nahtstellen, die sich aufbiegen, werden mit Tubenkleister für Tapeten angeklebt.

Reinigung und Pflege von Tapeten

Tapeten werden mit dem Teleskoprohr, auf das eine Bürstenkranzdüse gesteckt wird, abgesaugt. Dabei ist die Luftklappe zu öffnen, um den Luftstrom zu mindern.

Bei Tapeten können Verschmutzungen oft mit Radiergummi entfernt werden.
Fettflecke werden mit Fleckenpaste bestrichen. Die angetrocknete Schicht wird mit einem Pinsel entfernt, der Staub darf nicht eingeatmet werden.
Staubablagerungen über Heizkörpern können mit einem geeigneten Staubtuch abgerieben werden.

Täfelungen

Täfelungen sind meist aus Holz und sehr dauerhaft. Sie werden mit Dekorelementen kombiniert. Es gibt ganz- und teilflächige Täfelungen. Kunststoff- oder Metalltäfelungen können besonders in Feuchträumen eingesetzt werden. Täfelungen bieten auch die Möglichkeit, schall- oder wärmetechnische Isolierungen abzudecken oder schadhafte und unebene Wände zu verschönern. In Täfelungen können Beleuchtungen integriert werden. Die Reinigung richtet sich nach den verwendeten Werkstoffen.

Täfelung

Bespannungen

Bespannungen haben als Unterlage meist einen Schaumstoff oder eine weiche Stoffschicht und einen Rahmen zur Befestigung. Die Bespannung kann aus verschiedenen Stoffen, wie zB Seide oder Baumwolle, sein. Sie kann gewebt, gewirkt oder gestickt sein, zB Gobelinbespannung. Weiters gibt es auch Naturfaserbespannungen aus Gräsern usw.

Reinigung und Pflege von Bespannungen

Die verwendete Stoffart und die Bespannungsart bestimmen die Reinigungsmaßnahmen.
Damast- und Seidenbespannungen sind sehr empfindlich und dürfen nicht feucht gereinigt werden. Sie können mit einem feinen Wandbesen abgekehrt oder mit der Möbeldüse abgesaugt werden, wobei der Luftstrom gedrosselt wird.
Gobelinbespannungen können, wenn der Hersteller es angibt, feucht gereinigt werden, auch Teppichreinigungsmittel können verwendet werden.
Grobe pflanzliche Gewebe werden mit der Möbeldüse gesaugt.
Vor dem Reinigen der **Rahmen** ist die Bespannung mit einer Reinigungsschablone zu schützen. Die Rahmen sind entsprechend der Oberflächenbeschaffenheit des Materials zu reinigen.

Reinigung und Pflege für alle Wände

Durch die Luftzirkulation wird Staub an der Oberfläche angelagert. Über Möbeln, Rahmen, Türstöcken und Heizkörpern können die Wände durch Staubanlagerungen dunkler werden. Für die Reinigung gibt es entsprechende Wandbesen, bei denen die Borstenbündel so angeordnet sind, dass Ecken und Plafond mitgekehrt werden können. Der Stiel kann auf die erforderliche Länge ausgezogen werden.

Wandbesen

Bei allen Arbeitsmethoden im vertikalen Bereich ist auf die überlappende Führung der Arbeitsgeräte zu achten, da sonst dunkle Streifen entstehen könnten, die schwer zu entfernen sind. Diese Arbeit fällt zumindest bei Saisonbeginn an und ist sehr zeitintensiv, da die Wände die größte Gesamtfläche des Hauses darstellen.

Tipps

Decken, Türoberkanten und Karniesen mitkehren.

Wandteil über den Heizkörpern öfter reinigen, da sich der hochsteigende Staub hier besonders festsetzt.

Vor dem Kehren sind die Spinnweben zu entfernen. Sie werden stets nach oben abgehoben, damit sie nicht haften bleiben.

Rahmenmaterial	Reinigungsmittel
Holz, lackiert	*Allzweckreiniger*
Holz, eingelassen	*Möbelpflegemittel*
Plastik	*Allzweckreiniger*
Metall, verchromt oder eloxiert	*Polieren, kein Mittel anwenden*

Beispiel
Arbeitsauftrag: Wände mit Wandbesen kehren.

Was ist zu tun?	Wie geht das?	Warum geht das so?
Wände freistellen.	– *Vorhänge abnehmen.* – *Möbel abrücken.* – *Bilder abnehmen.*	*Zügiges Arbeiten wird ermöglicht, die übrige Einrichtung wird geschont.*
Teleskopstiel einstellen.	– *Länge nach der Höhe des Raumes wählen.* – *Stellring festdrehen.*	*Gerät ist einsatzbereit.*
Oberen Teil kehren.	– *In der Ecke gegenüber den Fenstern beginnen.* – *Borstenteil unter dem Plafond ansetzen, Gerät gerade mit leichtem Druck auf den Stiel in überlappenden Bahnen nach unten ziehen.*	*Keine Schatten- und Streifenbildung.*
Unteren Teil kehren.	– *Teleskopstiel verkürzen.* – *Wände bis zur Wandleiste kehren.*	*Rationelle, Kraft sparende Methode.*

Fenstergläser

Glasarten	Beschreibung
Isolierglas	*Es werden mindestens zwei Einzelscheiben mit einem unterschiedlichen Scheibenzwischenraum miteinander verbunden. Die Wärmedämmfähigkeit kann durch eine Edelgasfüllung im Scheibenzwischenraum erhöht werden.*
Floatglas	*Einzelscheibe, die nach dem Herstellungsverfahren benannt ist. Das flüssige Glas wird gegossen und gewalzt. Es eignet sich für große Scheiben und für Thermoelemente.*
Wärme-, Schall- und Sonnenschutz	*Auf die innere Glasschicht wird eine hauchdünne Silberschicht aufgedämpft. Die kurzwelligen Lichtstrahlen gelangen in den Wohnrahm, die langwelligen Wärmestrahlen aus dem Raum werden wieder nach innen reflektiert. Scheiben, die einen Großteil der Sonneneinstrahlung abhalten, dienen auch der Schonung von Teppichen, Tapeten und Vorhängen. Darüber hinaus bieten diese Gläser eine erhöhte Schall- und Wärmedämmung.*
Sicherheits- und/oder Brandschutzglas	*In Bezug auf die Sicherheitstechnik werden diese Gläser mit besonderen Eigenschaften ausgestattet.*
Selbstreinigendes Glas	*Das selbstreinigende Glas hat eine spezielle Beschichtung an der Außenseite, die gegen Verschmutzung wirkt. Sie absorbiert die UV-Strahlen der Sonne. Es kommt zu einer chemischen Reaktion auf der Oberfläche, bei der die organischen Schmutzpartikel zerlegt und abgelöst werden. Eine spezielle Beschichtung bewirkt eine Selbstreinigung, die in zwei Phasen abläuft.* ***Phase 1: Zersetzung von Schmutz.*** *Die UV-Strahlen der Sonne werden genutzt, um den Schmutz abzubauen und aufzulösen. Dadurch zersetzen sich die Ablagerungen auf der beschichteten Glasoberfläche.* ***Phase 2: Abwaschen von Restschmutz.*** *Regen und Feuchtigkeit verteilen sich gleichmäßig über die Scheibenoberfläche und bilden einen dünnen Wasserfilm. Durch das Ablaufen dieses Wasserfilms werden Schmutzpartikel abgewaschen und der Restschmutz schlierenfrei weggespült. Die Beschichtung ermöglicht ein rasches Abtrocknen.*

Fenster

Fenster sind ein wichtiges Gestaltungselement der Gebäude. Anzahl, Anordnung und Art der Fenster bestimmen den Stil, beeinflussen aber auch die Innenraumgestaltung. Form, Farbe, Größe oder Fensterteilungen durch Sprossen oder Flügel sind vielfältig.

Fenster dienen vor allem dem Lichteinfall in die Räume. Durch sie erfolgt eine Be- und Entlüftung. Sie geben den Blick auf die Umgebung frei.
Gute Fensterkonstruktionen haben eine schall- und wärmedämmende Funktion und sollen auch vor Einbruch schützen. Äußerst wichtig sind eine Verdunkelungsmöglichkeit und ein Sonnenschutz.

Neue Fenstersysteme helfen Heizkosten sparen, da wenig Wärme verloren geht. Auch die Reinigung ist bei neuen Fenstern wesentlich leichter und Zeit sparender, da die Scheiben glatt und die Rahmen meist wenig profiliert sind. Bei der Neuanschaffung sollen wartungsarme und reinigungsfreundliche Modelle gewählt werden.
Einen besonders hohen Reinigungsaufwand benötigen Verbundfenster, da der Fensterflügel aus mehreren Rahmen besteht.

Fensterscheiben

Durch die Verwendung verschiedener Glasarten werden die Qualität und die Eigenschaft der Fenster wesentlich beeinflusst.
Neben dem Rahmen hat besonders das Fensterglas Einfluss auf die Wärme- und Schalldämmung. Die isolierende Wirkung der Scheiben hängt von den Zwischenräumen, der Glasdicke sowie von der Anzahl der Scheiben ab.

Fensterrahmen und -beschläge

Der Fensterrahmen kann aus **Holz, Kunststoff oder Aluminium** sein. Eine teure, aber witterungsbeständige Art der Fensterrahmen besteht aus einer Kombination von einem inneren und einem äußeren Holzrahmen, der mit Aluprofilen verkleidet ist.

Fensterrahmen aus Holz werden in verschiedenen Farben gestrichen oder mit Lasuren versehen. Je nach Oberflächenbeschaffenheit müssen besonders die Oberflächen der äußeren Rahmen in gewissen Abständen nachbehandelt werden. Die inneren Rahmen werden gereinigt und müssen wesentlich seltener nachbehandelt werden.
Bei **lackierten Holzrahmen** ist zu bedenken, dass helle Farben Wärme weniger stark aufnehmen als dunkle. Deshalb müssen dunkle Rahmen häufiger renoviert werden.
Metallrahmen können lackiert oder eloxiert sein und sind sehr wartungsarm.
Kunststoffrahmen in hellen Farben beanspruchen mehr Pflege, sind aber sehr witterungsbeständig.
Holz-Alu-Rahmen vereinigen die Wärme des Holzes mit der Widerstandsfähigkeit des Metalls.

Rillen und Kanten des Fensterrahmens und des Fensterstocks sollen leicht zu reinigen sein. Die Stabilität der Gesamtkonstruktion muss garantiert sein. Lüftungsbegrenzer und Kindersicherung sollen leicht angebracht werden können. Bei Kunststofffenstern ist dies nicht immer möglich.

Kindersicherung

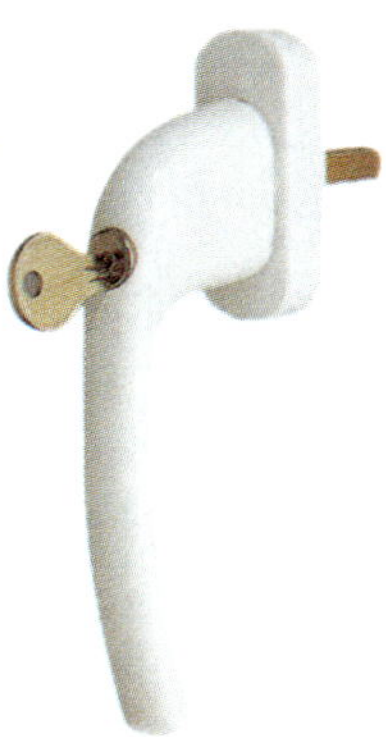

Die Luftzirkulation ist durch entsprechende Lüftungsschlitze in der Rahmenkonstruktion gewährleistet. Die Raumluftfeuchte kann konstant gehalten werden. Sprossen, die als dekoratives Element gewählt werden, sollen innen zwischen den Scheiben liegen, um die Reinigung nicht zu erschweren. Der untere Rahmenteil ist meist durch eine schräge **Blechauflage** gegen eindringendes Wasser geschützt. Eine Nachstellung der Öffnungsmechanismen, der Fensterriegel und Kippvorrichtungen sollte im Servicevertrag inkludiert sein.

Fenster mit innen liegenden Sprossen

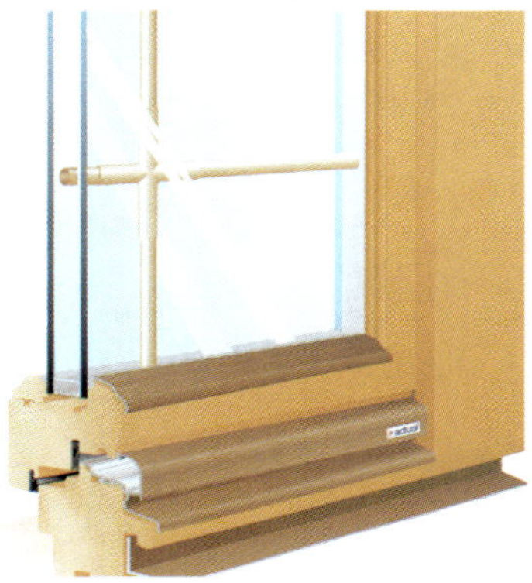

Fenster mit aufgeklebten Sprossen

Fenster mit glasteilenden Sprossen

Dichtungen halten Lärm und Staub ab. An südseitig und westseitig gelegenen Fenstern trocknen sie rascher aus und müssen gelegentlich vom Servicedienst ersetzt werden.

Beschläge

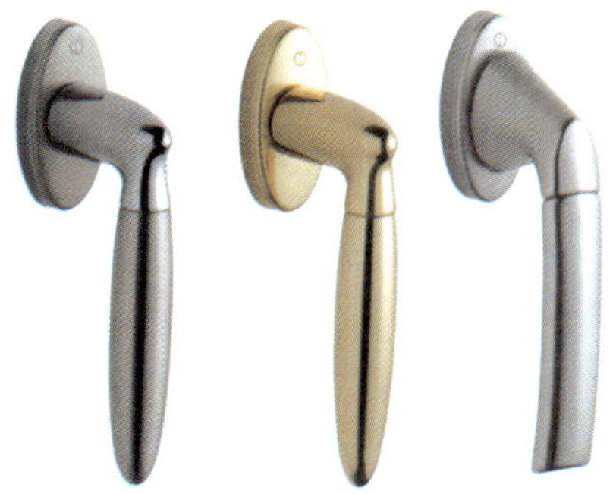

Fensterbänke

Fensterbänke werden innen und außen angebracht. Raumseitig werden Fensterbänke der Einrichtung angepasst. Die Tiefe der Fensternische wird oft zur Gänze genützt und dadurch eine zusätzliche Abstellfläche gewonnen. Innere Fensterbänke können aus Granit, Marmor, Kunststein, Fliesen, Holz etc. sein.
Außenfensterbänke können aus Granit, Kunststein, verzinktem Stahl mit Kunststofflackversiegelung oder aus Kunststoff sein. Die Montage der Fensterbänke ist so zu gestalten, dass das Mauerwerk vor ablaufendem Wasser geschützt wird.

Bei der Auswahl des Materials ist auf die Langlebigkeit, die Widerstandsfähigkeit gegen äußere Einflüsse, die Unempfindlichkeit gegenüber Flecken, auf gute Reinigungs- und Pflegeeigenschaften und auf Kratz- und Abriebfestigkeit zu achten.

Fensterbänke können auch eine Kältebrücke darstellen. Deshalb ist die Montage der äußeren und inneren Fensterbänke exakt durchzuführen.

Sonnenschutz

Es gibt verschiedenste Möglichkeiten des Sonnenschutzes. Auch er richtet sich nach der Art des Gebäudes und kann aus unterschiedlichen Materialien sein.

Rollläden
Sie sind immer außen angebracht. Die Handhabung erfolgt im Raum durch Bänder oder Schnüre, die fixiert werden können. Auch eine elektrische Bedienung ist möglich.

Fensterläden
Sie sind ebenfalls außen angebracht und müssen eine Vorrichtung zum Fixieren an der Wand haben.

Innen- und/oder Außenjalousien
Schmale Lamellen werden durch Schnüre gehalten und geführt.

Rollos
Sie sind innen angebracht und dienen auch der Dekoration.

Integrierte Jalousien oder Faltstores
Sie sind zwischen zwei Scheiben angebracht und müssen daher nicht gereinigt werden.

Insektenschutz

Es gibt verschiedene Möglichkeiten, das Eindringen von Insekten zu verhindern:
- Spannrahmen werden direkt am Fensterrahmen befestigt.
- Drehrahmen: Durch einen Magnetverschluss lassen sich die Drehtüren nach außen öffnen. Für Balkon- und Terrassentüren ist dies eine ideale Lösung.

Tipp
Bei offenem Fenster darf nichts auf der Fensterbank stehen! Ein Windstoß kann das Fenster zufallen lassen, abgestellte Gegenstände würden nach außen fallen. Der Gebäudeinhaber ist in so einem Fall haftbar.

Sonnen- und Lichtschutzeinrichtungen

Rollläden

Ausstellrollladen

Fensterläden

Innenjalousie

Innen liegende Jalousie

Insektenschutz

Reinigung und Pflege der Fenster

Die Reinigung der Fenster, zu der die Reinigung der Rahmen und Beschläge, der Glasflächen, der Außen- und Innenfensterbänke und evtl. auch der Sonnenschutzvorrichtungen gehört, nimmt viel Zeit in Anspruch und gehört zu den körperlich anstrengendsten Arbeiten auf der Etage. Es ist daher auf die ergonomische Bewegung zu achten → Reinigungsmanagement. Eine gezielte Mitarbeiterschulung ist hier besonders notwendig. Die Häufigkeit der Reinigung hängt vom Verschmutzungsgrad ab. Straßenseitig und westseitig gelegene Fenster müssen öfter gereinigt werden.

Bei **Holzrahmen-Verbundfenstern** ist zu beachten, dass alle Flügel, auch die Oberlichten, aufklappbar sind, um die Innenreinigung zu ermöglichen. Die Scheibenfläche ist also vierfach zu berechnen. Bei **Fenstern mit Isolierverglasung** sind nur jeweils zwei Scheiben zu reinigen. Da in die Scheibenzwischenräume keine Luft und kein Schmutz eindringen kann, ist die Reinigung Zeit und Kosten sparend.

Nach innen aufgehende Flügel können vom Raum aus gereinigt werden, wodurch die Unfallgefahr vermindert wird. Bei alten, denkmalgeschützten Häusern gehen die Außenflügel der Kastenfenster oft nach außen auf. Bei hohen Gebäuden muss die Fensterreinigung von einem Fachbetrieb ausgeführt werden.

Die **Beschläge** sollen oberflächenresistent sein, sie müssen dann nur poliert werden.

Besonders zu beachten

- Verwendung von Sicherheitsleitern.
- Evtl. benötigte Sicherheitsgurte vor der Verwendung prüfen.
- Verankerung für die Sicherheitsgurte überprüfen.
- Direkte Sonneneinstrahlung vermeiden.
- Systematische Arbeitsfolge einhalten: zuerst die Rahmen mit den Beschlägen und Dichtungen, dann die Scheiben und zum Schluss die Fensterbänke innen und außen reinigen.
- Fensterwischerblätter kontrollieren, fehlerhafte auswechseln.
- Für die Reinigung von großen Scheiben und Oberlichten den Teleskopstiel verwenden und auf die richtige Länge ausziehen.

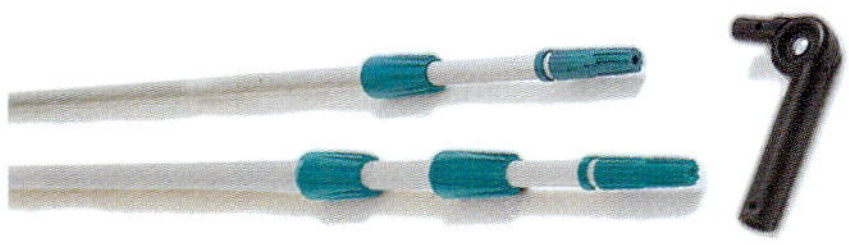

Teleskopstangen und Gelenkeinsatz

- Keine scheuernden Reinigungsmittel verwenden.
- Bei stark anhaftenden Verschmutzungen keine kratzenden Werkzeuge verwenden, da sonst Kratzspuren auf der Glasscheibe entstehen. Hier muss die Verschmutzung durch weiteres Auftragen der Reinigungslösung aufgeweicht werden.

Betriebs- und Arbeitsmittel

- Zwei-Kammer-Kübel für Reinigungslösung und für klares Wasser.
- Fensterwischer mit Gummilippe, evtl. Einwascher. Die Breite ist auf die Fenstergröße abzustimmen.
- Reinigungstextilien: Reh- oder Fensterleder, Baumwoll- oder Mikrofaserbezüge für Einwascher, Glasreinigungstücher aus Mikrofaser, nicht scheuernde Schwämme zur Vorreinigung und zum Auftragen der Reinigungslösung, Reinleinentücher.
- Sprühflasche mit Reinigungslösung.

Der Einsatz von Fensterreinigungsgeräten zur Scheibenreinigung muss gut überlegt werden und soll an Ort und Stelle praktisch erprobt werden.

Reinigungsmittel für die Fensterscheiben

- Warmes Wasser, Fensterwischer und die richtigen Reinigungstextilien reichen für die Entfernung leicht anhaftenden Schmutzes meist aus.
- Der Zusatz von Allzweck- oder Glasreinigern erhöht den Reinigungserfolg und verhindert die rasche Wiederanschmutzung bzw. das Anlaufen der Scheiben.
- Da Glasreiniger neben Wasser auch Tenside, Farb- und Parfümöle, Konservierungsmittel und Hilfsstoffe enthalten, kann aus ökologischen Gründen als Ersatz eine Lösung aus einem Liter Wasser mit einem Esslöffel Essig oder zwei bis drei Tropfen Salmiak oder einem Esslöffel Spiritus verwendet werden. Vorsicht: Essigsäure kann zerkratzte Beschläge angreifen!

Reinigung von selbstreinigendem Glas

Auf die Beschichtung wird mit einem sauberen, weichen Tuch oder Pad eine nicht scheuernde Reinigungslösung aufgetragen. Mit klarem Wasser wird diese Lösung vollständig abgespült. Zum Trocknen wird ein weiches, fusselfreies Tuch verwendet. Zwischen Glas und Tuch dürfen keine scheuernden Partikelchen sein, sie könnten die Beschichtung verletzten. Bei selbstreinigenden Gläsern dürfen keine Reinigungsgeräte mit Metallteilen verwendet werden!

Tipps

Nach Malerarbeiten können Farbspritzer mit Essig entfernt werden.

Spirituszusatz trocknet die Scheiben rasch ab.

Zwei Tropfen Glyzerin auf einen Liter heißes Wasser verhindern das Anlaufen der Scheiben.

Rahmen, Fugen und Scheiben können mit der Pinseldüse abgesaugt werden. Oft genügt dann trockenes Polieren.

Einsatz der Glasreiniger auf die Glasflächen beschränken, da sie Silikon, Glasdichtungen oder Rahmenteile beschädigen können.

Reinigung der Fensterbänke
Vorrangig werden die Fensterbänke feucht gewischt und trocken poliert. Je nach Werkstoff sind die Fensterbänke mit dem vom Fachhandel empfohlenen Pflegemittel zu behandeln. Es sollen ausschließlich milde Allzweckreiniger aus dem pH-neutralen Bereich verwendet werden. Natursteine aller Art können zur Erhöhung der Schmutzunempfindlichkeit und der Reinigungsfreundlichkeit oberflächenbehandelt werden → Bodenbeläge.

Integrierter Sonnenschutz, wie Leichtmetalljalousien oder textile Jalousetten zwischen den Scheiben, beansprucht keine Pflege. Rollladen, Balken und außen angebrachte Jalousien werden oberflächenspezifisch gereinigt und sollen von einer Fachfirma gewartet werden. Innen angebrachte Jalousien müssen feucht gereinigt werden.

Beispiel
Fenster mit einer Oberlichte und zwei Flügelfenstern, lackiertem Metallrahmen, 8 m^2 Isolierglasscheiben, zwei Fensterriegeln aus eloxiertem Metall, Fensterbank aus versiegeltem Marmor.

Arbeitsauftrag:
Fenster in den Doppelzimmern der dritten Etage sind zu reinigen: Scheiben mit Spirituswasser, Rahmen trocken.

Was ist zu tun?	*Wie geht das?*	*Warum geht das so?*
Rahmen reinigen.	– *Absaugen: Die Pinseldüse mit Teleskoprohr für Oberlichte einsetzen, unteren Teil ohne Teleskoprohr reinigen.* – *Fugendüse für die Fugen verwenden.*	– *Spinnweben und loser Staub werden entfernt.* – *Es kann vom Boden aus gearbeitet werden.*
Scheiben reinigen.	– *Mit Spirituswasser und Schwammteil.* – *Teleskoprohr für Oberlichte verwenden.* – *Von oben nach unten überlappend ziehen, unteren Teil ohne Teleskoprohr bearbeiten.*	– *Scheiben trocknen rasch, Schmutz wird gründlich entfernt.* – *Leitereinsatz ist nicht nötig.* – *Keine Putzstreifen.* – *Kraftökonomisch günstig.*
Scheiben trocknen.	*Mit Gummiblattteil Wasser abziehen, dabei stets das Gummiblatt abwischen.*	– *Es kann rasch gearbeitet werden.* – *Streifenbildung wird vermieden.*
Scheiben polieren.	*Mit einem Leinen- oder Mikrofasertuch in Serpentinen nachwischen.*	*Keine Flusenbildung, die Scheiben sind tadellos klar.*
Beschläge reinigen.	*Mit Flanelltuch abwischen.*	*Eloxal wird nicht zerkratzt.*
Fensterbank reinigen.	– *Mit Schwammtuch feucht wischen.* – *Trocken polieren.*	*Wasserflecken werden vermieden.*

Türen

Die Türen im Innen- und im Außenbereich sind Blickfang, vermitteln Behaglichkeit und geben Sicherheit. Türen sollen stets gepflegt und freundlich wirken. Der erste Blick des ankommenden Gastes fällt auf die Eingangstüre, durch die er in die Halle kommt. Lifttüre, Zimmertüren usw. begegnen ihm auf dem Weg zum Gästezimmer. Dort angekommen wird ihn die Türe auf den dahinter liegenden Raum einstimmen. Türen bieten Schutz und gewährleisten die Wahrung der persönlichen Sphäre.

Funktionen der Türen
- Abgrenzung von Räumen
- Schallschutz
- Wärmedämmung
- Vermeidung von Zugluft
- Brand- und Rauchschutz
- Einbruchsschutz

Eine Tür muss immer im Zusammenhang mit den davor und dahinter liegenden Räumen gesehen werden. Das Öffnen einer Türe benötigt Platz, der in der Planung bereits berücksichtigt werden muss. Eine ausreichende Bewegungsfläche und Durchgangsbreite sind nötig, damit der Transport von Möbeln, das Befahren mit Reinigungsmaschinen leicht möglich sind, und auch Rollstuhlfahrer problemlos die Türen passieren können.

Die Durchgangsbreite, die so genannte Türlichte, soll mindestens 90 cm betragen. Bei Altbauten ist oftmals nur eine Türbreite von 80 cm gegeben. Der Öffnungswinkel von 90 Grad ist zu bedenken. Es darf keine Türe eine andere behindern oder an ein Einrichtungsstück schlagen. Türstopper verhindern dies. Zurückgesetzte Türnischen gliedern lange Korridore. Eine farbliche Gestaltung und eine gut gewählte Beleuchtung bestimmen die Atmosphäre.

Türschwellen sind nach Möglichkeit zu vermeiden, da sie das Unfallrisiko erhöhen und das Bewegen der Reinigungsmaschinen behindern. Auch für Rollstuhlfahrer sind Türschwellen eine Hürde.

Türen sollen leichtgängig und leicht bedienbar sein. Brandschutztüren sind schwer, sind jedoch meist automatisch zu öffnen bzw. zu schließen. Ergonomische Griffe und Griffstangen erleichtern das Öffnen oder Schließen der Türen.

Türarten nach der Funktion

Drehtür
Sie ist die günstigste und häufigste Türart und für den Innen- wie für den Außenbereich geeignet. Türen werden ein- oder zweiflügelig ausgeführt. Wenn ein zusätzlicher Lichteinfall erforderlich ist, kann eine Oberlichte aus Glas oder eine Glastür, evtl. mit einem Holzrahmen, hilfreich sein.

Schiebetür
Bei wenig Platz sind Schiebetüren eine gute Lösung. Bügelgriffe erleichtern die Schiebebewegung. Durch die Montagefläche der Griffe kann allerdings die Durchgangslichte verkleinert werden. Sie werden vor der Wand oder in der Wand laufend ausgeführt.

Doppeltür
Sie hält den Lärm aus Gängen ab und verhindert, dass Geräusche aus den Gästezimmern nach außen dringen. Doppeltüren zwischen Gang und Gästezimmer geben ein Gefühl der Geborgenheit und Sicherheit.

Brandschutz-, Rauchschutz- und Sicherheitstür
Diese Türen müssen entsprechend den rechtlichen Vorschriften installiert und regelmäßig überprüft werden.

Türarten nach dem Werkstoff

Türen können aus verschiedenen Materialien hergestellt werden. Die Funktion des Raumes und die Anforderungen, die an die Tür gestellt werden, beeinflussen die Materialwahl. Das Türblatt kann als glatte Tür oder als Rahmentür aufgebaut sein. Die Zarge und die Verkleidung werden dem Türblatt angepasst.

Holztür
Im Beherbergungsbetrieb werden häufig Holztüren eingesetzt. Sie werden nach verschiedensten Verfahren hergestellt. Es gibt Vollholztüren und Türen, die aus einem Holzrohling bestehen, der furniert, lackiert oder mit Plattenmaterial beschichtet ist. Weiters gibt es Holzrahmen mit Glaseinsätzen. Dieses Glas soll Sicherheitsglas sein. Es gibt auch Holztüren, die den brandschutztechnischen Bestimmungen entsprechen.

Metalltür
Sie kommt meist in Funktionsräumen zum Einsatz. Sie wird lackiert und vielfach auch als Brand- und Sicherheitstür verwendet. Eingangstüren sind ebenfalls oft aus Metall. Sie können künstlerisch gestaltet sein und Glaseinsätze haben. Wie bei den Fensterrahmen werden auch bei den Türen eloxierte Metalle verwendet.

Kunststofftür
Sie wird meist mit Alu-Kunststoff-Füllungen gefertigt, da dies die Stabilität wesentlich verbessert. Bei Kunststofftüren sind viele Farbvarianten möglich.

Bespannte Tür
Manche Türen sind mit Lederbespannungen, die darunter eine Polsterung aufweisen, versehen. Sie halten sehr viel Lärm ab. Hier ist auf eine einwandfreie Verarbeitung des Türfalzes zu achten.

Vollglastür
Besonders neben starr verglasten Flächen, zB bei Terrassen, werden Glastüren angebracht. Es gibt farbige Gläser, Gläser mit Sandstrahltechnik, mit Rillen- oder Facettenschliff, Reliefglas usw.
Vollglastüren müssen in Augenhöhe durch Aufkleber oder Schmuckelemente gekennzeichnet sein, um Unfälle zu verhindern. Zu berücksichtigen sind dabei auch kleinere Personen und Kinder.

Türbeschläge

Türgriffe spielen als Gestaltungs- und Funktionselement eine wesentliche Rolle. Sie sollen ergonomisch, dh der Hand angepasst und bedienungsfreundlich sein. Sie sollen sich gut anfühlen.
Drehknöpfe erweisen sich in ihrer Bedienung für Kinder, ältere oder behinderte Menschen als problematisch.
Es werden Modelle aus Messing, Edelstahl, Kupfer, Aluminium, Schmiedeeisen und Kunststoff angeboten.
Die Oberfläche der Beschläge soll möglichst unempfindlich gegen Zerkratzen und gegen die Einwirkung von Schweiß sein, da an den häufig berührten Stellen hässliche Spuren bleiben könnten.

Tipps

Türen mit Abstand zum Boden können durch Aufkleben eines Plastikstreifens oder Borstenrandes gegen Zugluft abgedichtet werden. Auch Profildämmstreifen können angebracht werden.

Wenn die Türe hängt, kann eine kleine zusätzliche Beilagscheibe im Scharnier den Schaden ausgleichen. Bei großer Differenz muss das Türblatt angeglichen werden.

Scharniere müssen gewartet werden. Regelmäßige Kontrollen sind nötig, bei Bedarf ist zu ölen.

Von allen mechanisch zu sperrenden Schlössern des Hauses sind Reserveschlüssel aufzubewahren und entsprechend zu kennzeichnen.

Türstopper sollen das Gesamtbild nicht beeinträchtigen und bei der Reinigung nicht stören. Die in Frage kommenden Modelle sollen an Ort und Stelle begutachtet werden.

Bei Türkürzungen ist auf eine entsprechende Behandlung der Schnittfläche zu achten. Dadurch kann zB das Eindringen von Feuchtigkeit in das Türblatt vermieden werden.

Vor dem Einsatz von Leitern ist ihre Sicherheit zu überprüfen.

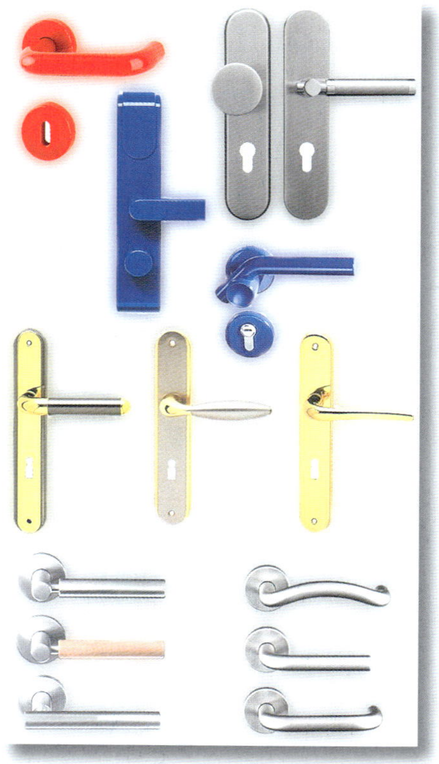

Türbeschriftungen
Zimmernummern oder Bezeichnungen für Zimmer sollen aus demselben Material wie die Beschläge sein und im oberen Drittel der Tür angebracht werden. Die Beschriftung kann auch an der Wand neben der Zimmertür angebracht bzw. aufgemalt sein. Auf eine gut leserliche Schrift ist zu achten.

Reinigung und Pflege von Türen

Holztüren mit hochwertigem klarem Schutzlack sind gegen Beschädigungen weitgehend geschützt. Die Pflegemaßnahmen sollen mit der Lieferfirma besprochen werden, da Lösungsmittel den Lack angreifen könnten.

Naturbelassene Holztüren → Möbelpflege.

Weiß lackierte Türen werden mit Mikrofasertüchern feucht gewischt. Mehrschichtlackierungen werden nicht so rasch beschädigt.

Profile und Leisten auf den Türblättern sind sehr arbeitsintensiv, da sich Staub ansetzt, der mit dem Möbel- oder Saugpinsel entfernt werden muss.

Türen mit Holzrahmen und Glaseinsatz: Bei der Reinigung ist zu beachten, dass keine Feuchtigkeit in den Holzrahmen eindringen kann.

Metalltüren und -türrahmen, meist lackiert, sind pflegeleicht. Sie werden feucht gewischt.

Griffspuren auf **Glastüren** müssen ständig entfernt werden. Ein Glaspflegeset, bestehend aus einer Sprühflasche mit Glaspflegemittel, einem Vliestuch oder einem Glasreinigungstuch aus Mikrofaser und einem fusselfreien Poliertuch, soll in der Nähe griffbereit aufbewahrt werden → Fensterreinigung.

Türen aus beschichtetem Plattenmaterial werden mit Allzweckreiniger abgewaschen, nachgewischt und getrocknet.

Gepolsterte Türen → Lederpflege.

Türgriffe aus Metall müssen regelmäßig mit Metallpflegemitteln gereinigt werden.

Türbeschriftungen aus Metall, Porzellan, Kunststoff weisen meist eine reliefartige Oberfläche auf. Sie werden mit dem Möbelpinsel entstaubt.

Beispiel
Arbeitsauftrag: Verglaste Raumteilerfläche mit integrierter Glastüre reinigen.

Was ist zu tun?	Wie geht das?	Warum geht das so?
1. Seite: **Metallrahmen der Glaswand reinigen.**	Mit Pinseldüse absaugen.	Staub und Spinnweben werden entfernt.
Oberen Glasteil des Raumteilers reinigen.	– Mit dem ausgezogenen Teleskopfenster-wischgerät arbeiten. – Mit Einwascher Reinigungslösung auftragen. – Mit Gummilippe abziehen. – Schwammteil auswaschen. – Glasflächen abwischen. – Mit Gummilippe abziehen. – Teleskopstiel verkürzen.	– Kräfte sparende Methode. – Unfallgefahr wird vermindert. – Schmutz wird gelöst. – Schmutz und Reinigungsmittel werden entfernt. – Die Scheiben werden klar. – Keine Schlierenbildung. – Geforderte Arbeitslänge.
Unteren Teil und Türflügel reinigen.	– Reinigungsmethode wie oben. – Teleskopstange der Arbeitshöhe anpassen.	– Wie oben. – Leichte Gerätebedienung.
Beschläge reinigen.	Feucht wischen und polieren.	– Schmutz wird gelöst. – Glänzende Oberfläche.
2. Seite wie 1. Seite reinigen.		

Beispiel einer Checkliste zur periodischen Türenkontrolle

Zimmernummer	218	219	220
Ist der Gesamteindruck einwandfrei?	✗	✔	✔
Gibt es abgeschlagene Stellen, zB durch Gepäck oder Reinigungsgeräte?	✗	✔	✗
Sind die Beschläge gereinigt?	✔	✔	✔
Sind die oberen Kanten der Türen und des Türstocks staubfrei?	✔	✔	✔
Ist die Türbeschriftung sauber?	✔	✔	✔
Sind die Scharniere in Ordnung?	✔	✔	✔
Schließt die Türe geräuschlos?	✗	✔	✗
Fällt durch den Türfalz Licht vom Gang herein?	✔	✗	✗
Ist der Falz des Türstocks staubfrei? Dort lagert sich durch den ständigen Luftzug leicht Staub an.	✔	✔	✔
Ist das Schloss leicht zu sperren?	✔	✔	✗

Beim Betreten des Hauses bekommt der Gast den ersten Eindruck. Die Halle soll ihn gastlich aufnehmen. Bibliothek und Lesezimmer laden zum Verweilen ein. Seminar- und Veranstaltungsräume, ein eventuell vorhandener Wellnessbereich und insbesondere das Gästezimmer sollen seine Erwartungen, die ihn zur Buchung veranlassten, erfüllen. Das Gästezimmer ist während des Aufenthaltes im Beherbergungsbetrieb sein Zuhause, vielleicht auch vorübergehend sein Arbeitszimmer. Hier soll er sich erholen, zurückziehen und pflegen können oder sich in Ruhe auf Seminare, Vorträge usw. vorbereiten können.

Gästeräume

Bei aller Verschiedenheit der Bereiche und der Einrichtung soll doch ein gesamtheitlicher Eindruck entstehen. Verschiedene Stilrichtungen sind erlaubt und können sogar reizvoll sein, unterschiedliche Standards sollte es nicht geben. Besonders ist darauf zu achten, dass Prospekte und Kataloge das wiedergeben, was der Gast tatsächlich vorfindet, um Enttäuschungen zu vermeiden.

Unabhängig von der Kategorie des Beherbergungsbetriebes müssen Gästeräume Wohnlichkeit und Funktionalität vereinen. Das Preis-Leistungs-Verhältnis muss ausgewogen sein, der Hygienestatus erstklassig. Das Design vermittelt, wofür der Betrieb steht, zB Sachlichkeit in einem Seminarhotel oder familiäres Ambiente in einem Ferienhotel.

Möbel, textile und technische Ausstattung müssen wohnlich, funktionsgerecht und leicht zu reinigen und zu pflegen sein. Die Gestaltungselemente, wie Farben, Spiegel, Bilder, Licht, Blumen, sind wichtige Bausteine im Gesamtensemble.

Bauliche Gegebenheiten in älteren Gebäuden lassen sich nicht so einfach ändern. Räumliche Unzulänglichkeiten können durch die Einrichtung vielleicht aufgehoben oder auch reizvoll unterstrichen werden. Eine gut gewählte Beleuchtung kann zB lange, dunkle Gänge optisch verkürzen, Spiegel können Räume erweitern usw. Erst die Einrichtung schafft das Unverwechselbare, das Besondere des Hauses.

Ergonomische, funktionale, ökonomische und stilistische Überlegungen bei der Planung der Einrichtung führen zum angestrebten Ziel, ein gut eingerichtetes Haus, in dem es angenehm zu leben und gut zu arbeiten ist, zu präsentieren. Das Housekeepingdepartment leistet einen wesentlichen Beitrag zur Werterhaltung der Ausstattung und Einrichtung.

Gästezimmer

Die Ausstattung eines Gästezimmers hängt im Wesentlichen von der Art und der Kategorie sowie von der Gästestruktur des Betriebes ab. Bucht ein Gast - egal zu welcher Gästegruppe er zählt - ein Zimmer, kann er sich hinsichtlich Qualität und Preis an der länderspezifischen Hotelklassifizierung orientieren. Die Einstufungskriterien der Hotelklassifizierung basieren auf Marktforschungsergebnissen und berücksichtigen die Wünsche und Bedürfnisse der Gäste. Die Erwartungshaltungen der Gäste werden auf diese Weise als so genannte Mindestkriterien erfasst, die im Zuge der Klassifizierung zur Gänze erfüllt werden müssen.

Grundvoraussetzungen zur Aufnahme in eine Hotelklassifizierung sind
- die Sauberkeit,
- der Gesamteindruck und
- der Erhaltungszustand des Betriebes.

Das Housekeepingmanagement jedes Beherbergungsbetriebes hat hier einen wesentlichen Einfluss auf die Qualitätssicherung.

Weitere Kriterien der Bewertung
- **Qualität der Dienstleistung:** Outfit, Kompetenz und Freundlichkeit der Mitarbeiter.
- **Äußeres Erscheinungsbild des Betriebes:** Zufahrt, Beschilderung usw.
- **Hoteleigene Zusatz- und Freizeiteinrichtungen:** Sauna, Hallenbad, Tennisplatz usw.
- **Zufriedenheit der Gäste:** zB ein gut funktionierendes Gästebeschwerdenmanagement.

Mit Hilfe der Hotelklassifizierung entwickelt sich eine gute Produktpositionierung am Beherbergungssektor. Durch die regelmäßigen Überprüfungen und die jährlichen Selbstkontrollen wird die Qualitätssicherung erreicht. In der Ein- und Zweisternekategorie der Stadthotellerie geht die Klassifizierung so weit, dass die Mindestflächen für Räume aufgehoben werden und dadurch noch intensiver Gästewünsche und Qualität berücksichtigt werden können. Allgemein ist ein Trend zu den Kernprodukten des Hotels erkennbar. Ruhiges Schlafen, hohe Hygieneanforderungen und ein hoher Sanitärkomfort werden in den Klassifizierungskriterien stärker denn je bewertet.

Zimmerarten

Die Größe der Räume, die Anzahl und die Größe der Betten bestimmen die individuellen Zimmerbezeichnungen. Die Anordnung der Betten in einem Beherbergungsbetrieb richtet sich meist nach der Gästestruktur. Ein Familien- oder Clubhotel wird bei der Raumgestaltung andere Aspekte bei der Erstellung des Möblierungskonzeptes berücksichtigen als ein Seminarhotel.

Die Zimmerart und die Zimmerbezeichnung richten sich einerseits nach der Bettenanzahl, anderseits – entsprechend der Klassifizierung – nach der Einrichtung und Ausstattung.

Zimmerbezeichnungen

Einzelzimmer: Dieses Zimmer verfügt über eine Schlafgelegenheit.

Doppelzimmer: Beide Betten stehen nebeneinander und bilden das klassische Doppelbett.

Zweibettzimmer: Hier gibt es zwei Schlafgelegenheiten, wobei die Betten nicht unmittelbar nebeneinander stehen, wie dies im Doppelzimmer der Fall ist. Zweibettzimmer werden auch als Zimmer mit Twinbeds bezeichnet.

Zimmer mit Grandlit: Dieses Zimmer hat ein französisches Bett oder ein so genanntes Kingsizebett. Es hat also zwei Schlafgelegenheiten.

Juniorsuite und Suite: Diese Gästeräume sind durch ein großzügigeres Raumangebot gekennzeichnet. Die Raumgröße ist auch für die endgültige Bezeichnung heranzuziehen. Dem Gast stehen voneinander getrennte Räume, ein Wohnraum und mindestens ein Schlafraum, zur Verfügung. Häufig wird die Raumtrennung durch entsprechende Möblierungskonzepte erreicht.

Appartements: Ein Appartement besteht aus mindestens zwei Zimmern, einem Wohnraum und einem getrennten Schlafraum. Zusätzlich gibt es eine kleine Küche oder eine Kochnische, auch Kitchenette. Es gibt Appartements mit einem Doppelbett oder mit getrennten Betten und evtl. mit einem Zusatzbett.

Raumskizze

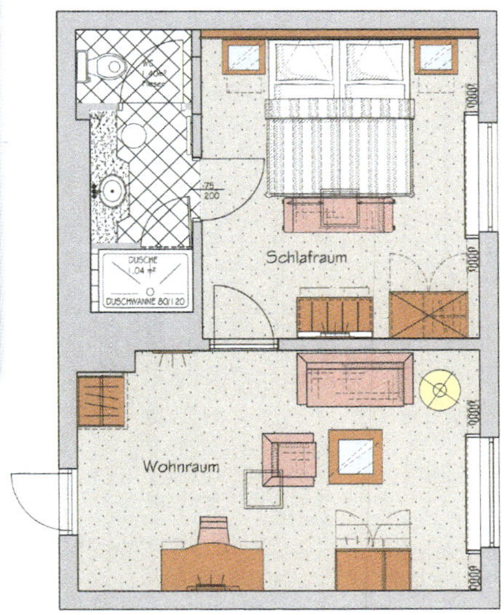

Kitchenette

Raumskizze

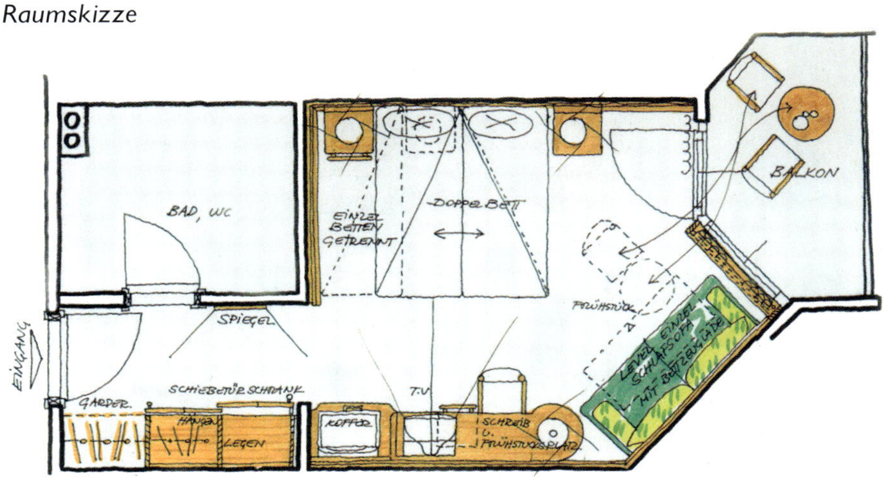

Wenn es die Größe der Räume zulässt, kann bei allen Zimmerarten eine zusätzliche Schlafeinheit vorgesehen sein, entweder eine auszieh- oder umfunktionierbare Couch oder ein Zusatzbett.

Zimmer für Geschäftsreisende sollten unbedingt eine Internetanbindung haben. Durch die Aufrüstung der Steckplätze mit Modem, ISDN-Anschluss und Highspeed können - nach Prüfung der vorhandenen Kabel - mitgebrachte oder ausgeborgte Geräte benützt werden.

Zimmer für Familien mit Kleinkindern benötigen Zusatzbetten und Babybetten, die mit feststellbaren Möbelrollen ausgestattet sind. Dadurch wird der Transport vereinfacht. Bei der Raumplanung ist bereits auf die Möglichkeit der Platzierung von zusätzlichen Schlafgelegenheiten Rücksicht zu nehmen, damit noch genügend Bewegungsraum zur Verfügung steht.

Zimmer für in der Bewegung eingeschränkte Personen oder für **Rollstuhlfahrer** dürfen keine Türschwellen haben. Im Badezimmer und im WC müssen zusätzliche Haltegriffe angebracht sein. Auf die Montagehöhe von Schaltern und Bedienungselementen muss genau geachtet werden.

Zimmer für Ferien-, Wellness-, Wandergäste: Darin soll es Möglichkeiten für die Unterbringung von Sportbekleidung geben. Eine Möglichkeit zum Wäschetrocknen wäre ideal. Die für bestimmte Sportarten benötigten Sportgeräte, wie zB Golfschläger, Schi oder Snowboard, sollen in einem eigens dafür vorgesehenen Raum im Hotel untergebracht werden können.

Nichtraucherzimmer: Bereits bei der Buchung soll der Gast auf dieses Angebot hingewiesen werden. Im Hotel erweist es sich als sinnvoll, ganze Etagen zu rauchfreien Zonen zu erklären.

Zimmer für Gäste mit Haustieren: Es ist darauf zu achten, dass nur bestimmte Zimmer für Gäste mit Haustieren vorgesehen sind, da manche Menschen an Tierhaarallergien leiden und die Zimmer auch nach gründlicher Reinigung manchmal nicht ganz frei von Tierhaaren sind. Sonderzubehör für die mitreisenden Tiere wird bereits in vielen Hotels zur Verfügung gestellt, wie zB Schlafkörbchen, Futternapf usw.

Zimmer für VIPs, Hochzeitspaare: Hier ist in erster Linie das entsprechende Set-up (Blumen, Gastgeschenke, Sekt usw.) auf die Gästegruppe abzustimmen. In manchen Beherbergungsbetrieben spezialisiert man sich auch im Hinblick auf die Ausstattung und Einrichtung auf diese Gäste, um ein spezifisches Ambiente zu schaffen.

Standardeinrichtung

Die landesspezifische Klassifizierung gibt für jede Kategorie die erforderlichen Einrichtungs- und Ausstattungserfordernisse an. Der Hotelier wird sich daran orientieren und damit jenen Standard erreichen, den er für seinen Betrieb gewählt hat und den er seinen Gästen bieten möchte.

Türhänger

Gästeinformation

Bezug und Rückgabe der Hotelzimmer

Wir bitten unsere Gäste um Beachtung folgender Regelung:
- Zeit des Zimmerbezugs (Check-in-time): 14.00 Uhr des Anreisetages.
- Zeit der Zimmerrückgabe (Check-out-time): bis 12.00 Uhr des Abreisetages.

Diese Zeiten gelten ohne anderslautende schriftliche Abmachung.

Reservierte Zimmer müssen bis spätestens 18.00 Uhr des Anreisetages bezogen werden.

Das Zimmer bleibt länger als bis 18.00 Uhr reserviert, wenn der Gast seine spätere Ankunft schriftlich mitgeteilt hat oder für das Zimmer Garantie geleistet wurde.

Gästeinformation

Telefon
Bar/Bistro 18
Rezeption 131
Zimmerservice 19
Für Auswärtsgespräche wählen Sie bitte 00 vor.

Öffnungszeiten
Bar 10.00 - 24.00 Uhr
Frühstück 6.30 - 11.00 Uhr
Zimmerservice 6.30 - 22.00 Uhr

Damit wir Ihr Zimmer für Ihre Anreise ab 14.00 Uhr bereithalten können, bitten wir unsere Gäste, die Zimmer am Abreisetag bis spätestens 12.00 Uhr freizugeben. Bei späterer Abreise bieten wir Ihnen die Möglichkeit der Gepäckaufbewahrung.

Brandschutz
Unser Haus ist mit einem automatischen Feueralarmsystem ausgestattet. Im Brandfall befolgen Sie bitte die in Ihrem Zimmer aufliegenden Anweisungen und benutzten Sie keinesfalls den Lift.

Sicherheit
Wir bitten um Verständnis, dass wir für Wertgegenstände nur haften können, wenn diese in den Zimmersafes ordnungsgemäß aufbewahrt werden.
Schließen Sie Ihr Zimmer beim Verlassen ab und deponieren Sie den Zimmerschlüssel an der Rezeption. Bitte lassen Sie, während Sie sich am Frühstücksbuffet bedienen, keine Wertgegenstände oder Zimmerschlüssel unbeaufsichtigt auf Ihrem Tisch liegen.

Autovermietung
Gerne vermittelt Ihnen unser Rezeptionsteam einen Mietwagen (Tel. 131).

Banken
Öffnungszeiten von Montag bis Freitag von 8.00-12.00 Uhr und von 13.30-15.00 Uhr.

Bitte nicht stören
Wenn Sie nicht gestört werden wollen, hängen Sie bitte das entsprechende Schild an den äußeren Türknopf.

Post
Briefpapier und Kuverts finden Sie in der Schreibmappe. Briefmarken erhalten Sie an der Rezeption.

Bügeleisen
Bitte rufen Sie die Rezeption an und wir bringen Ihnen gerne Bügeleisen und Bügelbrett (Tel. 131).

TV
Internationale Fernsehprogramme stehen Ihnen in Ihrem Zimmer gratis zur Verfügung. Die Auswahl der Stationen finden Sie im TV-Verzeichnis.

Heizung
Die Heizung ist zentral geregelt. Für die Nachtstunden ist eine Absenkung um 5 °C vorgesehen. Die Temperatur im Zimmer und im Badezimmer können Sie selbst über das Heizkörperventil einstellen.

Minibar
Der Bestand in Ihrer Minibar wird täglich kontrolliert und ergänzt. Die Konsumationen werden direkt an die Rezeption zur Abrechnung gemeldet. Bei der Abreise geben Sie uns bitte die letzte Konsumation bekannt.

Modemanschluss
Die Telefonsteckdose hat einen Zwillingsauslass für Ihr Modem. Zum Aufbau einer Verbindung konfigurieren Sie bitte: 81.

Einrichtungsgegenstände und Zubehör für ein Einzelzimmer

Entree	– *Garderobeschrank: eingebaut, Tiefe 60 cm, Legeabteil, Hängeabteil mit einer ausreichenden Anzahl an Kleiderbügeln. Die Kleider müssen frei hängen können. Weiters sind Reservekopfpolster und -decke enthalten.* – *Gepäck- bzw. Kofferablage mit Schuhfach und Schuhputzzeug. Evtl. gibt es auch ein Hinweisschild, wo die Schuhe gereinigt werden können.* – *Schirmständer.* – *Garderobehaken.* – *Garderobespiegel.* – *Türhänger, wie Bitte-nicht-stören-Schild.* – *Eine Tafel mit Hinweisen und Telefonnummern für den Notfall, eine Brandschutzkarte, ein Fluchtplan und die Preisliste sind meist an der Zimmertüre oder daneben angebracht → Haustechnik und Sicherheit.*
Wohnteil	– *Tisch.* – *Ein Stuhl pro Person.* – *Aschenbecher mit Zündern. Er fehlt im Nichtraucherzimmer, dafür wird ein Hinweisschild aufgestellt.* – *Schreibtisch mit Stuhl, Lampe und Papierkorb.* – *Gästemappe: Briefpapier, Kuverts, Ansichtskarten, Hinweise auf das Restaurant oder Veranstaltungen, Gästefragebögen, Prospekte, Bonheftchen, Frühstücksbestellkarte, Etagenservicekarte, Gästeinformation, Nähbriefchen usw.* – *Fauteuil, Couch, Leselampe, Ablagetischchen.* – *TV-Gerät mit Fernsehprogramm.* – *Telefon mit dem Verzeichnis der wichtigsten Telefonnummern.* – *Radio (Radiowecker).* – *Evtl. Internetanschluss.* – *Zimmersafe.* – *Minibar.* – *Evtl. elektrischer Butler.*
Schlafteil	– *Bett mit integrierter Ablage oder mit einem frei stehenden Nachtkästchen mit kleiner Schublade bzw. Konsole. Darauf befinden sich Telefon und Telefonverzeichnis.* – *Betteinsatz, Matratze und Bettwaren, abgestimmt auf die Jahreszeit.* – *Leselampe → Netzfreischaltung.* – *Wäschekommode.*
Sanitärbereich	– *Handwaschbeckeneinheit mit Einhebelmischer, Siphon und Spiegel.* – *Dusche mit Duschtrennwand und Etagere.* – *Badewanne mit Einhebelmischer und Brauseschlauch.* – *WC mit Papierrollenhalterung und einer Konsole für die Reserverolle. Toilettenbürste.* – *Bidet.* – *Gästegaben.*

Für alle anderen Zimmerarten werden die erforderlichen Schlafgelegenheiten und die Anzahl der Einrichtungs- und Zubehörteile entsprechend ergänzt.

Zimmerspiegelkartei

Die Zimmerspiegelkartei gibt Aufschluss über die Einrichtung und ihren Zustand sowie über den Zustand der Räume. Es werden in dieser Kartei alle Räume einzeln angeführt. Die Einrichtungsgegenstände, Materialien, der Anschaffungszeitpunkt, die Lieferfirmen, die Pflegeeigenschaften sowie der Erhaltungszustand und evtl. erfolgte Reparaturen werden darin eingetragen. Mit der EDV kann diese Datei leicht erstellt und ergänzt werden.

Ordnungsprinzip der Kartei

- Für jedes Zimmer wird eine eigene Karteikarte erstellt.
- Die Gästezimmer werden nach der Nummer erfasst.
- Alle anderen Räume werden alphabetisch gereiht, zB Gymnastikraum, Halle, Wickelraum ...

Diese Zimmerspiegelkartei dient der Inventarisierung der Ausstattung. Bei Nachkauf und bei Renovierung können die erforderlichen Produktdaten einfach erhoben werden. Vor der Durchführung der fachgerechten Reinigung können die Reinigungsempfehlungen der Herstellerfirmen nachgelesen werden.

Beispiel einer Zimmerspiegelkartei

Zimmernummer	*212*
Zimmertype	*Doppelzimmer*
Farben	*Blau, Gelb*
Ausstattung	
Boden	*Kaufdaten: Firma, Preis, Produktdaten, Pflege- und Reinigungsanleitung*
Vorhänge	*Kaufdaten: Firma, Preis, Produktdaten, Pflege- und Reinigungsanleitung*
Einrichtungsgegenstände	
Möbel	*Modell; Front, Bezugsstoffe, Griffvarianten*
	Kaufdaten: Firma, Preis, Produktdaten, Reinigungsanleitung
Bett	*Kaufdaten: Firma, Preis, Produktdaten, Reinigungsanleitung*
Bilder	*Kaufdaten: Firma, Preis, Produktdaten, Reinigungsanleitung*

Ursachen von Schlafstörungen und ihre Behebung

Persönliche Beeinträchtigungen

Zum Beispiel Stress, Sorgen, …

Lärm

Lärm von den Gängen, aus anderen umliegenden Räumen oder von der Straße kann durch eine gute Schalldämmung der Böden, Wände, Fenster und Türen verhindert werden.

Klima

Kälte, Hitze, Zugluft oder zu wenig Luft stören den Schlaf empfindlich. Die Temperaturregelung der Heizung muss in jedem Gästezimmer möglich sein. Das Bettenzubehör muss der Jahreszeit entsprechen.

Ungünstiges Strahlungsmilieu

Metalle, Stromleitungen, Radiowecker, Kabel, ein auf dem Nachttisch liegendes rufbereites Handy können zur Störung des Schlafes führen. Um die unnötige Strahlung im Schlafbereich zu vermeiden, müssen bereits beim Bau die erforderlichen Maßnahmen für die richtige Lage der Leitungen getroffen werden. Eine Netzfreischaltung im Schlafbereich verhindert eine Beeinträchtigung durch Strahlung.

Bett

Das Bett ist das Kernprodukt des Beherbergungsbetriebes. Betten und Bettenzubehör gibt es in verschiedenen Verarbeitungen und Ausführungen, was einerseits den Schlafkomfort, anderseits den Arbeitsaufwand der Mitarbeiter beeinflusst.

Bei der Neuanschaffung ist Folgendes zu berücksichtigen:

- Neue Werkstoffe und verbesserte Verarbeitungen, zB hautfreundliche und schadstofffreie Materialien.
- Neue medizinische Erkenntnisse, zB bei der Ausführung und beim Material von Betteinsätzen.
- Einrichtungen zur Arbeitserleichterung, zB einfacher Bettwäschewechsel oder problemloses Wenden der Matratzen durch Wendeschlaufen.

Bettgestell

Die Mindestgröße eines Einzelbettes beträgt 90 x 200 cm, empfohlen wird jedoch eine Größe von 100 x 200 cm. Ein Doppelbett soll eine Größe von 180 x 200 cm oder 200 x 200 cm haben.

Weitere Bettmaße

- Bett für überdurchschnittlich große Gäste: Breite 90-100 cm, Länge 210-220 cm; oder 120 x 220 cm oder 200 x 220 cm.
- Grandlit, französisches Bett, Kingsizebett: Die Matratzengrößen sind hier je nach Hersteller verschieden. Die Breite kann 150-200 cm, die Länge 200-220 cm betragen. Es werden in manchen Betrieben die Zimmerbezeichnungen den Bettgrößen angeglichen, zB Doppelzimmer mit Grandlit.
- Kinderbett: 60 x 120 cm oder 70 x 140 cm.

Der Kopfteil des Bettes kann direkt mit der Wand oder einer Wandtäfelung verbunden sein und integrierte Konsolen, Laden und Ablagen haben. Das Bett selbst ist sehr oft nur dazugestellt. Auf den Fußteil wird wegen der leichteren Zugänglichkeit meist verzichtet. Die Höhe bis zur Matratzenoberkante entspricht der Sitzhöhe von 44 bis 48 cm. Ältere Gäste bevorzugen Höhen von 51 bis 55 cm, da sie das Aufstehen erleichtern.

Integrierte Konsolen

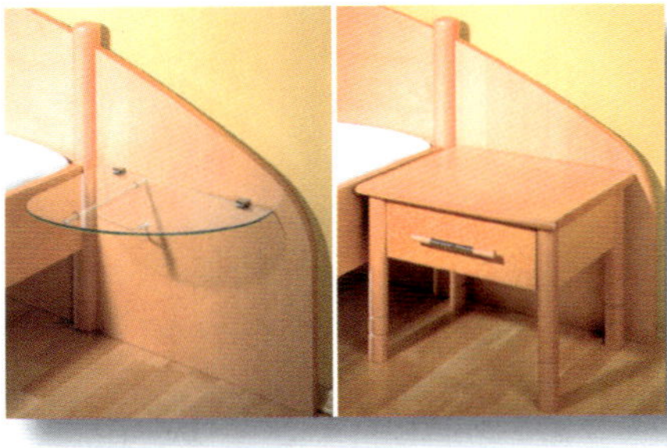

Bettgestelle werden aus Holz, Metall, Kunststoff oder Rattan gefertigt und manchmal auch an der Außenseite und an den Kopfteilen gepolstert und mit Textilien bespannt. Sie tragen den Betteinsatz bzw. Lattenrost und die Matratze. Bei den Bio- oder Naturbetten wird auf Metallverschraubungen verzichtet. Bei Kinderbetten müssen die Zwischenräume zwischen den Gitterstäben so eng sein, dass ein Kleinkind den Kopf nicht durchstecken kann. Hier muss auch im besonderen Maße auf die Oberflächenbeschaffenheit der Bettteile geachtet werden, da absplitternde Holz- oder Lackreste eine große Gefährdung darstellen.

Bettgestell aus Weidengeflecht.

Die Anordnung der Betten im Gästezimmer richtet sich nach der Art des Beherbergungsbetriebes und nach den Gästegruppen → Zimmerarten. Es wird zB in einem Seminarhotel besser sein, Einzel- oder Zweibettzimmer einzurichten. Beherbergt ein Betrieb einerseits Seminargäste, anderseits Feriengäste, ist es günstig, wenn die Betten einmal als Doppelbett und im anderen Fall als getrennte Betten aufgestellt werden können. Dafür wurden von den Herstellern Kupplungen entwickelt, die einerseits das Auseinanderrutschen eines Doppelbettes verhindern und andererseits eine problemlose Trennung des Doppelbettes in zwei Einzelbetten ermöglichen.

Bei den **Gleiterbetten** kann bei Bedarf mit Hilfe von Sockelgleitern im Wandteil des Bettes mit wenigen Handgriffen ein Doppelbett in ein Twinbed umfunktioniert werden. Die Konsolen können auf einer Metallschiene mit zusätzlicher Rollenführung nach außen verschoben werden und die Betten gleiten nach demselben Prinzip nach. Durch die beidseitige Verschiebung entsteht der gewünschte Abstand zwischen den beiden Betten.

Tipp

Das Bettgestell muss für das Gesamtgewicht von Rahmen, Matratze, Lattenrost und Körpergewicht des Gastes geeignet sein.

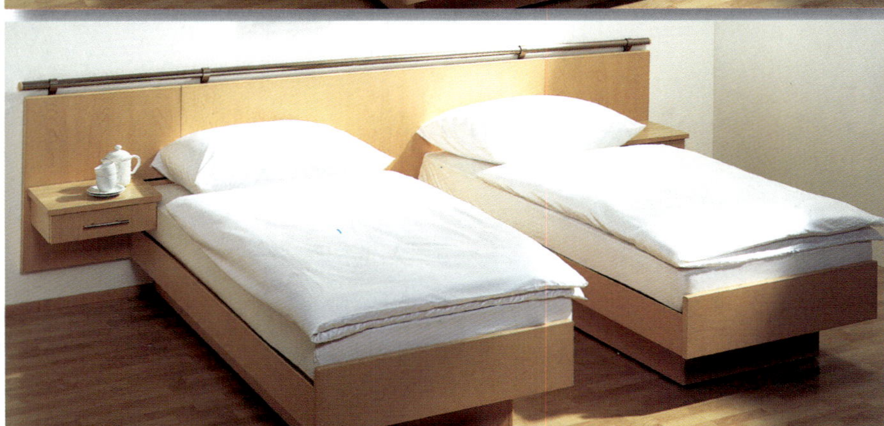

Betteinsatz

Bei den **Betteinsätzen bzw. Lattenrosten** gibt es verschiedene Systeme. Spiralnetzrahmen und Metallrost werden zunehmend durch Holzlattenroste ersetzt.

Holzlattenroste

Die biegsamen Federholzlatten werden mit dem Rahmen fix oder mit elastischen Gelenken aus verschiedenen Materialien verbunden. Die Latten machen jede Bewegung des Schläfers mit, stützen an der entsprechenden Stelle und erlauben dem Schläfer eine geräuschlose Änderung seiner Lage im Schlaf. Bei vielen Modellen können Kopf- und Fußteil je nach Wunsch verstellt werden. Verschiebbare Härteregler auf den einzelnen Latten ermöglichen die optimale Einstellung des Lattenrosts auf das Körpergewicht. Lattenroste sollen nicht nur tragfähig und elastisch, sondern auch wasserdampfbeständig sein.

Neue Arten von Lattenrosten

Teilflächen oder die gesamte Rahmenfläche werden bei den neuen Betteinsätzen mit einzelnen Spezialfederkörpern aus verschiedenen Materialien, wie zB Glasfaser, gefertigt, wobei die Wirkung dieser Spezialfederkörper auf den Einzelelementen liegt und nicht durch den Rahmen begrenzt ist. Damit wird während des Schlafes eine noch bessere Körperunterstützung erreicht. Bei manchen Lattenrostausführungen kann so auf den störenden Mittelbalken im Doppelbett verzichtet werden.

Matratzen

Die Matratze soll eine Einheit mit dem Lattenrost bilden. Beide sind für den Schlafkomfort verantwortlich. Die Matratze muss sich dem Körper anpassen. Beim Einkauf ist eine gute Fachberatung unabdingbar. Die Matratzenangebote differieren in Aufbau und Ausfertigung und daher auch im Preis. Der Fachhandel bietet eine gute Beratung, regelmäßiges Service sowie fachgerechte Reinigung an. Bei Bettsystemen werden Betteinsatz und Matratze aufeinander abgestimmt und im Set angeboten. Besonders beim Ankauf von kompletten Zimmereinrichtungen soll auf die Qualität der Matratzen und des Betteinsatzes geachtet werden.

Anforderungen an Matratzen

- Formstabilität
- Körperunterstützende Eigenschaften
- Gute Luftzirkulation
- Gute Feuchtigkeitsaufnahme und rasche Feuchtigkeitsabgabe

Es ist auf einen symmetrischen Aufbau bei der Produktauswahl zu achten, damit die Matratze zu jeder Jahreszeit aufgrund des gleichmäßigen Aufbaus beider Matratzenliegeflächen auf beiden Seiten und in jeder Richtungslage eingesetzt werden kann. Dadurch ist ein Wenden in vier Richtungen möglich und es kommt zu keiner Überbelastung und zu keiner Abnützung an bestimmten Stellen.

Matratzenwendeplan

Das periodische Wenden wirkt einer einseitigen Abnutzung entgegen, optimiert den Schlafkomfort und maximiert die Lebensdauer der Matratzen. Durch die Einhaltung eines empfohlenen Wendeplanes behalten sie länger ihre Formstabilität und stützen somit den Körper der Gäste. Sie können dadurch länger in Verwendung bleiben.

Lattenrost aus Holz

Verstellbarer Lattenrost

Plan mit färbigen Wendeschlaufen

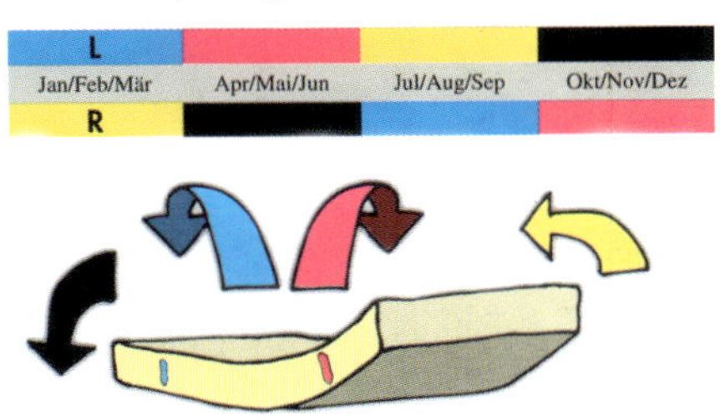

Matratzenarten

Federkernmatratzen

Den Matratzenkern bilden vertikale Stahlfedern, die sich der Körperverlagerung anpassen und miteinander verbunden sind. Die klassische Federkernmatratze wird auch als Bonnell-Federkern bezeichnet. Sie besteht aus mehr als zwei Millimeter dicken Stahlspiralen, deren Durchmesser in der Mitte geringer ist als an der Liegeoberfläche. Sie weisen dadurch ein progressives Federungsverhalten auf, dh, sie bleiben bei geringer Belastung weich, bei größerer Belastung werden sie hart, weil sie dem auf ihnen lastenden Druck mehr Widerstand entgegensetzen.

Bei **Taschenfederkernmatratzen** sind alle Stahlfedern einzeln in textile Taschen eingenäht und locker miteinander verbunden. Es werden durch diese Verarbeitungsart eine größere Punktelastizität und eine Geräuschreduktion erreicht. Taschenfederkernmatratzen bieten die beste, aber auch die teuerste Federung.

Schaumstoffmatratzen

Sie bestehen hauptsächlich aus Polyurethan. Durch neue Strukturen im Aufbau des Matratzenkerns sind diese Modelle sehr atmungsaktiv und dauerelastisch. Die Qualität von Schaumsstoffmatratzen (Elastizität und Wiederaufrichtevermögen) kann durch das **angegebene Raumgewicht** (RG), das sich auf den verwendeten Schaumstoff in Kilogramm pro Kubikmeter der Matratze bezieht, festgestellt werden. **Kaltschaummatratzen** werden wie Schaumstoffmatratzen hergestellt, sind jedoch atmungsaktiver und noch elastischer als Schaumstoff.

Kaltschaummatratze

Latexmatratzen

Naturlatex wird aus dem milchigen Saft des Gummibaumes, **Syntheselatex** aus Erdöl hergestellt.

Naturlatex

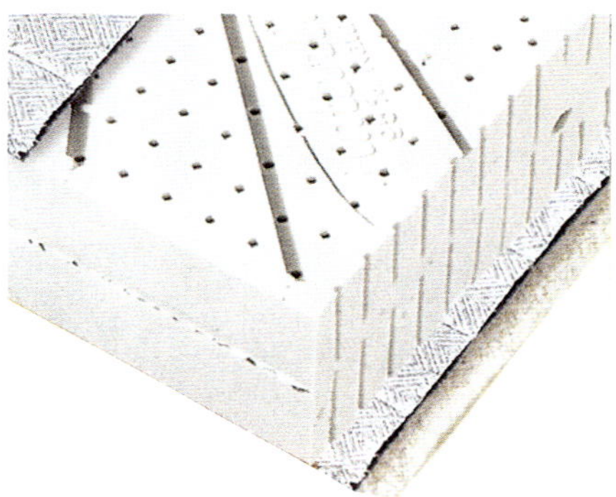

Durch die verschiedenartigen Formschnitte erhalten die Matratzenmodelle die geforderte Elastizität. Latex hat ein hohes Raumgewicht und ist daher schwerer zu heben und zu wenden.

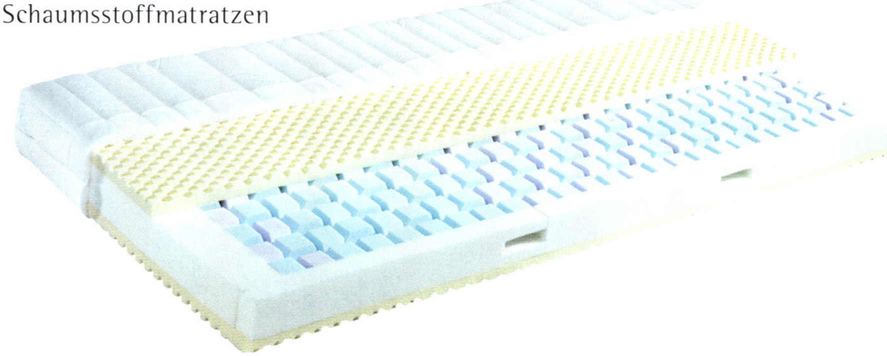

Latex- und Schaumstoffmatratzen sollen nicht in einem voll unterbauten Bett verwendet werden, weil dort die Luft nicht zirkulieren kann. Unter ungünstigen Umständen bildet sich Kondenswasser und in der Folge Schimmel.

Die **Matratzenkonstruktionen** werden mit Drell in ansprechenden Musterungen oder mit abnehmbaren Überzügen aus strapazierfähigen Materialien, wie hochwertiger Baumwolle oder Lyocell, überzogen. Abnehmbare Überzüge können gewaschen werden; dies ist hinsichtlich Hygiene und Optik von Bedeutung. Besonders für Allergiker ist das Waschen von Matratzenbezügen von großer Wichtigkeit. Das Feinpolstermaterial muss elastisch, wärmeregulierend und luft- und feuchtigkeitsdurchlässig sein. Es besteht zB aus Baumwolle, Lyocell, Schafwolle, Rosshaar oder Schaumstoff. Liegekomfort und Bettklima hängen wesentlich von der Feinpolsterung ab.

Abnehmbare Bezüge

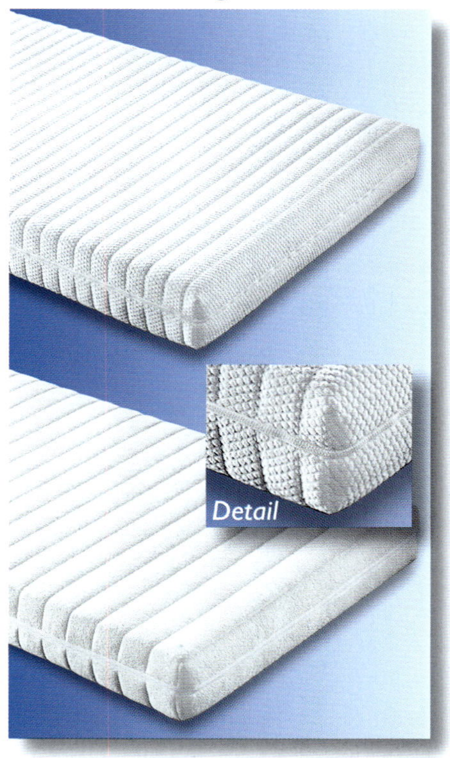

Angebotstext Ausschreibung Matratzenneukauf, hochwertige Matratze für Hotels

haidenthaller

Anton Haidenthaller & Sohn Kg
A-5021 Salzburg • PF 300

Haidenthaller Textil
Linzer Gasse 46 • Salzburg
Tel.: ++43(0)662/87 23 56-0*
Fax: ++43(0)662/87 23 56-85
E-Mail: office-L46@haidenthaller.at
www.haidenthaller.at

Haidenthaller Technik
Robinigstraße 1 • Salzburg
Tel.: ++43(0)662/88 19 57-0*
Fax: ++43(0)662/88 19 57-85
E-Mail: office-R1@haidenthaller.at
www.haidenthaller.at

Landgasthof Holznerwirt
Eugendorf 4
A 5301 Eugendorf
Tel.: +43 (0) 62 25-82 05
Fax: +43 (0) 62 25-82 05-19
E-Mail: hotel@holznerwirt.at

Angebot Matratzen

Colours Collection Esprit Lyocell
Liegeverhalten: *mittel bis fest*
Kern: *Mehrere Kaltschaumschichten mit symmetrischem Aufbau und Mittelzonenverstärkung*
Höhe: *14 cm*
Raumgewicht: *Kopf- und Schulterzone L40/36 kg/m³*
Becken- und Rückenzone L50/40 kg/m³
Bein- und Fußzone L40/36 kg/m³
Bezug: *abnehmbar, aus Lyocell® mit Dacron-Hochbauschvlies, versteppt, 200g/m², mit Zippverschluss, waschbar bei 60 °C.*
Unterbezug: *Sitinet mit vier farbigen Wendeschlaufen*
30 Stück pro Lieferung, 10 Stück pro Größe
Preis per Stück: EUR _______

Matratzenschoner

Auf den Betteinsatz wird eine waschbare Unterlage, ein so genannter Matratzenschoner, gelegt, der den Materialverschleiß durch die Reibung der Matratze verringert. Bei den neuen Lattenrosten ist ein Matratzenschoner meist nicht mehr erforderlich.

Matratzenschutz, Matratzenauflage

Auf die Matratze wird unter das Bett- oder das Spannleintuch ein Matratzenschutz aufgelegt, der den Matratzenbezug vor Verschmutzungen schützen soll und eine übermäßige Abnutzung des Matratzenstoffes verhindert. Damit die Auflagen auf der Matratzenoberfläche nicht verrutschen, sind zur Fixierung an den Ecken elastische Gummibänder angebracht. Es sind im Fachhandel auch Auflagen erhältlich, die wie Spannleintücher über die Matratzen gezogen werden können. Bei der Auswahl der Produkte sollten kochfeste und für Allergiker geeignete Produkte bevorzugt werden. Die Reinigung und Pflege der Auflagen verringert die Verschmutzung der Matratzenoberfläche. Dadurch entfällt die Grundreinigung der Matratze, die nur durch den Fachhandel erfolgen kann. Es werden dadurch Kosten eingespart und die Materialien der Matratze geschont. Bettwaren, wie Polster und Decken → Textilien.

Matratzenschutz mit Gummibändern

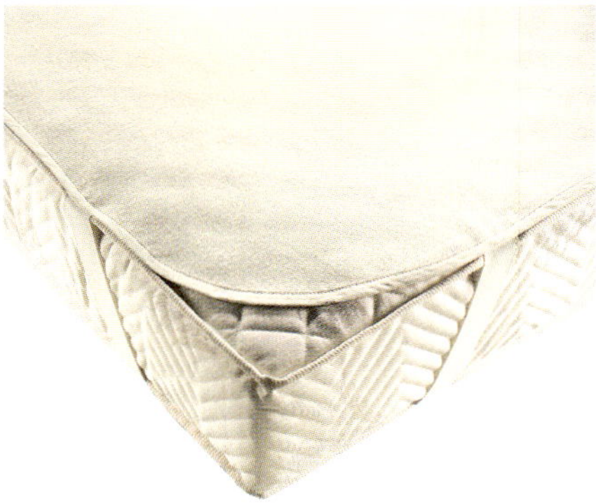

Die Hausstaubmilbe

Diese winzigen Spinnentiere leben bevorzugt in Betten. Sie ernähren sich von Hautschuppen und Haarpartikeln und sind besonders in Matratzen anzutreffen. Sie klammern sich mit Krallen, Borsten oder Haftlappen an Fasern fest. Ihre Ausscheidungen verursachen bei Allergikern ernste Gesundheitsprobleme, wie Asthmaanfälle und Juckreiz. Aber auch bei Nichtallergikern verursachen sie Hautirritationen. Bei einer Luftfeuchtigkeit von 65-68 % und einer Temperatur von 20-30 °C finden sie einen idealen Lebensraum vor. Bei für sie ungünstigen Bedingungen verharren sie in einem Dauerstadium, bis der kritische Wert überwunden ist. 1,5 Mio. dieser Tiere leben von 1,5 Gramm Hautschuppen. Das entspricht der Menge, die ein Mensch pro Tag verliert.

Maßnahmen zur Reduzierung der Milben

- *Durch Saugen werden Hautschuppen entfernt.*
- *Betten gut auslüften, jedoch nicht bei feuchtem Wetter.*
- *Matratzenschutz in regelmäßigen Abständen waschen.*

Wasserbetten

Wasserbetten bestehen ebenfalls aus einem Bettrahmen, der speziellen Wassermatratze und aus einer textilen Auflage. Ein Heizsystem garantiert die gewünschte Temperatur, die individuell einstellbar ist. Durch die aufsteigende Wärme verdunstet auch die Feuchtigkeit, die sich in der Matratzenauflage sammelt. Der Wasserkern trägt und stützt den Körper gleichmäßig und passt sich der Körperform an. Durch die Wahl der textilen Auflagen kann das individuelle Ausmaß der Dämpfung der Wellenbewegung bestimmt werden.

Reinigung und Pflege

Bettgestell und Lattenrost

Die Reinigung des Bettgestells erfolgt je nach Material → Möbelpflege. Das Bettgestell wird gelegentlich auf Stabilität überprüft. Beim Lattenrost werden die Verbindungen kontrolliert. Bei knarrenden Betten ist ein Reparaturauftrag an die Technikabteilung zu erteilen. Betteinsätze sind regelmäßig zu entstauben.

Matratzen

Der Matratzenschutz ist regelmäßig sowie bei Bedarf zu waschen. Die Reinigung und Pflege dieser Auflagen bilden die Basis für eine gute Matratzenhygiene. Zu den laufenden Reinigungsarbeiten gehört auch das Lüften und Wenden der Matratze. Beim Saugen der Matratzenoberfläche ist das Teleskoprohr entsprechend zu kürzen. Direkte Sonneneinstrahlung soll bei allen Matratzen vermieden werden, da durch die UV-Bestrahlung Qualitätsverluste auftreten könnten. Auch bei richtiger Pflege und guter Optik muss alle acht bis zehn Jahre ein Matratzentausch erfolgen.

Wasserbetten

Haut- und Staubpartikel auf der Matratzenoberfläche können mit einem feuchten Tuch abgewaschen werden. Die abnehmbaren Textilbezüge werden in der Waschmaschine gemäß der Pflegeanleitung gewaschen. Ein Wassertausch ist prinzipiell nicht erforderlich, da durch chemische Zusätze eine Aufbereitung des Wassers in der Matratze erfolgt. Die Matratzenoberfläche ist von Zeit zu Zeit mit einem vom Fachhandel empfohlenen Pflegeprodukt, zB mit Vinylpflege, zu behandeln.

Beispiel
Arbeitsunterweisung zur Mitarbeiterschulung – Matratzen mit Matratzenschutz und Betttuch bespannen.

Was ist zu tun?	*Wie geht das?*	*Warum geht das so?*
Matratzenschutz auflegen.	*Auf die Matratze legen und gleich ziehen.*	*Das Betttuch kann darüber glatt aufgelegt werden.*
Betttuch auflegen.	*Gefaltetes Tuch in die Mitte legen und nach beiden Seiten auseinander ziehen.*	*– Kraftersparnis* *– Keine Staubentwicklung*
Betttuch gleich streichen.	*Tuch zum oberen und zum unteren Matratzenrand mit beiden Händen ausstreifen.*	*Das Betttuch liegt glatt.*
Betttuch spannen.	*An den beiden Längsseiten das überhängende Betttuch unter die Matratze stecken und gleich streifen.* *Am Kopf- und am Fußende Kuvert einlegen.*	*– Das Betttuch ist gespannt.* *– Die vordere Kante ist tadellos.*

Beispiel
Arbeitsunterweisung zur Mitarbeiterschulung – Matratzen mit Matratzenschutz und Spannleintuch bespannen.

Was ist zu tun?	*Wie geht das?*	*Warum geht das so?*
Matratzenschutz mit Gummiband auflegen.	*Auf die Matratze legen, gleich ziehen und Gummibänder über die Ecken spannen.*	*Das Spannleintuch kann glatt aufgezogen werden.*
Spannleintuch auf der Matratzenbreitseite fixieren.	*Anheben der Matratze am Kopfende. Fixieren des Spannleintuchs über den Matratzenrand.*	*Genaue Fixierung erspart das Nachspannen, da eine exakte Anpassung bereits erfolgt ist*
Matratze einlegen und das Spannleintuch zum Fußende ziehen.	*Matratze wird mit fertig aufgespannter Breitseite in den Bettrahmen zurückgelegt. Das Spannleintuch wird an der zweiten Breitseite gefasst und zum Fußende gezogen.*	*Genaue Fixierung der anderen Spannseite ist möglich.*
Spannleintuch auf der Matratzenbreitseite fixieren.	*Anheben der Matratze am Fußende. Fixieren des Spannleintuchs über den Matratzenrand.*	*Genaue Fixierung erspart das Nachspannen, da eine exakte Anpassung bereits erfolgt ist.*

Was ist zu tun?	Wie geht das?	Warum geht das so?
Matratze einlegen. Spannkontrolle der Längskanten.	Matratze wird mit fertig aufgespanntem Leintuch in den Rahmen gelegt. Matratzenlängsseiten werden kontrolliert. Die Längskanten werden für evtl. notwendige Nachspannarbeiten kurz angehoben und wieder in den Bettrahmen gelegt.	Spannleintuch ist gespannt und die Kanten sind faltenlos.

Spannmatratzenschutz

Möbel

Die Möblierung eines Betriebes stellt einen wesentlichen Kostenfaktor dar. Da sie stets wie neu aussehen soll, ist beim Einkauf auf eine gute Qualität und eine lange Gebrauchstauglichkeit zu achten. Möbel sollen komfortabel, formschön, stabil, praktisch und in Reinigung und Pflege problemlos sein. Sie werden aus unterschiedlichen Materialien hergestellt, die verschiedene Effekte in der Raumgestaltung ermöglichen.

Bei der Auswahl der Möbel sind eine Reihe von Überlegungen anzustellen. Einsatzbereich, Platzbedarf, Reinigungsanforderungen, Preis und Lebensdauer der Produkte müssen sorgfältig verglichen werden. Bau- und Raumpläne helfen bei der Ermittlung der zur Verfügung stehenden Einrichtungsflächen.

Die äußeren Maße der Möbel werden als **äußere Lichte** bezeichnet. Sie werden bei der Einrichtungsplanung im entsprechenden Maßstab zu den Grundrissen umgerechnet. Stellpläne erleichtern die Konzipierung eines Gästezimmers. Möbelfirmen können mit Computern verschiedene Möglichkeiten der Einrichtung eines Gästezimmers darstellen. Dies ermöglicht sogar Einblicke oder Rundgänge durch Planungsbeispiele mit 2D- oder 3D-Bildgestaltungen.

Checkliste für die Wahl der Einrichtungsgegenstände

Fragen	☺	😐	☹
Entspricht der Stil der Möbel dem Charakter des Hauses?			
Wirken die Einzelstücke zu wuchtig oder zu grazil für die Größe der Räume?			
Ist die Wirkung der Gesamtmöblierung gemütlich?			
Sind die Scharniere verlässlich und können sie leicht gewartet werden?			
Sind alle Beschläge korrosionsgeschützt?			
Ist der Öffnungswinkel der Funktion entsprechend 90 bzw. 180 Grad?			
Sind die Türflügel niveaugleich montiert?			
Schließen die Türen genau?			
Sind die Schlösser korrekt montiert?			
Werden Reserveschlüssel mitgeliefert?			
Können alle Schlüssel nachbestellt werden?			
Ist die Schubladenführung gesichert?			
Kann die Schubladenführung zu Reinigungszwecken leicht aufgehoben werden?			
Ist die gesamte Möbeloberfläche strapazfähig?			
Sind die Kanten exakt verarbeitet?			
Sind die Möbel geruchsneutral?			
Wird die Farbtreue auch für den Nachkauf garantiert?			
Drücken die Stuhl-, Tisch- und Möbelbeine nicht in den Boden?			
Sind Möbelrollen feststellbar?			
Sind alle Ecken abgerundet?			
Sind alle Sicherheitsanforderungen erfüllt?			
Ist der Korpus stabil, dh, ist die Konstruktion sachgemäß ausgeführt?			
Entsprechen alle Teile der Möblierung der besonderen Beanspruchung?			
Bieten die Möbel innen genügend Stauraum?			
Sind Furniere, Anleimer und Beschichtungen sorgfältig verarbeitet?			
Sind die Sitzmöbel bequem und komfortabel?			
Passen die Stühle in Höhe und Art zu den Tischen?			
Kann die Raumbestückung leicht umgestellt werden?			
Sind Stapelsessel so konstruiert, dass sie beim Stapeln nicht beschädigt werden?			
Ist die Sesselgestaltung für langes, ermüdungsfreies Sitzen geeignet?			
Können die Bezugsstoffe der Polsterungen leicht gereinigt werden?			

Für die Möbelkollektionen werden verschiedene Materialien verarbeitet, die sehr dekorativ und repräsentativ wirken, aber auch besondere Pflegeansprüche stellen. Der Gebrauchswert und die Arbeitsbelastung für die Mitarbeiter sind genau zu prüfen.

Der Möbelhersteller ist verpflichtet, die Möbel zu kennzeichnen. Die Zulieferfirmen müssen dem Hersteller bekannt sein. Pflege- und Reinigungshinweise für die Einrichtungsgegenstände sind wegen der Garantieansprüche einzuholen und in der → Zimmerspiegelkartei abzulegen.

Beispiel für eine Möbelkennzeichnung

Ausführung und Pflegeanleitung für Sitzmöbel

Oberfläche

Alle Holzteile der Sitzmöbel sind in Buche bzw. Fichte massiv ausgeführt. Alle Oberflächen der Sitzmöbel sind mit Wasserbeize gebeizt und mit UV-Lack lackiert. Diese Flächen haben eine sehr gute Widerstandsfähigkeit gegen mechanische und chemische Einwirkungen und sind bestens für stark strapazierenden Einsatz geeignet (Hotelzimmer). Weiters entsprechen alle Oberflächen gemäß Önorm B 3800 der Brennbarkeitsklasse BII, dh, sie sind schwer brennbar.

Pflege

Die Pflege erfolgt problemlos durch feuchtes und anschließend trockenes Wischen mit einem weichen und fusselfreien Reinigungstuch.

Bezugsstoffe

Qualitätskriterien:	Die Auswahl erfolgt nach hausintern festgelegten Qualitätsrichtlinien, die sich an der DIN 61010 orientieren (Scheuerwerte, Farbechtheit etc.). Alle Bezugsstoffe werden einer genauen Wareneingangskontrolle nach den festgelegten Prüfkriterien der ISO 9001 unterzogen.
Farbunterschiede:	Je Charge sind geringe Farbabweichungen nicht vermeidbar. Sie sind abhängig von den Garnen und den Grundstoffen der Farben.
Faltenbildung:	Die Faltenbildung ist ein natürlicher Vorgang und daher keine Minderung der Qualität. Sie entsteht durch die Benutzung bzw. Dehnung des Stoffes.
Trevira-CS-Ausrüstung:	Die Bezugsstoffe aller Voglauer-Objektprogramme sind mit Trevira CS ausgestattet und können gemäß Önorm B 3825 in die Brennbarkeitsgruppe I, schwer brennbares Verhalten, eingestuft werden.

Pflege

- Die Fleckenbehandlung sollte möglichst früh erfolgen, die Farbechtheit sollte zuerst an einer verdeckten Stelle geprüft werden.
- Groben Schmutz mit einem Löffel oder mit einem flachen Messer vorsichtig entfernen und dann mit einem weichen, weißen Tuch betupfen.
- Entfernen des Schmutzes von den Seiten zur Mitte hin, um die Bildung von Rändern zu vermeiden.
- Heftiges Reiben sollte bei der Behandlung vermieden werden, um keine Veränderungen der Oberfläche zu verursachen.

Fleckentabelle

Kategorie	Fleckenart	Empfohlene Methode
Fetthaltige Flecken	Butter, Lippenstift, Schuhcreme, Öl, Schokolade, Kakao …	Äthylalkohol auflösen, vorsichtig abtupfen, dann mit pH-neutraler Reinigungslösung auswaschen und gründlich spülen.
Getränkeflecken	Wein, Cola, Kaffee, Bier, Fruchtsäfte …	Mit saugfähigem Papier den Schmutz entfernen, mit pH-neutraler Reinigungslösung auswaschen und gründlich spülen.

Möbel für die Gästeräume

Schrankmöbel	Sitzmöbel	Tischmöbel	Funktionsmöbel
- Einbauschränke - Frei stehende Schränke - Kommoden - Vitrinen	- Sessel - Hocker - Schreibtischstuhl - Fauteuil, Sofa - Sitzbank - Balkonliegemöbel	- Tisch - Beistelltischchen - Ablagetisch - Schreibtisch - Schminktisch - Spieltisch - Balkontischchen	- Fernsehkonsole - Minibar, integriert - Kofferablage - Konsolen - Garderobe, integriert - Stellagen, Regale

Zur Herstellung von Einrichtungsgegenständen, wie zB Kästen, Betten, Sitzmöbel werden für den Grundkorpus hauptsächlich Plattenmaterialien aus den verschiedensten Herstellungsverfahren der Holzindustrie verwendet. Holzwerkstoffplatten sind formstabiler als Vollholz. Beim Möbelkauf muss auf die angegebene Tragkraft der Einrichtungsgegenstände geachtet werden.
Ausschlaggebend für das Reinigungsmanagement sind die Oberflächenmaterialien der Möbelstücke. Die Eigenschaften der Oberfläche bestimmen die Reinigungsansprüche und die Nutzungsdauer. Bei der Anschaffung der Möbel werden in die Zimmerspiegelkartei auch die Oberflächenbeschaffenheit und die Reinigungsempfehlung eingetragen. Diese bestimmt den Reinigungsaufwand und beeinflusst somit die tägliche Arbeitszeit der Mitarbeiter in der Etage.

Generell gilt: Je dunkler ein Möbelstück ist, umso eher sieht man den Staub!

Holzoberflächen

Holzmöbel werden gerne für alle Gästeräume gewählt, da sie ein hohes Maß an Wohnqualität vermitteln. Holz ist ein Naturprodukt und ändert sich je nach Art, Herstellung und Verarbeitung durch Hitze, Feuchtigkeit, Trockenheit, Sonneneinstrahlung und Kälte. Die Holzstruktur ist immer einmalig, daher ist jedes Holzmöbel ein Unikat. Nicht alle als solche ausgewiesenen Holzmöbel sind auch Massivholzmöbel. Holzwerkstoffplatten werden mit Furnier oder Folie beschichtet.

Zur Verbesserung der Materialeigenschaften und zur Veränderung des Aussehens und zur Optimierung des Pflegeverhaltens kann die Holzoberfläche behandelt werden. Nicht die Holzart, sondern die Oberflächenbehandlung ist ausschlaggebend für die Oberflächenstruktur. Je glatter die Oberfläche, desto leichter ist die Reinigung. Durch Lackieren und Mattieren erhält man geschlossene Oberflächen, durch Beizen, Bürsten und Wachsen offene Oberflächen. Furnierte Holzmöbel sind in allen Holzarten als kostengünstigere Variante erhältlich. Ihr Reinigungs- und Pflegeaufwand ist von der Furnieroberflächenstruktur und der Oberflächenbehandlung der Furniere abhängig. Beim Kauf ist auf eine qualitativ hochwertige Verarbeitung der furnierten Flächen zu achten.

Reinigung und Pflege von Holzmöbeln mit geschlossener Oberfläche

Holzoberflächen brauchen eine intensive Pflege. Wasserränder, Flecken sowie kleine Beschädigungen lassen sich durch die entsprechende Pflege vermeiden und kaschieren.

Die **Unterhalts- und Zwischenreinigung** besteht in der regelmäßigen Staubentfernung mit Staub bindenden Tüchern. Bei Verzierungen und Einkerbungen werden Staubablagerungen mit der Pinseldüse entfernt. Bei anhaftenden Verschmutzungen und Griffspuren muss eine feuchte Reinigung erfolgen. Die Reinigungstextilien dürfen nur nebelfeucht verwendet werden, da Nässe Wasserschäden an der Oberfläche erzeugt. Reinigungsmittel auf Alkoholbasis, die mit einem Feinzerstäuber auf Reinigungstücher aufgebracht werden, entfernen Griffspuren gründlich und die Wischspuren trocknen rasch ab. Dadurch kann das Nachwischen bzw. Polieren der Fläche entfallen. Mikrofasertücher eignen sich hier hervorragend für die laufenden Reinigungsarbeiten, da ohne Chemieeinsatz der gewünschte Reinigungserfolg erzielt werden kann.
Im Zuge der **Grundreinigung** werden die Möbel feucht gewischt und nachgetrocknet. Die Verwendung eines Möbelpflegemittels ist nur dann erforderlich, wenn der Fachhandel dies beim Verkauf angegeben hat. Die Pflegehinweise in der Möbelkennzeichnung sind genau zu beachten!
Lackierte und kunststoffbeschichtete Oberflächen sind sehr kratzempfindlich. Das Scheuern mit groben Schwämmen, Pads oder Scheuermitteln verursacht irreparable Schäden an der Möbeloberfläche.

Lackierte Flächen sollten vor der ersten Benützung mit Essigwasser feucht gewischt werden, da dies den Lack härtet.

Reinigung und Pflege von Holzmöbeln mit offener Oberfläche

Durch spezielle Textilien kann auf die Verwendung von Reinigungschemie verzichtet werden. Die **Grundreinigung** erfolgt ebenfalls durch feuchtes Wischen, da bei offenporigen Oberflächen ein Aufquellen der Oberflächenstruktur vermieden wird. Pflegemittel müssen auf die Oberflächeneigenschaften abgestimmt werden. Diesbezüglich sind Informationen vom Fachhandel einzuholen.

Tipps für die Pflege von Holzmöbeln

Muffig riechende Laden mit übermangansaurer Kalilösung auswaschen und im Durchzug lufttrocknen. Das Wasser soll nur schwach lila gefärbt sein.

Beschläge regelmäßig prüfen, lose Schrauben anziehen.

Scharniere ölen und bei Bedarf nachstellen.

Möbel mit textilen Werkstoffen

Viele Möbelstücke in den Beherbergungsbetrieben sind mit textilen Werkstoffen kombiniert, wie Sessel, Polstermöbel oder Betten. Vor dem Kauf sind beim Fachhandel Informationen über die Strapazfähigkeit der Möbelstoffe einzuholen.

Bei der Wahl des Stoffes ist Folgendes zu beachten:
- Hohe Scheuerfestigkeit.
- Schmutz abweisende Oberflächen.
- Hohe Lichtechtheit.
- Gute Pflege- und Reinigungseigenschaften.
- Hautfreundlichkeit.

Grundarten von Möbelstoffen
- **Flachgewebe:** Sie werden aus den verschiedensten Rohstoffen hergestellt und weisen eine überwiegend glatte Oberflächenstruktur auf.
- **Velours oder Polgewebe:** Die Materialien haben eine Florhöhe von 1 bis 3 mm.

Die Polstermöbelindustrie bietet eine Vielzahl von Stellkombinationen an. Auch neue ergonomische Aspekte werden berücksichtigt. Verstellbare Sitzpositionen und neue Materialien der Polsterung erhöhen die Qualität der Möbelstücke. Manche Sitzmöbel können bei Bedarf zu einem Zusatzbett umfunktioniert werden.

Bezugsstoffe für Polstermöbel sollen langlebig, verschleißfest und lichtunempfindlich sein. Über die Innenkonstruktion der Polstermöbel und die verwendeten Materialien muss der Hersteller informieren.

Viele Hersteller bieten auch so genannte Hussen an. Dies sind abnehmbare Polsterüberwürfe, die jederzeit leicht ausgetauscht werden können und leicht zu reinigen sind. Dadurch können auf einfachste Art und Weise neue raumgestalterische Effekte erzielt werden.

Reinigung und Pflege von Möbeln mit textilen Werkstoffen

Aufgrund der Material- und Verarbeitungsvielfalt der Textilien und ihrer verschiedenen Innenausfertigungen sind die Reinigungs- und Pflegeempfehlungen des Fachhandels genau zu erheben und zu beachten.

Die **Unterhaltsreinigung** der Textilien erfolgt durch regelmäßiges Entfernung von Staubverschmutzungen durch das Saugen mit entsprechender Saugdüse und Saugstärke sowie durch das Bürsten mit einer weichen Möbelbürste in Strichrichtung der Fasern, wobei die Staubentwicklung zu beachten ist.
Bei der **Zwischenreinigung** kann neben der Entstaubung und der Pflege von Holzteilen auch ein nebelfeuchtes Wischen der textilen Werkstoffe mit flusenfreien Tüchern oder mit Mikrofasertüchern erfolgen. Für eine restlose Abtrocknung vor der weiteren Benützung ist zu sorgen.
Wenn bei der **Grundreinigung** Dampf-, Schaum- oder Nassreinigung zur Anwendung kommen soll, ist sie aufgrund der Materialvielfalt immer dem

Fachbetrieb zu überlassen. Es könnte sonst zu folgenden Problemen kommen:
- Textile Materialien könnten eingehen.
- Nähte könnten infolge der Schrumpfung der Textilien platzen.
- Farben könnten durch mangelnde Farbechtheit verlaufen.
- Innen liegende Polstermaterialien (Unterpolsterungen) könnten die Passform verändern und an Kompaktheit verlieren.
- Bei Durchnässung kann es bei unzureichender Trocknung zu Materialschäden und Schimmelbildung kommen.

Beim Einsatz von Trockenschaumreinigungsmitteln kommt es nur zu einer sehr geringen Anfeuchtung der Möbelstoffe.
Die Mittel für die Fleckentfernung müssen einerseits auf die Textilien und andererseits auf die Fleckenart abgestimmt werden. Im Fachhandel werden Sprays, Pulver und Flüssigprodukte angeboten.

Wichtig:
Flecken müssen mit kreisenden Bewegungen von der Fleckaußenseite zum Zentrum der Verschmutzung hin entfernt werden. Damit wird eine Vergrößerung der verschmutzten Oberfläche vermieden.

Ledergarnitur

Möbel mit Lederteilen

Leder erfreut sich aufgrund seiner Eigenschaften großer Beliebtheit. Es hat durch die luftdurchlässige Struktur die Fähigkeit, bis zu 30 % seines Eigengewichtes an Wasserdampf zu absorbieren und wieder an die Umgebung abzugeben. Durch Grundieren, Farbauftrag, Appretieren, Pressen und Bügeln wird dem Leder je nach den modischen Anforderungen eine glänzende oder matte, eine ein- oder mehrfarbige, eine glatte oder genarbte Oberfläche gegeben. Die Verarbeitungs- und Behandlungsarten der verschiedenen Lederarten, insbesondere der Oberflächen, bestimmen die Gebrauchs-, Pflege- und Reinigungseigenschaften.

In Räumen mit Ledermöbeln soll die Luftfeuchte konstant 50-60 % betragen. Überwiegend werden zur Lederherstellung die Häute von Rindern, Kälbern, Schweinen und Ziegen verarbeitet. Im Prinzip können aus jedem Fell alle Lederarten hergestellt werden, es kommt auf den entsprechenden Produktionsprozess an.

Für den Hotelbetrieb eignen sich hochwertige Ledermöbel mit leicht zu pflegenden Oberflächen.
Leder hat einen typischen Geruch, der als Echtheitszeichen geschätzt wird. Ein zu starker Geruch deutet darauf hin, dass es sich um ein Imitat handeln könnte, das mit künstlichem Lederduft versehen wurde.

Prinzipiell ist bei Möbeln mit Lederteilen Folgendes zu beachten:
- Abstand zu Hitzequellen, zB zu Heizkörpern, mindestens 50 cm.
- Direkte Sonneneinstrahlung vermeiden.
- Durchfeuchtung des Leders vermeiden.
- Nasses Leder keiner Hitze aussetzen.
- Regelmäßige Reinigung und Pflege dient der Werterhaltung.

Reinigung und Pflege von Leder

Bei Leder kommt der **Unterhaltsreinigung** besondere Bedeutung zu. Staub setzt sich in den Poren an, dies führt zu Austrocknung und zum Sprödwerden. Glatte Lederoberflächen werden nebelfeucht gewischt und geraute Flächen mit der entsprechenden Saugdüse abgesaugt. Raue Flächen werden mit einer geeigneten Bürste oder mit einem Spezialschwamm behandelt.
Stark benutzte Stellen werden mit einem weichen Tuch mit handwarmer Neutralseifenlösung behandelt. Flüssigkeiten werden mit einem saugfähigen Tuch von der Oberfläche entfernt.
Zur **Fleckentfernung** bietet der Fachhandel Produkte an, die je nach Art der Verschmutzung und Art der Lederoberfläche zum Einsatz kommen. Keinesfalls dürfen herkömmliche Fleckentferner verwendet werden, da sie beträchtliche Schäden verursachen können! Schmutz darf von Leder niemals durch Reiben entfernt werden. Der Fleck wird immer zur Fleckmitte hin abgehoben. Bei Fett- oder Ölflecken kann Kreidestaub oder Magnesium dick aufgetragen werden, es soll 24 Stunden einwirken. Dann wird der Staub vorsichtig abgebürstet.
Für die **Zwischenreinigung** sind die Reinigungs- und Pflegeanleitungen des Fachhandels genau einzuhalten.

Leder muss von Zeit zu Zeit, je nach Beanspruchung, mit Pflegemitteln behandelt werden, wobei die Lederart und ihre Oberflächenbehandlung ausschlaggebend für die Produktwahl sind. Es werden Lederpflegefette, -cremen und -milch angeboten.
Die **Grundreinigung** von Ledermöbeln und die im Anschluss daran erforderlichen Imprägnierungen der Oberflächen sollten ausschließlich vom Fachhandel durchgeführt werden.

Couch und Fauteuils in der Halle

Möbel aus Rattan, Weide und Bambus

Besonderer Beliebtheit erfreuen sich solche Möbel für Sitzgruppen in Hallen, für die Balkonbestückung, für Wintergärten und Terrassen, sowie für die Badeabteilung. Auch Bettgestelle können aus Pflanzengefechten und Bambus hergestellt werden.

Wichtig:
Achten Sie beim Kauf besonders auf stabile Konstruktionen und auf eine tadellose Verarbeitung der Geflechte und ihre Verbindungen zum Korpus.

Diese pflanzlichen Naturmaterialien lieben hohe Luftfeuchtigkeit (nicht unter 40 %). Sie sollen nicht ungeschützt im Regen stehen. Ein rascher Temperatur- und Luftfeuchtigkeitswechsel schadet ihnen. Sie sollten sich langsam akklimatisieren können.

Reinigung und Pflege von Möbeln aus Rattan, Weide und Bambus

Unterhaltsreinigung: Da sich besonders im Flechtwerk leicht Staub ansetzt, müssen diese Möbel häufig mit einem geeigneten Bürstenaufsatz gesaugt werden. Auch das Bürsten mit einer weichen Möbelbürste ist für die Entstaubung im Freien geeignet.
Zwischenreinigung: Regelmäßiges feuchtes Wischen wirkt einer Rissbildung entgegen, besonders dann, wenn die Luftfeuchtigkeit in einem Raum zu gering ist. Besonders während der Heizperiode sollten die Möbel einmal wöchentlich feucht gewischt werden. Die Behandlung mit produktspezifischen Pflegeprodukten sollte periodisch durchgeführt werden.
Grundreinigung: Korbmöbel können feucht mit einer weichen Bürste abgerieben oder manche sogar mit einem Wasserschlauch abgespritzt werden. Zugluft beschleunigt die Trocknung, jedoch muss eine direkte Sonnenbestrahlung vermieden werden.

Möbel mit Glas- oder Spiegelflächen

Im Möbelbau wird Glas für Tischplatten, Vitrinen und Türfüllungen verwendet. Die Verbindung zwischen Konstruktion und Glas ist für die Haltbarkeit und Stabilität ausschlaggebend. Die Glasplatte muss bruchsicher sein, Ecken und Kanten müssen abgeschliffen sein. Klares Glas ist sehr empfindlich. Staubanlagerungen, Fingerabdrücke, Wassertropfen usw. sind leicht sichtbar. Die Glasflächen müssen deshalb ständig gereinigt werden. Allerdings lässt sich Glas leicht reinigen und weist kaum Beschädigungen auf, die Glasoberfläche ist sofort wieder tadellos.

Der Einsatz von Glas bei der Einrichtung ist jedoch genau zu überlegen, da Möbelstücke aus Glas leicht übersehen werden können und daher auch eine Unfallquelle darstellen. Getöntes, strukturiertes Glas wird für Türfüllungen oder für Vitrinen verwendet. Die Oberfläche soll zumindest außen möglichst glatt sein, um die Staubanlagerung zu verhindern.

Spiegel können in Schranktüren eingelassen oder auch an der Wand montiert sein. Die empfindliche Reflexionsschicht ist mit einer Schutzschicht überzogen, die jedoch mechanisch sowie durch eindringendes Wasser beschädigt werden kann.

Reinigung und Pflege von Glas- und Spiegelflächen

Bei der Reinigung von Glas- und Spiegelflächen, die in einem Holzrahmen eingefasst sind, ist darauf zu achten, dass in die Einsatzrillen kein Wasser eindringt, um das Quellen des Holzes zu vermeiden. Glas- und Spiegelreinigung → Fenster, Reinigungsbewegung → Reinigungsmanagement.

Möbel aus Kunststoff

Für Tischplatten, formgegossene Modelle, Überzüge usw. wird häufig auch Kunststoff verwendet, der antistatisch ausgestattet sein soll. Kunststoffoberflächen sind hitze- und säureempfindlich.

Reinigung und Pflege von Kunststoffmöbeln

Die **Unterhaltsreinigung** erfolgt durch Wischen mit Staub bindenden oder nebelfeuchten Tüchern. Bei stärkeren Verschmutzungen, wie Griffspuren, werden Reinigungsprodukte mit rasch abtrocknenden Inhaltsstoffen eingesetzt. Zur Entfernung von hartnäckig anhaftenden Verschmutzungen kann ein Allzweckreiniger eingesetzt werden. Mit weichen Bürsten kann die Verschmutzung behandelt werden. Kunststoff kann eine sehr weiche Oberflächenstruktur aufweisen, daher sollen keine Scheuermittel verwendet werden.

Eine Anwendung von Lösungsmitteln zur **Fleckentfernung**, zB Fleckwasser, ist nur bei Kenntnis der produktspezifischen Eigenschaften möglich, da einige Kunststoffe sehr empfindlich auf organische Lösungsmittel reagieren.

Die **Zwischen- und Grundreinigung** erfolgt durch nasses Wischen mit tensidhältigen Reinigungslösungen. Anschließend werden die Flächen nachgetrocknet. Manche Kunststoffe werden auch mit Spezialpflegemitteln eingelassen, die jedoch vom Fachhandel produktspezifisch ausgewählt werden müssen.

Möbel mit Kunst- und Naturstein

Konsolen, Blumen-, Spiel- oder Rauchtischchen, Dekorationsmöbel, Schachtische etc. werden oft mit einer Steinplatte versehen. Die Verwendung des Möbelstückes bzw. der Einsatzort muss bereits bei der Wahl der Materials berücksichtigt werden, da Kunst- und Natursteine sehr unterschiedliche Produkt- und Pflegeeigenschaften aufweisen → Böden.

Möbel aus Metall oder mit Metallbauteilen

Lehnen, Füße, Verzierungen, Rahmen, Gartenmöbelteile werden häufig aus Metallen gefertigt, da sie sehr langlebig und dekorativ sind.

Chrom, Chromstahl, Chromnickelstahl
Chrom sorgt dafür, dass Stahl nicht rostet. Nickel macht ihn säurefest und verleiht ihm den Glanz. Verwendet werden Chromteile für Griffleisten, Scharniere, Möbelknöpfe, Lampen, Vorhangstangen, Möbelkonstruktionen usw.

Gartenbank

Edelstahl
Edelstahl ist teurer als Chromstahl, aber widerstandsfähiger gegen Kratzer, da er härter ist. Er ist meist auch säureunempfindlich und leicht zu reinigen. Edelstahl wird zB für Spülbecken verwendet.

Messing
Messing ist eine Legierung aus Kupfer und Zink. Im Laufe der Zeit erhält es eine natürliche Patina. Verwendet wird Messing für Vorhangstangen, Lampen usw.

Silber
Silber ist ein Edelmetall und hat je nach Vorbehandlung und Bearbeitung eine große Beständigkeit. Es lässt sich gut polieren. Bei unsachgemäßer Behandlung kann Silber anlaufen und wirkt dann unansehnlich. Silber wird meist nur für Besteck oder für Bilderrahmen verwendet.

Gusseisen
Gusseisen wird für die Rahmengestelle von Terrassen- und Gartenmöbeln verwendet und kann beschichtet oder lackiert werden. Die Sitzflächen und die Lehnen können aus Holz oder aus Kunststoff sein.

Reinigung und Pflege von Metallmöbeln

Chrom, Chromstahl, Chromnickelstahl, Edelstahl werden abgestaubt, feucht gewischt und nachpoliert. Spezielle Pflegeprodukte werden meist mit einem weichen Tuch auf die Flächen ausgebracht, dann poliert man sie.

Messing wird abgestaubt. Pflege- und Spezialmittel für Messing werden mit einem Schwamm oder Tuch auf die Fläche aufgebracht, abgespült und mit einem weichen Tuch wird das Messing trockengerieben und poliert.

Silber wird abgestaubt, feucht gewischt und nachgetrocknet. Es dürfen keine Reinigungsmittelzusätze verwendet werden. Spezielle Reinigungstücher und Silberpflegemittel werden im Fachhandel zur Entfernung von Verschmutzungen angeboten.

Achtung:
Silberteile sind kratzempfindlich, daher dürfen keine scheuernden Reinigungsmaterialien verwendet werden.

Gusseisenteile werden mit einer pH-neutralen Reinigungslösung gewaschen. Bei der Grundreinigung kann entweder der Dampfreiniger oder der Hochdruckreiniger eingesetzt werden.

Zimmercheck für die tägliche Überprüfung → Reinigungsablauf.

Sanitärräume

Besonders in den Sanitärräumen erwartet der Gast absolute Sauberkeit und Hygiene. Das Zusammenspiel von Komfort und Technik ist in den Sanitärräumen besonders wichtig. Das Gästebad dient der Erholung und Erfrischung - hier verbringt der Gast relativ viel Zeit.

Das Gästebad soll funktionell und ansprechend sein, um den Gästeanforderungen zu entsprechen. Schon bei der Planung ist auf die Reinigungs- und Wartungsfreundlichkeit zu achten. Grundsätzlich sollen im Badezimmer alle sanitärkeramischen Einrichtungen an die Wand montiert werden. Dies verhindert die Bildung von Schmutzrändern und ermöglicht die rationelle Reinigung des Bodens, da die Bodenreinigungsgeräte randbündig eingesetzt werden können. Auch die Durchführung von Wartungsarbeiten wird dadurch erleichtert.

Planungsbeispiel

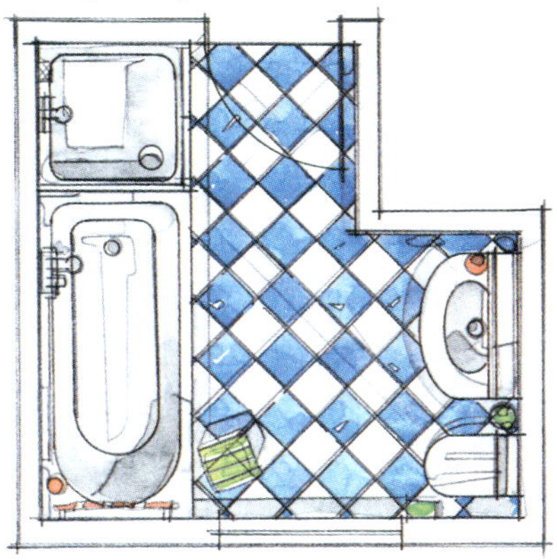

Hinweis zum Sanitärwäschewechsel

Einladung zu umweltbewusstem Handeln

Duschen statt Baden

Für eine Dusche werden durchschnittlich ca. 50 Liter Wasser verbraucht, während für ein Vollbad ca. 150 Liter benötigt werden.

Sanitärwäschewechsel

Ein mehrsprachiges Hinweisschild weist die Gäste auf den umweltbewussten Sanitärwäschetausch hin.

Mülltrennung

Bereitgestellte, entsprechend gekennzeichnete Behälter erleichtern den Gästen die Mülltrennung, so dass die Mitarbeiter die Müllentsorgung einfach durchführen können.

Gäste mit Behinderungen brauchen im Hotel ein besonderes Service. Bereits bei der Zimmerbuchung sollte dem Gast auf Wunsch ein behindertengerecht ausgestattetes Gästezimmer mit dem entsprechenden Sanitärbereich angeboten werden. Älteren und in der Bewegung eingeschränkten Personen wird die Körperhygiene durch eine bedarfsgerechte Ausstattung erleichtert. Die Türen zum Sanitärbereich müssen sich nach außen öffnen lassen. Die Entriegelung muss von außen möglich sein, damit im Notfall rasche Hilfe geleistet werden kann. Für Rollstuhlfahrer sind schwellenlos ausgeführte Duschen mit einer integrierten Sitzgelegenheit, Einstiegshilfen und rutschfeste Unterlagen am Boden der Duschwanne erforderlich. Die Duschwand muss leicht zu öffnen sein, die Armaturen müssen neben der Sitzgelegenheit angebracht sein, damit sie leicht erreichbar sind. Integrierte Heißwassersperren bei Thermostatarmaturen schützen vor Verbrühungen.

Behindertengerechte WCs sollen eine Mindestraumgröße von 155 x 155 cm haben. Für das Wenden eines Rollstuhls ist eine Raumtiefe von 215 cm und eine Raumbreite von 155 cm erforderlich. Soll man den WC-Sitz von beiden Seiten anfahren können, muss

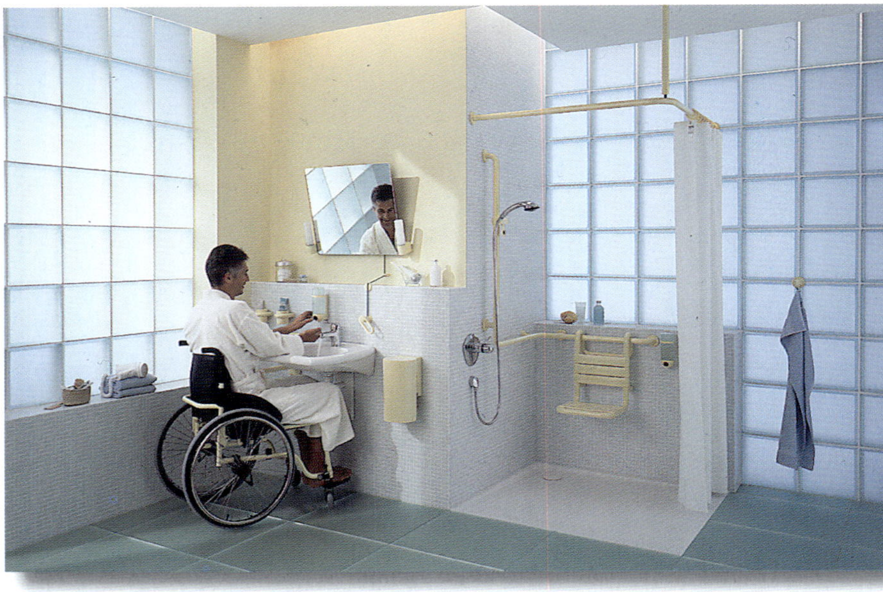

die Raumbreite 220 cm betragen. Das Waschbecken muss vom WC aus erreichbar sein. Haltegriffe und WC-Sitzhöhe sind behindertengerecht zu wählen. Eine seitliche, mit dem Unterarm zu betätigende zusätzliche Spülauslösung ist günstig → Öffentliche Toilettenanlagen.

Bauliche Ausstattung

Böden

In den Sanitärräumen werden für die Böden hauptsächlich Fliesen verwendet. Auf die Rutschsicherheit ist unbedingt zu achten. Zur Tür hin soll der Boden leicht ansteigen, die Anschlussstelle zum Boden des Vorraums muss sorgfältig gearbeitet werden. Sockel und Stufen könnten zu Unfällen führen und sollten bereits bei der Planung vermieden werden. Für die Reinigung ist das Vorhandensein eines Gullys vorteilhaft. Große Fliesen haben einen geringeren Fugenanteil und erleichtern die Reinigung. Besonders wichtig ist der Übergang vom Boden zur Wand. Dafür eignen sich Hohlkehlfliesen oder -leisten.

Besonders im Badezimmer bewährt sich eine Fußbodenheizung. Sie spart Platz und lässt die Feuchtigkeit rasch trocknen, wodurch ein Ausrutschen verhindert wird.

Wände

Für den Spritzwasserbereich sind Fliesen erforderlich. Der übrige Wandbereich kann mit einem feuchtigkeitsresistenten Anstrich versehen sein. Wenn Bad und WC in einem Raum untergebracht sind, können Wände eine optische Trennung schaffen.

Türen

Türen sollen nach außen aufgehen, damit im Ernstfall sofort geholfen werden kann. Die Türverriegelung muss von außen gelöst werden können.

Technische Ausstattung

Sanitärinstallationen

Installationen können problemlos gewartet und auch leichter repariert werden, wenn sie in Installationsschächten zusammenlaufen. Auf eine ausreichende Geräuschdämmung ist besonders zu achten. Vorgefertigte Installationselemente erleichtern Renovierungsarbeiten und haben eine gute Schalldämmung.

Elektrische Installationen

Beleuchtung

Im Bad soll auf freundliches Licht besonderer Wert gelegt werden. Wohltuende Helligkeit sowie gutes Licht zum Schminken und Rasieren sind wichtig. Jede Beleuchtung von oben hat Schatten zur Folge. Daher sind seitlich angebrachte Spiegelbeleuchtungen zu empfehlen → Spiegel.

Alarmklingel

In behindertengerechten Sanitärräumen muss die Alarmklingel vom Boden her erreichbar und spritzwassergeschützt ausgeführt sein.

Steckdosen

Für Föhn und Rasierapparat gibt es spritzwassergeschützte Steckdosen.

Weiters soll eine Steckdose zum Betrieb von Reinigungsgeräten in Türnähe angebracht sein.

Belüftung

Belüftungssysteme sind meist mit dem Raumlicht gekoppelt und haben einen automatischen Nachlauf. Die Lüftungsgitter sind regelmäßig abzusaugen und gegebenenfalls feucht zu wischen.

Reinigung der baulichen und technischen Ausstattung

Die Fugen der Fliesenwände und -böden müssen vor der Verwendung von sauren Reinigern unbedingt vorgewässert werden. Bei der Unterhaltsreinigung reicht das → Nasswischen mit neutralen Reinigern oder mit schwach alkalischen Sanitärreinigern. Diese vermindern die Kalkanlagerung → Böden, Wände, Türen.

Die Entfernung des Staubs von der technischen Ausstattung erfolgt durch feuchtes Wischen. Je nach Werkstoff ist evtl. nachzutrocknen.

Einrichtung

Die Einrichtung soll den ergonomischen Anforderungen nach leicht erreichbaren Stellagen, Armaturen, Schaltern, Steckern, Fenstergriff und Alarmknopf entsprechen. Helle Farben und glatte Oberflächen sowie funkelndes Licht vermitteln den Eindruck von Frische und Sauberkeit. Für Badezimmer werden meist Chrom, Kunststoff, Glas, Fliesen oder Stein verwendet, die entsprechend gereinigt und gepflegt werden müssen → Böden.

Handwaschbeckeneinheit

Das Waschbecken kann als eigenes Element montiert, in eine Steinplatte oder einen Steinguss integriert oder als Gesamtguss eingebaut sein. Es stehen Keramik-, Mineralguss- oder

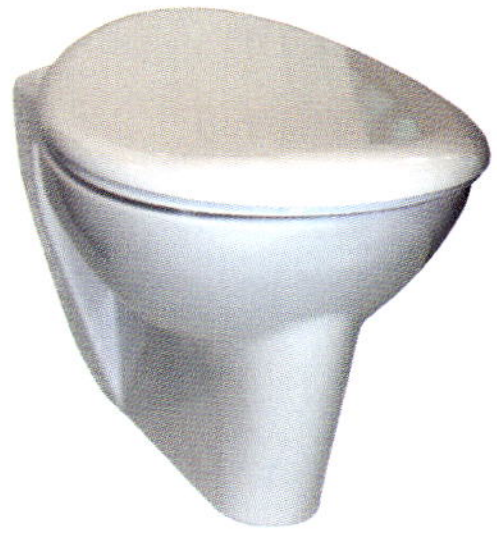

Granitwaschtische zur Verfügung. Marmortische benötigen eine entsprechende Oberflächenbehandlung, damit sie gegen Seifen- und Kalkflecken geschützt sind. Sanitärkeramik wird auch mit besonderen Beschichtungen veredelt, die Schmutz und Kalk abweisend wirken. Der Überlauf soll sich auf der Vorderseite des Waschbeckens befinden. Gegen die Wand hin leitet ein Wulst Spritzwasser ab. Von den Rändern soll das Wasser in das Becken rinnen, dh, die Ränder sollen leicht schräg geneigt sein. In den Waschtisch eingebaute Papier- und Beutelspender sind praktisch. In Doppel- oder Zweibettzimmern gibt es manchmal auch zwei Waschbecken.

Armaturen, Abflüsse

Bei den Armaturen dominieren die **Einhebelmischer.** Zu empfehlen sind **Temperaturbegrenzer,** die ein Verbrühen verhindern, sowie **Wasser sparende Durchflussbegrenzer. Sensorarmaturen** haben zur Steuerung der Bedienungsabläufe Mikroprozessoren, die ebenfalls Wasser sparen. **Keramikdichtungen** sind haltbarer als Gummidichtungen. Armaturen sind meist aus Chrom oder Edelstahl, in Kombination mit Porzellan, Glas, Kunststoff oder Feinkeramik. Sie sollen gegen Zerkratzen weitgehend unempfindlich sein. Glatte Formen sind leichter zu reinigen.

Der Siphon ist meist aus Chrom. Er muss gelegentlich geöffnet und gereinigt werden, um Schmutz- und Seifenablagerungen zu entfernen. Er soll an der Wand in einer Höhe von mindestens 350 mm angebracht sein.

Einhandmischer

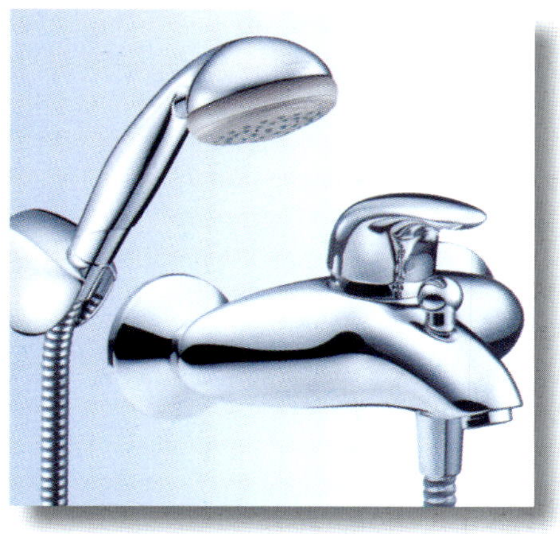

Dusche

Duschwannen sind aus Kunststoff, Keramik oder evtl. auch aus Chromstahl. Sie sollen mit dem Boden niveaugleich sein. Die Einhandbrause ist in eine Schubstange zur individuellen Höheneinstellung eingehängt. Im Vergleich zum üblichen Brausekopf senkt ein **Perlator,** ein so genannter Durchflussbegrenzer, die Wasserdurchflussmenge, ohne das Duschvergnügen zu mindern. Der Wasserstrahl wird mit Luft angereichert, dies erzeugt ein prickelndes Gefühl auf der Haut. Der Brausekopf ist meist mit einem Selbstreinigungssystem, das ausfahrbare Stifte für die Düsenlöcher aufweist, versehen. Ein **Sparduschkopf** unterbricht nach einer vorher eingestellten Zeit den Wasserstrahl und hält die eingestellte Temperatur. In der Duschkabine können Etageren aus korrosionsfreiem Material für die Ablage von Pflegeartikeln montiert sein.

Duschtrennwände
Rahmenlose Modelle, die direkt an der Wand montiert sind und frei über der Duschtasse bzw. Badewanne hängen, sind pflegeleicht. Bei Modellen mit schwenkbaren Wandteilen wird die Reinigung wesentlich erleichtert. Die Wandteile sind aus Glas oder Kunststoff, die Rahmenoberflächen sind aus Chrom, aus Kunststoff oder aus Metall mit verschiedensten Beschichtungen. Bei Badewannen werden zur Abtrennung auch Duschvorhänge verwendet, wobei textile Vorhänge zu bevorzugen sind. Diese Vorhänge sind periodisch bzw. bei Bedarf zu reinigen. Es empfiehlt sich daher, Duschvorhänge im Depot für den Austausch bereitzuhalten.

Badewanne mit Duschbereich

Rahmenlose Duschwand

Badewanne
Vorzugsweise wird für Wannen eine Kunststoffmischung aus Acryl und Polyester eingesetzt. Dadurch ergeben sich Rutschfestigkeit, gute Schallisolierung und angenehme Oberflächentemperatur. Die Kunststoffmischung ist ganz durchgefärbt, so dass evtl. auftretende Kratzer nicht so leicht sichtbar werden. Bei Neuanschaffung soll auf das Volumen der Wanne geachtet werden, um den Warmwasserverbrauch zu verringern. Ist im Gästebad keine eigene Dusche vorhanden, muss in der Wanne ein erkennbarer Duschbereich mit einer Trennwand vorhanden sein.

WC
Besonders beim WC ist auf eine Wandanbringung zu achten. Für eine gute Entlüftung ist zu sorgen. Ein eingebauter Wasserstopp oder eine regulierte Schwimmereinstellung im Spülkasten reduziert die Wassermenge pro Spülung auf bis zu sechs Liter. Auch die Zweitastenspülung hilft Wasser sparen. Ein abnehmbarer Toilettensitz in glatter Ausführung erleichtert die Reinigung.

Bidet
Auch das Bidet soll an der Wand montiert sein. Bidettücher und ein Behälter für benützte Bidettücher sollen in der Nähe sein.

Urinal
Bei der Wahl der Urinalsteuerung kann zwischen einer manuell zu betätigenden Spülung und einer berührungslosen Spülung gewählt werden. Auf eine ausreichende Spülwassermenge und eine zuverlässige Funktion ist zu achten, da es bei mangelnder Spülung zur Bildung von unangenehmen Gerüchen und zur Anlage von Urinstein kommen kann. Eine automatische Zwischenspülfunktion mit einer Zeitsteuerung bei längerer Nichtbenützung des Urinals vermeidet das Aufsteigen von Gerüchen aus austrocknenden Abflüssen.

Einrichtungsgegenstände

Die Auflistung enthält auch Tipps zum Wasser- und Energiesparen.

Abfallbehälter	– *Treteimer werden bevorzugt.* – *Behälter für die Mülltrennung.*
Etageren, Stellagen	– *Etageren und Ablageflächen sollen genügend Platz bieten.* – *Ein erhöhter Rand verhindert das Herunterfallen von Kosmetikartikeln.* – *Etageren aus Kunststoff können durch Rasierwässer, Parfüms etc. angegriffen werden, während Etageren aus gehärtetem, poliertem Glas oder aus Porzellan weitgehend unempfindlich sind.* – *Stellagen dienen der Ablage der Sanitärwäsche.*
Föhn	– *Leises Modell wählen.* – *Die Wandhalterung soll in gut erreichbarer Höhe montiert sein.*
Handtuchhalter	– *Meist aus Chrom oder auch aus Kunststoff.* – *Die Oberfläche soll glatt sein.* – *Sie sollen breit und leicht einzuhängen sein.* – *Beheizbare Handtuchhalter sind praktisch und sparen Platz, benötigen aber Energie.* – *Badetücher müssen sowohl aus dem Dusch- als auch aus dem Wannenbereich leicht erreichbar sein.*
Haltegriffe	– *Haltegriffe sind besonders bei Wannen mit breitem Rand und/oder mit Innenstufen erforderlich. Durch das Festhalten an ihnen wird das Ausrutschen verhindert.* – *Die Haltegriffe bei Dusche und Badewanne sollen beiden Händen Platz bieten und eine gute Grifffestigkeit aufweisen.* – *Die Haltestange soll gerade angebracht sein.*
Hocker	– *Gestell aus korrosionsbeständigem Material, meist Chrom.* – *Wasser abstoßende, abwischbare Sitzfläche.*
Kleiderhaken	– *Aus korrosionsbeständigem Material.* – *Bei der Montage ist das Gewicht der Bademäntel zu berücksichtigen.*
Papierhalter	– *Die Anbringung soll am besten rechts neben dem WC erfolgen.* – *Die Bügelform mit Abreißabdeckung ist zu bevorzugen.* – *Die Perforation des Toilettenpapiers soll ein leichtes Abreißen ermöglichen.*
Shampoonspender	– *Die Halterung für Shampoonspender soll so gestaltet sein, dass der Austausch einfach möglich ist.* – *Günstig ist die Anbringung in der Dusche und seitlich neben dem Waschbecken.*
Seifenschalen	– *Aus Chrom, Porzellan oder Kunststoff.* – *Rillenlose Seifenschalen erleichtern die Reinigung.* – *Seifenspender mit Flüssigseife sind leicht zu reinigen und leicht austauschbar.*
Spiegel	– *Badezimmerspiegel müssen eine Schutzschicht gegen Feuchtigkeit aufweisen.* – *Die Beleuchtung kann im Spiegelrahmen integriert sein. Sie muss blendfrei sein.* – *Ein Spiegelschrank bietet zusätzlich die Möglichkeit der Aufbewahrung für Toilettenartikel.* – *Bewegliche Schmink- und Rasierspiegel mit eingebauter beidseitiger Beleuchtung sind empfehlenswert.* – *Gute Entlüftung und Heizung verhindern das Beschlagen der Spiegel.*
Wäschekorb oder Wäschesack	– *Das Material muss luftdurchlässig sein.* – *Informationen zur Reinigung der Gästewäsche sowie die Preise sind in der Gästeinformation enthalten.*
Toilettenbürste	– *Aus leicht zu reinigendem Material.* – *Griffbereit hinstellen.*
Zahnputzgläser	– *Aus Glas oder Kunststoff.* – *Reinigung der Gläser in Gläserspülmaschinen auf der Etage oder hygienisch verpackte Einwegbecher.*

Checkliste: Vorbereitung für den Gast

Funktionsbereich	Bestückung	Menge für Einbettzimmer	Menge für Zweibettzimmer
Waschtisch	*Zahnputzglas, desinfiziert*	1	2
	Gästeseife	1	2
	Gesichtstuch	1	2
	Kosmetiktücherbox	1	1
	Handtücher	2	4
Badewanne	*Shampoon, Badeschaum*	1	2
	Badematte	1	2
	Badetücher	2	3
Dusche	*Shampoon, Duschgel*	1	2
	Badematte		
	Badetücher		
Bidet	*Körperpflegetücher*	2	4
WC	*Toilettenpapierhalter mit -rolle*	1	1
Konsole	*Reserverolle*	1	1
	Hygienebeutel	1	1

Für jeden weiteren Gast, der in der Zimmereinheit untergebracht ist, sind zusätzliche Artikel vorzusehen. In Betrieben der gehobenen Kategorie werden Duschhaube, Flakons mit exquisiten Badezusätzen, Bademäntel und Badepantoffeln bereitgehalten.

Tipps

Vorleger werden über den Wannenrand gelegt und nicht vor das Waschbecken. Man wäscht sich zumeist noch in Straßenschuhen die Hände. Zweck jedoch ist, aus Dusche oder Bad kommend mit nackten Füßen auf den unbenützten Vorleger zu steigen.

Reinigung

Die Reinigung der Wände und Böden wird im Kapitel → Böden, die einzusetzenden Reinigungsschwämme und -tücher wird im Kapitel → Betriebs- und Arbeitsmittel beschrieben.
Kalk lösende Reinigungsmittel und eine kleine weiche Bürste entfernen Anlagerungen von Kalk und Seifenresten zwischen Armatur und Fliesen bzw. Sanitärkeramik.

Tipp

Bei der Verwendung von sauren Reinigern oder Essig kann es zu Korrosion an den Armaturen kommen, wenn sie auch nur feinste Kratzspuren aufweisen.

Beispiel: Arbeitsunterweisung zur Mitarbeiterschulung – Sprühreinigung des Handwaschbeckens bei normaler Verschmutzung.

Was ist zu tun?	Wie geht das?	Warum geht das so?
Reinigungsmittel auftragen.	*Waschbecken und Armatur besprühen.*	*Verschmutzungen lösen sich.*
Rand, Beckenoberseite, Beckenunterseite, Beckeninnenseite und Armatur reinigen.	– *In beide Hände Schwammtücher nehmen.* – *Von hinten nach vorn arbeiten und von oben nach unten arbeiten.* – *Beckeninnenseite am Schluss wischen.* – *Nachspülen.*	– *Keine Arbeitsermüdung.* – *Wenig Reinigungschemie erforderlich.* – *Gründliche Reinigung von Armatur und Becken.*
Trocknen und Polieren.	– *In beide Hände Poliertücher nehmen.* – *Beidhändig Armaturen, Ober- und Unterseite trocken reiben.*	*Glanz entsteht.*

Beispiel: Arbeitsunterweisung zur Mitarbeiterschulung – Badewannenreinigung mit Sprühreinigung.

Was ist zu tun?	Wie geht das?	Warum geht das so?
Wandfliesen und Wanne spülen (wässern).	*Mit der Brause werden der Fliesenbereich um die Wanne und die Wanneninnenseite vorgereinigt.*	*– Grobschmutz wird entfernt.* *– Die Fugen werden vorgewässert.*
Badreiniger auf Reinigungsschwamm aufbringen.	*– Fliesen, Armaturen und Wanneninnenseite nur mit gelbem Schwamm mit weißer Scheuervliesfläche scheuern.* *– Hockend oder kniend arbeiten.*	*– Es wird kratzfrei gearbeitet.* *– Mechanik und Chemie lösen anhaftende Verschmutzungen.* *– Rückenschonend.*
Wannenabfluss säubern.	*– Verschluss herausheben, von Schmutz befreien.* *– Abfluss mit kleiner Bürste scheuern.*	*– Verhinderung von Geruchsbildung.* *– Tadelloser Wasserablauf.* *– Funktionskontrolle des Abflussverschlusses.*
Spülen.	*Mit Brauseschlauch abspülen.*	*Schmutzflotte wird entfernt.*
Fliesen, Armaturen und Wanne polieren.	*Mit flusenfreiem Tuch oder mit Reinigungsleder in überlappenden Bahnen polieren.*	*– Verhinderung von Wasserrändern.* *– Tadellose Oberflächen.*

Reinigung der Duschtrennwand
Glatte Duschwände aus Glas oder Kunststoff sind leichter zu reinigen als geprägte. Duschwände aus Glas werden wie bei der Fensterreinigung mit einer entsprechenden Gummilippe abgezogen. Ein Nachpolieren ist meist nicht mehr erforderlich. Kalkanlagerungen werden durch Wischen mit einem milden Sanitärreiniger entfernt. Bei der Reinigung der Rahmen der Duschwände ist auf das Material zu achten. Abrasive Stoffe in der Reinigungschemie schädigen die Oberfläche. Beim Einsatz von sauren Reinigern muss auf die Korrosionsbeständigkeit geachtet werden. Duschvorhänge sind entsprechend der Waschempfehlung zu waschen.

Beispiel: Arbeitsunterweisung zur Mitarbeiterschuldung – WC- und Urinalreinigung (bei Wandmontage), Sprühreinigung. Einweghandschuhe anziehen!

Was ist zu tun?	Wie geht das?	Warum geht das so?
Spülen.	– *WC-Spülung betätigen.* – *Bei Grobverschmutzung evtl. WC-Bürste verwenden.*	*Fäkalreste werden entfernt (Vorreinigung).*
WC-Reiniger in der Muschel aufbringen.	*Sanitärreiniger in die WC-Muschel sprühen, Einwirkzeit beachten!*	*Urinstein wird angelöst.*
WC-Muschel scheuern und spülen.	– *Mit der WC-Bürste Muschel und Abflussbereich gründlich scheuern.* – *Spülung betätigen.*	– *Angelöste Verunreinigungen und Urinstein werden entfernt.* – *Schmutzflotte fließt ab.* – *Überprüfung auf Sauberkeit.*
Reinigungstuch vorbereiten.	*Sanitärreiniger auf* **rotes** *Reinigungstuch aufbringen.*	**Rot =** *Einsatzbereich Toiletten; die Keimverschleppung wird vermieden.*
Spülkasten und WC-Brille säubern.	– *Hockend arbeiten.* – *Zuerst den Spülkasten, dann die WC-Brille säubern.* – *WC außen säubern.* – *Tuch wenden und nachwischen.*	*Schont die Wirbelsäule.*
WC polieren.	*Mit faserfreiem Tuch den Spültastenbereich, die WC-Brille und das WC trocken wischen.*	*Es können keine Wasserflecken auf den Oberflächen entstehen.*

Inspektion – Kontrolle

Da Badezimmer besonders hohem Verschleiß ausgesetzt sind, sollen die **Inspektionsunterlagen** alle Problemstellen und die sich daraus ergebenden Maßnahmen enthalten. Diese Liste ist nach den Gegebenheiten des Betriebes zu erstellen. Sie dient neben der weiteren Planungsarbeit auch der Vorbereitung der Dienstbesprechungen, da Mängel wertungsfrei und sachlich aufgezeigt werden. Nach ca. 15 Jahren ist eine komplette Erneuerung nötig.

Beispiel: Inspektion des Sanitärbereiches

Gästebad, Zimmernummer ...	Mangel	Festgestellt am	Durchführung
Wände	– *Der Verputz hat Blasen.* – *Die Decke ist in den Ecken dunkel.* – *Die Wandfliesen sind fensterseitig beschädigt.* – *Die Fugenmasse muss ergänzt werden.*		
Boden	– *Schlieren.* – *Fugenmasse in den Ecken fehlt.*		
Armaturen	– *Duscharmatur ist matt.* – *Duschkopf sprüht nicht.* – *Waschbeckenarmatur tropft.*		
Waschbecken	*Überlauf ist verschmutzt.*		
Dusche	*Abfluss ist verlegt.*		
Badewanne	– *Haltegriff ist locker.* – *Alarmklingel funktioniert nicht.*		

Halle

Die Halle muss die Gäste einladen, sie bietet dem Gast den ersten Eindruck und hinterlässt beim Verlassen des Hauses den letzten Eindruck, den der Gast mitnimmt. In der Halle befinden sich die Rezeption, an der Check-in und Check-out stattfinden, Telekommunikationseinrichtungen, Schilder und Hinweistafeln für die Information der Gäste. Die Halle ist der Mittelpunkt des Betriebes, ein Treffpunkt für die Gäste und ein Kommunikationszentrum.
Die Halle kann in zwei Bereiche unterteilt sein, in die **Eingangshalle,** die Lobby, und den **Aufenthaltsbereich,** die Lounge.

Eingangshalle (Lobby)

Durch die Eingangstüre, einen eventuell vorhandenen Windfang und über die Schmutzschleuse gelangt der Gast in die Halle. Toilettenanlagen, Garderoben, evtl. vorhandene Gepäckaufbewahrungsräume ua sollen von hier aus zugänglich sein. Eine gute Beschilderung ist sehr wichtig. Weiters können in der Halle auch die Zugänge zu den Restauranträumen, zu Konferenz- und Seminarräumen sowie die Treppen und Aufzüge untergebracht sein. Für eine ausreichende Beleuchtung ist unbedingt zu sorgen.

Aufenthaltsbereich (Lounge)

Im Aufenthaltsbereich sind meist Sitzgruppen vorhanden, hier gibt es evtl. auch eine Lese- oder Schreibecke, vielleicht sogar eine Bibliothek oder eine Kinderspielecke. Auch eine kleine Bar kann hier untergebracht sein. Im Aufenthaltsbereich wird die Beleuchtung den Funktionsbereichen entsprechen. Vitrinen und Pflanzen sorgen für eine angenehme Atmosphäre.

Reinigung der Halle

Bei der Reinigung der Halle sollen die Gäste durch Betriebsmittel nicht behindert werden. Der Zeitpunkt dafür wird entsprechend der Frequenz festgelegt. In einem Ferienbetrieb zB könnte dies in den frühen Morgenstunden geschehen. Während des Tages werden von einem dafür bestimmten Mitarbeiter in regelmäßigen Abständen Kontrollen durchgeführt und nicht störende Arbeiten, wie die Unterhaltsreinigung der Möbel, durchgeführt. Feuchte Bodenflächen werden mit einem Aufsteller „Achtung, Rutschgefahr" gekennzeichnet.

Die Schmutzschleusen im Eingangsbereich sollen so dimensioniert sein, dass ein Gast sechs bis acht Schritte darauf macht, so dass die meisten Verschmutzungen bereits auf der Schmutzschleuse verbleiben. Grobverschmutzungen werden bei Bedarf sofort entfernt. Der Austausch der Schmutzschleusen wird mit einer Fremdfirma durch einen Leasing- oder Mietvertrag geregelt.
Griffspuren an den Eingangstüren und Glaselementen werden während des Tages entfernt.

Öffentliche Toilettenanlagen

Der öffentliche Sanitärbereich wird oft als Visitenkarte eines Hotels bezeichnet. In den meisten Betrieben gehören Kontrolle und Reinigung der öffentlich zugänglichen Toiletten zum Aufgabenbereich der Etagenmitarbeiter. Wird die Reinigung an externe Firmen vergeben, wird die Hausdame die Kontrolle durchführen.
Die Hinweisschilder und die Kennzeichnung der Toiletten müssen gut sichtbar angebracht werden. Die Ausstattung entspricht im Wesentlichen jener der → Sanitärräume.

Behindertengerechtes WC

Bei der räumlichen Planung ist es vorteilhaft, wenn WCs für Behinderte in den Räumen der allgemeinen Toilettenanlagen integriert werden. Eine geschlechtsneutrale Anordnung erspart Platz und ermöglicht eine großzügigere Raumplanung. Dies ermöglicht auch Begleitpersonen von Behinderten den Zutritt → Sanitärräume.

Planungsbeispiel für Behinderten-WC in geschlechtsneutraler Anordnung

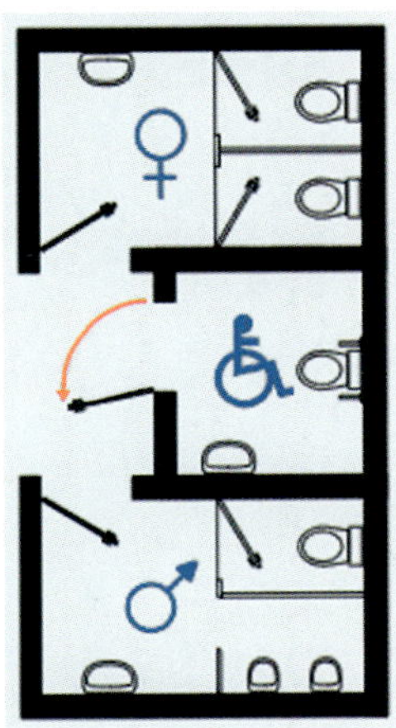

Folgende bauliche Aspekte sind bei der Planung behindertengerechter WCs zu berücksichtigen:

- Schwellenlose Ausführung.
- Türlichten von 90 cm.
- Türen sollen nach außen aufgehen.
- Zum Anfahren eines WC-Sitzes ist seitlich eine freie Fläche von 90 cm erforderlich.

WC- Spülung
Die Spülvorrichtung muss gut erreichbar sein. Eine seitlich an der Wand installierte Vorrichtung ist empfehlenswert, wobei darauf zu achten ist, dass ein möglichst geringer Kraftaufwand und eventuell auch eine größere Fläche zur Betätigung erforderlich sind.

WC-Papierhalter, WC-Bürste
Sie müssen vom Behinderten ohne körperliche Anstrengung erreichbar sein. Die Rückwand ist deshalb für die Unterbringung unpassend.

Haltegriffe
Diese Haltegriffe sind so auszuwählen, dass sie bei verschiedensten Behinderungen benützt werden können. Auch Griffe mit Klappfunktion leisten gute Dienste.

Behindertes Kind bei einem entsprechenden Waschbecken mit Spiegel

Waschbeckenbereich und Spiegel
Auf die Unterfahrbarkeit der Beckeneinheit ist zu achten. Bei der Auswahl der Armatur, der Anbringung des Handseifenspenders und der Trocknungseinheit ist auf die Erreichbarkeit und die benutzerfreundliche Bedienung zu achten. Die Spiegelmontage und die Spiegelgröße sind behindertengerecht zu wählen. Spiegelausführungen mit veränderbarem Neigungswinkel erleichtern den Gästen das Betrachten im Spiegel auch im Sitzen.

Reinigung der öffentlichen Toilettenanlagen

Besonders hier ist auf eine gute und rasche Reinigung zu achten. An der Wand montierte WCs und Urinale ermöglichen eine raschere Reinigung des Bodens. Leicht zu reinigende Oberflächen und klare Formen sind zu bevorzugen. Besonderes Augenmerk bei nicht benützten Urinalen ist auf die regelmäßige Intervallspülung zu legen, die das Aufsteigen von Gerüchen aus den Abflussrohren vermindert. Eine Checkliste zur permanenten hygienischen Reinigung soll erstellt werden, damit kein Teilbereich übersehen wird. Materialien und Pflegeansprüche →Sanitärräume.

Innerhalb der öffentlich zugänglichen Toilettenanlagen soll ein versperrbarer Raum bzw. ein eigenes kleines Office für die nötigen Betriebs- und Arbeitsmittel sowie für die Neubestückung vorgesehen sein:

- Wasserentnahmestelle.
- Evtl. ein Handwaschbecken mit Seifenspender und Papierhandtuchbehälter.
- Abfallbehälter.
- Stellagen für Reinigungs- und Desinfektionsmittel.
- Arbeitsmaterialien und -textilien für die Reinigung und für das Polieren.
- Einweghandschuhe.
- Reinigungswagen oder Fahreimer, komplett.
- Stellagen für die Neubestückung.

Betriebsintern wird je nach Frequenz der öffentlichen Toilettenanlagen ein **Reinigungs- und Inspektionsintervall** festgelegt. Die Dokumentation erfolgt durch Eintragung auf der **Kontrollkarte,** die in Türnähe angebracht wird und somit auch von den Gästen eingesehen werden kann.

CROWNE PLAZA HOTELS · RESORTS

SALZBURG - THE PITTER

Unsere Toiletten werden ständig kontrolliert. Sollten Sie trotzdem eine Beanstandung haben, wenden Sie sich bitte an unser Bedienungspersonal.

Datum: ____________

Uhrzeit	Unterschrift des Mitarbeiters
8.00	
10.00	
12.00	
14.00	
16.00	
18.00	
20.00	
22.00	
24.00	

Freizeit- und Wellnessbereich

Betriebe, die ihren Gästen Möglichkeiten für Sport, Erholung und Wellness im eigenen Haus anbieten, benötigen besondere Einrichtungen.

Freizeitbereiche	Wellnessbereiche
Hallenbad	*Sauna*
Freibad	*Dampfbad*
Gymnastikräume	*Solarium*
Kraftkammer	*Massageräume*
Tennis- und/oder Squashhalle	*Ruheräume*
Tischtennisraum	*Kosmetikstudios*
…	*Whirlpool*
	Moorbad
	Solebecken
	…

Bereits bei der Planung muss auf die bauliche Gestaltung, auf die Verkehrswege und auf die Anbindung an bestehende Räume und vorhandene technische Einrichtungen Rücksicht genommen werden. Materialvielfalt, Malerei, Lichteffekte und Pflanzen tragen besonders zum Wohlbehagen der Gäste bei. Der Zutritt wird zB durch Karten, Uhren, Berechtigungschips möglich.

Reinigung des Freizeit- und Wellnessbereichs

An die Mitarbeiter, die für die Reinigung in diesen Bereichen zuständig sind, werden besondere Anforderungen gestellt. Die Reinigungsabläufe müssen auf die Benützungszeiten abgestimmt werden. Laufende Kontrollen, Zwischenreinigungen und Desinfektionsvorgänge müssen sehr oft auch während der Betriebzeiten eingeschoben werden. Die klimatischen Verhältnisse in diesen Bereichen begünstigen das Keimwachstum und erfordern spezielle Kenntnisse der Mitarbeiter. Die Materialien müssen leicht zu reinigen sein, spezielle Reinigungsvorgänge sind nötig.

In Österreich sieht das Bäderhygienegesetz vor, dass der Betriebsinhaber für eine entsprechende Schulung der verantwortlichen Mitarbeiter Sorge zu tragen hat (§ 14 Bäderhygienegesetz Österreich). Es werden speziell für diese Mitarbeiter, die mit der Badeanlagenbetreuung betraut sind, eigene Schulungen angeboten.

Gestaltungselemente

Was macht die unnachahmliche persönliche Note aus, die den Gast anspricht, die seine Aufmerksamkeit, seine Neugier weckt, die ihn heiter stimmt? Wie kann auf unterschiedliche Vorstellungen von Ästhetik eingegangen werden? Es stehen uns viele Gestaltungselemente zur Verfügung. Es können Bilder oder Spiegel sein, die den Blick des Gastes auf sich ziehen. Eine besondere Note verleihen auch Kunstgegenstände, Musikinstrumente, Bücherborde mit bibliophilen Kostbarkeiten, Wandteppiche, kleine Kunstsammlungen, Vitrinen oder auch Aquarien. Dekorationen und Gestaltungselemente können auf den Anlass oder auf die Jahreszeit abgestimmt werden. Wichtig für die Wirkung sind aber vor allem die Farben und das Licht. Mit Hilfe einer gut durchdachten Beleuchtung kann die Stimmung eines Raumes stark verändert oder besonders betont werden. Die Beleuchtung trägt auch wesentlich zum Gefühl der Sicherheit bei → Haustechnik und Sicherheit.

Farben

Farben aktivieren oder beruhigen und wirken sich auf das Wohlbefinden aus. Sie verändern das Aussehen der Räume und vermitteln subjektive Eindrücke. Zu jedem Menschen passen bestimmte Farben besonders gut. Daher sollen für die Gestaltung der Gästezimmer indifferente, abgestufte Töne gewählt werden, wobei die Basisfarbe variiert wird. Zugaben von Schwarz oder Weiß verdunkeln den Farbton oder hellen ihn auf.

Art	Wirkung
Blautöne	*Regulierend.* *Beruhigend.* *Vermitteln Ruhe, Stille, Weite.* *Fördern die Konzentration.* *Vermitteln Kühle und Frische.*
Violetttöne	*Wirken erhebend und erregend, auch beunruhigend.* *Vermitteln Tiefe, Mystik, geheimnisvolle Stimmung.* *Wirken feierlich, evtl. aber auch deprimierend.*
Rottöne	*Vermitteln Wärme und Nähe, Stärke, Vitalität und Fröhlichkeit.* *Bringen Energien in Schwingungen.* *Wirken aufregend und beschleunigend, manchmal auch aggressiv.* *Signalwirkung.*
Gelbtöne	*Wirken freundlich, anregend, strahlend.* *Vermitteln Leichtigkeit, Freiheit, Fröhlichkeit und Sauberkeit.* *Erinnern an Sonne und Sommer.*
Grüntöne	*Wirken beruhigend und ausgleichend, besänftigend und versöhnlich.* *Vermitteln Natürlichkeit, Geborgenheit.* *Sie sind ein Synonym für Hoffnung.*

Raumeffekte durch Farben

Raum/Raumelemente	Möglichkeiten der Gestaltung	Wirkung
Kleine Räume	*Die Fensterfront soll heller als die übrigen Wände sein.*	*Die Räume wirken größer.*
Niedere Decke	*Sie soll heller als die Wände gehalten werden.*	*Die Räume wirken höher.*
Hohe Decke	*Sie soll dunkler als die Wände gehalten werden.*	*Die Räume wirken heimelig.*
Schmale Gänge	*Die Seitenwände hell, die Stirnwand dunkler oder bunt halten.*	*Die Gänge werden optisch breiter.*

Beispiel

Als **Basisfarbe** wird ein kräftiges Braun mit rötlicher Pigmentierung gewählt. Eine Nuancierung durch Weiß ergibt warme Beigetöne, zB Rosenholz oder Rosé. Schwarz erlaubt schokoladebraune Tönungen. Wer warmes Rot bevorzugt, wird sich in dieser Umgebung sehr wohl fühlen. Weitere geeignete Basisfarben sind Moosgrün, Rostrot, Weinrot, Grau, Stahlblau, Goldgelb.

Bei der Farbauswahl ist die Lichtwirkung im Raum zu berücksichtigen. Jede Fläche reflektiert Licht. Helle Gelbtöne lassen Räume besonders freundlich erscheinen. Glatte Flächen steigern die Lichtintensität. Dunkle Flächen mit rauer Oberfläche nehmen sehr viel Licht auf, Schwarz reflektiert ca. zehn Prozent des auftreffenden Lichts.

Musterungen verlangen sehr viel Fingerspitzengefühl. Sie unterliegen der Mode und sind bei der Wahl von Einrichtungselementen problematisch. Manche Kombinationen verlangen Mut, nicht nur vom Gestaltenden, sondern auch vom Betrachtenden.

Tipps

Streifen wirken klar, dezent und passen zu floralen Mustern ebenso wie zu geometrischen.

Goldene Regel: Ein dominantes Muster im Raum, ein dezentes Streifendesign, eine in sich marmorierte Farbe, alles andere in fein aufeinander abgestimmter Unifarbpalette.

Bilder

Mit Bildern kann viel Stimmung vermittelt werden. Nach der Auswahl der Bilder sind die Anbringung, die Rahmen und die Beleuchtung entscheidend für die Wirkung. Ob Originale oder hochwertige Drucke, jeder Betrieb wird seine Linie finden, die den Gast durch sorgfältige Auswahl erfreut.

Es ist gut, zu überlegen, **wo** im Raum ein Bild dekorativ wirkt. Der Blick des Gastes fällt beim Betreten eines Raumes auf die gegenüber der Tür liegende Seite. Ist dort genügend Wandfläche vorhanden, kann ein Bild einen freundlichen Empfang bieten. Meist hängen Bilder in Gästezimmern über den Betten. Weiters bietet sich zB die Wand über dem Schreibtisch oder über einer Kommode an.

Zum Schutz der Bilder soll die direkte Sonneneinstrahlung verhindert werden. Eine gute künstliche Beleuchtung mit direkter Lichtführung, zB mit Halogenlampen, bringt die Bilder zur Wirkung. Es ist dabei auf die Wärmeentwicklung zu achten. Das Zentrum des Bildes soll in Augenhöhe des Betrachters sein. Mehrere Bilder mit unterschiedlichen Darstellungen, Formaten und Rahmen müssen gut aufeinander abgestimmt werden.

Tipps

Alle Bilder, besonders Originale, sollen für das Archiv fotografiert und mit den Erwerbsdaten dokumentiert werden (Versicherungsschutz).

Ein kleines Stück Kork mit rauer Oberfläche wird auf die Rückseite geklebt, so bleibt das Bild gerade hängen, wenn es einmal zentriert wurde.

Die **spiegelfreie Verglasung** lässt Bilder wie unverglast erscheinen. Die Rückseite der Bilder soll exakt verarbeitet sein, um Staubanlagerung zu vermeiden. Die Ecken müssen im rechten Winkel gearbeitet sein, wobei Leisten und Schnitzereien im Verlauf stimmen müssen. Passepartouts sollen farblich auf das Bild und den Raum abgestimmt werden. Die Aufhängevorrichtungen können unterschiedlich sein. Das Abnehmen und Aufhängen soll einfach erfolgen können. Die Eindübelung der Wandhaken ermöglicht eine sichere und gerade Aufhängung der Bilder.

Manchmal finden in Hotels Vernissagen statt. Sie bringen Gäste ins Haus und bieten Künstlern ein anspruchsvolles Forum. Wechselnde Ausstellungen benötigen eine gute Aufhängevorrichtung, die verschiedene Höhen zulässt. Dafür gibt es Schienen mit integrierten Haken. Die Bilder werden mit Hilfe von Nylonschnüren montiert.

Einige Vorschläge aus der Fülle an Möglichkeiten zur dekorativen Gestaltung

Bilder	Rahmen
Stiche, Aquarelle, Kollagen und Ölgemälde. Avantgardistische Bilder. Kunstfotos.	*- Metall, glatt. - Ohne Rahmen mit Glasplatte und Haltern. - Gold, glatt. - Weiß, glatt. - Farbig zum Bild passend. - Schwarz. - Schlichte Holzrahmen.*
Antiquitäten, Ölbilder, zB Landschaften, Stillleben, Porträts, Jagdszenen.	*Barockrahmen, vergoldet, teilweise mit edlem Holz kombiniert.*
Blumen, Landschaften, Jagdszenen, Stillleben, Drucke, Radierungen. Alte Landkarten.	*- Feine Goldleisten. - Antiquiertes Weiß. - Holz. - Metall.*
Biedermeierszenen, Blumen, Stillleben, Idyllen.	*Dunkles, poliertes Holz mit fein verzierten Goldleisten.*

Reinigung

Glas wird mit Glaspflegemitteln behandelt, wobei keine Flüssigkeit in den Rahmen gelangen darf. Der Glasreiniger wird auf das Reinigungstuch aufgesprüht. Schnitzereien werden mit einem Pinsel entstaubt. Das Entstauben der Rahmen erfolgt mit Staub bindenden Tüchern. Eine feuchte Reinigung soll vermieden werden, um die Verschmutzung der Wand zu verhindern. Ölgemälde werden vorsichtig mit dem Möbelpinsel abgestaubt.

Bild mit Beleuchtung

Spiegel

Die Oberfläche der Spiegel muss vollkommen glatt sein, um Verzerrungen des Spiegelbildes zu verhindern. Der Rand soll geschliffen sein. Bei stufigem Schliff bricht sich das Licht in den Regenbogenfarben, dies erzeugt einen besonderen Effekt. Der Spiegel muss Tiefe haben, das weist auf eine **hochwertige Beschichtung** hin. Die Brillanz des Spiegels hängt von der Glasmasse und von der Produktion ab, die Wirkung der Spiegelung von der Farbe des Glases und der Art der Beschichtung.

Venezianische Spiegel haben einen auf die Fläche geklebten Glasdekorationsschmuck. **Facettenspiegel** sind an den Rändern aufwendig geschliffen und mit Goldrahmen versehen. Spiegel mit Antikeffekt wurden einer künstlichen Alterung unterzogen.

Im Badezimmer soll ein großer Spiegel mit Tageslichtsimulation angebracht sein. Bronzierte Spiegel können täuschen. Spezielle Kosmetikspiegel sind für das Schminken günstig.

Spiegel dienen als Raumelement. Sie werden gerne zur optischen Vergrößerung kleiner Räume eingesetzt. Schwer einsichtige Raumecken können mit Spiegeln in den Blickwinkel gerückt werden. Die Rahmenkonstruktion muss auf das Spiegelgewicht abgestimmt sein. Spiegel in Vitrinen heben die Exklusivität der ausgestellten Waren besonders hervor, besonders in Verbindung mit Beleuchtung.

> **Tipp**
> *Ein Spiegeluntersatz bei Gestecken und Kerzen erzielt eine besondere Wirkung!*

Montage

- Die Augenhöhe der sich spiegelnden Person soll im oberen Drittel der Spiegelfläche liegen.
- Spiegel müssen einen kleinen Abstand zur Wand wahren. Wandkälte und Raumfeuchte würden die Beschichtung beschädigen.
- Auf die Spiegel soll kein Sonnenlicht fallen, sie könnten blind werden.
- Die Haken werden wie bei Bildern eingedübelt.

Reinigung

Spezielle Glaspflegemittel mit Anlaufschutz und Mikrofasertücher oder Ledererersatz sind die besten Reinigungshilfen. Diese Tücher dürfen nur für Spiegel verwendet werden. Die Reinigungsflüssigkeit wird auf die Reinigungstücher aufgebracht. Mit der Pinseldüse können die Rahmen und die Spalten zwischen Spiegel und Rahmen gesaugt werden. Auf eine ergonomische Bewegung bei der Spiegelreinigung ist zu achten → Reinigungsmanagement.

Beleuchtung – Gestalten mit Licht

Leuchten, Lampen und Spots dienen der guten Ausleuchtung und sind ein dekoratives Element. Nicht nur die Wahl des Beleuchtungskörper, sondern auch die Wirkung der Lichtquelle im Raum muss bereits bei der Planung genau überdacht werden. Eine Lichtquelle kann sowohl der Gesamtbeleuchtung als auch der so genannten Akzentbeleuchtung dienen. Punktstrahler heben spezielle Objekte hervor. Farben, Formen, Gegenstände usw. entfalten sich oft erst durch die richtige Beleuchtung. Man rückt sie dadurch gezielt in den Blickpunkt. Die individuelle Helligkeit eines Raumes kann mit **Dimmern** gesteuert werden. Durch die Installation von Lichtinseln werden Räume optisch erweitert.

Bei der Wahl der Leuchten und Lampen ist die Lichtverteilung zu berücksichtigen. Nur dadurch kann der entsprechende Beleuchtungszweck erreicht und die gewünschte Raumstimmung erzielt werden → Haustechnik.

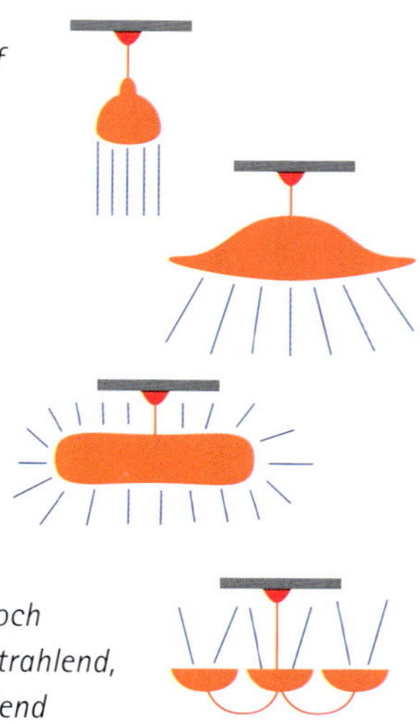

Gebündelt tief (nach unten) strahlend

Breit tief strahlend

Vorwiegend gleichförmig strahlend

Vorwiegend hoch (nach oben) strahlend, indirekt strahlend

Beleuchtung in den Gästeräumen

Für den Gast ist die Beleuchtung sehr wichtig für die Behaglichkeit. Der Gast will lesen, fernsehen, schreiben, in einem Seminar- oder Konferenzraum arbeiten, sich bei mit Freunden zusammen setzen usw. Daher muss die Beleuchtung diese verschiedenen Sehaufgaben optimal ermöglichen:

- Helle Platzbeleuchtung beim Schreibtisch, gezielte Lichtführung.
- Schminktisch und Spiegelbeleuchtungen soll von beiden Seiten gleichmäßig Licht spenden, um eine Schattenbildung zu vermeiden.
- Neben Betten und Fauteuils ist eine ausreichende Lesebeleuchtung erwünscht. Durch schwenkbare Ausleger lässt sich der Lichteinfall optimal steuern.
- Über dem Tisch soll eine blendfreie Hängelampe angebracht sein.
- Eine Innenschrankbeleuchtung hilft, Ordnung zu halten.

Sicherheit wird dem Gast in der fremden Umgebung auch vermittelt, wenn mehrere Leuchten gemeinsam zentral von der Zimmertüre oder vom Bett aus geschaltet werden können.

> **Tipp**
> *Im Fernsehgerät darf sich kein Licht spiegeln!*

Beleuchtete Zimmernummer

Beleuchtung im Sanitärbereich

Wegen der hohen Raumfeuchte und der Möglichkeit, direkt mit Wasser in

Berührung zu kommen, werden an die Beleuchtungskörper und an die Steckdosen besondere Anforderungen gestellt. Es ist auf das Lampenprüfsiegel zu achten.

Eine integrierte Decken- und Wandbeleuchtung sowie Downlights sorgen für die gewünschte Raumausleuchtung. Besonderes Augenmerk ist auf die richtige Spiegelbeleuchtung zu legen. Wird an beiden Seiten des Spiegels ein länglicher Beleuchtungskörper angebracht, so wird eine schattenlose Ausleuchtung garantiert. Leuchten über dem Spiegel erzeugen Schatten unter Augen, Nase und Kinn. Es ist auch auf die Lichtfarbe zu achten. Warme Farben verleihen dem Gesicht einen angenehmen Teint.

Beidseitige Beleuchtung

Beleuchtung in der Halle

Die Allgemeinbeleuchtung soll repräsentativ und funktionell sein. Im **Rezeptionsbereich** wird eine breit strahlende und blendungsfreie Beleuchtung sowohl vom Gast als auch vom Rezeptionsmitarbeiter angenehm empfunden. Hier ist auch eine gute durchdachte Arbeitsplatzbeleuchtung besonders wichtig. Lichtquellen dürfen sich nicht in PC-Bildschirmen spiegeln.

Im **Loungebereich** wird mit Tischleuchten auf kleinen Tischchen zwischen den Sitzgruppen oder mit gut platzierten Stehleuchten eine heimelige Atmosphäre erzeugt. Dazu sind Steckdosen im Fußboden erforderlich, um lose Kabel zu vermeiden. Bilder, Wandteppiche und besondere Details können, mit Punktstrahlern exakt angestrahlt, viel Atmosphäre verbreiten. Besondere Effekte werden durch Vitrinenbeleuchtungen erzielt.

Beleuchtung in Aufzügen, Stiegenhäusern und Gängen

Mit integrierten Deckenleuchten soll eine helle Ausleuchtung der ganzen Liftkabine erzielt werden. In den Stiegenhäusern muss jede Stufe so ausgeleuchtet sein, dass sie sich deutlich von der nächsten abhebt. Ebenfalls ist

auf eine schattenlose Ausleuchtung von Stufenpodesten zu achten. Eingebaute Stufenleuchten machen Stiegen besonders sicher. Gut eingestellte Bewegungsmelder bieten Sicherheit.
Eine durchgehend schattenlose Ausleuchtung soll dunkle Zonen verhindern. Die Gangbeleuchtung muss bei bestimmten architektonischen Gegebenheiten als Dauerbeleuchtung dienen, wenn zu wenig Tageslicht einfällt. Deckenbündig eingebaute Leuchten wirken wie Breitstrahler. Werden sie quer zur Gehrichtung montiert, verkürzen sie lange Gänge optisch. Durch eine gute Lichtquelle am Ende eines Ganges wirkt er einladender. Eine Anstrahlung der Zimmernummern erleichtert die Orientierung der Gäste.

Besondere Aufmerksamkeit in diesem Bereich kommt der Sicherheits- bzw. Notbeleuchtung zu. Entsprechend den gesetzlichen Vorschriften muss der Gast im Ernstfall die Notausgänge finden können → Haustechnik.

Beleuchtung in den Funktionsräumen

Die Arbeitsplätze müssen schattenlos ausgeleuchtet sein. Die Lichtführung ist nach der arbeitenden Person zu wählen, da Rechtshänder das Licht von links und Linkshänder das Licht von rechts benötigen, um sich selbst nicht mit den Händen das Arbeitszentrum zu beschatten. Von vorne strahlendes Licht ist optimal, wobei darauf zu achten ist, dass der Arbeitende nicht geblendet wird.

Beleuchtung in multifunktional genutzten Räumen

Mobile Lichtregie, die für möglichst viele Veranstaltungen optimales Licht garantiert und trotzdem unaufdringlich, eindrucksvoll und dekorativ wirkt, ist hier gefragt. Kabel dürfen keinesfalls lose am Boden gelegt werden. Die Halterungen für Scheinwerfer sollen möglichst unsichtbar montiert sein.

Beleuchtung im Wellnessbereich

Zur Rauminszenierung in diesen Räumlichkeiten werden Leuchten und Lampen aller Art verwendet. Bauliche Besonderheiten werden hervorgehoben. Farbiges Licht verstärkt zB in Ruhezonen das Wohlbehagen der Gäste. Mit Unterwasserbeleuchtungen und so genannten Sternenhimmeln werden weitere Akzente im Wellnessbereich gesetzt. Gefahrenzonen werden durch gezielte Beleuchtungseffekte hervorgehoben und für die Gäste ersichtlich gemacht.

Beleuchtung in Seminarräumen

Für alle Tische muss die gleiche Lichtqualität gegeben sein. Bei Gesprächsrunden ist eine dezente Ausleuchtung der Wände vorteilhaft. Werden Computer eingesetzt, werden, darf sich in keinem Bildschirm Licht spiegeln. Bei Overheadpräsentationen und Filmvorführungen muss noch so viel Licht vorhanden sein, dass sich die Zuhörer Notizen machen können. Hier ist eine indirekte Deckenbeleuchtung angenehm. Das Rednerpult verlangt eine diskrete Ausleuchtung der Auflagefläche. Das Gesicht der vortragenden Person soll nicht von unten angestrahlt werden. Die Lichttechnik soll zentral steuerbar sein.

Seminarraum

Pflanzen und Blumen

Pflanzen bringen Leben in Räume, die dadurch zu Oasen der Ruhe werden. Sie filtern zum Teil Schadstoffe aus der Luft. Inwieweit die gesamte florale Gestaltung in die Kompetenz des Housekeepingdepartments fällt, wird in der Stellenbeschreibung der Hausdame festgehalten. Die dafür erforderliche Zeit und das entsprechende Budget sind in der Planung zu berücksichtigen. In vielen Betrieben wird die Pflege der Pflanzen und die Herstellung der Blumendekoration einem Floristen oder einer Gärtnerei übergeben. Die Betreuungsarbeiten übernimmt die Hausdame oder ein eigens dafür bestellter Mitarbeiter. Dieser soll Kreativität und Freude an der Arbeit mit den Pflanzen haben. Auch die Aufträge an Floristen- oder Gärtnereibetriebe sind in die Betriebskalkulation aufzunehmen. Die Kopien der Rechnungen werden im Büro der Hausdame aufbewahrt, damit eine Kalkulationsgrundlage für weitere Budgets aufliegt.

Die Art der anzufertigenden Arrangements richtet sich nach dem Anlass und dem Raum. Fachliche Beratung kann beim Gärtnereibetrieb eingeholt werden. Die Wintergartenbepflanzung, die Pflanzen in der Hotelhalle, die Atriumsgestaltung, die Blumenfenster und die Balkone bedürfen ebenfalls einer aufwendigen Betreuung.

Planung

Pflanzen brauchen eine gewisse Lichtmenge zum Gedeihen. Diese Lichtmenge wird als Lichtkompensationspunkt bezeichnet und liegt bei jeder Pflanzenart in einem anderen Luxbereich. Die Werte können der Fachliteratur entnommen oder beim Fachhandel erfragt werden. Die meisten Pflanzen benötigen 500 bis 1.500 Lux. In **nordseitig gelegenen Räumen** mit wenig Tageslicht können Quecksilberdampflampen, die sechs bis zehn Stunden pro Tag eingeschaltet sind, das fehlende Licht zu ersetzen.

Pflanzen wirken sich auf das Raumklima sehr positiv aus. Manche von ihnen können Raumgifte, wie zB Formaldehyd, abbauen. Die Wurzeln und die Bodenbakterien leisten die entgiftende Arbeit.

Für **sonnenseitige Räume** steht eine Fülle von grünen Bäumchen und Pflanzen sowie rankenden Gewächsen zur Auswahl, von denen manche sogar Früchte tragen. Hibiskus oder Roseneibisch, Clivie, Jasmin, Azaleen, Bromelien, Orangen- und Zitronenbäumchen lieben es warm.

Für viele Räume gut geeignete Pflanzen sind Efeu, Philodendron, Bananenpalme, Grünlilien, Ficus benjamin, Strahlenaralie und Schwertfarn. Zu beachten ist, dass manche Pflanzen, wie Dieffenbachie, Wolfsmilchgewächse, Weihnachtsstern, Philodendron, Fensterblatt, Azaleen und die Beeren des Korallenbäumchens, giftig sind. Darauf ist besonders in Betrieben zu achten, die auch Kinder beherbergen. Allerdings führt nur ein großer Konsum von Pflanzenteilen zu Vergiftungen.

> **Achtung**
> ***Bei Verdacht auf Pflanzenvergiftung keine Milch zu trinken geben!***

Farne, Efeu, Palmen, Drachenbaum, Usambaraveilchen, Zyklamen bringen einen Hauch von Frühling. An hellen Fenstern in kühlen Räumen blühen sogar manche Orchideen.

Da manche Pflanzen keine dauernde direkte Sonnenbestrahlung vertragen und besser an halbschattigen Standorten gedeihen, kann mit zentral steuerbaren Schatten spendenden Systemen Abhilfe geschaffen werden.

In Schlafräumen soll auf stark riechende Blumen, wie Hyazinthen, Lilien und Orchideen, verzichtet werden.

Große Gewächse sollen leicht zu transportieren sein. Dafür gibt es Pflanzgefäße mit Rädern oder Übertöpfe auf Rollen. Transportable Pflanzenwände erleichtern die Verlagerung ins Freie oder in einen geeigneten Funktionsraum. Kulturen mit Wasser speichernden Materialien können mit größeren Steinen oder Nylonnetzen gesichert werden, um das Herausfallen zu vermeiden.

Pflanzen in Hydrokulturen
- Jede Pflanze benötigt eine Trockenphase. Wasser erst zwei bis drei Tage nach Erreichung des Wassertiefstandes auffüllen. Der Wasserbedarf ist in den Monaten September bis März geringer, weshalb das aufzufüllende Grießwasser nicht immer auf das volle Maximum ergänzt werden muss. Wasserstandsanzeiger weisen meist eine Winter- und Sommerskala auf.
- Handwarmes Wasser verwenden.
- Zugluft schadet den Pflanzen.
- Lichteinfall und die damit verbundene Wachstumsrichtung der Pflanze beachten. Pflanzen gelegentlich drehen, damit sie gleichmäßig wachsen.

Häufig anfallende Arbeiten
- Gießen bei Erdkultur.
- Wasser ergänzen bei Hydrokultur oder Seramis.
- Düngen: nur in den lichtstarken Monaten (März bis September).
- Erd-, Ton- und Steinmaterial auf Schimmelbefall untersuchen.
- Kontrollieren, ob Schädlinge auf den Pflanzen sind.
- Entfernen abgestorbener Pflanzenteile.
- Umwässern und ergänzen von Frischblumenarrangements.

Blumenarrangements

Sie dienen als Schmuck für alle Gästeräume, schmücken Podeste in den Gängen, in Hallen und Stiegenhäusern. Im Restaurant werden kleine Blumengestecke auf den Tischen angebracht. Bei größeren Veranstaltungen und besonderen Festen sind Blumenarrangements nicht wegzudenken.

> **Tipp**
> ***Fotos der Gestecke und Arrangements in einem Musterkatalog anordnen! Dies bietet eine große Hilfestellung im Gespräch mit Gästen, wenn Arrangements vorzubereiten sind und Muster zur Auswahl vorgelegt werden können. Die Angabe eines Durchschnittspreises je Gesteck oder Arrangement gibt nicht nur der Hausdame, sondern auch dem Auftraggeber im Falle einer hausinternen Veranstaltung einen Anhaltspunkt für die Kostenschätzung.***

Für die Anfertigung von Blumenarrangements ist ein entsprechender Arbeitsraum oder Arbeitsplatz erforderlich, in dem die nötigen Utensilien untergebracht sind:
- Tiefes Wasserbecken und Handwaschbecken.
- Arbeitstisch für sitzende Arbeiten und Drehstühle.
- Ablagenflächen, rollende Tischchen.
- Rosenzange, Abdorngerät.
- Steckhilfen für trockene und für grüne Pflanzen.
- Messersatz, große Schere.
- Blumendraht.
- Hohe, halb hohe und kleine Vasen aus Glas, Keramik, Porzellan etc. mit unterschiedlichen Öffnungen.
- Schalen aus Keramik, Kunststoff usw. in verschiedenen Höhen.
- Wasserkanne mit spitzem Schnabel.
- Kunststofftassen zur Vorbereitung.
- Kerzenleuchter aus Glas, Porzellan, Holz oder Metall.
- Peddigrohr- oder Weidenkörbe.
- Spiegeluntersätze.
- Schleifen und Bänder.
- Klammern zum Feststecken von Zweigen und Bändern.
- Mülltrennsystem.

Kurse für kreatives Blumenstecken sowie für die Herstellung von Raumschmuck sind eine willkommene Weiterbildung für manche Etagenmitarbeiter.

> **Tipps**
> ***Zweige und hochstängelige Blumen sollen den Vasenrand um nicht mehr als zwei Drittel der Gesamthöhe überragen.***
>
> ***Auch in Vasen können Steckhilfen verwendet werden. Steckmassen können mit bunten Steinen, Rinde oder Blattwerk überdeckt werden.***
>
> ***Keine stark riechenden Blüten wählen.***
>
> ***Erst arrangieren, dann transportieren, dann Wasser zugießen.***
>
> ***Blüten für Girlanden mit feuchter Watte und Alufolie oder in Röhrchen mit Wasser frisch halten.***

Zur weiteren Ausstattung des Gästezimmers, der Halle, der Stiegen und Gänge gehören neben der Möblierung vor allem jene technischen Anlagen, die den Aufenthalt angenehm machen.

Die Beleuchtung kann Stimmung zaubern, Details hervorheben oder sie in den Hintergrund treten lassen, kann Raumteile betonen und gemütliche Inseln schaffen. Sie verändert Dimensionen, leitet den Gast vom Eingang in die Halle und begleitet ihn durch die Gänge zu seinem Zimmer. Sicherheitsbeleuchtungen weisen im Notfall den Weg ins Freie. Anschlüsse für Internet, TV und Radio sollen leicht erreichbar angebracht werden. Im Wohn- bzw. Schlafraum sollen ausreichend Steckdosen für Tischlampen, zum Aufladen des Handys usw. vorhanden sein, Steckdosen im Sanitärbereich müssen einen Feuchtraumschutz aufweisen.

Haustechnik und Sicherheit

Der Hotelgast sollte mit besten baubiologischen Bedingungen rechnen dürfen. Die Verlegung von Strom- und Wasserleitungen wirkt auf den Menschen ein und könnte das Wohlbefinden beeinträchtigen.

Um klimatisch optimale Bedingungen zu schaffen, ist eine richtig dimensionierte Heizanlage erforderlich. Durch sie kann die Raumtemperatur geregelt und die Anlagerung von Feuchtigkeit in den Nassräumen verhindert werden. Auf eine gute Be- und Entlüftung ist zu achten. Bei Klimaanlagen ist auf einen lautlosen Betrieb und auf die regelmäßige Wartung besonderer Wert zu legen.

Lärm wirkt vielfach störend, auch wenn das Lärmempfinden individuell sehr unterschiedlich sein kann. Die Lärmmessung wird in Dezibel ausgedrückt: Feiner Landregen verursacht zum Beispiel 20 Dezibel, leichter Wind und Blätterrauschen ca. 30 Dezibel, normaler Straßenlärm ca. 50 Dezibel. Werte über 85 Dezibel werden als sehr störend bezeichnet, während 90 Dezibel bereits zur Schädigung des Gehörs führen können. Lärmschutzfenster halten den Lärm von außen ab. Die Gästezimmertüren sollten ebenfalls lärmdämmend ausgestattet sein; es können auch Doppeltüren zum Einsatz kommen.

Sicherheit ist bei allen Einrichtungen oberste Maxime und soll dennoch dezent sein. Sie beinhaltet alle Maßnahmen, die dem Schutz des Lebens und der sicheren Aufbewahrung von Gegenständen dienen. Der Zutritt zu den Gästezimmern erfolgt mit dem Zimmerschlüssel oder auch mit elektronischen Identifikationsmitteln. Diese können mit weiteren Zutrittsberechtigungen, zB für den Wellnessbereich, ausgestattet sein. Die Karten werden an der Rezeption aufgeladen und können gegebenenfalls auch als Zahlungsmittel verwendet werden, dh, jede Konsumation wird auf die Zimmernummer dieser Karte gebucht.

Die Wertgegenstände der Gäste können entweder im Zimmersafe des Gästezimmers oder im Hotelsafe an der Rezeption sicher verwahrt werden.

Optimaler Brand- und Unfallschutz, Mitarbeiter, die in erster Hilfe ausgebildet sind, sowie eine Grundausstattung für erste Hilfe sind die Grundpfeiler der Sicherheit im Hotel. Der Betriebsinhaber ist vom Gesetz her verpflichtet, bestimmte Vorsorgemaßnahmen zu treffen. Die Gäste können durch die Befolgung der in den Gästezimmern angebrachten Anweisungen selbst aktiv zur Sicherheit beitragen.

Haustechnik

Zur Haustechnik gehören Beleuchtung, Heizung, Belüftung und Klimaanlage, Computer, TV-Gerät, Telefon usw. Die Wartung dieser Anlagen obliegt entweder dem hauseigenen Technik- und Reparaturdienst oder es wird mit Fremdfirmen in Serviceverträgen die Wartung vereinbart.
Das Housekeepingdepartment ist für die Reinigung und Pflege dieser Anlagen zuständig. Schäden oder Mängel werden der Betriebsleitung oder dem Haustechnikdienst gemeldet.

Beleuchtung

Die Beleuchtung hat einerseits die Aufgabe, das Sehen zu ermöglichen, anderseits sind die Beleuchtungskörper auch wesentliche Gestaltungselemente → Gästeräume. Licht erfüllt funktionelle und dekorative Aufgaben.

Planung

Die Anforderungen an eine gute Beleuchtung sind vielfältig. Ein mit Fachleuten erarbeitetes Beleuchtungskonzept legt fest, wie viel Licht benötigt wird, wo stimmungsvolle Lichtverhältnisse passend sind, wo zur Orientierung an bestimmten Plätzen eine ständige Beleuchtung angebracht ist, wo die Repräsentanz ein besonders raffiniertes Lichtsystem verlangt und welche gesetzlichen Vorschriften Anwendung finden → Gestaltungselemente. Bei der Anbringung von Leuchten ist zu beachten, dass sie Wärme abgeben. Die Installationen dürfen nur von einem Fachbetrieb ausgeführt werden.

Ziel einer optimalen Lichtplanung ist es, in jedem Raum möglichst natürliche Lichtverhältnisse zu schaffen. Zu berücksichtigen sind dabei der Wechsel von Tag und Nacht, witterungs- und jahreszeitlich bedingte Lichtveränderungen sowie Lichtverluste durch Vorhänge oder Beschattungssysteme.

In Gängen, Stiegenhäusern, Bädern, Konferenzräumen, Funktionsräumen und Magazinen sowie im Sport- und Badebereich kann eine ständige Beleuchtung erforderlich sein. Hier ist besonders auf die Wirtschaftlichkeit der Beleuchtungsanlagen zu achten.

Leuchten

Der Beleuchtungskörper inklusive aller für Befestigung, Betrieb und Schutz der Lampe notwendigen Komponenten wird als Leuchte bezeichnet. Die Leuchte schützt die Lampe, verteilt und lenkt ihr Licht und verhindert eine Blendung. Bei der Entwicklung eines Beleuchtungskonzepts wird vom Fachmann zuerst die Beleuchtungsart festgelegt, daraus ergibt sich die zu verwendende Lampe.

Bei der Auswahl der Leuchten ist Folgendes zu berücksichtigen:
- Montageart
- Technische Gegebenheiten
- Wartungsfreundlichkeit
- Reinigungseigenschaften
- Gestaltung

Je nach Design und Bauart der Leuchte erfolgt die Lichtstreuung in die verschiedensten Richtungen eines Raumes. Soll ein Raum zB höher erscheinen, kann dies durch eine Lichtstreuung auf den Plafond erzielt werden.

Leuchten können nach folgenden Aspekten eingeteilt werden:
- nach der Art der Lampen, zB Glühlampenleuchten,
- nach der Anzahl der Lampen, zB mehrflammige Luster,
- nach der Bauart, zB Scheinwerfer,
- nach der Montageart, zB Wandleuchten,
- nach dem Verwendungszweck, zB Leseleuchte,
- nach der Schutzart, zB Feuchtraumleuchten.

Arten

Die Beleuchtungsarten richten sich nach dem Einsatzbereich.

Arten	Aufgaben	Beispiele
Allgemeinbeleuchtung	*Grundbeleuchtung im ganzen Raum zur Übersicht und Orientierung ohne Berücksichtigung bestimmter Bereiche.*	*Hängeleuchten, Luster, Wandlampen, Deckenleuchten.*
Arbeitszonenorientierte Allgemeinbeleuchtung	*Beleuchtung einzelner Arbeitszonen zur Durchführung bestimmter Tätigkeiten, zB Schreibarbeiten.*	*Tischleuchten, Stehleuchten.*
Platzbeleuchtung	*Zusätzlich zur Allgemeinbeleuchtung ausgeleuchtete Plätze.*	*Spiegel im Bad, Tischleuchten, Leselampen beim Bett.*
Sicherheitsbeleuchtung, Notbeleuchtung	*Bei Netzausfall bleibt eine Mindestbeleuchtung bestehen. Sie muss nach den gesetzlichen Bestimmungen installiert werden.*	*Notausgangsleuchten.*
Objektbeleuchtung, Akzentbeleuchtung	*Heraushebung bestimmter Objekte mit Scheinwerfereffekten und Leuchtobjekte zur Akzentsetzung..*	*Lichtsysteme, Bildbeleuchtung, Vitrinenbeleuchtung.*

Leuchtenformen

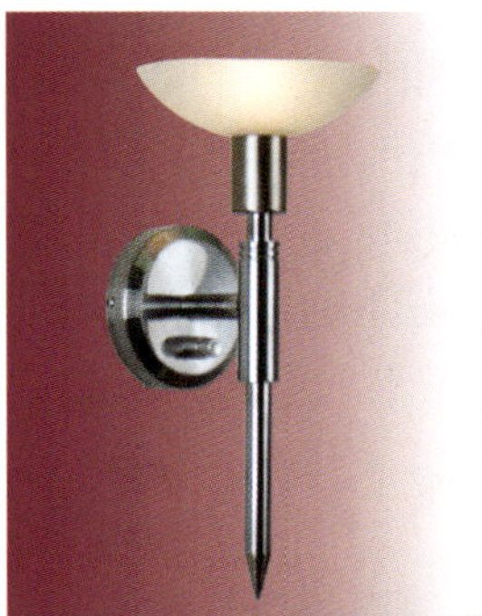

Entscheidungshilfe vor dem Kauf
- Lassen sich alle Teile der Leuchten leicht entfernen, austauschen und reinigen?
- Wie hoch ist der Energieverbrauch?
- Passen Kabelführung und Kabellänge?
- Wird garantiert, dass Ersatzteile, zB für Glasleuchten, nachbestellt werden können?
- Bei Metallgestellen: Ist die Oberfläche lückenlos mit Schutzlack überzogen und leicht zu reinigen?
- Ist die Lampenkonstruktion korrosionsbeständig?
- Ist der Leuchtenfuß stabil?
- Ist die Leuchte leicht einzuschalten?
- Ist der Kordelzug reißfest?
- Ist der Schalter bedienungsfreundlich und haltbar?
- Ist der Abstand zwischen Lampe und Schirm ausreichend, um einen Hitzestau bei langer Brenndauer zu verhindern?
- Können die Lampen problemlos gewechselt werden?

Lampen

Lampen sind die technische Ausführung einer künstlichen Lichtquelle, zB eine Glühlampe oder eine Energiesparlampe. Wenn die Etagenmitarbeiter für den Tausch defekter Lampen zuständig sind, müssen sie die verschiedenen Lampenarten und -eigenschaften kennen. Die Lampen können so gestaltet sein, dass sie selbst bereits als Leuchte dienen und keinen eigenen Beleuchtungskörper benötigen, dies sind zB Lampen mit Kuppenverspiegelungen, Kerzenlampen usw. Für jede Beleuchtungsart gibt es mehrere Lampentypen. Je nach Art der Lichterzeugung werden die Lampen in Temperaturstrahler und Entladungslampen eingeteilt.

Temperaturstrahler

Die **Glühlampe** gibt es seit mehr als 130 Jahren. Sie ist in verschiedenen Lichtstärken (Watt) und vielen Formen, zB als Glühbirne, Kerze oder Kugel, erhältlich und aus durchsichtigem Glas oder aus Milchglas. Sie wird als Temperaturstrahler bezeichnet, da sie nur ca. fünf Prozent der eingesetzten Energie in Licht umwandelt. Die Lebensdauer einer Glühlampe beträgt durchschnittlich 1.000 Stunden.

Glühlampe

Weiterentwicklungen der herkömmlichen Glühlampe sind die Halogenglühlampe und die Niedervolt-Halogenglühlampe. Bei ihr wird der Glaskörper mit einem Gas aus Halogenverbindungen gefüllt. Ihre Lebensdauer ist doppelt so hoch wie die einer herkömmlichen Glühlampe.

Halogen-Glühlampe

Entladungslampen

In diesen Lampen werden Gase und/oder Metalldämpfe durch Gasentladungen, die bei niederem oder hohem Druck stattfinden können, zum Leuchten angeregt. Für Entladungslampen sind Vorschaltgeräte erforderlich.

Zu den Entladungslampen zählen
- Leuchtstofflampen,
- Kompaktleuchtstofflampen (Energiesparlampen),
- Natriumdampf-Niederdrucklampen,
- Halogen-Metalldampflampen,
- Natriumdampf-Hochdrucklampen,
- Quecksilberdampf-Hochdrucklampen.

Kompaktleuchtstofflampe

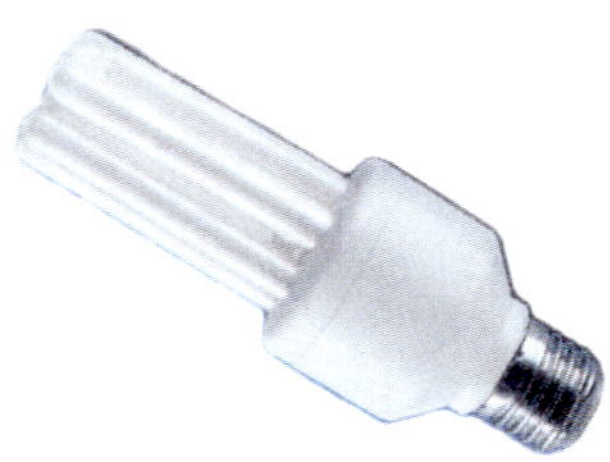

Leuchtstofflampe und Halogenmetalldampflampe

Entladungslampen sind sehr ökonomisch und werden häufig für eine Dauerbeleuchtung verwendet. Sie benötigen für die gleiche Lichtmenge nur ein Fünftel der Energie einer Glühlampe. Eine 60-Watt-Glühlampe kann daher durch eine 11-Watt-Energiesparlampe ersetzt werden, ohne dass die Lichtstärke verringert wird. Der höhere Kaufpreis der Entladungslampen rechnet sich nach etwa 3.000 Betriebsstunden. Die Lebensdauer beträgt bei Qualitätsprodukten etwa 10.000 Stunden.

Einige lichttechnische Begriffe

***Lichtstrom** ist das Maß für die gesamte Lichtausstrahlung einer Lampe. Einheit = Lumen (lm).*

***Lichtstärke** ist das Maß für die Intensität, mit der eine Lampe in eine bestimmte Richtung leuchtet. Einheit = Candela (cd).*

***Beleuchtungsstärke** gibt den Lichtstrom an, der von einer Lichtquelle auf eine bestimmte Fläche trifft. Einheit = Lux (lx).*

***Lichtfarbe** beschreibt das farbliche Aussehen des Lichtes einer Lampe. Warmweiß (ww), neutralweiß (nw) und tageslichtweiß (tw).*

Kostensenkende Maßnahmen

Es sollen nur Lampen mit hoher Lichtausbeute und Leuchten mit hohem Wirkungsgrad gewählt werden.
Die Installation einer Schaltautomatik soll vorgesehen werden, mit der eine tageslichtabhängige Zu- und Abschaltung ermöglicht wird.
Die architektonische Gestaltung soll auch in dunklere Räume Tageslicht bringen.
Durch helle Wände und Decken kann die Beleuchtung bei Tag reduziert werden.
Durch eine gezielte Beleuchtung für einzelne Sehaufgaben, wie Schreibarbeiten, kann die Gesamtbeleuchtung eines Raumes reduziert werden.

Reinigung der Leuchten und Lampen

Erst den Strom unterbrechen, ehe an Beleuchtungskörpern manipuliert wird!

Angelagerter Staub auf Leuchten und Lampen haftet durch die Erwärmung noch stärker an, wodurch sie an Strahlkraft verlieren. Der Staub soll täglich entfernt werden. Von Zeit zu Zeit ist eine Grundreinigung erforderlich.

Tipps

Keine scheuernden Reinigungsmittel verwenden.

Vorsicht bei dünnen Metallbeschichtungen: Ist diese Schicht beschädigt, könnte die Reinigungslösung Flecken verursachen.

Beim Abmontieren einer Leuchte werden die Einzelteile der Reihe nach aufgelegt, um sie dann in umgekehrter Reihenfolge wieder zusammenzubauen.

Bei den täglichen Reinigungsarbeiten muss im Zuge des Zimmerchecks auch der Zustand der Leuchten und Lampen kontrolliert werden.

Kabel und Stecker werden mit einer milden Allzweckreinigerlösung feucht gewischt und nachgetrocknet. Problemstellen sind Verbindungen, Kabelauslässe oder Schrauben. Sie können mit Wattestäbchen gereinigt werden.

Reinigung von Lampen

Material	Reinigung
Glas, Porzellan, Kristallgehänge	*Wie Glasgeschirr waschen und trocknen (Trockenföhnen). Essigwasser erhöht den Glanz.*
Stoffe, rustikal	*Mit weicher Bürste abbürsten oder mit Möbeldüse absaugen.*
Seide, montiert	*Mit feiner Bürste abstauben.*
Samt	*Mit Flusenbürste entstauben.*
Stoff, abnehmbar	*Feinwaschprogramm, Informationen über garantierte Maßtreue einfordern.*
Leder, rau	*Mit Gummibürste abbürsten.* *Fettflecke mit Magnesia bestreuen, einwirken lassen und mit Gummibürste ausbürsten.*
Peddigrohr und Weidengeflecht, natur	*Mit Pinseldüse absaugen.* *Grundreinigung: Bürste in milde Seifenlösung tauchen und Geflecht bürsten, spülen, im Luftzug trocknen.*
Echtes Pergament	*Mit Staub bindenden Tüchern entstauben.* *Mit Pergamentöl pflegen.*
Kunststoff	*Wie Glas und Porzellan reinigen.*
Metall, kunststoffüberzogen	*Mit mildem Allzweckreiniger reinigen und trockenpolieren.*
Holz	*Je nach Oberflächenbeschaffenheit → Möbelpflege.*
Silber, original	*Mit Silberpflegetuch trocken abreiben.*
Massivmessing	*Mit Schlämmkreide und Essig abreiben.* *Nachspülen und trocknen.*
Schmiedeeisen	*Gründlich abstauben.* *Mit Maschinenöl abreiben.*
Zinn	*– Mit mildem Allzweckreiniger reinigen.* *– Spülen und sofort trocken polieren.* ***Tipp:*** *Durch Abreiben mit einem weichen Tuch, das in warmes Bier getaucht wurde, entsteht ein schöner Glanz.*

Raumluft

Die Raumluft trägt viel zum Wohlbehagen bei. Sauerstoffreiche Luft ohne störende Gerüche wird als angenehm empfunden. Eine hygienisch einwandfreie Raumluft ist im Hotel unverzichtbar für die Gesundheit und für das Wohlbefinden der Gäste und Mitarbeiter. Negativ beeinflusst wird die Raumluft durch Verkehrsabgase, Hausbrand, nahe gelegene Industriebetriebe, Landwirtschaft, Abluftgebläse von Klimaanlagen (wenn zB unangenehme Küchengerüche in die Hotelzimmer gelangen) aber auch durch Zigarettenrauch.

Eine gute Isolierung von Gebäuden hilft zwar, die Energiekosten zu senken, sie vermindert aber auch den Luftaustausch. Daher ist Lüften eine unabdingbare Notwendigkeit.
Richtiges Lüften spart viel Energie und verhindert Feuchtigkeitsschäden. Durch das Öffnen der Fenster kann innerhalb kürzester Zeit ein Luftaustausch im Raum erfolgen, wobei auch überschüssiger Wasserdampf nach außen entweicht. Am besten und günstigsten ist das **Stoßlüften** (kurzes Lüften bei ganz geöffneten Fenstern). Dadurch geht wenig Wärme verloren und eine starke Abkühlung des Raumes wird vermieden. Durch Stoßlüften kann eine Heizkostenersparnis von bis zu 20 % erreicht werden. **Dauerlüften** bei gekippten Fenstern, vor allem bei niedrigen Außentemperaturen, kühlt die Räume sehr stark ab und führt zu hohen Energieverlusten. Wenn in zwei gegenüberliegenden Räumen gleichzeitig die Fenster und Türen geöffnet sind, bewirkt die entstandene **Querlüftung** einen raschen Luftwechsel. Die Mitarbeiter dürfen allerdings keinem Durchzug ausgesetzt sein, da es möglicherweise zu Erkrankungen kommen könnte.

Tipps

Auch unbewohnte Räume sollen regelmäßig gelüftet werden.

Die Luftzirkulation muss auch hinter und unter den Möbeln möglich sein. Besonders wichtig ist dies bei Möbeln, die direkten Kontakt mit Außenwänden haben. Sie sollen drei bis fünf Zentimeter vom Mauerwerk entfernt stehen oder mit Lüftungsöffnungen versehen sein.

Noch ein Wort zum Thema **Feuchtigkeit:** Zu hohe Luftfeuchtigkeit belastet den Organismus sehr. Zu geringe Luftfeuchtigkeit führt zu Beschwerden der Atemwege und lässt manche Materialien spröde werde. Staub wird bei trockener Luft leicht aufgewirbelt.
Temperatur und Feuchtigkeit beeinflussen sich gegenseitig. Warme Luft kann mehr Feuchtigkeit aufnehmen als kalte Luft. Wenn die Luft den Wasserdampf nicht mehr halten kann, beginnt sich die Feuchtigkeit abzuscheiden (= Taupunkt). Vor allem in Badezimmern und in Räumen, in denen mit Wasser gearbeitet wird, ist darauf zu achten, dass die Luftfeuchtigkeit nicht zu hoch ist. Eine relative Luftfeuchtigkeit zwischen 40 und 60 % ist ideal. Besonders die großen Wasserdampfmengen nach dem Baden oder Duschen sind daher so rasch wie möglich nach außen zu leiten.

Klimaanlagen

Viel Komfort bringen moderne Belüftungs- und Klimaanlagen. Sie sorgen für beste Luftqualität und befördern Zu- und Abluft mechanisch. Gut eingestellte Anlagen werden von den Gästen kaum bemerkt.

Viele Klimaanlagen arbeiten mit Wärmerückgewinnung, dh, dass die Zuluft bereits wieder von der Abluft vorgewärmt in die Räume zurückströmt. Weiters kann die Wärme der abgehenden Luft mit einer Wärmepumpe, zB zur Warmwasseraufbereitung, rückgewonnen werden. Klimaanlagen transportieren auch jene Feuchtigkeit ab, die sich in Bauteilen befindet oder die durch Duschen, Baden bzw. Atmung oder Schweiß und über Pflanzen in den Räumen anfällt. Eine kontrollierte und richtige Belüftungsanlage kann so Schimmelbildung vermeiden. Klimaanlagen müssen regelmäßig gewartet werden → Legionellen.

Anforderungen an Klimaanlagen

- Sie sollen keine störenden Geräusche verursachen.
- Die Luftgeschwindigkeit soll nicht zu hoch sein, damit ein gleichmäßiger Luftaustausch erfolgt.
- Die Raumtemperatur soll optimal eingestellt sein.
- Die Raumluft soll angenehm frisch sein.

Ventilatoren

Ventilatoren oder Abluftanlagen werden in Hotelbetrieben in den Sanitärbereichen installiert. Ein Ventilator befördert die meist sehr feuchte Abluft ins Freie. Damit eine restlose Entlüftung gewährleistet werden kann, wird die Schaltung des Ventilators oft mit dem Lichtschalter (mit einer entsprechenden Nachlaufzeit) automatisch mitgesteuert.

Reinigung der Klimaanlage und Ventilatoren

Die Staubansammlungen auf den Abluftgittern werden mit der Fugen- oder Pinseldüse des Staubsaugers, anhaftende Verschmutzungen durch feuchtes Wischen mit einer milden Reinigungslösung entfernt. Je nach Bedarf werden die Abluftgitter abmontiert, mit einer weichen Bürste von hartnäckigen Verschmutzungen befreit, feucht gewischt, getrocknet und wieder montiert.
Die Schalter werden feucht gewischt und poliert. Dies gilt auch für die Reinigung von Teilen der Klimaanlage im gesamten Beherbergungsbereich.

Heizung

Welche Raumtemperatur als angenehm empfunden wird, ist verschieden. Es hängt vom Alter, von der Kleidung, der Jahreszeit, von den eingenommenen Speisen und Getränken, von der Sonneneinstrahlung, vom Allgemeinzustand, von der Tageszeit usw. ab. Die einzelnen Zonen in einem Raum haben zudem unterschiedliche Temperaturen, es ist zB an der Außenwand kühler als in der Raummitte.

Temperaturbereiche für verschiedene Tätigkeiten	
Schlafen	*18 °C*
Lesen, Schreiben, Fernsehen	*22-23 °C*
Baden	*24 °C*

Tipps

Eine Temperaturabsenkung um 1 °C spart bis zu 6 % Energie. Tagsüber, wenn der Gast nicht im Zimmer ist, und auch nachts kann die Heizung reduziert werden.

Das Schließen der Rollläden über Nacht erspart ebenfalls Heizkosten.

Heizkörper sollen nicht durch lange Gardinen verhängt oder durch ungünstig platzierte Möbel verstellt sein.

Welches Heizungssystem grundsätzlich in einem Hotelbetrieb Verwendung findet, liegt nicht im Einflussbereich der Hausdame. Bei Neubau und Renovierung sollte aber vor allem für die Sanitärräume und für den Badebereich eine Fußbodenheizung vorgeschlagen werden.
Auch Maßnahmen zur Senkung der Heizkosten sind im Falle einer Renovierung vorzusehen. So ermöglicht zB eine Einzelraumsteuerung eine sofortige Temperaturabsenkung im Raum, sobald das Zimmer nicht mehr belegt ist. Eine strangweise Regeltechnik ermöglicht die Steuerung des Heizsystems pro Etage. Vielfach ist eine Steu-

erung über PC bzw. eine Programmierung über das Telefon möglich.
Eine regelmäßige Wartung der Heizungsanlagen verlängert die Lebensdauer und spart Energiekosten.

Es stehen viele Modelle von Flachheizkörpern zur Auswahl.

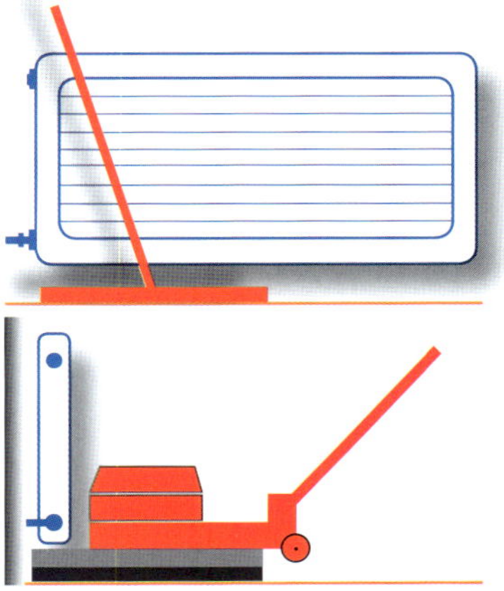

Reinigung der Heizkörper

Sind die Heizkörper sowie die Installationen für den Vor- und Rücklauf an der Wand in einer Höhe von mindestens 15 cm montiert, so wird das Unterfahren mit Reinigungsmaschinen wesentlich erleichtert.

Heizkörper sind mit speziellen Lacken überzogen und dürfen nicht mit scheuernden Tüchern und nicht mit scheuernder Reinigungschemie gereinigt werden.

Die Reinigung von **Flachheizkörpern** erfolgt durch die laufende Entstaubung der Oberflächen. Gittereinsätze werden mit dem Staubsauger ausgesaugt, wobei - je nach Bauart - auch die Pinseldüse sehr hilfreich sein kann. Im Zuge der **Zwischenreinigung** werden die Oberflächen feucht gewischt und poliert. Bei frei stehenden Geräten werden die Zwischenräume zwischen Heizkörper und Wand gesaugt, da Staubansammlungen in diesem Bereich das Wachstum von Bakterien und Milben fördern.

Rippenheizkörper benötigen einen höheren Pflegeaufwand. Bei der **Unterhaltsreinigung** werden die Rippenzwischenräume mit dem Staubsauger unter Einsatz der Heizkörperbürste gesaugt. Es gibt spezielle Handbürsten zur Rillenreinigung, die sowohl trocken als auch feucht verwendet werden.

Wandflächen hinter Heizkörpern werden je nach Beschaffenheit mit weichen Tüchern oder mit einer weichen Bürste entstaubt. Neueste Modelle weisen eine innovative Optik auf, die bis zu den Kanten hin plan ist. Die hochwertige Beschichtung erleichtert die Reinigung.

Heizkörper

Bei der Reinigung dürfen – je nach Modell und Montage der Heizkörper - die Lüftungsgitter, die Bodenabdeckung für den Zu- und Ablauf und die Wandhalterungen nicht vergessen werden.

Sonstige technische Geräte

Die Ausstattung der Gästezimmer mit technischen Geräten ist je nach Kategorie des Betriebes verschieden. TV-Geräte, Telefon, Radio und/oder Radiowecker sind in fast allen Gästezimmern bereits selbstverständlich. PC, Bügeleisen, Föhn, Wasserkocher und Hosenbügler zählen zur Sonderausstattung.

Föhn

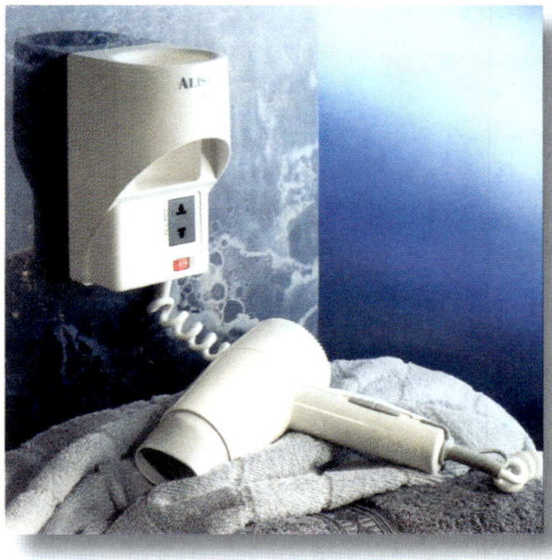

TV-Gerät

In den Gängen sind oft Schuhputzautomaten aufgestellt. Getränkeautomaten und Zigarettenautomaten können evtl. auch in den Gängen oder in der Halle aufgestellt sein. Manchmal gibt es auch Eiswürfelautomaten.

Schuhputzautomat

Reinigung der technischen Geräte

Aufgrund der elektrostatischen Aufladung ziehen diese Geräte viel Staub an. Sie sind täglich mit feuchten oder Staub bindenden Tüchern zu reinigen. Für Bildschirmoberflächen gibt es geeignete Mikrofasertücher. Staub und anhaftende Verschmutzungen auf den Funktionstasten und -schaltern der technischen Geräte werden mit Wattestäbchen, mit kleinen, weichen Bürsten oder mit speziellen Reinigungstextilien entfernt.

Besonderes Augenmerk bei der Reinigung ist zu legen auf
- die Sohle des Bügeleisens,
- die Bügelfläche des Hosenbüglers,
- die Verkalkung des Wasserkochers,
- die Haltevorrichtung von Föhn und Kosmetikspiegel,
- die Bürstscheiben von Schuhputzmaschinen.

Eiswürfelautomaten sind nach den festgelegten Intervallen zu entleeren und mit einem Desinfektionsreiniger zu säubern.
Die Funktionsfähigkeit aller elektrischen Geräte ist beim Zimmercheck zu überprüfen.

Lärmschutzmaßnahmen

Lärm ist ein Geräusch zur falschen Zeit am falschen Ort. Wie er empfunden wird, ist individuell verschieden. In den länderspezifischen Normen ist festgelegt, welche Grenzwerte des Grundgeräuschpegels in Räumen mit geschlossenen Fenstern gelten. Die Werte werden in Dezibel (dB) angegeben. Tagsüber sollen die Werte ca. 20-40 dB, nachts nur ca. 15-30 dB betragen.

Schallschluckende Materialien, wie Spannteppiche, lose liegende Teppich, Vorhangdraperien, Wandverkleidungen, tragen viel zur Verbesserung der akustischen Situation bei. Mehrzweckräume, in denen eine sehr gute

Was verursacht Lärm in der Etage?	Maßnahmen zur Lärmverringerung
Aufzüge	*- Bauliche Maßnahmen. - Wartung. - Wandisolierung.*
Reinigungsmaschinen: Staubsauger (bis zu 85 dB)	*- Leise Geräte anschaffen. - Gutes Zeitmanagement beim Einsatz der Geräte.*
Rollläden bei Wind und Sturm	*Für feste Verankerung sorgen.*
Heimkehrende Gäste	*- Doppeltüren. - Gepolsterte Türen. - Teppichböden.*
TV-Gerät oder Radio im Nebenzimmer	*Lautstärkenbegrenzung einprogrammieren.*
Zuschlagen von Türen	*- Dämmstreifen anbringen. - Dichtungen kontrollieren.*
Abflussgeräusche	*Dämmung der Abflussrohre und Installationsschächte.*

Schallwiedergabe gewünscht wird, zB Ballsäle oder Seminarräume, sind gegen den Gästetrakt hin abzuschirmen.

Baubiologische Maßnahmen

Wir sind einer Vielzahl technischer und natürlicher Schwingungsfelder ausgesetzt, die das körperliche Wohlbefinden zum Teil stark beeinflussen können, egal, ob es sich um nieder- oder hochfrequenten Elektrosmog, um geopathogene Störzonen (Erdstrahlen) oder um sonstige Stressfaktoren handelt.

In der Baubiologie werden die Erkenntnisse der Medizin, der Geologie, der Physik und der Chemie für den Bau von Häusern eingesetzt, um die schädlichen Einflüsse der Umgebung zu minimieren.

Elektrosmog, der durch den Aufbau von elektrischen Feldern entsteht und den menschlichen Organismus sehr stark belasten kann, wird durch Installation von Netzfreischaltungen im Bereich der Betten reduziert.

Weiters kann durch die Verwendung giftfreier Materialien und die Durchführung gezielter gestalterischer Maßnahmen das Wohlbehagen der Gäste gesteigert werden.

Es würde den Rahmen dieses Buches sprengen, auf all diese Maßnahmen näher einzugehen. Wer sich allerdings mit Baubiologie beschäftigt, wird viele Aspekte entdecken, die zu berücksichtigen sind.

Für alle Geräte und Leitungen, Stecker und Schalter gilt die Grundregel: Je weiter weg vom Schlafenden, desto besser für seine Gesundheit.

Sicherheit für Gast und Mitarbeiter

Das Wohlergehen der Gäste, ihre Gesundheit und Sicherheit sollen im Mittelpunkt des Interesses der Geschäftsführung stehen. Der Gast erwartet sich in jedem Hotel einen hohen Sicherheitsstandard. Wer sich sicher fühlt, ist ausgeglichen und kann sich entspannen. Für den persönlichen Schutz und für den Schutz von Wertgegenständen gibt es verschiedene Hotelsicherheitssysteme für den Gast und für die Mitarbeiter.

Als sicher wird ein Hotel bezeichnet, wenn

- es ein sicheres Zutrittssystem hat,
- persönliche Gegenstände sicher verwahrt werden können,
- die gesetzlichen Brandschutzbestimmungen eingehalten werden,
- alle Mitarbeiter so ausgebildet sind, dass sie im Bedarfsfall richtig handeln und erste Hilfe leisten können.

Nicht Einzelaktionen schützen, sondern alle Maßnahmen gemeinsam. Alles kann nicht verhindert werden. Einbruchsschutz, Bewachungs- und Alarmsysteme sowie die fachgerechte Verwahrung der Wertsachen können eine gewisse Sicherheit bieten.

Hotelzutrittssysteme

Grundsätzlich gibt es zwei Zutrittsmöglichkeiten für Gäste und Mitarbeiter. Einerseits gibt es das altbewährte **Schlüsselsystem,** anderseits sind viele Betriebe bereits mit elektronischen **Hotelzutrittssystemen** ausgestattet. Beim Check-in des Gastes erhält er entweder einen Zimmerschlüssel oder ein elektronisches Identifikationsmittel, mit dem er die gewünschten Zutrittsberechtigungen erhält. Bei der Wahl des Zutrittssystems ist auf eine hohe Bedienungsfreundlichkeit zu achten.

Hotelzutrittssysteme haben Lesegeräte, die nach dem Ablesen von codierten Magnetfeldern auf Keycards, Keybuttons, Uhren oder Armbändern den Zutritt ermöglichen. Zusätzlich kann der Gast mit der Magnetkarte auch die Stromversorgung seines Zimmers regeln, beim Betreten des Zimmers wird die Karte in den Energiesparschalter eingesteckt, beim Verlassen des Zimmers wird die Karte wieder entfernt. Weiters könnte damit auch eine Anbindung an andere bestehende Systeme, wie zB an Registrierkassen, gegeben sein. Koppelungen mit Zutrittsberechtigungen zum Wellness- und Fitnessbereich können damit individuell auf die Gästewünsche abgestimmt werden. Dies kann so weit gehen, dass Buchungen und Reservierungen von Eintrittskarten, zB für Messen, Theater und Thermen, durchgeführt werden können. Das elektronische Schloss hat den Vorteil, dass bei Verlust keine Schlüsselnachbestellung erforderlich ist, sondern ein neues Identifikationsmittel neu programmiert wird. Das elektronische Schloss kann im **Online-** oder auch im **Offlinebetrieb** programmiert werden.

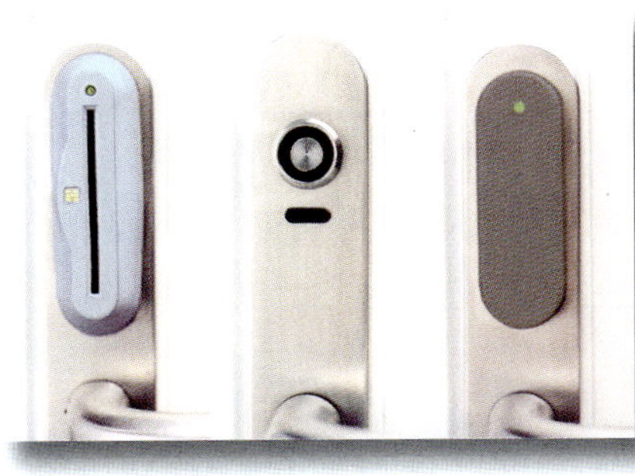

Auch für die Mitarbeiter des Housekeepingdepartments sind Zutrittsberechtigungen für die einzelnen Gästeräume zu vergeben. Die Mitarbeiter erhalten bei Dienstbeginn ihren Schlüssel oder das elektronische Identifikationsmittel, um ihnen den Zutritt zu den Gästeräumen zu ermöglichen. Die Übernahme wird durch die Eintragung in das **Schlüsselbuch** oder in die **Schlüsselliste** bestätigt. Die Zutrittsberechtigungen sind von der Hausdame genau zu definieren. Bei elektronischen Zutrittssystemen ist das Abrufen eines Ereignisprotokolls möglich. Die Schlösser speichern eine bestimmte Anzahl der Öffnungs- und Schließvorgänge. Somit wird auch für die Hausdame ersichtlich, wer wie lange und wie oft welches Zimmer betreten hat.

Verwahrung von Wertsachen

Es gibt zwei Möglichkeiten, Wertsachen sicher aufzubewahren: den **Safe in der Rezeption** oder den **Zimmersafe.** Der Safe in der Rezeption hat den Nachteil, dass die Gäste jedes Mal, wenn sie etwas brauchen, zur Rezeption gehen müssen. Da dies unbequem ist, bleiben Wertsachen dann oft unverwahrt im Gästezimmer liegen. Daher gibt es in vielen Hotelbetrieben, besonders in der gehobenen Kategorie, Zimmersafes. Der Zimmersafe ermöglicht dem Gast die sichere Verwahrung der Wertgegenstände, wie Schmuck, Bank- oder Kreditkarten, Reisepass usw. Er ist jederzeit zugänglich und einfach zu bedienen. Somit trägt der Gast aktiv zu seiner eigenen Sicherheit bei. Die Bedienungsfreundlichkeit muss an oberster Stelle stehen. Sehr oft wird dieses Sicherheitssystem mit dem Zutrittssystem kombiniert.

Safe

In der Gästemappe findet der Gast Hinweise zur Haftung des Betriebes bei der Aufbewahrung von Wertgegenständen → Gästeräume.

Brandschutz

Meist ist Nachlässigkeit im Spiel, wenn es zu Bränden im Hotel kommt. Die brennende Zigarette eines eingeschlafenen Gastes gehört wohl zu den gefürchtetsten Brandursachen. Aber auch die Unachtsamkeit beim Hantieren mit Kerzen, schadhafte elektrische Leitungen und Kabel, Nachttischlampen oder der Föhn im Badezimmer können Brände verursachen.
Sicherheits- und Brandschutzeinrichtungen müssen sowohl für die Mitarbeiter als auch für die Gäste gut sichtbar und für jedermann griffbereit und sofort einsetzbar angebracht sein.

Jeder Mitarbeiter des Betriebes muss
- gründliche Kenntnisse der Brandverhütung haben,
- im Einsatz der Handfeuerlöschgeräte geübt sein und
- erste Hilfe leisten können.

Der **vorbeugende Brandschutz** umfasst nicht nur persönliche, bauliche und organisatorische Maßnahmen, sondern auch das Freihalten der Fluchtwege und der Notausgänge zum gefahrlosen Verlassen von Räumen und Gebäuden und das Freihalten der Zufahrtsmöglichkeiten für die Feuerwehr.

Baulicher Brandschutz

Durch entsprechende **bauliche Maßnahmen** soll die Brand- und Rauchausbreitung in horizontaler und vertikaler Richtung verhindert werden:
- **Bauteile,** die laut Vorschrift brandbeständig (F 90) bzw. brandhemmend (F 30) herzustellen sind.
- **Zufahrtsmöglichkeiten** und Flächen für die Feuerwehr müssen vorhanden sein.
- **Löschmittel** sowie die **Löschwasserversorgung,** die mindestens für eine Stunde Löscheinsatz ausreichen muss, müssen leicht erreichbar und leicht handhabbar sein.
- **Zugangsöffnungen** und **Auskleidungen** von Installations- und Abwurfschächten müssen brandschutztechnisch ausgestattet sein.
- Die Ausführung der **elektrischen Anlagen** sowie die **Fluchtweg-Orientierungsbeleuchtungen** müssen den brandschutztechnischen Bestimmungen entsprechen.
- **Blitzschutzanlagen** müssen vorhanden sein.
- Die Ausführung von **Gasanlagen** und die technische Ausstattung von **Heiz- und Brennstofflagerräumen** müssen den brandschutztechnischen Bestimmungen entsprechen.

Die Brandschutzeinrichtungen müssen periodisch von Fachleuten überprüft werden, wobei der **Brandschutzbeauftragte** die Einhaltung der Prüfintervalle zu kontrollieren hat.

Brandmeldeanlagen

Sie haben die Aufgabe, einen Brand direkt an die Brandmeldezentrale zu melden. Dort wird angezeigt, woher die Brandmeldung kommt. Sehr oft sind Brandmeldeanlagen mit einer automatischen Verständigung der Feuerwehr verbunden. Man unterscheidet zwischen **Druckknopfmeldeanlagen** und **automatischen Brandmeldeanlagen.**

Druckknopfmeldeanlage

Brandschutzhinweise für Gäste

Die Gäste werden durch den Orientierungsplan auf die Brandschutzvorkehrungen im Hotel hingewiesen. Die Informationstafeln und Informationsblätter im Zimmer geben Auskunft über die Alarmierung und über die zur Verfügung stehenden Fluchtwege in Brandsituationen.

Orientierungsplan

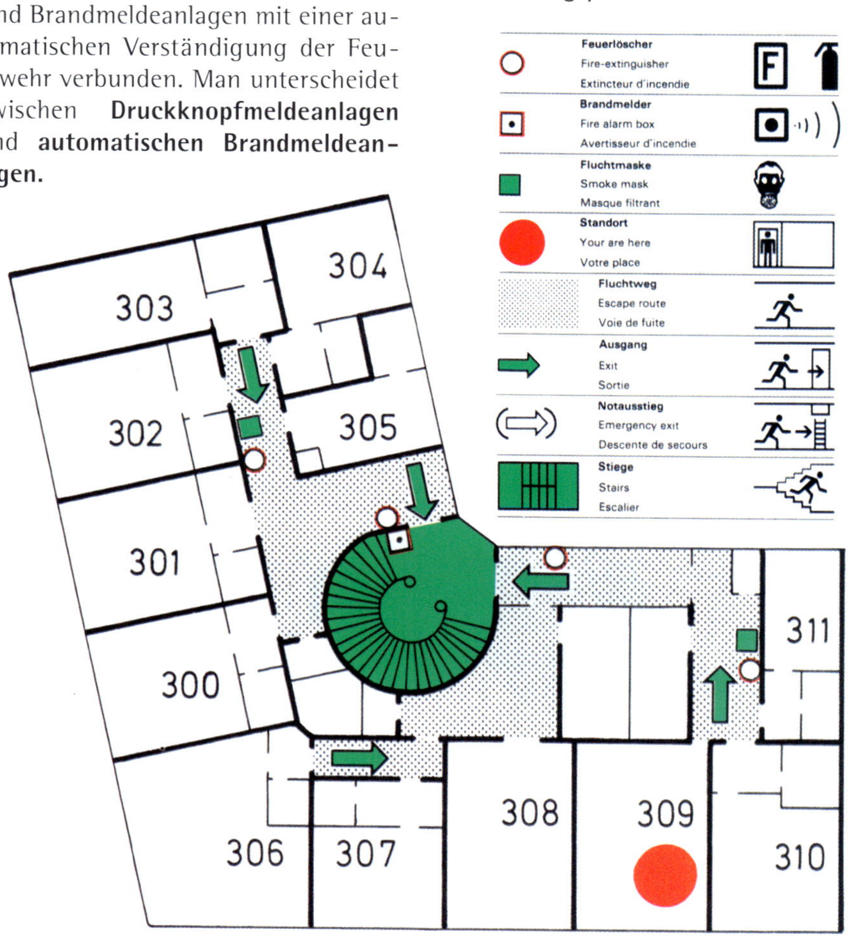

Der **Fluchtwegorientierungsplan** muss in jedem Raum des Betriebes vorhanden sein. Er informiert über:
- Standort
- Fluchtweg ins Freie
- Brandmelder
- Feuerlöscher
- Telefonnummern der Zentrale und der Feuerwehr
- Richtiges Verhalten

Die Gäste müssen darauf vertrauen können, dass der Sicherheitsstandard des Hotels ausreichend Schutz im Ernstfall gewährleistet und alle Vorkehrungen für den Ernstfall getroffen wurden.

Nicht im Bett rauchen!

Keine privaten elektrischen Wärmegeräte im Hotel verwenden!

Keine Zigarettenreste in den Papierkorb werfen!

Keine offene Flamme im Gästezimmer!

Brandschutzbeauftragter

Die Ernennung eines Brandschutzbeauftragten wird ab einer bestimmten Betriebsgröße länderspezifisch von der Bau- oder Gewerbebehörde vorgeschrieben. Häufig wird diese Funktion vom Housekeepingdepartment oder von der Haustechnik übernommen.
Der Brandschutzbeauftragte muss der Geschäftsleitung Bericht erstatten. Er hat ein **Brandschutzbuch** zu führen, in dem alle den Brandschutz betreffenden Maßnahmen und Vorkommnisse chronologisch festgehalten werden. Dieses Brandschutzbuch ist ein wichtiges Dokument, das über den Sicherheitsstandard des Beherbergungsbetriebes Auskunft gibt.

Aufgaben des Brandschutzbeauftragten
- **Ausarbeitung des Brandschutzplanes:** Dazu gehören die Zuständigkeiten, Maßnahmen zur Brandverhütung, Fluchtwegsbeschreibungen, Angaben zu den Brandschutzeinrichtungen, Verhalten im Brandfall und die Brandbekämpfung.
- **Durchführung regelmäßiger Kontrollen:** Dazu dienen die Checkliste für die monatliche Eigenkontrolle und die Checkliste für die saisonale Eigenkontrolle.
- **Veranlassung der periodischen Überprüfung** der Brandschutzeinrichtungen.
- **Festlegung des Verhaltens** im Brandfall.
- **Brandschutzunterweisung** der Mitarbeiter.

Checkliste für die Ersterhebung zur Erstellung eines Brandschutzplanes

Verfügen Sie über ***Unterweisungen für Ihre Mitarbeiter*** *für den Brandfall?*	
Gibt es in Ihrem Unternehmen Personen, die mit dem Umgang von ***Feuerlöschern*** *und* ***Brandmeldeeinrichtungen*** *vertraut sind?*	
Verfügen Sie über einen ***Brandschutz-*** *oder einen* ***Alarmplan?***	
Befinden sich die ***Feuerlösch-*** *und* ***Brandmeldeeinrichtungen*** *an den richtigen Stellen und sind sie auffallend gekennzeichnet?*	
Sind die ***Flucht- und Rettungswege*** *frei oder versperrt etwas den Weg?*	
Lassen sich die ***Flucht- und Rettungsein- bzw. -ausgänge*** *jederzeit leicht öffnen oder sind sie geöffnet?*	
Ist der Umgang mit ***offenem Feuer*** *in brandgefährdeten Bereichen verboten?*	
Ist das ***Rauchen*** *nur in den dafür eigens zugelassenen Bereichen gestattet?*	
Sind ***elektrische Geräte*** *und* ***Anlagen*** *auf den modernsten Ausstattungs- bzw. Sicherheitsstandard gebracht?*	
Sind ***brennbare Gegenstände*** *in der Umgebung von Heiz- und Wärmegeräten mehr als handwarm?*	
Sind die ***Flächen für die Feuerwehr*** *(Zugänge, Zufahrten, Aufstellflächen, Bewegungsflächen) frei?*	

Checkliste für die Überprüfung von Brandschutzeinrichtungen

Brandschutzeinrichtungen (erste und erweiterte Löschhilfe)	
Feuerlöschgeräte – *Anzahl: Feuerlöschgeräte (lt. Genehmigungsbescheid etc.).* – *Positionierung und Art der Feuerlöschgeräte.* – *Regelmäßige Sichtkontrolle und Prüfung der Feuerlöschgeräte.* ***Ausstattung besonders gefährdeter Bereiche,*** *wie zB Elektrobetriebsräume, Veranstaltungsräume etc.: Feuerlöscheinrichtungen, fahrbare Schaumlöschgeräte.* ***Besondere Brandschutzeinrichtungen*** – *Wandhydranten (mit Schlauchkasten): Sie dürfen grundsätzlich nicht in Stiegenhäusern angebracht werden, wenn diese eigene Brand- oder Rauchabschnitte bilden.* – *Fahrbare Löschgeräte.* – *Kombinationslöschanhänger.* – *Steigleitungen.* – *Druckerhöhungspumpe (Notstromversorgung).*	*Bemerkungen*

Die Hausdame soll den Brandschutzbeauftragten bei seinen Maßnahmen unterstützen und die Mitarbeiter laufend auf brandverhütende Maßnahmen aufmerksam machen. Besondere Bedeutung kommt der Freihaltung der Fluchtwege zu, da Gänge sehr oft durch abgestellte Reinigungs- und Wäschewägen in ihrer Breite reduziert sind.
Die Hausdame führt periodisch einen Sicherheitscheck in den Gästeräumen durch, wobei sie das Vorhandensein der Brandschutzeinrichtungen und der Informationsunterlagen für Gäste und Mitarbeiter kontrolliert.

Periodische Überprüfung

Sicherheitscheckliste über den Zustand der Brandschutzeinrichtungen in der Etage			
Brandschutz-Eigenkontrolle		**Mängelbericht**	*Blatt Nr.:*
Kontrollorgan:		*Kontrolldatum:*	
Raum/Zimmernummer	*Festgestellte Mängel*	*Bemerkung*	*Erledigt*
Übergeben an:		*Endkontrolle am:*	

Richtiges Verhalten im Brandfall

Damit die **Anweisungen** auch in höchster Aufregung für den Gast durchführbar sind, müssen sie sehr einfach sein und durch bildliche Darstellungen unterstrichen werden. Auch für fremdsprachige Gäste müssen die Hinweise leicht verständlich sein.

Brand im Zimmer

1. *Brand im Zimmer oder in Zimmernähe*

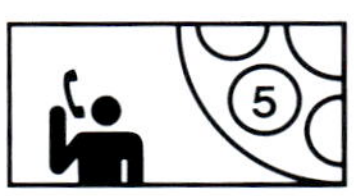

2. *Brand melden, Tel. 5*

3. *Feuerlöscher holen*

4. *Löschversuche machen, Feuer unten bekämpfen*

5. *Falls erfolglos, Flucht zum nächsten Stiegenhaus*

Der **Brandalarmplan** legt das Verhalten aller Betriebsangehörigen im Brandfall zur Sicherung der Alarmierung der Feuerwehr und zur Rettung der Personen, die sich im Haus befinden, fest.

Mitarbeiterschulung

Jeder Mitarbeiter muss unbedingt sofort nach seiner Einstellung mit sämtlichen Maßnahmen des Brandschutzes vertraut gemacht werden. Für laufende Schulungen ist zu sorgen, wobei diese Aufgabe vom Brandschutzbeauftragten übernommen wird. Auch eine Schulung über Erste-Hilfe-Maßnahmen ist in periodischen Abständen von den Mitarbeitern der Beherbergungsabteilung zu absolvieren. Schulungen für das Etagenpersonal können in der Zwischensaison abgehalten werden. Dabei soll das Angebot der örtlichen Feuerwehr und der Sanitätsdienststelle angenommen werden.
Das **Notruftraining** dient zur Versachlichung und klaren telefonischen Übermittlung wichtiger Nachrichten. Es soll immer wieder durchgeführt werden.
Nach diesem Schema können mit veränderten Informationen Notruftrainings durchgeführt werden.

Beispiel: Die Feuerwehr wird angerufen.

Wo ist es passiert?	*Hotel Blauer Elefant, Hauptplatz 3.*
Was ist passiert?	*Es brennt! Starke Rauchentwicklung!*
Wie viele Verletzte?	*Ein Gast ist bei der Flucht gestolpert und klagt über starke Schmerzen.*
Welche Zufahrt?	*Kommen Sie an die Rückseite des Gebäudes!*
Welcher Gebäudeteil ist betroffen?	*Das Feuer ist in Etage 3 ausgebrochen. Erste Löschhilfe wird geleistet.*
Sind besondere Gefahren zu beachten?	*Eine Gasleitung durchquert die Etage.*
Wer spricht?	*Ich bin Frau Müller, die Assistentin der Hausdame.*

Mitarbeiterunterweisung

Im Beherbergungsbereich
- Zufahrtswege für die Feuerwehr freihalten.
- Fluchtwege, Stiegenhäuser und Notausgänge in der gesamten Breite freihalten.
- Sammelplätze, Brandschutzordnung und Brandschutzpläne müssen bekannt sein.
- Hantieren mit Löscheinrichtungen üben.
- Hinweisschilder für Fluchtwege anbringen.
- Unbrennbare Sicherheitspapierkörbe verwenden.
- Mögliche Brandgefahren: Tauchsieder, Bügeleisen, Kleidungsstücke über Lampen oder Heizkörpern ...
- Lage der Hauptabsperrvorrichtungen für Gas: im Brandfall unverzüglich schließen.
- Stromausfall: Was ist zu tun?
- Alle elektrischen Geräte sind vor dem Verlassen des Arbeitsplatzes abzuschalten.

Im Lagerbereich
- Rauchverbot unbedingt einhalten.
- Richtigen Umgang mit brandgefährlichen Stoffen üben.
- Maschinen müssen eine Stromunterbrechung haben.
- Wo befinden sich die Elektroschaltkästen?
- Bei Elektroschaltkästen darf nichts Brennbares lagern.
- Fluchtwege und Notausgänge freihalten.

Hinweise auf Gefahrenquellen

Was ist gefährlich?	*Was kann passieren?*	*Was ist zu tun?*
Leicht entzündliche Stoffe	*Brand, Explosion*	*Kennzeichnen und Rauchverbotsschild anbringen*
Nässe, Verschüttetes	*Verletzungen durch Stürze*	*Aufwischen*
Ätzende Stoffe	*Zerstörung der Atmungsorgane, Augen, Haut*	*Warnhinweise anbringen*
Chemikalien	*Verätzung*	*Richtig aufbewahren*
Spraydosen	*Explosion*	*Vor dem Wegwerfen entleeren*
Aufstiegshilfen	*Stürze*	*Sicherheitsleitern verwenden*
Lose verlegte Kabel	*Stürze*	*Kabelschächte anbringen*
Lose liegende Teppiche	*Stürze*	*Teppichgleitschutz auflegen*
Schleche Beleuchtung	*Stürze*	*Beleuchtung optimieren*
Defekte Kabel	*Stromschlag, Brand*	*Austauschen*

Die Mitarbeiterschulung muss wie beim Brandschutz erfolgen. Die diversen Kursangebote sollen genützt werden. Die regelmäßige Weiterbildung trägt zur Qualifikation aller Mitarbeiter bei.

Vorgangsweise beim Auftreten von Verletzungen
- Keine Panik
- Verletzte beruhigen
- Erste Hilfe leisten
- Rettung verständigen
- Meldung erstatten → Notruftraining

> **Tipp**
> **Verunglückte sollen nie allein bleiben.**

Erste-Hilfe-Kasten

Der Erste-Hilfe-Kasten ist für alle Mitarbeiter leicht erreichbar anzubringen, zB im Etagendepot. Die Bestückung muss den Vorschriften entsprechen und hygienisch einwandfrei sein. Auf das Ablaufdatum ist zu achten. Abgelaufene Ware ist auszutauschen, verbrauchte Ware zu ergänzen.

Ausstattung des Erste-Hilfe-Kastens

4 Mullbinden, elastisch, 10 cm x 4 m	***3 Lederfingerlinge***	***1 Splitterpinzette, rostfrei***
4 Mullbinden, elastisch, 8 cm x 4 m	***5 Fingerschnellverbände***	***2 Rettungsdecken***
4 Mullbinden, elastisch, 6 cm x 4 m	***15 Wundkompressen, 10 x 10 cm***	***1 Notfallbeatmungstuch***
2 Fixierbinden, selbsthaftend, 8 cm x 4 m	***2 Spulenpflaster, 2,5 x 5 cm***	***40 Pflasterstrips, 72 x 19 mm***
Je 4 Verbandpäckchen, Größe III und IV	***5 Paar Latexhandschuhe***	***4 Dreieckstücher***
3 Verbandtücher, metallisiert, 40 x 60 cm	***1 Verbandschere***	***Inhaltsverzeichnis und Erste-Hilfe-Anleitung***

Unfallschutz

Die meisten Unfälle werden durch Unachtsamkeit, Unwissenheit, Hektik und Leichtsinn verursacht. Ein gutes Zeitmanagement und gut geschulte der Mitarbeiter helfen Unfälle vermeiden. Betriebsführung und Mitarbeiter sind gemeinsam für die Minimierung von Gefahren zuständig. Die oberste Devise muss in der Beherbergungsabteilung lauten: **Sicherheitsbewusst denken und handeln.**

Die Auswahl der passenden textilen Ausstattung verlangt von der Etagenführung Fachkenntnis über die Eigenschaften und die damit verbundenen Pflegeansprüche der verschiedenen Fasern. Die gängigen Stoffbezeichnungen und Maße müssen allen mit der Textilpflege betrauten Personen bekannt sein. Die Gäste erwarten qualitativ hochwertige Bettwäsche, flauschige, saugfähige Frotteewäsche und Badtextilien.

Die Qualität der Bettwaren, das sind die Decken, Kissen und Unterbetten, ist für den Schlafkomfort der Gäste mitentscheidend. Hier gibt es viele Arten von Füllungen, die unterschiedliche Eigenschaften hinsichtlich Komfort und Pflege bieten.

Vorhänge und Wohntextilien sollen in Material und Farbe auf den Raum gut abgestimmt sein, sie komplettieren einen Raum und sollen eine angenehme Atmosphäre schaffen. Auch bei diesen Textilien ist auf die Pflegeeigenschaften und auf die Strapazfähigkeit zu achten.

Textilien

Faserarten

Bettwaren, Bett- und Sanitärwäsche, Vorhänge usw. müssen regelmäßig kontrolliert und abgenützte Stücke ausgeschieden werden. Die neu anzuschaffenden Textilien haben in Qualität, Muster etc. den vorhandenen zu entsprechen. Hier ist die Zimmerspiegelkartei sehr hilfreich, in der alle wichtigen Daten festgehalten werden.

Die Verantwortung für den gesamten Wäschebestand des Betriebes liegt meist bei der Hausdame. Sie wird die Anschaffung der Wäsche mit der Service- bzw. Küchenleitung gemeinsam planen. Die Bedarfsplanung erfolgt aufgrund der Buchungsvorschau, der Inventur und der Zukäufe des Vorjahres.

Das erforderliche Wäschekontingent, dh die Höhe des Wäschestocks, hängt davon ab, ob es im Beherbergungsbetrieb eine eigene Wäscherei gibt, ob die Wäsche zum Reinigen außer Haus gegeben wird, ob der Miet- oder Leasingwäsche verwendet wird und wie hoch die Lagerkapazität ist.

Für Bettwaren, Bettwäsche und Badewäsche, für Wohntextilien und Restaurantwäsche gibt es eine Vielzahl von Fasern, die unterschiedliche Eigenschaften aufweisen. Wir unterscheiden Naturfasern, die pflanzlicher oder tierischer Herkunft sind, Zellulosefasern aus Holz und Chemiefasern, die aus Erdöl, Erdgas und Kohle hergestellt werden.

Naturfasern

Faserart	***Herkunft***	***Eigenschaften***	***Verwendung***
Baumwolle	*Samenhaare des Baumwollstrauches*	– *Saugfähig und atmungsaktiv.* – *Kaum elektrostatisch.* – *Bleichfähig.* – *Relativ mottensicher.* – *Einsprung (Einlaufen) bei der Erstwäsche bis zu 10 %.*	– *Bettwäsche, Matratzen, Wohntextilien* – *Restaurantwäsche* – *Badewäsche* – *Berufsbekleidung* – *Reinigungstextilien*
Leinen	*Faser der Flachspflanze*	– *Saugfähig, luftdurchlässig und kühlend.* – *Reißfest.* – *Glatt.* – *Mottensicher.* – *Nicht elektrostatisch.* – *Einsprung bei der Erstwäsche bis zu 20 %.*	– *Betttücher* – *Restaurantwäsche* – *Küchenwäsche* – *Berufsbekleidung* – *Reinigungstextilien* – *Wohntextilien*
Wolle	*Merinoschaf, Cheviotschaf, Lamm*	– *Temperaturausgleichend.* – *Saugfähig.* – *Elektrostatisch.* – *Schmutz abweisend.* – *Elastisch.* – *Verfilzbar.*	– *Matratzen* – *Teppiche* – *Bezugsstoffe* – *Bettwaren* – *Oberbekleidung*
Kamelhaar, Alpaka, Angora, Mohair, Kaschmir	*Kamel, Schafkamel, Lama, Kaninchen, Ziege*	– *Temperaturausgleichend.* – *Saugfähig.* – *Weich.* – *Wenig strapazfähig.* – *Nicht mottensicher.*	– *Matratzen* – *Bettwaren* – *Oberbekleidung*
Seide	*Kokon des Seidenspinners*	– *Saugfähig.* – *Temperaturausgleichend.* – *Glänzend.* – *Nicht reibfest.* – *Nicht mottensicher.*	– *Oberbekleidung* – *Bettwaren* – *Wohntextilien*

Zellulosefasern

Faserart	Herkunft	Eigenschaften	Verwendung
Viskose	*Zellulose, Alt-textilien*	– *Kühl.* – *Stark knitternd.* – *Matt bis glänzend.* – *Starker Einsprung.*	– *Oberbekleidung* – *Wohntextilien*
Modal	*Weiterentwicklung der Viskose; Mischungen mit Baumwolle*	– *Reißfester als Viskose.* – *Weich.* – *Geringerer Einsprung.* – *Stark knitternd.* – *Kaum elektrostatisch.*	– *Oberbekleidung*
Lyocell	*Zellulose, aus Buchenholz*	– *Stark saugfähig.* – *Strapazfähiger als Baumwolle.* – *Knitternd.* – *Hautfreundlich.* – *Wenig Einsprung.* – *Bügelleicht.*	– *Matratzen* – *Bettwaren* – *Bettwäsche* – *Oberbekleidung*
Acetat, Triacetat	*Zellulose*	– *Knitterarm.* – *Pflegeleicht.* – *Seidenähnlich glänzend.* – *Schmutz abweisend.* – *Elektrostatisch.* – *Leicht brennbar.*	– *Futterstoffe* – *Oberbekleidung*

Chemiefasern

Chemiefasern werden häufig mit Naturfasern gemischt, um die Nachteile der einzelnen Fasern auszugleichen.

Faserart	Markenbezeichnung	Eigenschaften	Verwendung
Polyester	*Trevira, Diolen, Dacron*	– *Sehr knitterarm.* – *Scheuerfest.* – *Nicht saugfähig.* – *Formbeständig.* – *Elektrostatisch.*	– *Oberbekleidung* – *Gardinen, Stores* – *Füllmaterial für Bettwaren* – *Wohntextilien* – *Teppiche*
Polyamid	*Nylon, Perlon*	– *Sehr knitterarm.* – *Reiß- und scheuerfest.* – *Formstabil.* – *Stark elektrostatisch.* – *Gering saugfähig.* – *Schnell trocknend.*	– *Oberbekleidung* – *Möbelbezugsstoffe* – *Gardinen* – *Teppiche*
Polyacryl	*Dralon, Dolan*	– *Sehr knitterarm.* – *Lichtbeständig.* – *Weich, wollähnlich.* – *Gering saugfähig.* – *Stark elektrostatisch.*	– *Oberbekleidung* – *Dekorstoffe* – *Gardinen* – *Markisen* – *Teppiche*

Weitere Chemiefasern sind Polyurethan, Polyvinylchlorid, Polypropylen, die in ihren Eigenschaften den oben angeführten Produkten ähnlich sind.

Gewebe und Maschenware

Nach der Verarbeitung der Fasern zu Garnen erfolgt die Weiterverarbeitung. Fasern können in verschiedenen Bindearten gewebt oder zu Maschenware verarbeitet werden.

Ein **Gewebe** besteht immer aus der Kette, die in Längsrichtung verläuft, und dem Schuss, der im rechten Winkel über oder unter den Kettfäden verläuft. Durch unterschiedliche Kreuzungsarten von Kett- und Schussfäden entstehen verschiedene Bindungen.

Leinwandbindung ist die einfachste Bindung. Sie ist sehr haltbar, da Kette und Schuss gleichmäßig gehoben und gesenkt wurden und somit die Zugfestigkeit optimal ist. Sie wird für Standardgewebe mit geradlinigen Mustern wie Streifen und Karos und Schaftmuster verwendet, zB für Betttücher und Bettwäsche.

Das typische Erkennungsmerkmal bei der **Köperbindung** sind die schräg im Gewebe verlaufenden Linien. Diese Gewebe sind besonders strapazierfähig, zB Inlett, Drell, Fischgrät, Denim (Jeansstoff).

Die **Atlas- bzw. Satinbindung** erzielt durch versetzte Fadenbindung eine bestimmte Musterung. Bei dieser Bindungsart tritt auf der Oberfläche hauptsächlich das wertvollere Material in Erscheinung. Es wird ein glattes, meist glänzendes Aussehen erzielt, zB Satin. Diese Stoffe sind empfindlicher.

Die **Jacquardbindung** erlaubt großflächige und komplizierte Muster, wobei schöne Effekte erzielt werden, zB Brokat oder Damast.

Bei **Schlingen- oder Veloursware** werden in das Grundgewebe Schlingen eingearbeitet. Schuss und Grundkette haben eine eingebundene Flor- oder Polkette. Je länger die Florschlaufen sind, desto schwerer ist das Tuch. Kurze Florschlaufen haben eine gute Fadenzugfestigkeit. Werden die Schlingen aufgeschnitten, so spricht man von Veloursware.
Walkfrottee ist hochflorig und weich. Es besteht aus einer straff gespannten Grundkette, einer lockeren Schling- bzw. Florkette aus Einfachgarnen und dem Schuss. Durch den Walkprozess (Kochen und Kneten) wird ein weicher, flauschiger Griff erzielt.
Zwirnfrottee ist kurzflorig. Der stabile und haltbare Schlingenflor besteht bei Zwirnfrottee aus Zwirngarnen, die sich durch besondere Strapazfähigkeit auszeichnen. Durch eine Verstärkung des Grundgewebes mit Trevira wird diese noch beachtlich erhöht.

Zwirnwaffel bzw. -pikee ist ein Flachgewebe mit wabenartigen Mustern. Es wird wegen der ansprechenden Optik und der guten Saugfähigkeit im Sauna- und Wellnessbereich eingesetzt.

Bei der **Maschenware** wird das Garn zu Schlingen geformt, die miteinander und ineinander in den verschiedensten Techniken verschlungen werden. Hier wird zwischen Wirk-, Strick- und Häkelware unterschieden, zB Jersey.

Wäschebedarf und Wäscheeinkauf

Ist die Bereichsleitung der Wäscherei für die gesamte Wäsche des Betriebes verantwortlich, so ist eine Zusammenarbeit mit den jeweiligen Abteilungen erforderlich.

Die Qualität und Ausfertigung der Textilien tragen entscheidend zum Image eines Betriebes bei. Billige Ware entspricht oft nicht den Erwartungen der Gäste. Wäsche, die sich nicht gut behandeln lässt, verärgert die Mitarbeiter und kann den Arbeitsprozess verteuern. Daher ist vor dem Einkauf eine fundierte Information über das Verhalten der Fasern und Gewebe wichtig. Die Bereichsleitung der Wäscherei soll ein Mitspracherecht bei der Auswahl des Wäschesortiments haben → Stellenbeschreibung.

Der **Wäschebedarf** im Beherbergungsbetrieb ist abhängig von

- der Größe des Betriebes,
- der Häufigkeit des Wäschewechsels,
- der Verweildauer der Gäste,
- der Textilbestückung pro Zimmer,
- der Organisation der Wäschereinigung,
- den Lagerkapazitäten,
- der Qualität der Textilien.

Ausschlaggebende Faktoren

- **Wirtschaftlichkeit:** Behandlungsansprüche, Langlebigkeit, Preis.
- **Funktionalität:** Eigenschaften beim Gebrauch, Schmutz abweisende Oberfläche, Reinigungs- und Pflegeeigenschaften.
- **Optik:** Webbild, Schlingenbild bei Frottierware, Design.

Um Angebote vergleichen zu können, ist eine einheitliche Angebotsausschreibung mit unmissverständlichen Angaben zu Wäschemaßen, Flächengewicht und Fadendichte der gewünschten Textilien erforderlich. Eine Datenübersicht sowie exakte Angaben der Hersteller erleichtern die Auswahl.

Größe
Die Bestellmaße müssen jenen Wäschemaßen entsprechen, die das Wäschestück nach der ersten Wäsche aufweist. Vor dem ersten Gebrauch müssen die Wäschestücke entsprechend der Pflegekennzeichnung gewaschen werden.

Flächengewicht
Das Flächengewicht wird pro Quadratmeter angegeben. Das ist auch für die Berechnung der Betriebskosten der Wäscherei, für die Waschvorgänge und für die Kalkulationen bei der Vergabe an externe Dienstleistungsunternehmen wichtig.

Leichtbettwäsche	ca. 125 g/m²
Standardbettwäsche	135–170 g/m²

Farbechtheit
Bei farbiger Wäsche ist auf die Farbechtheit zu achten. Die Farbe darf durch chemische Reinigung, Schweiß, Reibung, Wasser, Licht und Wettereinflüsse kaum verändert werden. Chlor- und Kochechtheit garantieren eine gute Farbechtheit der Textilien, da die Waren meist mit optischen Aufhellern gewaschen werden und keine gravierende Farbveränderung mehr auftritt.

Weitere Faktoren, die die Haltbarkeit beeinflussen:
- Wäschebestand (Wäschestock): Je größer der Wäschebestand, umso seltener werden die einzelnen Wäschestücke gewaschen.
- Wäschewechsel: Anzahl der Wasch-, Trocknungs- und Bügelvorgänge, Reinigungshäufigkeit.
- Beladung der Geräte.
- Chemieeinsatz und Wasserhärte.

> ***Tipps***
> ***Vergewissern Sie sich,***
> ***ob die Verarbeitung der Stückwäsche fadengerade ist,***
> ***ob die Nähte korrekt sind,***
> ***ob die Stichlänge gleichmäßig ist.***

Textilpflegekennzeichnung

Sie ist eine Gebrauchsanweisung und gibt durch Piktogramme Auskunft über die Pflege eines Textilstücks. Die Angaben auf dem Etikett sind Maximalangaben und sie sind auf das empfindlichste Material im Stück abgestimmt. Die Pflegekennzeichnung muss haltbar angebracht sein und nach Reinigungs- und Pflegeprozessen lesbar bleiben. Diese Textilpflegekennzeichen sind international registrierte Warenzeichen. Die Symbole sind bei der WIPO (World Intellectuell Property Organization) in Genf registriert. Sie sind in die europäische Norm **EN 23758 Pflegekennzeichnungscode auf Basis von Symbolen** aufgenommen worden. Die EU-Staaten übernehmen den Kennzeichnungscode. Die Pflegekennzeichnung besteht aus Symbolen. Eine Beschreibung ohne Symbolabbildung ist nicht zulässig.

Waschen	95° *Normalwaschgang*	95° *Schonwaschgang*	60° *Normalwaschgang*	60° *Schonwaschgang*	40° *Normalwaschgang*	40° *Schonwaschgang*	30° *Schonwaschgang*	*Handwäsche*	*nicht waschen*
Bleichen	Cl *Chlorbleiche möglich*						*Chlorbleiche nicht möglich*		
Bügeln	*heiß bügeln*		*mäßig heiß bügeln*		*nicht heiß bügeln*		*nicht bügeln*		
Chemisch reinigen	A P *Normal- bzw. Einfachreinigung; auch Kiloreinigung*			P F F *Spezialreinigung*			*Keine Chemischreinigung möglich*		
Trocknen im Wäschetrockner	*Normale Trocknung ohne Einschränkung im Haushaltswäschetrockner möglich*			*Schonende Trocknung bei niedriger Temperatur*			*Nicht im Haushaltswäschetrockner trocknen*		

Öko-Tex Standard 100
Unabhängige europäische Textilforschungsinstitute arbeiten seit längerem an Standardrichtlinien, die die humanökologischen Qualitäten eines Textilproduktes in objektiver und wissenschaftlich nachprüfbarer Weise zum Ausdruck bringen. Für Garne, Stoffe und Textilprodukte wurden Schadstoffgrenzwerte ermittelt, die den aktuellsten wissenschaftlichen Erkenntnissen entsprechen. Nur jene Hersteller, die sich den Kontrollverfahren unterziehen und für eine nachprüfbare Qualitätssicherung sorgen, dürfen ihre Artikel mit der Öko-Tex-100 Auszeichnung versehen.

Bettwaren

Zu den Bettwaren zählen Decken und Kissen. Außer der Bestückung der Gästezimmer mit Bettwaren werden weitere Decken und Kissen im Depot gelagert. Dadurch kann bei Bedarf rasch ein Austausch erfolgen und Gästewünsche nach Zusatzdecken bzw. -kissen können erfüllt werden. Die fachgerechte Lagerung der Reserveware erfolgt bei trockenem Raumklima mit einer konstanten Raumtemperatur von 18 bis 20 °C. Für eine gute Be- und Entlüftung und für einen Schutz vor Kriechinsekten und Motten ist Sorge zu tragen → Depot.

Decken

Heizsysteme und Klimaanlagen sorgen für die gewünschte Raumtemperatur, weshalb Decken nicht zu warm sein sollen. Sie müssen aber so ausgeführt sein, dass sie Feuchtigkeit aufnehmen und an die Raumluft abgeben. Jeder Mensch gibt während des Schlafes durchschnittlich 0,4 Liter Feuchtigkeit ab, wobei der Großteil als Dampf über die Körperoberfläche abtransportiert wird. Inlett und Deckenfüllung steuern diese Funktion.
Das **Inlett** muss - je nach Art der Füllmaterialien - feder-, daunen- bzw. faserdicht sein. Billige Ware kann Beschichtungen aufweisen, die bei Gebrauch nach einiger Zeit abtrocknen. Der Abrieb ist für Allergiker sehr schädlich. Ist das Inlett nicht mehr dicht oder wird die Füllung gereinigt, wird das Inlett ersetzt. Die Decken unterscheiden sich einerseits durch die Steppart anderseits durch die Füllung.

Gängige Größen

Standardgröße	140 x 200 cm
Komfortgröße	140 x 220 cm
Twinsize	170 x 210 cm
Fullsize	205 x 210 cm
Queensize	230 x 240 cm
Kingsize	240 x 275 cm
Kindergröße	100 x 140 cm

Darüber hinaus werden Sondergrößen angefertigt.

Stepparten

Steppungen verhindern ein Verrutschen der Füllungen, erhalten die Deckenoptik, erleichtern das Legen der Decken und ermöglichen eine gezielte Füllung an bestimmten Zonen der Decke, zB im Fußbereich. Steppungen können durch Abnähen oder durch das Einnähen von Stegen in verschiedenen Steghöhen erreicht werden.

Die **Tuchent** ist die einfachste und bekannteste Form der Decke. Im sackförmigen Inlett kann sich das Füllmaterial frei bewegen. Damit die Decke eine entsprechende Bauschkraft erhält, ist eine große Menge an Füllmaterial erforderlich.

Beim **Flachbett** wird das Inlett mit unterschiedlichen Absteppungen oder Stegen gefertigt. Das Verrutschen wird durch unterschiedliche Stegformen vermindert, aber nicht gänzlich unterbunden.

Steppung Flachbett

Bei der **Einziehdecke** wird das mit Federn gefüllte Inlett in Karos durchgesteppt. Das Füllgut wird so fixiert und kann nicht mehr verrutschen. Einziehdecken eignen sich besonders für leichte Decken.

Steppung Einziehdecke

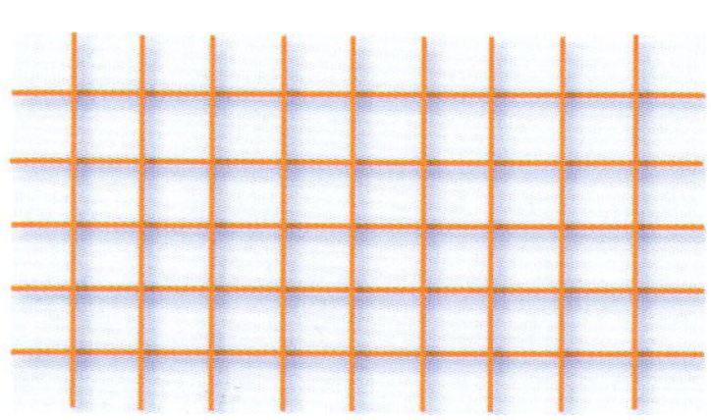

Das Inlett eines Kammerbettes wird durch Stege in Kammern unterteilt. Diese Unterteilung verläuft in Querrichtung. Die Steglänge beträgt 20 cm. Ein Verrutschen des Füllgutes in Längsrichtung ist daher nicht möglich. In der Querrichtung vermindern die Absteppungen das Wandern des Füllgutes. Durch die Trennung an der Breitseite der Decke ist ein Verrutschen des Füllmaterials nur mehr in diesem Querbereich möglich.

Steppung Kammerbett

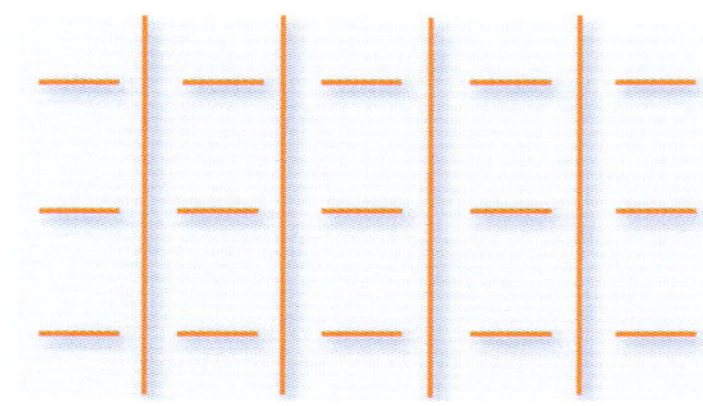

Bei Kassettendecken wird jede Kammer mit dem Füllgut durch eine Ventilöffnung verschlossen. Verwanderungen des Füllmaterials sind im Laufe der Zeit möglich.
Bei Cassetta Objekta erfolgt die Füllung jeder einzelnen Kammer über einen patentierten Kammerverschluss, wodurch die Verwanderung des Füllgutes gänzlich ausgeschlossen wird. Diese Deckenausführung garantiert eine gleichmäßige Wärmeverteilung, eine gute Legeoptik und somit auch eine einfache Handhabung für die Mitarbeiter in der Etage.

Bei allen Steppungen ist auch auf die Legeoptik der Bettdecken zu achten. Eine ungerade Anzahl an Kammern in der Breitseite der Decke gewährleistet eine schöne, bauschige Legekante, da nicht die Steppung, sondern eine ganze Kammer als Teilung der Decke verwendet wird.

Steppung Cassetta Objekta

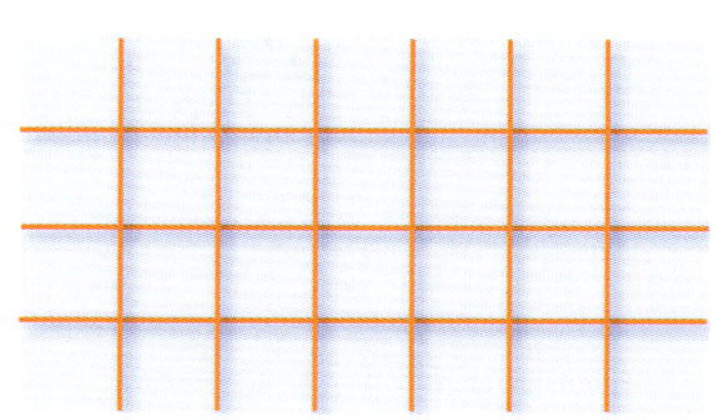

Deckenfüllung

Die Arten der Füllmaterialien sind vielfältig. Die klimatischen Gegebenheiten im Raum, evtl. auch der Standard des Betriebes bestimmen die Wahl des Füllmaterials. Auf die Art der Reinigung und auf die Pflegeansprüche ist zu achten. Auch die erforderlichen Reinigungsintervalle der Decken sind bei der Produktauswahl zu bedenken.

Folgende Füllmaterialien werden verwendet:

- Daunen und Federn
- Lyocell
- Synthetische Füllungen
- Naturhaar-, Seiden- und Baumwollfüllungen

Daunen und Federn

Den größten Schlafkomfort bieten Decken aus Daunen und Federn. Federn- und Daunenkauf ist Vertrauenssache! Nur ausgereifte und handverlesene Ware garantiert hochwertige Daunen und Federn, die die nötige Elastizität haben. Die besten Qualitäten stammen von der Gans und von der Ente. Gänseware ist weiß und hat ein geringeres Gewicht, allerdings ein großes Füllvolumen. Entenfedern sind kleiner und haben dadurch weniger Füllkraft. Es gibt weiße und graue Federn- und Daunenware.

Daunen sind der feine Brustflaum von Enten und Gänsen. Die beste Qualität stammt von der Eiderente. Daunen erbringen bei wenig Füllmenge (in Gramm gewogen) ein großes Füllvolumen.

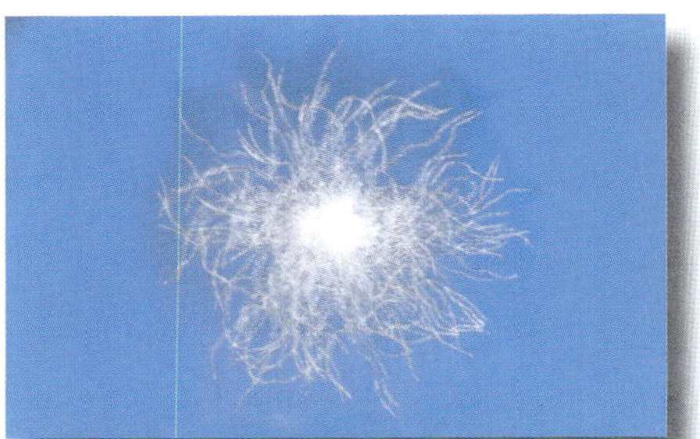

Hochwertige **Federn** stammen ebenfalls von Enten und Gänsen. **Rupf** ist die ganze Feder. Alte, gebrochene Federn sind minderwertig. Nur ausgereifte Ware entspricht den Qualitätskriterien. Zur Kundeninformation wurde die Euronorm EN 12934 geschaffen, die die Bezeichnungen, unter denen Federn und Daunen verkauft werden, festlegt.

Für die Bezeichnung des Füllmaterials ist wichtig,

- dass die Definition „neu" aufscheint. Es könnte sein, dass bereits gebrauchte und gereinigte Federn eingefüllt werden,
- dass die Füllung ausschließlich aus Federn von Wassergeflügel (Gänse und Enten, Klasse I bis III) besteht,
- wie hoch der Prozentanteil der Daunen bei der Füllung (Daunengehaltsstufe) ist.

Beispiel einer Füllungsbezeichnung auf einem Etikett lt. EN 12934

Farbe	*Provenienz*	*Art*	*Geflügelart*	*Klasse*	*Gewichtsprozentanteil der Elemente*
Weiß	*Ungarn*	*Neu*	*Gans*	*Klasse I*	*60 % Daunen* *40 % Federn*

Die Warenbezeichnung wird in der Euronorm genau geregelt. Füllungen mit der Bezeichnung „reine Gans" dürfen nur einen Anteil von Entenwaren von unter 10 % haben. Ware mit der Bezeichnung „Gans" darf einen Anteil von Entenware von unter 30 % haben. Umgekehrt gilt das Gleiche für Entenware.

Bezeichnung von Daunen und Federn lt. Euronorm EN 12934

Bisherige Bezeichnung	**EN 12934**	
	Daunen, Gewichtsanteil	**Beimengung von Federn, Gewichtsanteil**
Reine Daune	*100 %*	-
Daune	*90 %*	*10 %*
Fedrige Daune	*50 %*	*50 %*
	60 %	*40 %*
	70 %	*30 %*
	80 %	*20 %*
Dreivierteldaune	*30 %*	*70 %*
	40 %	*60 %*
Halbdaune	*15 %*	*85 %*
	20 %	*80 %*
Rupf	-	*100 %*

Je höher die Qualität der Daune, desto geringer ist die Füllmenge aufgrund der steigenden Füllkraft. Durch die Inlettverarbeitung kann der Daunenanteil verringert werden, ohne dass die Qualität der Decke wesentlich verschlechtert wird.

Beispiel

Füllmaterial: weiße, ungarische, neue, reine Gänsedaunen und -federn, Klasse I, 70 % Daunen, 30 % Federn
Cassetta Objekta mit Steppung, 4 x 7 Karos und Steghöhe 4 cm → erforderliches Füllgewicht 756 g
Cassetta Objekta mit Steppung, 4 x 7 Karos und Steghöhe 3 cm → erforderliches Füllgewicht 686 g

Zusatzinformationen können bei diversen Einkaufsgemeinschaften zur Qualitätssicherung der eingeholt werden.

Neueste Untersuchungen haben ergeben, dass Allergiker und Asthmatiker auf den natürlichen Schlafkomfort von Daunen und Federn nicht verzichten müssen. Es konnte belegt werden, dass Daunen und Federn nicht - wie oft fälschlich angenommen - Ursache für Hausstaubmilbenallergien sind. Daunen und Federn verursachen auch keine allergischen Reaktionen. Sollte ein Gast echte Federnallergie haben, kann mit speziellen Decken- und Kissenbezügen eine Schutzbarriere gegen die Allergene mit wenigen Handgriffen geschaffen werden. Auf die Dichtheit des Inletts ist zu achten.

Reinigung und Pflege von Daunen- und Federbetten

Decken sollen immer gut gelüftet werden. Im Freien sollte dies nur bei trockenem Wetter erfolgen. Direkte Sonneneinstrahlung ist zu vermeiden.

Unter Berücksichtigung bestimmter Kriterien können in Ausnahmefällen Decken mit Daunen- oder Federfüllungen lt. Pflegeanleitung gewaschen werden. Da die Daunen und Federn bei der Veredelung ebenfalls gewaschen werden, ist die Wäsche der Füllung kein Problem. Allerdings sollte berücksichtigt werden, dass die Waschtemperatur 60 °C nicht übersteigt, da sonst der Restfettgehalt verloren geht und die Decke brüchig wird.
Das Inlett sollte beim Waschen höchstens 2 bis 3 % einlaufen.

Bei der Wäsche sind drei Faktoren zu berücksichtigen:

- Großes Fassungsvermögen der Waschmaschine.
- Waschtemperatur lt. Pflegekennzeichnung wählen.
- Trocknung im Wäschetrockner, damit die Füllung sich wieder voll entfalten kann.

Aus hygienischen Gründen kann aber eine Wäsche die spezielle Reinigung der Füllung nicht ersetzen, da beim Waschen die verbrauchten Daunen und Federn und der durch den Hornabrieb der Federkiele entstandene Staub in der Decke bleiben. Bei einer fachmännischen Reinigung wird die Füllung aussortiert.

Wird die **Bettfedernreinigung** im vorgegebenen Rhythmus unter Überprüfung des Gesamtzustandes der Decken durchgeführt, wird die Lebensdauer erhöht und die Qualität der Decken bleibt erhalten. Decken sollten ca. alle acht bis zehn Jahre, auch abhängig von der Auslastung, gereinigt werden.

Serviceetikette

haidenthaller

- ❑ *gefüllt*
- ❑ *gereinigt am: ________________*

Nächste empfohlene Reinigung:

____

Füllgewicht / Nr.: ________________

Symbole lt. Muster

Bei der Bettfedernreinigung wird das gesamte Füllgut aus dem Inlett entleert, in Spezialmaschinen gewaschen oder gereinigt, aufgedämpft, getrocknet und entkeimt. Durch Druckluft wird das Füllmaterial in die entsprechenden Qualitäten sortiert, die beschädigte oder verbrauchte Ware wird entfernt. Ein neues Inlett wird mit dem gereinigten Füllgut gefüllt, das ausgesonderte Material wird durch Neuware ersetzt.

Die Hausdame kann aufgrund der Pflegeetiketten feststellen, wann die Füllungen gereinigt werden müssen. Dadurch wird gewährleistet, dass alle im Umlauf befindlichen Decken eine einwandfreie Qualität aufweisen. Die anfallenden Kosten für die Reinigungsvorgänge müssen in die Budgeterstellung einkalkuliert werden.

Lyocell

Lyocell zeichnet sich durch hohe Atmungsaktivität, gute Hautverträglichkeit und eine außergewöhnlich hohe Wasserdampfaufnahmefähigkeit aus.
Die Faser kann sowohl als Gewebe versponnen als auch als flauschig weiches Füllmaterial für Bettwaren verwendet werden.

Lenzing Lyocell® FILL– 6,7 dtex / 60 mm silikonisiert

- **Flauschig weiche Naturfüllung**
- **Perfekter Feuchtigkeitstransport**
- **Optimal wärmeregulierend**
- **Waschbeständig**
- **Ökotex-Standard 100, Klasse 1**

Vergleich der Haltbarkeit von hochwertiger Daune und Dreivierteldaune

Comfort Kammerbett	Billigkammerbett
Füllung: *hochwertige Daune 0,9 kg*	**Füllung:** *Dreivierteldaune*
Die Erstreinigung soll nach acht Jahren erfolgen; gleichzeitig wird auch die Federware ergänzt. *Nach sieben Jahren ist eine weitere Reinigung und Ergänzung erforderlich.* *Nach weiteren sechs Jahren ist das Kammerbett gegen ein neues auszutauschen.* *Die Nutzungsdauer liegt bei 21 Jahren.*	*Das Billigkammerbett muss nach fünf Jahren ausgetauscht werden, dh dass die Nutzungsdauer bei fünf Jahren liegt.*

Dadurch ergibt sich beim Comfort Kammerbett über die Jahre gesehen eine Kosteneinsparung von ca. 30 % gegenüber dem Billigkammerbett.

Reinigung und Pflege von Lyocellbettwaren

Lyocell ist besonders pflegeleicht und entspricht auch den hygienischen Anforderungen. Reines Lyocell wird bei 60 °C gewaschen und luftgetrocknet. Decken mit Mischungen aus 50 % Polyester und 50 % Lyocell können meist bei 60 °C gewaschen und im Tumbler getrocknet werden.

Synthetische Füllungen

Sie sind sehr strapazierfähig, langlebig, preisgünstig, weisen ein gutes Bauschvermögen auf Synthetische Füllungen werden als Vlies oder in Form von Faserbällchen hergestellt. Ideal ist ihr Einsatz in besonders stark strapazierten Bereichen, wie zB in Kurhotels, da sie sich gut reinigen lassen. Der Feuchtigkeitsaustausch ist bei synthetischen Füllungen jedoch nicht ganz optimal.

Reinigung und Pflege von Bettwaren mit synthetischen Füllungen

Polyester-Hohlfaserfüllungen sind bei 60 °C oder 95 °C waschbar und im Tumbler zu trocknen. Das Pflegeetikett ist genau zu beachten. Kurze Trocknungszeiten der Decken sparen Zeit und Energie.

Naturhaar-, Seiden- und Baumwollfüllungen

Tierhaare werden zur Füllung leichterer Decken verwendet. Zum Einsatz kommen Schurwolle, Kaschmir, Alpaka und Kamelhaar. Diese Füllmaterialien sind atmungsaktiv, anschmiegsam, zeichnen sich durch einen guten Temperaturausgleich aus und werden von rheumakranken Gästen besonders geschätzt, da sie eine geringere Wärmekurve aufweisen.

Seidendecken sind sehr gut für die wärmere Jahreszeit geeignet. Sie sind leicht und geschmeidig, haben einen geringen Wärmespeicher und können bis zu 40 % des Eigengewichtes an Feuchtigkeit aufnehmen.

Auch Decken mit Baumwollfüllungen eignen sich für die wärmere Jahreszeit. Sie sind sehr pflegeleicht, atmungsaktiv und hautfreundlich.

Reinigung und Pflege von Bettwaren mit Naturhaar-, Seiden- und Baumwollfüllungen

Bei allen Decken ist auf die Textilpflegekennzeichnung zu achten, da diese Füllmaterialien je nach Vorbehandlung bei der Herstellung spezifische Reinigungseigenschaften aufweisen. Die Palette der waschbaren Produkte reicht von Schurwolle bis zur kochfesten Baumwolle. Weist die Textilpflegekennzeichnung keine Waschmöglichkeit auf, so sind die Decken ausschließlich chemisch zu reinigen.

Zusatzdecken

Flauschwebdecken sind aus Baumwolle, Polyacryl oder auch aus Schafschurwolle gefertigt. Die tadellose Verarbeitung der Einfassung ist zu prüfen. Aus hygienischen Gründen ist auf eine waschbare Qualität zu achten.

Kissen

Pro Standardbett wird mindestens ein Kissen bereitgehalten. Für Betten mit größerer Breite sind zwei Kissen vorzusehen. Kissen sollen von der schlafenden Person in die gewünschte Höhe und Form gebracht werden können.

Füllmaterial

Als Füllmaterialien für Kissen werden im Beherbergungsbetrieb hauptsächlich Federn, Zellulosefasern (Lyocell) oder synthetische Fasern verwendet. Auf wasch- und desinfizierbare Füllungen soll geachtet werden. Reinigung und Pflege erfolgen wie bei den Decken durch den Fachbetrieb. Federkissen sollten alle drei Jahre einer Komplettreinigung unterzogen werden.

Beispiele für gängige Größen

Standardgrößen	60 x 80 cm
	70 x 80 cm
	80 x 80 cm
	70 x 90 cm
Kapriz- od. Kinderkissen	40 x 60 cm
	40 x 40 cm

Sondergrößen nach Angabe.

Zusätzlich sollen Kaprizkissen und Nackenrollen auf Gästewunsch bereitgehalten werden. In letzter Zeit steigt die Nachfrage nach Spezialkissen zur Unterstützung des Halswirbelsäulenbereiches, diese Wünsche sind nach Möglichkeit zu berücksichtigen.

Nackenstützkissen

Bettwäsche

Die Bettwäsche für Beherbergungsbetriebe muss tadellos sauber und faltenfrei sein, dh einen hygienisch einwandfreien Eindruck bieten. Qualität und Muster richten sich nach der Kategorie und dem Stil des Hauses.

Beim Einkauf ist daher darauf zu achten, dass die Bettwäsche
- in der Größe auf die Decken und Kissen abgestimmt ist,
- aus strapazfähigem Material hergestellt ist, damit eine lange Haltbarkeit gewährleistet ist,
- bei mindestens 60 °C zu waschen ist, da dann auch eine höhere Bügeltemperatur gewählt werden kann,
- leicht zu bügeln ist,
- exakt aufzuziehen ist.

Diese Ansprüche werden durch Baumwoll- und Leinenfasern erfüllt. Am häufigsten wird reine Baumwolle mit unterschiedlicher Ausrüstung verwendet. **Merzerisierte Baumwolle** weist einen waschbeständigen Glanz und eine erhöhte Reibungsfestigkeit auf.

Vorteilhaft ist es, wenn in die Bezüge ein Einschlag, der so genannte Hotelverschluss, eingearbeitet ist, um das lästige Schließen mit Knöpfen zu vermeiden. In das an der Schmalseite entstandene Kuvert werden Decken und Kissen eingesteckt. Bei Kissenbezügen aller Größen rechnet man für den Einschlag 25 cm, bei Deckenbezügen 35 cm.

Betttücher sind aus Baumwolle oder aus Leinen. Zur Matratzengröße müssen 60 cm für den Einschlag hinzugerechnet werden. Die Standardgröße eines Betttuches für ein Einzelbett beträgt 150 x 250 cm. Die Haltbarkeit hängt von der Fadendichte ab. Leintücher müssen eine starke Punktbelastung aushalten. Ware mit verstärkter Mitte weist im Mittelteil dichtere Kettfäden auf als an den Rändern.

Beim Ankauf von **Jerseyspannleintüchern** ist genau auf die Größe der Matratze zu achten. Die Standardgröße für ein Einzelbett beträgt 100 x 200 cm. Die Matratzenhöhe ist gesondert anzugeben. Durch Beimengungen (ca. 20 %) hochwertiger Polyamidfasern im Grundgewebe werden die Haltbarkeit und vor allem die Formbeständigkeit der Spannleintücher beachtlich gesteigert, ohne dass die Hautfreundlichkeit wesentlich beeinträchtigt wird. Die Haltbarkeit hängt von der Fadendichte und der Qualität der Faser ab.

Reinigung und Pflege

Die Bezüge werden vor dem Waschen gewendet, so dass die Innenseite außen zu liegen kommt. Eventuell vorhandene Reißverschlüsse müssen geschlossen werden. Flecken werden vorbehandelt, Ecken und Kanten werden bei Bedarf ausgebürstet. Die Nähte werden kontrolliert und bei Bedarf markiert, damit sie nach dem Waschen genäht werden können. Weiters wird überprüft, ob die Ecken schadhaft sind.
Die Füllmenge der Waschmaschinen ist genau einzuhalten. Die Waschtemperatur wird entsprechend dem Pflegeetikett gewählt. Der Waschvorgang wird auf die Wäscheart abgestimmt. Trocknungstemperaturen und Angaben zur Bügeltemperatur sind einzuhalten. Nähte werden überprüft und gegebenenfalls erneuert. Die Abnützung der Ecken wird überprüft.

Badtextilien

Der Gast sieht und spürt besonders bei den Badtextilien die Qualität und die Pflege. Er schätzt die guten Griffeigenschaften und die Saugfähigkeit. Der Wechsel der Sanitärwäsche wird im Kapitel → Sanitärräume beschrieben.

Badtextilien
- Handtücher
- Duschtücher
- Badetücher
- Seifentücher
- Bidettücher
- Vorleger
- Bade- oder Saunamäntel

Badezimmerbestückung

Die Menge der anzuschaffenden Badtextilien ist von der Kategorie des Betriebes, von der Häufigkeit des Wäschewechsels, von der Bestückungszahl und der Gästefrequenz abhängig. Eine angemessene Reserve wird hinzugerechnet.

Beispiel für die Bestückung eines Doppelzimmers
- 2 Handtücher
- 2 Seifentücher
- 2 Bade- bzw. Duschtücher
- 2 Bidettücher
- 2 Vorleger
- Evtl. Bademäntel und Badepantoffeln

Die Badtextilien gibt es in unterschiedlichen Qualitätsstufen. Festigkeit und Dichte des Schlingenmaterials sind ausschlaggebend für den Nutzungskomfort und die Haltbarkeit. Das Schlingen- oder Schlaufengewebe soll aus reiner Baumwolle bestehen. Geringe Beimengungen von Synthetikfasern in das Grundgewebe der Textilien erhöhen die Haltbarkeit. Hochwertige Badtextilien sollen ein Flächengewicht von 400–450 g/m^2 haben. Das Flächengewicht der Vorleger soll 590–850 g/m^2 betragen.

Gängige Größen

Badetuch	1.000 x 1.500 mm
Handtuch	500 x 1.000 mm
Duschtuch	700 x 1.400 mm
Saunatuch	700/800 x 1.700/2.000 mm
Vorleger	500 x 700, 500 x 900/ 600 x 600 oder 600 x 1.000 mm

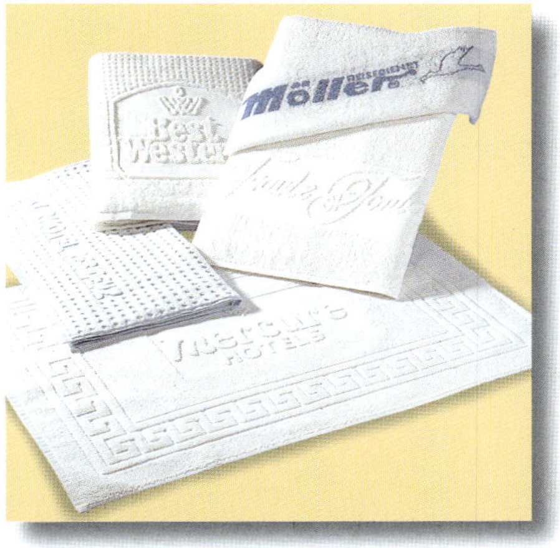

Die **Sanitärwäsche** in Wellness- oder Kurbetrieben unterscheidet sich von den Badetüchern des Gästezimmers oftmals farblich. In vielen Betrieben werden diese Textilien meist gegen Hinterlegung einer Kaution an der Rezeption ausgegeben und bei der Abreise dort wieder retourniert. Dies gilt auch für Bade- oder Saunamäntel, wenn sie nicht zur Bestückung eines Gästezimmers gehören. Im Wellness- oder Schwimmbadbereich können Badtextilien zur freien Entnahme bereitliegen, die beim Verlassen dort wieder abgegeben werden. Gerüche, die diese Tücher aus verschiedenen Anwendungen aufgenommen haben könnten, kommen nicht in das Gästezimmer oder in das Gästebad und werden daher nicht auf die übrige Sanitärwäsche übertragen.

Bidettücher sind meist aus **Flachgewebe,** zB aus Halbleinen.

Namen- und/oder Emblemeinwebungen kommen bei Badetextilien effektvoll zur Geltung. Möchte sich ein Gast ein Wäschestück zum Andenken an seinen Urlaub mit nach Hause nehmen, so kann auch durch einen Hinweis im Zimmer auf den möglichen Ankauf hingewiesen werden und eine entsprechende Preisinformation im Zimmer oder an der Rezeption aufliegen.

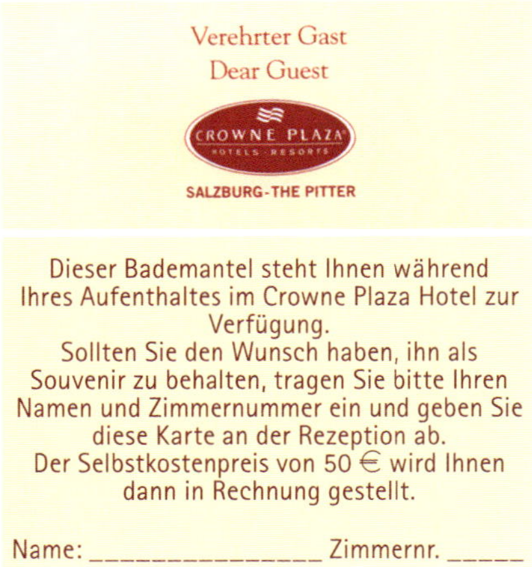

Dieser Bademantel steht Ihnen während Ihres Aufenthaltes im Crowne Plaza Hotel zur Verfügung.
Sollten Sie den Wunsch haben, ihn als Souvenir zu behalten, tragen Sie bitte Ihren Namen und Zimmernummer ein und geben Sie diese Karte an der Rezeption ab.
Der Selbstkostenpreis von 50 € wird Ihnen dann in Rechnung gestellt.

Name: _______________ Zimmernr. _____

Reinigung und Pflege

Flecken müssen vorbehandelt werden. Die Sanitärwäsche wird locker in die Waschmaschine eingelegt. Die Maschine darf keinesfalls überfüllt werden, daher ist auf die Füllmenge der Maschinen zu achten. Die Waschtemperaturen werden entsprechend dem Pflegeetikett gewählt (60 bis 95°C). Die Trocknungstemperatur im Tumbler ist zu beachten. Die Angaben über Bügeltemperaturen, zB bei Flachgeweben, sind einzuhalten. Besonders Frotteeware soll in der hauseigenen Wäscherei gewaschen werden. Der Arbeitsaufwand ist wesentlich geringer als bei anderen Wäschestücken und die sorgsame betriebsinterne Behandlung erhöht die Haltbarkeit.

Wohntextilien

Bei der Planung der Gestaltung der Gästeräume werden Farben, Stoffe, Art der Drapierung und Anbringung festgelegt. Zu den Wohntextilien zählen neben den Vorhängen Tagesdecken, Zierkissenbezüge, Wandbehänge und textile Dekorationen. Beim Neukauf von Vorhängen ist auf die Pflegeempfehlung und auf die brandschutzrechtlichen Bestimmungen zu achten.

Beispiel: Checkliste zur Auswahl von Vorhängen

	☺	☹
Sind die Gewebe flammhemmend ausgerüstet?		
Wird Licht- und Farbechtheit garantiert?		
Ist das Auf- und Abnehmen leicht durchzuführen?		
Ist das Auf- und Zuziehen leicht und leise?		
Sind die Häkchen qualitativ hochwertig und für die Reinigung und Montage optimal geeignet?		
Ist der Bodenabstand ausreichend, damit sie keinen Staub aufnehmen?		
Ist der Heizkörper frei bzw. ist genügend Abstand zum Vorhang?		
Nimmt das Gewebe rasch Gerüche an?		
Verändert der Vorhang die Raumwirkung positiv?		
Können die Oberlichten ohne Beschädigung der Vorhänge gekippt und geschlossen werden?		
Ist die Reinigung in der hauseigenen Wäscherei möglich?		
Wie hoch sind die Kosten der Reinigung durch externe Dienstleistungsunternehmen?		

Diese Liste soll nach den Gegebenheiten und der Kategorie des Betriebes ergänzt werden.

Mit speziellen Computerprogrammen kann der Fachhandel bei der Neugestaltung oder Renovierung von Gästezimmern Raumgestaltungsvarianten in 3D-Perspektive gemeinsam mit dem Kunden erstellen. Raummaße werden naturgetreu eingegeben, bestehende bauliche Elemente, wie Fenster, übernommen und die neuen, auf die Kundenwünsche abgestimmten Elemente eingearbeitet. So kann sich der Kunde die Vorhangvarianten in ihrer Farb- und Raumwirkung vorstellen. Diese Programme können parallel zur Planung auch zur Kostenkalkulation herangezogen werden.

Reinigung und Pflege

Wohntextilien brauchen sehr viel Pflege. Die Pflegeetiketten weisen auf die Reinigung genau hin. Textilart sowie Ausstattung und Kapazität der hauseigenen Wäscherei bestimmen, ob Wohntextilien im Betrieb gereinigt werden oder ob die Reinigung an externe Dienstleistungsunternehmen vergeben wird.

Sonstige Textilien

Neben der textilen Ausstattung der Gästezimmer und des Bade- und Wellnessbereiches fällt meist auch die Restaurant- und Küchenwäsche sowie die Berufskleidung des Hauses in den Zuständigkeitsbereich der Hausdame.

Küchenwäsche

Zur Küchenwäsche zählen vor allem die Geschirr- und Gläserreinigungstücher. Vor der Anschaffung der Küchenwäsche sollen Qualität, Auswahl und Menge von Küchenleitung und Housekeepingdepartment gemeinsam festgelegt werden. Im Ballen gelieferte Geschirrtücher können, wenn die Arbeitskapazität vorhanden ist, im Betrieb selbst kostengünstig genäht werden.

Halbleinenqualität - ein Gemisch aus Baumwolle und Leinen - hält lange und ist robust und saugfähig.

Die Ausstattung richtet sich nach der Arbeitsweise und nach den Anforderungen, die an den gastronomischen Bereich gestellt werden.

Koch- und chlorechte Ware ist zu bevorzugen.

Restaurantwäsche

Tischtücher und Servietten, Brotkörbchendecken, Mitteldecken, so genannte Milieus, Sets und Tischbänder sowie Tafeltücher für große Tische und Bufffettücher und -schürzen zählen zur Restaurantwäsche. Die Anschaffung dieser Wäsche soll ebenso zwischen Serviceleitung und Housekeepingdepartment abgesprochen werden.

Farbige Tischtücher sollen bei 60 °C gewaschen werden können. Kunstfaserprodukte sind nicht zu empfehlen, da durch evtl. herabfallende Zigarettenglut Löcher entstehen könnten. Auch können daraus Flecken schwer entfernt werden, es sei denn, die Tücher sind beschichtet. Bei beschichteten Tüchern ist die Pflegeanleitung genau zu beachten.

Damaste aus Halbleinen lassen sich sehr gut behandeln.

Berufskleidung

Bei der Anschaffung der Berufskleidung ist auf gute Reinigungs- und Pflegeansprüche zu achten. Die Anschaffung geschieht in Absprache zwischen Personalbüro bzw. Direktion und Housekeepingabteilung → Mitarbeiter.

Welche Vorteile bietet die Vergabe der Wäsche an externe Wäschereien, welche ergeben sich durch eine eigene Wäscherei? Bei der Neuplanung eines Betriebes, bei einem Umbau oder einer Umstrukturierung werden sich diese Fragen vielleicht stellen.

Um die Vor- und Nachteile beider Varianten festzustellen, müssen viele Fakten berücksichtigt werden: die Anzahl der für eine Wäscherei erforderlichen Mitarbeiter, die räumlichen Gegebenheiten, das Wäschekontingent, die Anschaffungskosten für die Ausstattung und die laufenden Kosten. Diese Liste wird je nach Betrieb und Betriebsart unterschiedlich sein. Ist bereits eine eigene Wäscherei vorhanden, können Verbesserungen vorgenommen werden. Eine hauseigene Wäscherei ermöglicht ua flexibles Reagieren auf besondere Anlässe und Situationen, es besteht auch die Möglichkeit, Gästewäsche zu übernehmen, um ein besonderes Service anzubieten.

Laundry

Wäsche sind alle waschbaren Textilien. Die Wäsche kann nach ihrem Einsatz, wie zB Tischwäsche, nach der Faserart, zB Seide, und nach Farben, wie Weiß- oder Buntwäsche, eingeteilt werden. Weiters wird nach der Art der Faser, zB ob Chemie- oder Naturfaser, Wolle, und nach der Behandlung, zB ob Koch- oder Feinwäsche, unterschieden.

Makellos saubere und tadellos gebügelte Wäsche ist ein wichtiges Kriterium für die Beurteilung des Betriebes durch den Gast. Die Kenntnis der häufig vorkommenden Textilien und der Pflegesymbole ist die Grundlage für eine sachgemäße Reinigung. Bereits im Kapitel Textilien wurde darauf eingegangen. Maschinen und Waschmittel müssen aus wirtschaftlichen, ökologischen und hygienischen Gründen richtig eingesetzt werden.

Die Quantität der zu reinigenden Wäsche ergibt sich aus der Kategorie des Betriebes, dh, ob der Wechsel der Bett- und Sanitärwäsche täglich oder zwei- bis dreimal wöchentlich erfolgt.

Die Anlieferung der Schmutzwäsche, das Waschen, Trocknen, Bügeln und Fertigmachen zur Ausgabe sowie die Lagerung der Wäsche bedürfen einer guten räumlichen und personellen Organisation. Anhand von unterschiedlichen Arbeitsaufträgen werden einzelne Arbeitsabläufe genau beschrieben.

Vor- und Nachteile einer hauseigenen Wäscherei

Vorteile	**Nachteile**
Das Design der Wäsche kann nach den eigenen Wünschen ausgewählt werden.	*Hohe Anschaffungskosten für die technische Ausstattung der Wäscherei (Maschinen, Anschlüsse ...).*
Die Wäschegüte ist während der Bearbeitung feststellbar; die sorgfältige Behandlung der Wäsche kann kontrolliert werden.	*Großer Raumbedarf.*
Die Mitarbeiter haben Einfluss auf die zu verwendenden Chemikalien und können somit einen Beitrag zum Umweltschutz leisten.	*Relativ hohe Betriebskosten (Personal-, Energie- und Wartungskosten).*
Die Durchlaufzeit ist steuerbar, dadurch ist die benötigte Wäsche leichter und schneller verfügbar. Der Wäschebestand muss nicht zu hoch sein.	*Zusätzliche Organisationsaufgaben.*
Mitarbeiter der Etage können eingesetzt werden, wodurch eine gute Auslastung der Arbeitskapazität möglich wird.	*Bei schwankender Auslastung kann es zu personellen Engpässen oder Überbesetzung kommen.*
Auch Gästewäsche kann übernommen werden, da die Reinigung spontan übernommen werden kann und kaum Wartezeiten für die Gäste entstehen.	*Mitarbeiterkosten: Für die permanente Qualitätssicherung der Dienstleistungen der Wäscherei ist eine entsprechend geschulte Person mit der Bereichsleitung zu betrauen.*

Eigen-, Miet- und Lohnwäsche

Eigene Wäsche kann in der betriebseigenen Wäscherei gewaschen oder zur Reinigung an externe Firmen gegeben werden. Es kann aber auch Miet- oder Lohnwäsche zum Einsatz kommen. Die räumlichen Gegebenheiten, die Ausstattung, die Lagerkapazitäten und der Mitarbeiterstand eines Betriebes sind die Voraussetzungen, von denen die Entscheidung letztlich abhängt. Immer dann, wenn Geräte zu erneuern sind, Wäsche zu ergänzen ist oder wenn zu wenig Mitarbeiter zur Bewältigung des Wäscheanfalls vorhanden sind, sind andere wirtschaftliche Varianten zu überlegen. Gesamtnutzen und -kosten sind bei der Wahl des Wäschereinigungssystems genau abzuwägen.

Entscheidungshilfe vor dem Kauf
- Wie oft der Wäschewechsel erfolgt, hängt vom Qualitätsstandard und von der Art des Beherbergungsbetriebes ab.
- Sind entsprechend geschulte Mitarbeiter vorhanden?
- Wie sind die räumlichen Gegebenheiten?
- Wie hoch würden die Kosten der Wäscherei für Wasser, Energie, Mitarbeiter, Wartung usw. in einem Monat sein?
- Wie hoch wären die Kosten bei Mietwäsche bzw. bei Lohnwäsche?
- Ist eine externe Wäscherei in der Nähe des Betriebes?

In der Stadthotellerie werden häufig externe Wäschereien mit der Wäscheorganisation beauftragt, da sich durch die meist kurze Aufenthaltsdauer der Gäste, durchschnittlich 1,7 Tage, im Gegensatz zu der Ferienhotellerie (mehr als sechs Tage) ein größeres Schmutzwäschevolumen ergibt.

Eigenwäsche

Der Beherbergungsbetrieb kauft die Wäsche und führt die Reinigung und Wartung in der hauseigenen Wäscherei durch.

Beispiel einer Kalkulation für eine hauseigene Wäscherei:

Ausgangsbasis

- *Ferienhotel mit 200 Betten mit neunzigprozentiger Auslastung*
- *Wöchentlicher Bettwäschewechsel*
- *Täglicher Bade- und Sanitärwäschewechsel*
- *Gesamte Restaurant- und Küchenwäsche: ca. 360 kg pro Woche.*

Durchschnittlich fällt hier jährlich eine Wäschemenge von 114.633 kg an, wovon 30.456 kg Bügelwäsche sind.

Die Kapazität der Maschinen wurde optimal auf diese Wäschemenge abgestimmt:

- *2 Waschschleuderautomaten mit je 24 kg Fassungsvermögen*
- *1 Waschschleuderautomat mit 14 kg Fassungsvermögen*
- *1 Waschschleuderautomat mit 6 kg Fassungsvermögen*
- *1 Trockenautomat mit 22 kg Fassungsvermögen*
- *1 Trockenautomat mit 14 kg Fassungsvermögen*
- *1 Heißmangel*

Maschinenausstattung	EUR 90.800,00	
Nutzungsdauer der Geräte: 6 Jahre; *Kosten pro Jahr*		EUR 15.133,33
Kapitalzinsen 5 %		EUR 4.540,00
Wartungskosten 4 %		EUR 3.632,00
Energie- und Waschmittelkosten		EUR 17.051,98
Wasser und Kanalgebühr	EUR 3.209,72	
Waschen	EUR 2,751,19	
Vortrocknen	EUR 730,94	
Volltrocknen	EUR 2.020,25	
Mangeln	EUR 1.461,89	
Waschmittel	EUR 6.877,98	
Personalkosten		EUR 33.840,00
Gesamtkosten		**EUR 74.197,31**

Kosten für ein Kilogramm Wäsche	EUR 0,65
Kosten für ein Kilogramm Wäsche inklusive Wäscheneukauf	EUR 0,74

Die Kosten sind in diesem Fall wie folgt verteilt:

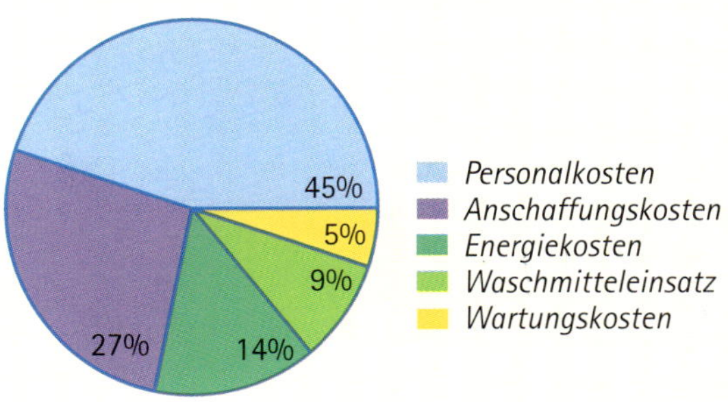

Quelle: Miele

Mietwäsche

Die Textilien werden von einem externen Betrieb bereitgestellt, der auch die Reinigung durchführt.

Vorteile	Nachteile
Keine Anschaffungskosten für Wäsche und Maschinen.	*Begrenzte Auswahlmöglichkeit bei Qualität und Design.*
Keine Betriebskosten.	*Geringere Verfügbarkeit der Wäsche durch Transportzeiten und -wege.*
Vertraglich festgelegte Preise, klare Kalkulierbarkeit.	*Mengen- und Qualitätskontrolle muss erfolgen.*

Verrechnung
- **Miettausch:** Bezahlt wird nur jene Menge, die tatsächlich benötigt wird.
- **Depotverrechnung:** Hier wird ein fixer, mengenunabhängiger Mietpreis pro Woche oder pro Monat verrechnet.
- **Splitting:** fixer Mietpreis zuzüglich des Waschpreises.
- **Pauschale:** Als Fixpreis ist ein Viertel des Mietpreises zu bezahlen. Zusätzlich werden die vollen Kosten für den Mehrbedarf laut Listenpreis/Stück dazugerechnet.

Lohnwäsche

Der Beherbergungsbetrieb kauft die Textilien selber und vergibt die Reinigung an eine externe Wäscherei. Die Wartung der Wäsche erfolgt im Unternehmen.

Vorteile	Nachteile
Das Design der Wäsche kann nach eigenen Wünschen ausgewählt werden.	*Höheres Wäschekontingent ist erforderlich, damit genügend Wäsche verfügbar ist.*
Außer einem Wäschelager wird kein Raum beansprucht.	*Wäschestücke können vertauscht werden oder verloren gehen.*
Die Wäscheorganisation wird vereinfacht.	*Die Haltbarkeit der Wäsche wird meist verringert.*

Verrechnung
Die Verrechnung kann per Stück oder per Kilo erfolgen. Ausschlaggebend bei der Vergabe an einen externen Betrieb ist eine gute Logistik. In manchen Regionen schließen sich einige Betriebe zusammen und führen eine gemeinsame Wäscherei.

Tipp
Bei allen Angeboten von Firmen sind Kosten, Terminvereinbarungen, Lieferbedingungen und Garantien sowie weitere vertragliche Bedingungen zu prüfen.

Zusammenarbeit mit externen Wäschereien

Vorbereitung für den Abtransport in die Wäscherei
Je nach Vertrag wird die Schmutzwäsche nach Stückzahl oder Gewicht in dafür bestimmten Containern verpackt. Die Zweitschrift des Wäschebegleitzettels dient als Beweis für die Wäschemenge außer Haus und wird im Zentraldepot aufbewahrt. Bei der Lieferung der gereinigten Wäsche dient diese Zweitschrift zur Kontrolle.

Lieferung der gewaschenen und gebügelten Wäsche
Die gewaschene und gebügelte Wäsche wird in Reincontainern sortiert geliefert und in einem eigenen Raum gelagert. Nur so ist gewährleistet, dass die frische Wäsche hygienisch einwandfrei ist. Der Empfang der Ware wird gegengezeichnet.

Für die tadellose Sauberkeit der gelieferten Wäsche ist die unterzeichnende Person verantwortlich. Sie muss bei der Übernahme die Wäsche überprüfen. Die Hausdame muss sich darauf verlassen können, dass nur einwandfreie Wäsche ausgegeben wird.

Wäsche mit Flecken oder beschädigte Wäsche muss bereits in der Wäscherei aussortiert werden. Dies ist vertraglich festzuhalten.

SALESIANER WÄSCHEREI

QUALITÄT ISO 9000ff

SALESIANER MIETTEX

Schmutzwäscheabholschein

Kundennummer 245678 Hotel Goldener Stern, 5600 St. Johann

Art.-Typ	Artikelbezeichnung	Menge
3140	Frottierhandtücher, weiß	
3240	Frottierduschtücher, weiß	
3440	Frottierbadevorleger, weiß	
7101	Leintuch, weiß (160 x 260 cm)	
7501	Kuvertdeckenbezug, weiß, Streifendesign	
7601	Kuvertpolsterbezug, weiß, Streifendesign	
730145	Kuvertpolsterbezüge, klein, 65 x 45 cm, weiß	
30900	Wäschecontainer	

Gezählt ❍ durch Kunden ❍ durch Chauffeur ❍ im Betrieb SM

Datum ______________________________ Unterschrift __________________________________

SALESIANER WÄSCHEREI

QUALITÄT ISO 9000ff

SALESIANER MIETTEX

Anforderungsschein

Kundennummer: 245678 Hotel Goldener Stern, 5600 St. Johann

Art.-Typ	Artikelbezeichnung	Menge
3140	Frottierhandtücher, weiß	
3240	Frottierduschtücher, weiß	
3440	Frottierbadevorleger, weiß	
7101	Leintuch, weiß (160 x 260 cm)	
7501	Kuvertdeckenbezug, weiß, Streifendesign	
7601	Kuvertpolsterbezug, weiß, Streifendesign	
730145	Kuvertpolsterbezüge, klein, 65 x 45 cm, weiß	
30900	Wäschecontainer	

Datum ______________________________ Unterschrift __________________________________

Bauliche Ausstattung und räumliche Organisation

Für ein reibungsloses Arbeiten in der Wäscherei sind die räumliche Organisation und die dem Betrieb entsprechende bauliche Ausstattung entscheidend. Sämtliche sicherheitstechnischen und brandschutztechnischen Maßnahmen sind zu beachten und laufend zu kontrollieren → Haustechnik und Sicherheit.

Bei der Ausführung der Funktionsräume muss eine Reihe **baulicher Maßnahmen** beachtet werden. Der Zugang zu allen Räumen der Laundry und zu den Lagerräumen soll **stufenlos** ausgeführt sein, um den problemlosen Transport von Wäschecontainern und Wäschewagen zu ermöglichen. Der Lift soll in der Nähe der Wäscherei sein und ebenfalls stufenlos erreicht werden können.

Die **Türbreite** richtet sich nach den Wäschestapelwagen und den Containern.
Die **Wände** sollen bis zu zwei Drittel der Raumhöhe verfliest sein. Wegen der entstehenden Luftfeuchtigkeit sollen die verbleibende Wandfläche und die Decke gekalkt sein.
Der **Boden** ist meist gefliest oder mit einer Belagsart, die den Sicherheitsbestimmungen in diesem Arbeitsbereich entspricht, ausgestattet und gegen Säuren und Laugen unempfindlich. Die Bodenoberfläche muss so gestaltet sein, dass die Rutschgefahr auch im nassen Zustand gering ist. Die gesamte Bodenfläche soll mit Scheuersaugmaschinen gereinigt werden können. Jeder Raum ist zumindest mit einem Gully auszustatten.

Die Wäscherei ist ein Nassraum, weshalb besondere bauliche Bestimmungen für die **elektrischen Installationen** zu berücksichtigen sind. Alle Armaturen sollen leicht erreichbar angebracht werden.

Eine leistungsstarke **Be- und Entlüftung** und eine schattenlose **Ausleuchtung** der Arbeitsbereiche sind unbedingt erforderlich.
Zu- und Abflüsse sind genau zu überlegen, damit die Dimensionierung der Installationen auch für weitere anzuschaffende Maschinen geeignet ist.
Waschmaschinen und Wäschetrockner, die auf **gemauerten Sockeln** stehen, können ergonomisch richtig bedient werden.
Zwischen den Maschinen soll genügend Platz für die ungehinderte Reinigung gegeben sein.
Ein **Handwaschbecken** und ein **Einweichbecken** sind unbedingt erforderlich.
Ein Schreibplatz ermöglicht die Durchführung der administrativen Arbeiten bei der Wäscheverwaltung.
Eine WC-Anlage für die Mitarbeiter der Laundry soll sich in der Nähe des Arbeitsbereiches befinden.

Die räumliche Organisation soll den Funktionsabläufen entsprechen:
- Annahme und Sortierung der Wäsche
- Vorbehandlung, Fleckendetachur
- Maschinenwäsche
- Vorbereitung für das Trocknen und Bügeln
- Mangel- und Bügelarbeit
- Sortierung, Zwischenlagerung und Ausgabe an die Magazine
- Nähplatz

Die Arbeitsplätze von der Annahme bis zur Ausgabe sind optimal einzurichten und auszustatten. Eine gut durchdachte Arbeitsablauforganisation unter Beachtung ergonomischer Gesichtspunkte trägt viel zur Qualität der Arbeitsplätze und zum bestmöglichen Arbeitsergebnis bei. Viele Arbeiten in der Wäscherei und Büglerei wiederholen sich und sind sehr oft monoton. Hier ist besonders die Gefahr gegeben, dass Gewöhnung zu unrationeller Arbeitsweise führt. Periodische Beobachtungen und Arbeitsablaufanalysen können oft zu geringfügigen, aber äußerst wirksamen Korrekturen Anlass geben.

Wäscheannahmestelle

Die Annahmestelle soll aus hygienischen Gründen einen unreinen für die Übernahme der Schmutzwäsche und einen reinen Bereich für die Rückgabe sauberer, nicht gebrauchter Wäsche haben. Wird in der Annahmestelle auch sortiert, ist viel Platz für die Sortiercontainer notwendig. Gelangt die Schmutzwäsche über eine Wäscherutsche in die Annahmestelle, muss unter dem Schacht genügend Platz für die Rollcontainer sein.

Tipp

Verschiedenfarbige Kunststoffcontainer für die einzelnen Wäschechargen vorsehen, zB rote für Kochwäsche, blaue für Frottierware, gelbe für spezielle Ware, graue für vorzubehandelnde Wäsche ...

Arbeitsbereich für die Vorbehandlung bzw. Fleckendetachur

Für die Fleckenbehandlung ist ein kleiner Arbeitsbereich mit Waschbecken günstig. Dieser Detachierplatz soll Wandstellagen für die Arbeitsmittel haben. Bestimmte Detachiermittel zur Vorbehandlung von Flecken müssen unter Verschluss gelagert werden. Nur geschultes Personal darf Detachurarbeiten verrichten → Gefahrensymbole, Betriebs- und Arbeitsmittel.

Maschinenplätze

Bei allen Geräten ist darauf zu achten, dass die Maschinen in einer bequemen Arbeitshöhe be- und entladen werden können. Die Höhe der Wäschecontainer muss mit dem unteren Rand der Bullaugen übereinstimmen, um die Hebearbeit zu verringern. Waschmittelwagen mit Dosierhilfen erleichtern die Arbeit. Dosieranlagen sorgen für die richtige Waschmittelzufuhr.

Stell- und Legeflächen

Zum Zusammenlegen der gewaschenen und getrockneten Wäschestücke müssen genügend große Stell- und Legeflächen vorhanden sein. Die Höhe der Arbeitsflächen soll eine ergonomisch vorteilhafte Haltung bei den Arbeiten ermöglichen → Reinigungsmanagement, Ergonomie.

Trockenräume

Wenn es die räumliche Situation erlaubt, sind große, gut belüftbare Trockenräume günstig, die auch mit Frisch- oder Umluft betrieben werden können. Fix montierte kunststoffbeschichtete Wäschestangen sollen in Schulterhöhe angebracht werden.

Mangel- und Bügelplätze

Die elektrische Installation darf den Arbeitsablauf nicht stören. Zuleitungen von der Decke haben sich hier sehr bewährt, weil dadurch eine gute Raumnutzung bei der Umstellung und Neuanschaffung von Maschinen möglich ist. Je mehr Steckdosen vorhanden sind, umso besser. Stehsitze zur Entlastung des Bewegungsapparates der Mitarbeiter sind vorteilhaft. Kleinere Mangeln können auch sitzend bedient werden. Die Arbeitshöhe soll individuell eingestellt werden können.

Handbügelplätze sind nach den betrieblichen Erfordernissen zu gestalten: Wäschetische mit Rädern, Regalwagen und fahrbare Bügelstangen in unterschiedlicher Höhe erleichtern die Arbeit. Bei den Bügelgeräten ist auf eine ergonomisch günstige Form der Griffe zu achten.

Sortierung, Zwischenlagerung und Ausgabe an die Magazine

In einem eigenen Raum kann mit entsprechenden Regal- oder Containersystemen die Wäsche fachgerecht gelagert werden. Eine fixe räumliche Trennung verwehrt Unbefugten den Zutritt und ermöglicht die Kontrolle der Warenausgabe. Hier wird die bearbeitete Wäsche zusammengestellt, sortiert und zur Ausgabe aufgelegt. Es soll genügend Platz für die rollenden Wäschestellagen und die aufzufüllenden Wäschewagen zur Bestückung der Etagendepots zur Verfügung stehen.

Nähplatz

Besonders beim Nähplatz ist auf eine optimale Ausleuchtung der Arbeitsfläche zu achten. Das Licht soll von links einfallen, um Schatten zu vermeiden. Die Wandregale für die Nähutensilien sind so gestaltet, dass alles Nötige aus der sitzenden Arbeitsposition erreichbar ist.

Werden Uniformen für die Mitarbeiter oder Vorhänge selbst angefertigt, ist ein Zuschneidetisch erforderlich.

Reinigung der Laundry

Um den Hygieneanforderungen auch im Wäschereibereich gerecht zu werden, ist ein sorgfältiges Arbeiten erforderlich. Alle verwendeten Betriebsmittel sind am Ende eines Arbeitstages tadellos gereinigt zurückzustellen. Die Grund- und Unterhaltsreinigung der Wäscherei erfolgt nach den für die Etage erstellten Reinigungskonzepten → Reinigungsmanagement.

Betriebs- und Arbeitsmittel

Der Maschinenpark in der Wäscherei erfordert fachkundige Wartung und Pflege. Es gibt für jede Betriebsgröße die entsprechenden Waschmaschinen, Trockner und Bügelmaschinen.

Die Waschmitteldosierung richtet sich nach den vorhandenen Maschinen.

Waschmittel

Schmutz hält Geruch fest, verklebt und greift die Fasern an. Wasser und Waschmittel lösen die Verschmutzungen. Etwa ein Viertel der Verschmutzungen ist wasserlöslich, weshalb Waschmittel und mechanische Bewegung zur vollständigen Schmutzentfernung erforderlich sind.

Wasser kann Verschmutzungen,
- die wasserlöslich sind, wie Harnstoff, Schweiß, Zucker und Salze,
- die in Wasser emulgierbar sind, wie Fette und Wachse,
- oder die in Wasser quellen, wie Eiweiß oder Stärke,

lösen.

Gute **Waschmittel** erfüllen in der Waschflotte viele Aufgaben:
- Hartes Wasser wird entkalkt.
- Flecken werden entfernt.
- Schmutz wird in der Waschflotte gebunden und setzt sich nicht mehr auf der Faser an.
- Die Maschine wird vor Korrosion geschützt.
- Die Gewebe werden durch die Chemikalien nicht angegriffen.

Entspricht ein Waschmittel allen Anforderungen und ist die Preiskalkulation günstig, wird die Waschmittelmenge der vorhandenen Lagerkapazität entsprechend bestellt. Der Wochenbedarf wird erfasst.

Informieren Sie sich genau über die Inhaltsstoffe der Waschmittel, ehe Sie sich für ein Produkt entscheiden.

Waschmittel bestehen aus verschiedenen chemischen Substanzen. Tenside sind waschaktive Substanzen (WAS) in den Waschmitteln → Betriebsmittel. Sie setzen die Oberflächenspannung des Wassers herab, wodurch das zu waschende Gewebe gut benetzt und der Schmutz abgehoben wird. Sie schieben sich zwischen Schmutz und Gewebe und emulgieren die Schmutzteilchen in der Waschflotte. Tenside sind unterschiedlich geladen.

Tenside

Arten	Beschreibung
Anionische Tenside	*- Seife und synthetische Tenside. - Sie bleiben negativ geladen, spalten im Wasser positiv geladene Ionen ab.*
Kationische Tenside	*- Desinfektionswirkstoffe. - Sie bleiben im Wasser positiv geladen und spalten ihr negatives Ion ab. - Hauptsächlich in Weichspülern enthalten.*
Nichtionische Tenside	*- Alkylpolyglycoside. - Sie greifen fetthaltigen Schmutz besonders gut an und bleiben neutral.*
Amphotere Tenside	*- Sie verhalten sich wie anionische oder kationische Tenside. - Ihre Herstellung ist teuer und sie werden selten eingesetzt, obwohl sie gut hautverträglich sind.*

Weitere Inhaltsstoffe

Stoffe, Wirkung	Inhaltsstoffe	Bemerkungen
Enthärter *Die Enthärter reagieren mit den härtebildenden Ionen des Wassers.*	*- Zeolithe - Silikate - Zitrate*	*- Früher wurde hauptsächlich Phosphat eingesetzt, das führte zur Überdüngung. - Verhindern Kalkseifenbildung, dadurch entwickelt das Waschmittel die volle Wirkung.*
Bleicheffekt	*- Aktivchlorverbindungen - Aktivsauerstoffverbindungen*	*- Bleichwirkung ab 40–60 °C. - Bleichaktivatoren erhöhen die Wirksamkeit.*

Enzyme zur Schmutz- und Fleckentfernung	Enzyme werden vorwiegend mit gentechnischen Verfahren hergestellt: Proteasen lösen Eiweiß, Lipasen lösen Fette, Zellulasen lösen Zellulose, Amylasen lösen Stärke.	– Greifen die Verschmutzung an und minimieren sie. – Bereits bei niedrigen Temperaturen wirksam. – Sehr aggressiv, daher werden sie ummantelt, dh verprillt (Kügelchen).
Stoffe, Wirkung	**Inhaltsstoffe**	**Bemerkungen**
Optische Aufheller	– Fluoreszenzfarbstoffe – Komplexe organische Verbindungen	– Setzen sich auf den Geweben ab. – Ultraviolettes Licht wird in violettes Licht umgewandelt, damit wird zB ein Gelbstich überdeckt. – Bewirken bei Buntwäsche einen Farbverlust. – Keine Waschwirkung.
Vergrauungsinhibitoren oder Schmutzträger	Carboxymethylzellulose	– Inhibitoren sind Hemmstoffe, die bereits in geringen Mengen chemische Reaktionen hervorrufen. – Verhindern die Wiederanlagerung des gelösten Schmutzes auf der Wäsche.
Schauminhibitoren	Silikon	– Für die Mechanik der Trommel notwendig. – Verhindern das Überschäumen der Waschlauge .
Duftstoffe	Aus natürlichen ätherischen Ölen oder durch chemische Synthese gewonnen	– Laugengeruch wird übertönt. – Frische wird vermittelt.
Korrosionsinhibitoren	Hauptsächlich Natriumsilikat	Schützt Maschinenteile vor Korrosionsschäden durch die stark alkalische Waschflotte.
Farbschutz	Polyvinylpyrolidon	– In Colorwaschmitteln. – Abgelöste Farbstoffe von farbigen Textilien lagern sich nicht an anderen Textilien ab.

Es gibt noch eine Vielzahl weiterer Inhaltsstoffe, die je nach Art des Waschmittels und der gewünschten Waschwirkung enthalten sein können, zB Alkohole, Bitterstoffe oder Konservierungsstoffe. Einige Inhaltsstoffe sind schwer abbaubar oder sogar toxisch und daher ökologisch nicht vertretbar. Kommt es zu allergischen Reaktionen, wie Haut- oder Augenreizungen, muss das Waschmittel durch ein neutrales ersetzt werden.

Waschmittelarten

Je universeller ein Waschmittel eingesetzt werden kann, umso mehr verschiedene Inhaltsstoffe sind enthalten, dh, dass bei jedem Waschgang verschiedene Inhaltsstoffe überflüssig sind, weil sie keine Reinigungsaufgaben erfüllen. Bei der Wahl der Waschmittel sind die Faserzusammensetzung und die Pflegekennzeichnung der Textilien genau zu berücksichtigen. Weiters sind auch Verschmutzungsart und Verschmutzungsgrad ausschlaggebend für die Wahl des Waschmittels. Es werden pulverförmige und flüssige Waschmittel angeboten. Durch eine Dosieranlage wird die erforderliche Waschmittelmenge in die Waschmaschine eingespült.
Offiziell gibt es keine allgemein gültige Unterscheidung zwischen Vollwaschmittel, Feinwaschmittel und Colorwaschmittel. Diese Bezeichnungen dienen der Kundeninformation.

Vollwaschmittel

Sie werden auch als Universalwaschmittel bezeichnet und sind für alle Waschtemperaturen geeignet. Sehr gute Wascherfolge werden bei hohen Waschtemperaturen und bei weißen und schwach gefärbten Textilien erzielt. Vollwaschmittel sind wegen ihrer hohen Alkalität nicht für empfindliche Fasern geeignet.

Kompaktwaschmittel

Die in Vollwaschmitteln enthaltenen Füllstoffe haben keine Waschwirkung, weshalb sie in Kompaktwaschmitteln stark reduziert sind. Damit wurde ein wesentlicher Beitrag zur Reduzierung der Abwasserbelastung erzielt. Die Rezepturen wurden verbessert, weshalb die Dosierung wesentlich reduziert werden kann.

Colorwaschmittel

Sie dienen dem Waschen farbiger Textilien. Im Vergleich zum Vollwaschmittel wird hier auf Bleichmittel und optische Aufheller verzichtet. Der Farbschutz soll verhindern, dass abgelöste Farbstoffteilchen von farbigen

Textilien auf andere Wäschestücke übertragen werden.

Feinwaschmittel
Sie haben eine geringere Alkalität als Vollwaschmittel. Auf optische Aufheller und Bleichmittel wird verzichtet. Feinwaschmittel für besondere Fasern, wie Seide oder Wolle, werden im Beherbergungsbetrieb meist nur für die Gästewäsche benötigt.

Wollwaschmittel
Ihre Waschkraft entfaltet sich bereits im handwarmen Wasser. Sie sind pH-neutral und enthalten keine Eiweiß spaltenden Enzyme, keine optischen Aufheller und keine Bleichmittel.

Handwaschmittel
Sie haben eine hohe Waschkraft und einen hohen Tensidanteil. Wegen der starken Schaumbildung sind Handwaschmittel nicht für die Waschmaschine geeignet. Im Beherbergungsbetrieb ist es manchmal erforderlich, sehr empfindliche Stücke der Gästewäsche mit der Hand zu waschen.

Gardinenwaschmittel
Ein hoher Anteil an optischen Aufhellern und oftmals auch Bleichmittel und Vergrauungsinhibitoren führen bei Gardinen zum gewünschten Waschergebnis.

Baukastenwaschmittel und Tandemsystem
Bei den bisher beschriebenen Waschmittelsystemen kann die Zusammensetzung nicht an den Verschmutzungsgrad, den Wäschetyp und die Wasserhärte angepasst werden. Bei hartem Wasser wirkt sich dies ungünstig aus. Die Dosierung muss erhöht werden, um genügend Enthärter zu haben, wodurch auch eine unnötig hohe Menge an Tensiden und anderen Hilfsstoffen in die Maschine gelangt. Bei weichem Wasser ist Enthärter überflüssig.

Bei den Baukastensystemen werden Einzelbausteine **bedarfsgerecht gemischt:** Ein Grundwaschmittel aus Tensiden und sonstigen Hilfsstoffen wird je nach Verschmutzungsgrad dosiert. Hinzu kommt die notwendige Menge an Enthärter, schließlich wird bei Bedarf Bleichmittel zugegeben. Eine Alternative ist das so genannte Tandemsystem. Hier wird je nach Wäscheart entweder kompaktes Vollwaschmittel (bei weißer Wäsche) oder kompaktes Colorwaschmittel (bei bunter Wäsche) eingesetzt.

Waschzusätze

Weichspüler
Sie machen die Wäsche angenehm flauschig und weich, die Faser verliert aber zunehmend an Saugfähigkeit.

Wäschestärke
Restaurantwäsche kann je nach den Anforderungen an das Wäschestück in bestimmten Intervallen gestärkt werden. Wäschestärke soll nicht parfümiert sein.

Desinfektionswaschmittel sollen nur in Ausnahmefällen verwendet werden.

Dosierung

Die Dosieranleitung für alle Wäschechargen soll bei den Maschinen sehr gut sichtbar angebracht werden. Die vom Hersteller angegebenen Werte sind betriebsintern zu prüfen.
Dosierbecher weisen eine Milliliter- und eine Grammeinteilung auf. Sie müssen zur Einfüllöffnung der Waschmaschinen passen und aus durchsichtigem, robustem Material sein.
Überdosierung vermindert die Waschkraft der Flotte, da die große Schaumentwicklung die Benetzung der Fasern stört. Bei Überdosierung wird das Waschmittel nur unvollständig aus der Wäsche ausgespült, weiße Wäsche vergilbt dadurch, Fasern könnten beschädigt werden. Waschmittelreste können zu Hautreizungen führen.
Durch **Unterdosierung** setzen sich Verkrustungen an der Wäsche an, die Wäsche vergraut. Bei kalkhaltigem Wasser setzen sich außerdem fettige gebundene Schmutzteilchen an der Trommel außen an, die bei der nächsten Wäsche stören. Es könnte ein weiterer Waschgang, der Kosten verursacht, nötig sein.

> **Richtig dosieren!**
> ***Falsche Dosierung ist unwirtschaftlich und ökologisch bedenklich!***

Automatische Dosieranlagen
Bei automatischen Dosieranlagen entsprechen die Gebindegrößen dem kalkulierten Bedarf für eine bestimmte Anzahl von Waschvorgängen. Die Behälter werden direkt an die Dosierstation angeschlossen. Mit einer vollautomatischen Dosieranlage wird je nach gewähltem Programm die erforderliche Waschmittelmenge zugeführt. Eine genaue Abstimmung von Chemie, Wasserhärte und Waschprogramm ist gemeinsam mit den Fachberatern der Reinigungs- und Waschmaschinenfirmen vorzunehmen. Hinweistafeln erleichtern den Mitarbeitern die richtige Programmwahl.
Die Zufuhr der einzelnen Waschmittelbestandteile im Waschprogramm wird vollautomatisch über den Dosiercomputer gesteuert. Höchste Sicherheit in der Anwendung und bequeme Bedienung sind dadurch gewährleistet. Diese Technologie verhindert darüber hinaus unnötige Waschmittelrückstände in der Wäsche und im Abwasser.

Vorteile
- Präzise Dosierung laut Programm
- Sparsamer Waschmittelverbrauch
- Einfache Handhabung
- Kein Nachfüllen der Waschmittelbehälter
- Geringere Umweltbelastung
- Kontrollierter Waschmittelverbrauch und somit Kostenkontrolle

Lagerung der Waschmittel

Waschmittel sollen in trockenen, gut belüftbaren und versperrbaren Magazinen gelagert werden. Die Behälter sollen so aufgestellt sein, dass bei Umfüllarbeiten die optimale Arbeitshöhe gegeben ist. Beim Umfüllen ist unbedingt auf die Verwendung von Mundschutz und Gummihandschuhen zu achten. Produktdatenblätter → Einsatz chemischer Reinigungs- und Desinfektionsmittel.

Maschinen

Die Dimensionierung der Maschinen ist gut zu überlegen. Große Einfüllmengen schränken die Flexibilität eher ein. Vorteilhaft ist es, mehrere Maschinen mit kleinerer Einfüllmenge anzuschaffen, da beim Ausfall einer Maschine mit den anderen funktionsfähigen ein Großteil der Wäsche trotzdem bewältigt werden kann. Die Tagesleistung der Maschinen muss garantiert sein, da lange Liegezeiten der Wäsche unhygienisch sind. Der Maschinenpark richtet sich nach der zu leistenden Kapazität, dem Zeitbudget für die Wäschepflege, dem Mitarbeiterstand und den Ansprüchen an die Qualität der Wäsche. Moderne leistungsstarke, robuste Maschinensysteme sparen Energie und Wasser.
Die Kontrolle der Auslastung der Maschinen erfolgt mit einem **Leistungsbuch**, in dem die Maschinenfüllungen verzeichnet sind. Dieses Leistungsbuch ist eine Entscheidungshilfe für weitere Investitionen.

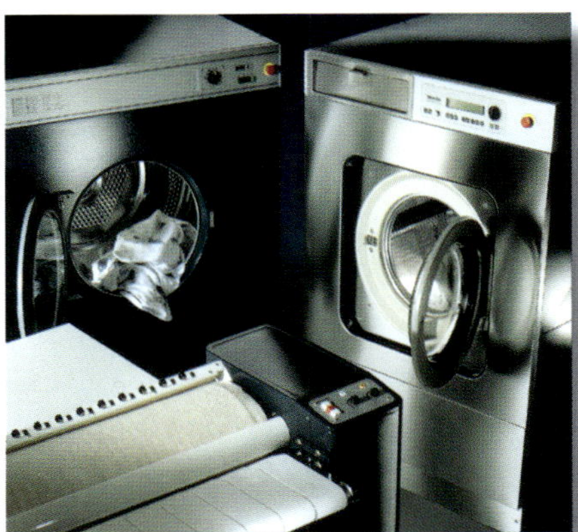

Grundlage für die Dimensionierung einer neu anzuschaffenden Maschine sind die Maschinendaten sowie die voraussichtlich benötigte Waschkapazität.
Die Anschaffung der Maschinen richtet sich nach
- der Auslastung, dh nach der Bettenbelegungszahl des Betriebes, multipliziert mit dem Wäscheanfall pro Tag,
- dem Prozentsatz an Bügel- und Mangelwäsche,
- den Wäschereitagen in der Woche, dh nach den Arbeitsstunden.

Bei allen Maschinen sind Checklisten für die Bedienung anzubringen, um Unfälle, Ärger, Verzögerungen etc. zu vermeiden. Die Mitarbeiter der Wäscherei können eigenverantwortlich arbeiten.

Wäschereimaschinen

Stromverbrauch, Waschwirkung und Schleuderleistung der Geräte werden nach den EU-Richtlinien mit den Energieeffizienzklassen A bis G ausgezeichnet, wobei A-Geräte den niedrigsten und G-Geräte den höchsten Stromverbrauch aufweisen. Für niedrigsten Verbrauch sowie für beste Wasch- und Schleuderwirkung steht A, für niedere Werte beim Waschen und Trocknen stehen B und C.

Beispiel Waschschleuderautomat

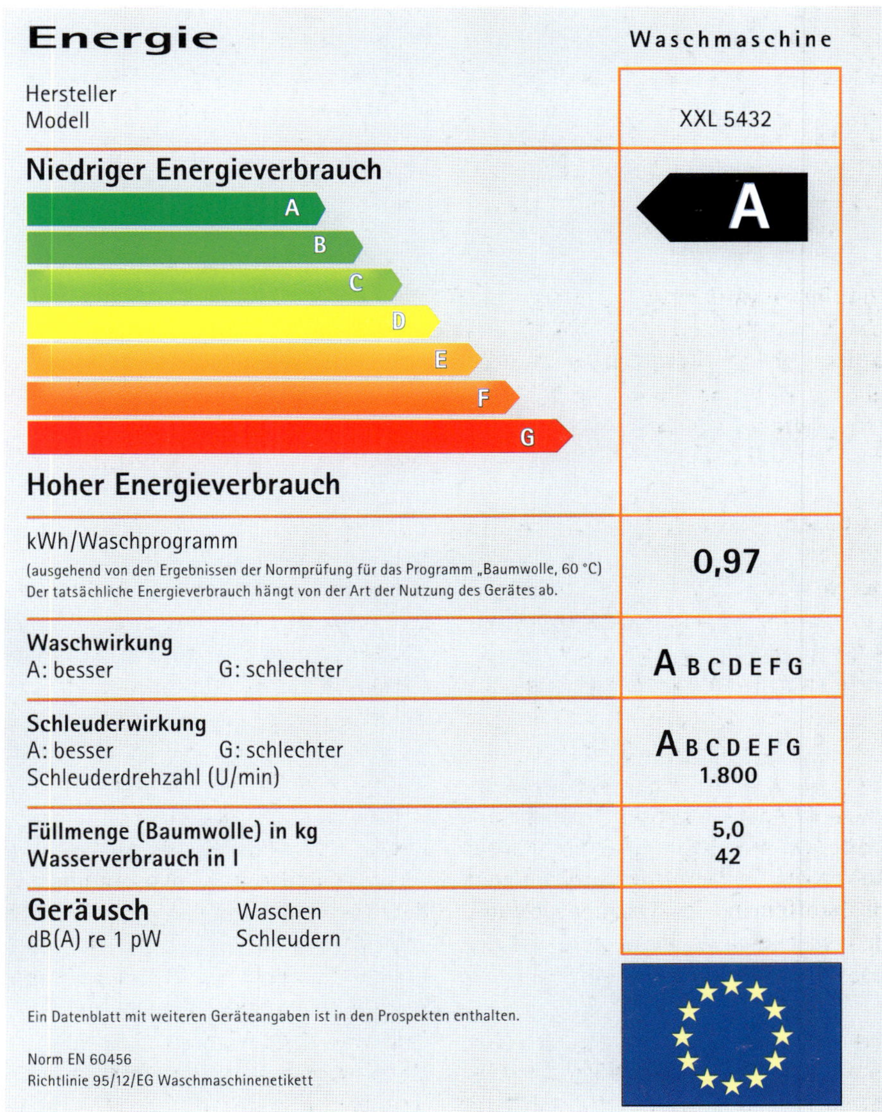

Waschautomaten und Waschschleuderautomaten

Bei Waschschleuderautomaten wird die Wäsche nach dem Waschen geschleudert und das Gerät entwässert. Beim Waschen mit Waschautomaten muss nach dem Waschvorgang die nasse, saubere Wäsche in einer Zentrifuge geschleudert werden.

Die Modellauswahl ist sehr umfangreich. Die Geräte werden mit einem Füllgewicht von fünf bis 30 Kilogramm und für Großwäschereien bis zu 90 Kilogramm angeboten. Für die Auswahl der Maschinen müssen vergleichbare Daten herangezogen werden.

Beispiel für eine Waschmaschine

Die Checklisten werden nach den Angaben der Lieferfirmen und den eigenen Erfahrungen verfasst.

Maschine 3, Waschschleuderautomat	
Füllgewicht	*7,5 kg*
Trommelvolumen	*73 Liter*
Schleuderdrehzahl	*1.200 Umdrehungen/Minute*
Laufzeit bei Heißwäsche, 95 °C	*60 Minuten*
Laufzeit bei Buntwäsche, 60 °C	*45 Minuten*

Entscheidungshilfe vor dem Kauf

- Auswahl des Fassungsvermögens nach Wäscheanfall und Mitarbeiterkapazität.
- Grad der Entwässerung der Wäsche (Schleuderdrehzahl, Umdrehungen pro Minute) abgestimmt auf die weitere Verarbeitung und die dafür zur Verfügung stehenden Maschinen und Geräte.
- Beheizungsart der Waschmaschinen: Strom, Gas oder Dampf.
- Kalt- oder Warmwasseranschluss: Warmwasseranschlüsse sparen Energie.
- Gute Übersichtlichkeit und Bedienungsfreundlichkeit der Programmwahl. Digitale Anzeigen informieren über den aktuellen Waschprozess und die Restlaufzeit des Waschprogramms.
- Öffnungswinkel der Maschinentür zur ergonomischen Be- und Entladung.
- Ausrüstung zum Anschluss an eine Wasserrückgewinnung, falls dies erwünscht ist.
- Ausrüstung zum Anschluss an eine automatische Dosieranlage.
- Geräuscharme Geräteausführung, um den Lärmpegel in der Wäscherei möglichst gering zu halten.

Eine intensive und kontinuierliche Mitarbeiterschulung ist hier ebenfalls erforderlich. Mit elektronischen Steuerungen können die Waschprogramme gezielt auf die Wäscheart und den Verschmutzungsgrad abgestimmt werden. Nach der Eingabe der Programmnummer startet das gewünschte Waschprogramm. Mehrknopfsteuerungen zur Programmwahl erfordern gute Kenntnisse der Mitarbeiter.

Zentrifugen

Das Füllgewicht bei Zentrifugen kann zwischen zehn und 30 Kilogramm betragen. Bei der Aufstellung der Zentrifuge ist auf das Vorhandensein eines erforderlichen Ablaufes für das Restwasser zu achten. Zum Be- und Entladen werden geeignete Wäschewagen verwendet, damit die sehr schwere nasse Wäsche ohne unnötige körperliche Anstrengung in die Maschine gegeben werden kann. Alle Mitarbeiter müssen gut geschult sein, um eine korrekte Inbetriebnahme zu garantieren. Warnhinweise müssen klar formuliert und gut sichtbar angebracht werden.

> ***Hinweis***
>
> ***Zentrifugen dürfen nie offen laufen. Die Verriegelung ist ein wichtiger Schutz vor Unfällen und darf erst nach dem Stillstand der Maschine gelöst werden.***

Wäschetrockner (Tumbler)

Hier wird analog zu den vorhandenen Waschmaschinen oder Waschschleuderautomaten ein dem Füllgewicht entsprechendes Gerät gewählt. So kann die gewaschene und entwässerte Wäsche direkt in den Wäschetrockner umgeladen werden. Entspricht das Füllgewicht nicht dem der Waschmaschinen, muss der Mitarbeiter selbsttätig die entsprechende Wäschemenge wählen bzw. abwiegen, um die Maschinenauslastung optimal zu erreichen. Wird das mögliche Füllgewicht nicht ausgenutzt, entstehen Energieverluste. Bei einer Überfüllung der Geräte wird der gewünschte Trocknungsgrad nicht erreicht und die Wäschestücke werden verknittert.

Handelsübliche Maschinen haben ein Fassungsvermögen zwischen fünf und 30 Kilogramm, Trockner für Großwäschereien haben ein Fassungsvermögen von bis zu 60 Kilogramm.

Entscheidungshilfe vor dem Kauf
- Bedienungsfreundliche Elemente.
- Öffnungswinkel der Maschinentüre.
- Individuell einstellbare Temperaturstufen.
- Beheizung: Strom, Gas oder Dampf.
- Abluftsystem.
- Angaben über Energieverbrauch, Wärmerückgewinnung.
- Längsstromprinzip der Luftführung.
- Elektronische Feuchtigkeitsmessung, Anzeige der Restzeit bzw. Restfeuchte.
- Leichte Entnahme der Flusensiebe, da sie sehr oft gereinigt werden müssen.
- Reversierautomatik: verhindert Zusammenballung der Wäsche. Alle Stücke werden gleichmäßig trocken.

Beispiele für Bügelmaschinen mit verschiedenen Walzenlängen

Bezeichnung	Kapazität/h	Bemerkungen
Muldenmangel mit schwenkbarer Mulde 850 mm Walzenlänge	*ca. 15 kg*	*– Wäsche mit Restfeuchtigkeit von 25 %. – Stufenlose Temperaturwahl. – Fußbedienung. – Laufrollen. – Wandaufstellung möglich*
Muldenmangel mit schwenkbarer Mulde 1.100–1.650 mm Walzenlänge	*15–30 kg*	*– Wäsche mit Restfeuchtigkeit bis 25 %. – Wäscheein- und -ausgabe erfolgt von vorne. – Wandaufstellung möglich.*
Muldenmangel mit starrer Mulde 1.500–2.100 mm Walzenlänge	*50–65 kg*	*– Wäsche mit Restfeuchtigkeit von 25 bis 40 %. – Anschluss für Wäscheabnahmetisch.*
Hochleistungstrockenmangel, Walze beheizt 1.900– 3.100 mm Walzenlänge	*60–150 kg*	*– Wäsche mit Restfeuchtigkeit von 45 bis 55 %. – Die Wäsche wird gleich nach dem hochtourigen Schleudern gebügelt. – Motorisch angetriebene Wäscheeinlaufgurte erleichtern die Eingabe der Wäschestücke.*

Entscheidungshilfe vor dem Kauf
- Abstimmung der Walzenlänge auf die Größe der Wäschestücke.
- Platzbedarf in der Laundry.
- Stufenlose Temperaturregelung.
- Regelbare Walzengeschwindigkeit.
- Absauggebläse für verdampftes Wasser und erwärmte Luft.
- Fingerschutzautomatik.
- Manuelle Trennung von Walze und Mulde bei Stromausfall.
- Umrüstung auf Gasbetrieb soll möglich sein.
- Anschlussmöglichkeit einer Eingabe- oder Faltmaschine.
- Laufrollen: sorgen für die Beweglichkeit kleinerer Maschinen.

Bügelmaschinen und Muldenmangeln

Je nach Menge und Art der Bügelwäsche werden Maschinen mit einem Walzendurchmesser von 21 bis 120 cm und Arbeitsbreiten bis zu 300 cm angeboten. Eine Maschine kann auch mit mehreren Walzen ausgerüstet sein. Die Walzen können elektrisch oder auch mit Dampf oder Gas beheizt werden. Modelle mit Wäscherückführung ermöglichen die Bedienung der Maschine durch nur einen Mitarbeiter und können Platz sparend an einer Wand aufgestellt werden. Die gebügelte Wäsche wird ohne Bücken entnommen.

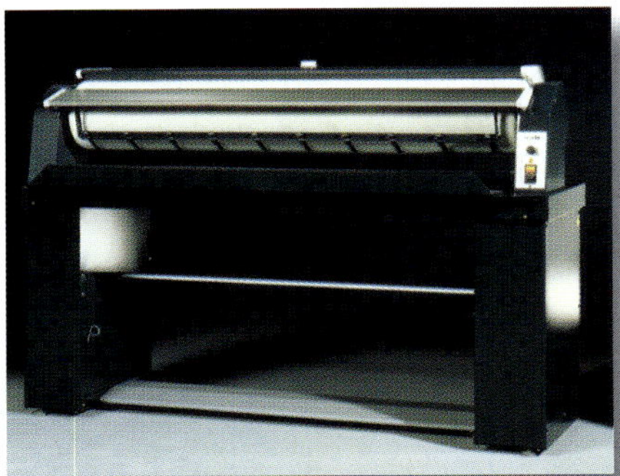

Bei großen Maschinen ist zu beachten, dass
- auf beiden Seiten ein Absauggebläse angebracht ist,
- eine integrierte Faltautomatik nach einem Längsfaltensystem vorhanden ist,
- eine Drehzahlregulierung möglich ist,
- es eine Einstellung für empfindliche Fasern gibt.

Bei kleinen Maschinen ist zu beachten, dass

- Bügelrollen mit einer Walzenlänge von 850 mm und einem Walzendurchmesser von 160 mm sehr wirtschaftlich sind, da sie flexibel eingesetzt werden können,
- Laufrollen für die Beweglichkeit der Maschine sorgen (die Rolle ist starr, der Heizschuh beweglich),
- der Anpressdruck entspricht,
- die Ablagefläche für das Bügelgut groß genug ist, damit Tücher von selbst in Serpentinen fallen.

Wartung der Bügelmaschinen und der Muldenmangeln

Nach dem Auskühlen werden die Geräte während der Betriebspausen abgedeckt, um eine Staubablagerung zu vermeiden. Der Walzenbelag und das Bügeltuch sollen vom Servicedienst regelmäßig kontrolliert werden. Die Bügelmulde muss regelmäßig eingewachst werden. Dieses Einwachsen soll bei der Einschulung vorgezeigt werden, damit die Mitarbeiter es auch selbst durchführen können.

Faltmaschinen

Heiße Mangelwäsche wird durch Faltmaschinen zusammengelegt. Je nach Modell können Faltmaschinen sowohl glatte Wäschestücke als auch Frottierwäsche entsprechend den vorprogrammierten Faltvorgaben legen. Faltmaschinen haben Arbeitsbreiten von 175 bis 300 cm. Die Wäschestücke werden von einem Mitarbeiter eingegeben, der gleichzeitig auch die Abläufe überwacht.

Die Wäsche wird unsortiert eingegeben oder direkt von der Muldenmangel in einer Anbindung der beiden Geräte zur Faltung weitergeführt. Die Maschine zentriert die Wäschestücke automatisch und führt die von der Teilgröße abhängige Faltung durch. Fotozellen und Mikroprozessoren steuern die Maschine. Eine Vielzahl an Programmen stimmt die Faltung auf die unterschiedlichsten Textilien ab. Bei einigen Modellen ist sogar eine vollautomatische Größen- und Farbsortierung auf Stapelbändern mit einer automatischen Zählung der Wäschestücke möglich. Durch den Einsatz eines Sensors entfällt das aufwendige und kostenintensive manuelle Sortieren.

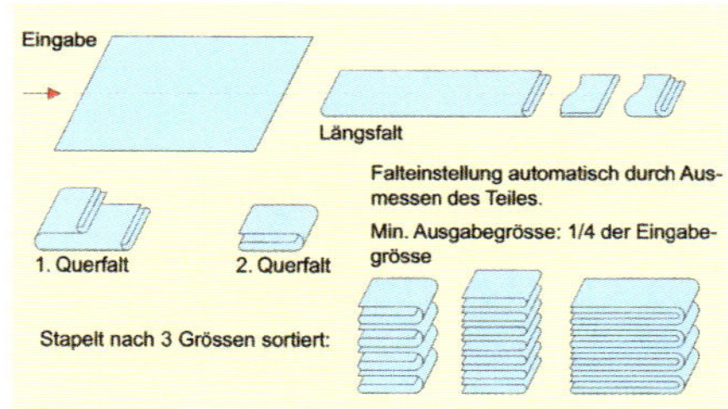

Faltmaschine

Kleingeräte

Schnellbügler eignen sich für alle gebräuchlichen Textilien, die sonst händisch gebügelt werden müssten. Für das Bügeln der Gästewäsche sind sie ebenfalls erforderlich. Wenn beide Heizschuhenden frei sind, können sie sehr gut genutzt werden. Die Walze wird durch die Fußschaltleiste gehoben und gesenkt, der Heizschuh ist starr. Der Bügeleffekt wird durch das Gewicht der Walze optimiert. Manche Geräte sind zusätzlich mit einer Dampffunktion ausgestattet. Die Walzenlänge beträgt ca. 65 cm, der Walzendurchmesser ca. 12 cm.

Klappbügler können nach dem Ende des Bügelvorganges Platz sparend verstaut werden.

Dampfbügeleisen, Dampfbügelstation mit klappbarem Bügeltisch oder -brett

Das Bügelbrett muss stufenlos verstellbar sein, damit die Arbeitshöhe individuell eingestellt werden kann. Das Untergestell soll das Arbeiten im Sitzen ermöglichen. Bei der Verwendung von Dampfbügelstationen ist ein Dampfabzug mit integrierter Absaugvorrichtung vorteilhaft.

Sonstige Ausstattungsgegenstände und Zubehör

- Fahrbare Ablagetische
- Regalwägen, Gitterwägen
- Fahrbare Kunststoffcontainer
- Fahrbare Kleiderstangen
- Schnellbügler, Klappbügler
- Ärmelbügler, evtl. zusammenklappbar
- Arbeitsstühle und Stehsitze
- Spritzflaschen

- Kleiderbürste
- Veloursbürste
- Patentdämpftücher
- Aufhänghilfen

Aufhängehilfen

Bezeichnung	Charakteristik
Mantelbügel	*- Stabil.* *- Enden stark verbreitert.*
Kleiderbügel, alle Konfektionsgrößen	*- Gerade Form.* *- Runde Enden mit Rutschsperre.* 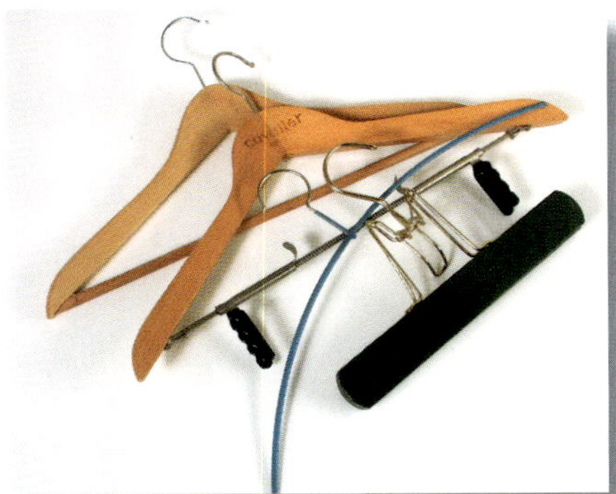
Blusenbügel	*- Gerade Form.* *- Leichte Wölbung.* *- Runde Enden.*
Hemdenbügel	*- Gerade Form.* *- Breiter Halsteil.* *- Groß.*
Anzugbügel	*- Stabil.* *- Enden verbreitert.* *- Integrierter Hosenspanner.*
Hosenbügel	*- Spanner: Hose wird eingeklemmt.* *- Klammern: auch für Kinderbekleidung geeignet.*
Rockspanner, zwei Größen	*- Bund wird gespannt.*

Arbeitsabläufe

Alle Mitarbeiter müssen so geschult werden, dass sie die geeignetsten Arbeitsmethoden anwenden und von sich aus versuchen, sie noch zu verbessern. Die notwendigen Kontrollarbeiten können durch Checklisten zum Großteil von den Mitarbeitern selbst durchgeführt werden. Die Mitarbeiterschulung ist auch hier ein wichtiger Beitrag zum optimalen Betriebsablauf.

Wäschesortierung

Die Schmutzwäsche ist der Textilpflegekennzeichnung entsprechend für die einzelnen Waschvorgänge vorzusortieren. Bei sehr gutem Licht wird kontrolliert, ob die Stücke Flecken haben. Besonders stark verschmutzte Teile werden für die Fleckendetachur aussortiert.
Tischwäsche wird ausgeschüttelt, damit keine Brotkrümel oder Reste der Tischdekoration zurückbleiben.
Noch nicht gewendete Bezugteile der Bettwäsche werden gewendet, Ecken und evtl. auch Nähte werden ausgebürstet.
Die vorsortierten Stücke kommen in die dafür vorgesehenen Container oder Wäschewagen.
Die Taschen von Kleidungsstücken werden umgestülpt, damit nichts mitgewaschen wird. Stücke mit Bändern sollen in Wäschesäcken aus Gaze gewaschen werden.

Vorbehandlung der Wäsche

Einweichen
Besonders wichtig ist das Einweichen vor dem Maschinenwaschgang bei Küchen- und Restaurantwäsche. Durch das Einlegen der Wäschestücke in eine Waschmittelflotte können bereits ohne Detachurmittel sogar hartnäckige Flecken problemlos gelöst werden.

Tipps

Wäschestücke mit eiweißhaltigen Verschmutzungen werden in kalte Laugen eingelegt!

Wäschestücke mit Kernölflecken sollen in die Sonne gelegt werden!

Fleckenentfernung
Wenn es der Stoff und die Machart erlauben, soll der Fleck zuerst mit kaltem Wasser ausgespült werden. Angekrustete Verschmutzungen werden vorsichtig mit einem stumpfen Gegenstand abgehoben.

Tipp

Bei Kleidungsstücken soll zuerst innen bei einer Nahtzugabe oder am Saum geprüft werden, ob das Flecklösungsmittel für den Stoff geeignet ist.

Unter den Fleck wird ein Tuch gelegt. Das Lösungsmittel wird auf ein Reinigungstuch gegeben, damit wird vom Fleckrand zur Mitte des Flecks hin in kreisenden Bewegungen und mit sanftem Druck gearbeitet. Starkes Reiben raut das Gewebe auf.
Hat das Lösungsmittel den Fleck nicht restlos entfernt, muss es vor der Anwendung eines anderen Mittels restlos aus dem Gewebe entfernt werden.

Während der Fleckentfernung darf nicht geraucht werden. Eine gute Raumbelüftung und evtl. ein Atemschutz sind zu empfehlen.

Behandlung von Flecken

Substanz	Entfernungsmittel
Fett	Putzbenzin.
Braten-, Gulyássaft und Suppe	– Destilliertes Wasser zur Farbentfernung. – Putzbenzin zur Fettentfernung. – Mit Spülmittel oder Seifenkonzentrat tränken.
Rotwein	Frische Flecken mit Salz bestreuen, eingetrocknete Weinreste mit Essigwasser, Zitronensaft beträufeln.
Schmieröl	– Petroleum zur Entfernung der Einfärbung. – Putzbenzin zur Fettentfernung.
Obstsaft, Milch	– Kalt auswaschen. – Reiner Alkohol.
Kaffee, Kakao	– Kalt auswaschen. – Mit Glyzerin betupfen.
Blut	– Kaltes Wasser. – Enzymhaltiges Einweichmittel.
Wachs	– Mit Löschpapier unterlegen und belegen, heiß bügeln. – Wachs schmilzt und legt sich am Papier an, daher ist mehrmals eine frische Papierstelle aufzulegen.
Kugelschreiber, Tinte	Tintentod oder Spiritus, mit Zitronensaft beträufeln.
Filzstift	Spezialentferner, Spiritus.
Lippenstift, Parfüm	– Mit Fleckbenzin entfernen. – Lauwarme Feinwaschmittellösung.
Ölfarbe, Lack	Terpentin, dann Spülmittellösung.

Waschen

Die maximale Füllmenge der Maschinen ist zu beachten. Werden bei der Füllung der Waschmaschine große und kleine Stücke abwechselnd in die Maschine gegeben, wird ein besserer Wascherfolg erzielt.

Durch Überfüllung kann Folgendes passieren:
- Hoher Abrieb der Wäsche, der zu frühem Wäscheverschleiß führt.
- Schlechte Durchdringung des Waschgutes mit der Waschflotte.
- Knitter, die, wenn überhaupt, nur schwer zu entfernen sind.
- Schlechte Ausspülung. Waschmittelreste und Schmutz bleiben in der Wäsche.

Zum Wäschetransport zwischen Waschmaschine und Trockner gibt es eigene gekennzeichnete Kunststoffcontainer auf Rollen, zB blaue für gewaschene Wäsche.

Tipps

Bei der Beladung der Waschmaschine mit vorbehandelter feuchter Wäsche dürfen nur zwei Drittel der angegebenen Füllmenge eingelegt werden.

Frottierware soll nur zwei Drittel des Ladegewichtes betragen.

Vorbereiten zum Aufhängen
Kleine Stücke werden ausgeschlagen oder ausgebeutelt und so auf Stoß gelegt, dass alle Säume gleich ausgerichtet sind. Große Stücke werden von zwei Mitarbeitern an den Ecken in die Diagonale gezogen, zum Längsbug gefaltet, die Ränder ausgestreift und die Säume glatt gezogen. In Serpentinen gefaltet, werden sie auf einen rollenden Arbeitstisch mit Chromstahlplatte gelegt.

Trocknen

Trocknung im Tumbler
Eine Volltrocknung wird bei der Frottierwäsche und vielfach auch bei der Küchenwäsche vorgenommen. Von einer Teiltrocknung wird gesprochen, wenn die Wäschestücke auf eine Restfeuchte von ca. 35 Prozent getrocknet werden, da damit ein optimales Bügelergebnis erzielt wird und die Wäschestücke geschont werden.

Tipp
Wenn bereits im Bug vorgetrocknet wird, sollen alle Mittelbüge links sein. Das erleichtert die nachfolgende Bügelarbeit.

Aufhängen der gewaschenen Wäsche

Die auf dem Arbeitswagen in Serpentinen liegende glatte Wäsche wird fadengerade aufgehängt, die Ränder werden glatt gestrichen. Durch das Wäschegewicht und die Schwerkraft wird das Stück beim Trocknen glatt.
Das Aufhängen beginnt bei der letzten Stange und erfolgt nach vorne hin zur ersten. Die Wäsche wird bügelfeucht abgenommen. Fassonwäsche wird auf Kunststoffbügeln je nach Konfektionsgröße in Form aufgehängt.

Tipp
Klappt man die Krägen weißer oder hellfarbiger Hemden hoch, sammelt sich kein Restwasser in den Kragenspitzen. Das gilt auch für Arbeitsmäntel und Blusen aus feinen Stoffen.

Vorbereiten für das Bügeln

Alle Wäschestücke werden ausgebeutelt und auf einen Stapel gelegt. Kleine Stücke werden auf einen Block mit der Seite nach unten, die mit der beheizten Mulde in Berührung kommt, gelegt. Große Stücke werden in Serpentinen gefaltet und sind bereit zur Eingabe in die Bügelmaschine. Mittelbüge sollten sich stets auf der gleichen Seite befinden.
Fassonstücke, wie Hemden oder Blusen, sind je nach Bügelablauf zu legen. Der Rückenteil liegt auf dem Tisch, die Ärmel kommen auf den Brustteil, der Hemdteil wird zum Kragen gelegt → Arbeitsauftrag Herrenhemd bügeln.

Arbeitsablauf beim Waschen

Beginn des Arbeitstages	– *Wasserhahn öffnen.* – *Schutzschalter einschalten.*
Maschine beladen	– *Bullauge öffnen.* *Korbcontainer unterstellen.* – *Wäsche geballt einpacken, einlegen.* – *Bullauge schließen.* – *Waschmittelmenge in das Waschmittelfach leeren, Becher A für 95-°C-Wäsche, Becher B für 60-°C-Wäsche.* – *Waschmittelfach schließen.* – *Programm einstellen.* – *Temperatur wählen.*
Nach Beendigung des Programms	– *Bullauge öffnen.* – *Wäschewagen mit Kunststoffwanne unterstellen.* – *Wäsche auspacken, herausnehmen.* – *Trommel kontrollieren.* – *Wäsche versorgen.*
Nach Beendigung der Tagesarbeit	– *Wasserhahn schließen.* – *Flusensieb kontrollieren.* – *Waschmittelfach reinigen und offen lassen.* – *Schutzschalter umlegen.*

Aufgehängte Wäsche ist, wenn sie bügelfeucht abgenommen und sofort bügelgerecht auf kunststoffbeschichtete Arbeitstische gelegt wird, ideal für das Bügeln vorbereitet.

Bleibt am Ende des Arbeitstages zum Bügeln vorbereitete und gestapelte Wäsche übrig, wird sie sorgfältig zugedeckt und am nächsten Tag weiterbearbeitet.

Bügelarbeit

Gutes und schnelles Bügeln ist möglich, wenn
- die Wäsche den richtigen Feuchtigkeitsgrad aufweist,
- die Machart der Fassonwäsche berücksichtigt wird,
- die richtige Temperatur gewählt wurde.

Bügelfeuchte prüfen: mit der Hand feststellen, ob die Wäsche gleichmäßig nebelfeucht ist. Wäsche mit einem Wäschetuch abdecken. Ungünstig ist es, wenn die Ränder angetrocknet, einzelne Stellen zu nass und andere zu trocken sind. Zum Nachfeuchten können Sprühflaschen mit feinem Zerstäuber, in die warmes Wasser eingefüllt wird, verwendet werden.
Nur wirklich saubere Wäsche darf gebügelt werden, da sich Restverschmutzungen beim Bügeln fest mit der Faser verbinden könnten und nur mehr schwer zu entfernen sind.

Bügelvorlagen sollen als Schaubilder gut sichtbar angebracht sein.

Die gute Schulung der Mitarbeiter garantiert schnelles und exaktes Arbeiten. Etwa zwei Drittel der Betriebswäsche können mit der Walzenbügelmaschine, der Muldenmangel oder Rolle bearbeitet werden. Der Rest wird mit dem Klappbügler oder auf den Bügeltischen gebügelt.
Die Bügelmulde ist vor dem Arbeitsbeginn zu kontrollieren. Staub wird mit einem faserfreien Tuch entfernt. Bei Bedarf wird die warme Mulde mit einem Wachstuch abgerieben, um die Gleitgeschwindigkeit zu erhöhen. Die Walzengeschwindigkeit bestimmt das Durchlauftempo.
Bei den Bügelmaschinen müssen Sicherheitsvorkehrungen, zB ein Schnellstopp, vorgesehen sein. Das Dazustellen der Bügelwäschetische muss niveaugleich möglich sein.

Die Bügelarbeit soll grundsätzlich sitzend verrichtet werden. Auch richtig eingestellte Stehsitze erleichtern die Bügelarbeit, garantieren beste Kraftübertragung und wirken sich auf die Gesundheit der Mitarbeiter sowie auf das Arbeitsergebnis positiv aus.

Arbeitsplatzgestaltung bei Bügelplätzen
- Voller Lichteinfall auf die Walze.
- Wäschezubringung von links: zustellbare und niveaugleiche Arbeitstische.
- Körpergerecht eingestellter Arbeitsstuhl.
- Ablagetisch auf Rollen oder Mangelbock rechts.

Beispiel
Arbeitsplatzgestaltung: Bügeln mit der Bügelmaschine, ein Mitarbeiter.

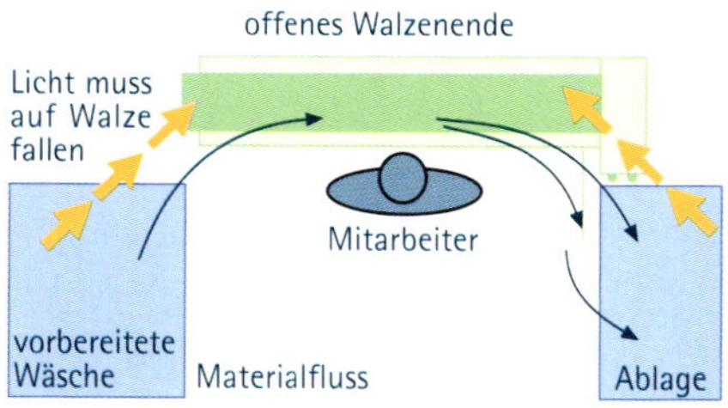

> ***Tipp***
> ***Bei Maschinen mit zwei freien Enden ist auch die umgekehrte Aufstellung möglich.***

Beispiel
Arbeitsplatzgestaltung: Bügeln mit der Mangel mit rückseitiger Wäscheentnahme durch einen zweiten Mitarbeiter.

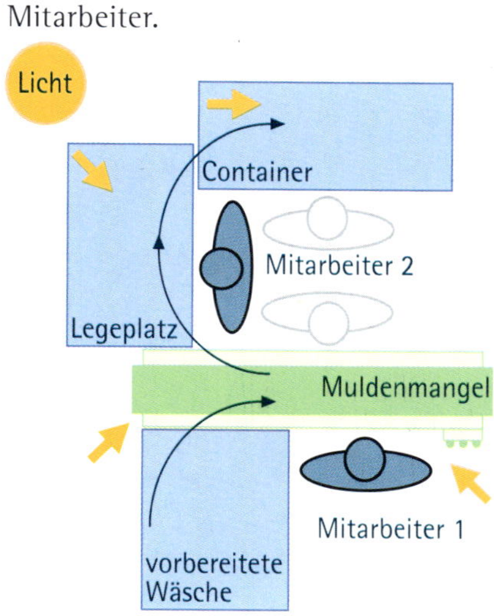

Eingabe in die Mangel
Die auf Stoß liegenden glatten Wäschestücke werden fadengerade vor dem Fingerschutz mit dem ersten Saum voraus aufgelegt und beim Transport durch die Walze an den Webkanten und in der Mitte im Verlauf korrigiert. So ist auch der zweite Saum fadengerade. Verzogene Stücke deuten auf eine schadhafte Bewicklung, einen faltigen Bezug oder auf einen fehlerhaften Anpressdruck hin. Keine Falten und keine umgebogenen Ecken einbügeln!

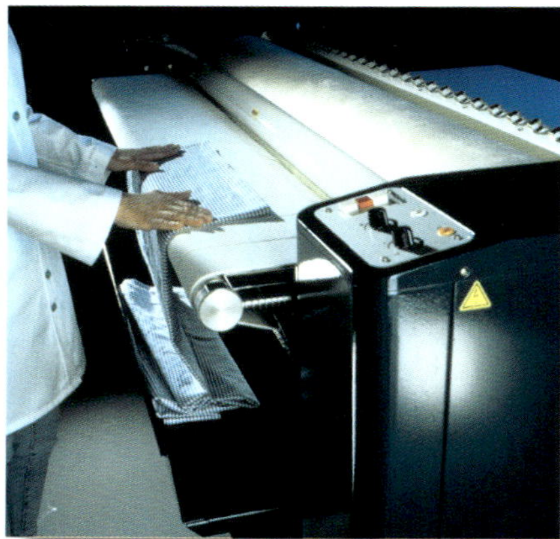

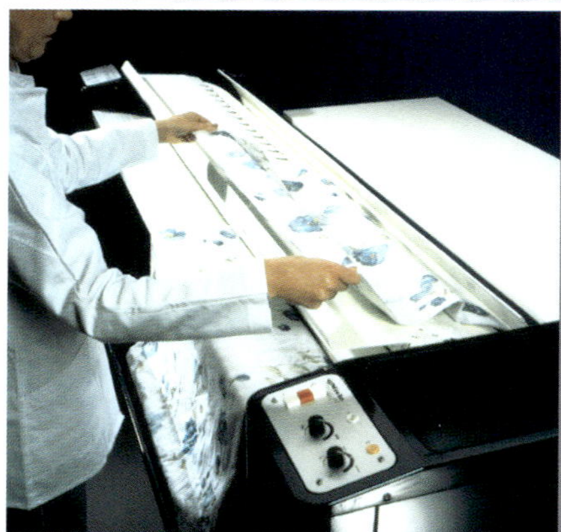

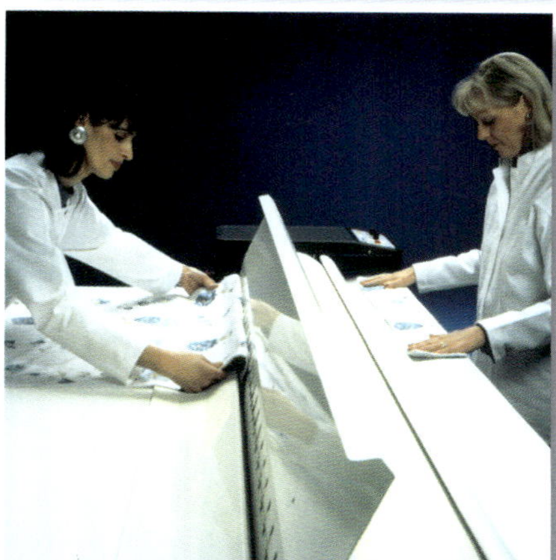

Tipps

Wäsche, die an der Oberfläche glatt sein soll, soll mit dieser Seite auf der beheizten Muldenseite liegen.

Bei strukturiert gewebter und bei gestickter Ware ist die Oberfläche, die Schauseite, unten.

Einlagige Wäschestücke, wie Betttücher, Laken und Tischwäsche, sollen in einem Arbeitsgang tadellos gebügelt und trocken sein. Doppellagige Wäschestücke, wie Decken- und Polsterbezüge, brauchen mindestens zwei Durchgänge. Ein optimales Verhältnis von Bügelfeuchte und Walzenlaufgeschwindigkeit spart Kosten und Zeit.

Entnahme aus der Mangel

Bei der Arbeit an einem großen Gerät ist es vorteilhaft, wenn ein zweiter Mitarbeiter das Stück entnimmt, den Trocknungsgrad feststellt, es zusammenlegt und stapelt.

Tipp

Wenn große Wäschestücke mit leichtem Zug aus der Maschine genommen und sofort auf eine Arbeitsfläche gelegt werden, ist die Faser gereckt, dh sehr glatt. Das Wäschestück wirkt wie gestärkt – ein Effekt, der bei Tischwäsche sehr geschätzt wird.

Wenn nur ein Mitarbeiter eingibt und entnimmt, ist bei Maschinen ohne Wäscheabstreifvorrichtung zu beachten, dass der erste Saum nicht von der Walze erfasst und wieder nach vorne transportiert wird.

Das Wäschestück soll einmal gefaltet oder offen auf Stoß gelegt werden und fertig trocknen.

Das Zusammenlegen erfolgt, während die Maschine auskühlt. Die im Ablauf ergonomisch richtig gestellten Mangelböcke dienen der Aufnahme der gebügelten Stücke.

Als Hilfestellung für die Mitarbeiter kann am Bügel- oder Legeplatz eine Tafel mit den Faltmustern der einzelnen Wäschestücke angebracht werden. Damit ist garantiert, dass auch Mitarbeiter, die nicht immer in der Wäscherei beschäftigt sind, problemlos die richtige Legetechnik anwenden.

Faltmuster

Geschirrtücher, große Servietten

- *Markierung rechts oben. Saum ist sichtbar.*
- *Von unten nach oben im Halbbug legen.*
- *Von unten nach oben im Viertelbug legen.*
- *Von links nach rechts im Halbbug legen.*
- *Von links nach rechts im Viertelbug legen.*
- *Umdrehen.*

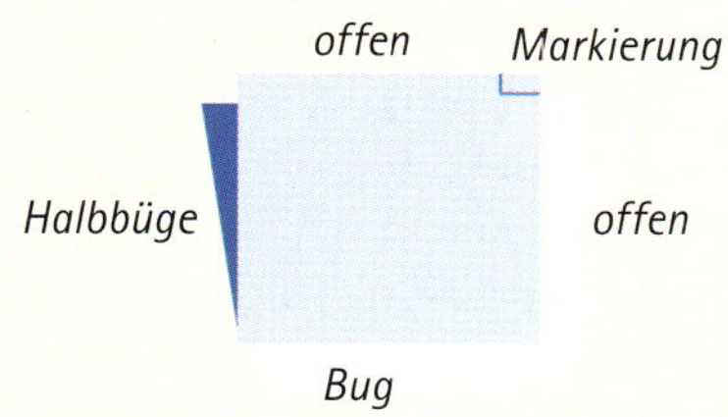

Gläsertücher, Haustücher

- *Markierung oben, Saum ist sichtbar.*
- *Von unten nach oben im Halbbug legen.*
- *Von unten nach oben im Viertelbug legen.*
- *Von links nach rechts im Drittel legen.*
- *Umdrehen.*

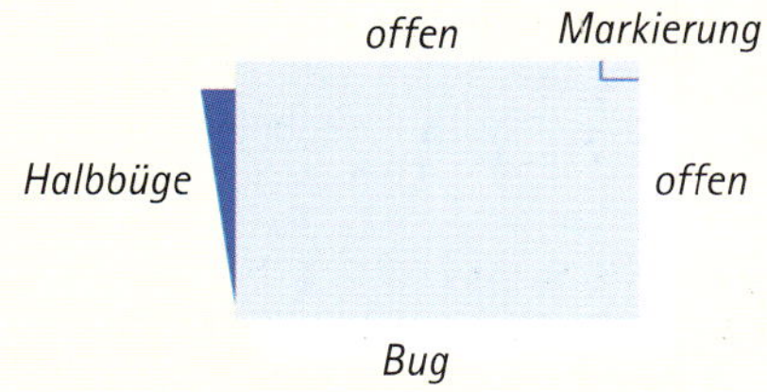

Handtücher

- *Auflegen; Schlaufe ist sichtbar.*
- *Von unten nach oben im Halbbug legen.*
- *Von links nach rechts und von rechts nach links je ein Drittel legen.*
- *Von unten nach oben im Halbbug legen.*
- *Umdrehen.*

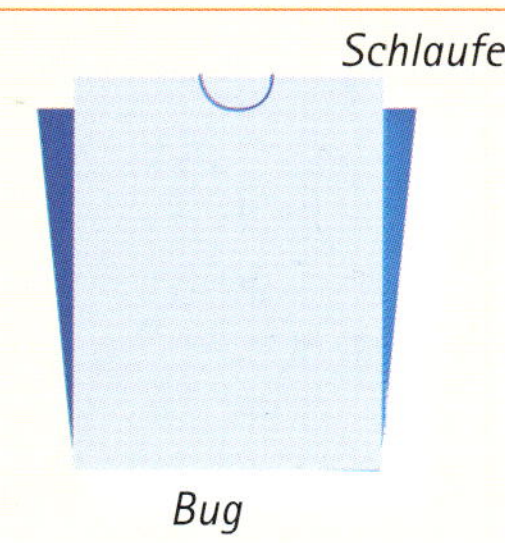

Bügeln am Bügelladen

Vorwiegend werden Uniformen der Mitarbeiter und die Gästewäsche am Bügelladen mit dem Dampfbügeleisen oder der Dampfbügelstation gebügelt. Hier gelten die gleichen allgemeinen Anforderungen an den Arbeitsplatz wie bei den Mangelarbeiten.

Beispiel

Arbeitsplatzgestaltung Bügeln mit dem Bügelladen

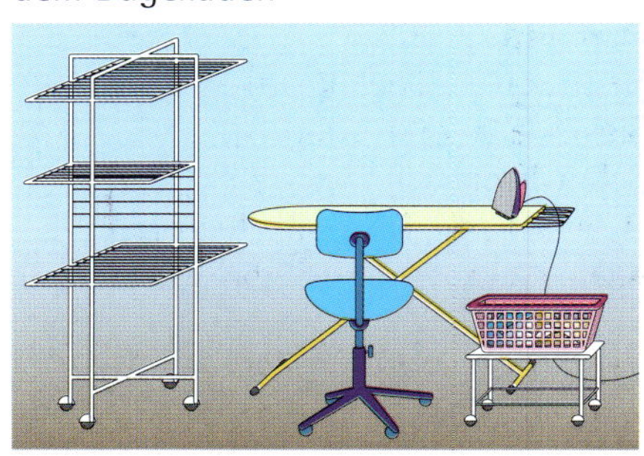

Aufdämpfen

Besonders bei Uniformen oder bei Gästewäsche ist das Aufdämpfen (auch Aufdunsten oder Aufdünsten) erforderlich, um sie wieder in Form zu bringen. Weiters können spiegelnde und glänzende Stellen bei Woll- und Wollmischstoffen dadurch verringert werden. Dunkle Wollstoffe werden vor dem Aufdämpfen zur Entfernung des Oberflächenstaubs und zur Farbauffrischung mit einer in Essigwasser getauchten Bürste ausgebürstet.

Auf alle Stoffe wird ein dünnes Vliestuch gelegt, damit die Bügeleisensohle nicht direkt mit dem Stoff in Berührung kommt. Die Wollhärchen sollen sich aufrichten können. Nur bei gewünschten Bügen und Falten wird Druck ausgeübt.

Hosenbüge werden haltbarer, wenn das Dämpftuch mit einer Stärkelösung angefeuchtet wurde.

Tipp

Der Arbeitsplatz kann so gestaltet sein, dass von links und von rechts gearbeitet werden kann.

Nach dem Aufdämpfen sollen alle Wollstoffe mit einer Veloursbürste in Strichrichtung gebürstet werden.

Vorsicht, Fehler bei unsachgemäßem Aufdämpfen!

Die Fasson ist nicht beachtet worden.

Es sind neue Büge neben den alten entstanden.

Der Stoff weist Spiegel auf, weil zu heiß, zu trocken, ohne Tuch oder mit zu großem Druck gedämpft wurde.

Bei Hosen wurde nicht bis zum Schritt gedämpft.

Der Stoff erscheint verknittert oder wellig, da nicht lückenlos gedämpft wurde.

Tipps

Nur ganz trockene Stücke zusammenlegen.

Zwischen die Stofflagen Seidenpapier legen. Der Gast kann dann das gelieferte Stück in den Koffer packen, ohne dass es sich verdrückt.

Sortierung und Zwischenlagerung

Wäschestücke müssen nach der Reinigung ruhen. Durch den Bügelvorgang ist der Feuchtigkeitsgehalt der Wäsche dermaßen reduziert, dass die Elastizität und die Festigkeit der Faser vermindert sind. Die Wäsche kann durch die Lagerung wieder Feuchtigkeit aus der Raumluft aufnehmen → Depot.

Plandaten

Eine gut eingerichtete Wäscherei erfordert hohe Investitionskosten. Damit diese Investitionen sinnvoll nach den Erfordernissen des Betriebes getätigt werden, sind gut fundierte Plandaten unbedingt erforderlich. Die folgenden Daten sind Anhaltspunkte zur Erhebung der für Sie gültigen Richtwerte → Planungsinstrumente, Datenkatalog.

Spezialaufgaben lassen sich schwer in Plandaten fassen, da sie zu unterschiedlich sind. Der tatsächliche Zeitaufwand ist für die Berechnung festzuhalten und dient der weiteren Planung.

Schwierig ist die zeitliche Organisation in Spitzenzeiten. Die Daten helfen bei der Berechnung der Durchgangszeiten. Die personelle Organisation muss sich diesen Anforderungen flexibel anpassen. Es werden manchmal auch die Leitung der Laundry und andere Etagenmitarbeiter eingesetzt.

Sind die Plandaten erfasst, können folgende Überlegungen angestellt werden:
- Welche Maschinengrößen sind für unseren Betrieb optimal? Eine große Mangel für wenige Stücke wäre beispielsweise unwirtschaftlich.
- Wie flexibel können Arbeitsabläufe organisiert werden? Handliche kleine Mangeln, Bügelrollen oder auch Klappbügler erlauben flexible Abläufe, die Durchgangszeiten sind jedoch länger.

Beispiele für Plandaten

Bezugsgröße	Arbeitsgegenstand	Arbeitsverfahren	Durchschnittlicher Zeitbedarf in Minuten	Tatsächlicher Zeitbedarf
50	Mundservietten	Für Bügelarbeit vorlegen	7,00	
1	Tischtuch, 170 cm	Für Bügelarbeit vorlegen	1,00	
1	Herrenhemd	Für Bügelarbeit vorlegen	1,40	
1	Arbeitsmantel	Für Bügelarbeit vorlegen	1,20	
1	Buffettuch, 310 cm	Mangeln, 2 Durchgänge	7,00	
1	Mundserviette	Mangeln, 1 Durchgang	0,25	
1	Polsterbezug	Mangeln, 1 Durchgang	1,00	
1	Deckenbezug	Mangeln, 2 Durchgänge	4,00	
1	Betttuch	Mangeln, 2 Durchgänge	3,00	
50	Küchentücher	Mangeln, 1 Durchgang	7,50	
1	Tischtuch, 220 cm	Große Mangel	2,00	
30	Tischtücher	Große Mangel	90,00	
100	Deckservietten	Große Mangel	35,00	
10	Deckenbezüge	Große Mangel	30,00	
20	Polsterbezüge	Große Mangel	8,00	
20	Betttücher	Große Mangel	60,00	
1	Herrenhemd	Handbügeln	5,00	
1	Arbeitsmantel mit Ärmeln	Handbügeln	10,00	
1	Arbeitsmantel, ärmellos	Handbügeln	5,00	
1	Kochjacke	Handbügeln	10,00	
1	Kochhose	Handbügeln	8,00	
1	Serviertracht, komplett	Handbügeln	15,00	
10	Tischtücher, 210 cm	Zusammenlegen	18,00	
50	Kleine, glatte Stücke	Zusammenlegen	10,00	

Personelle Organisation

Mitarbeiter in der Laundry

Die Betriebsgröße und die Art der Organisation der Textilreinigung bestimmen, ob die Laundry von einer Wächebeschließerin oder einem Wäschebeschließer als Teilbereich geführt wird oder direkt der Hausdame untersteht → Mitarbeiter.

In kleinen Beherbergungsbetrieben wird die Laundry von der Hausdame geführt und von den Etagenmitarbeitern mitbetreut. Dies ist sowohl in der Stellenbeschreibung der Hausdame als auch bei den Aufgabenbereichen der Etagenmitarbeiter klar zu definieren. Als Teilbereich des Housekeepingdepartments obliegen die Leitung und die Organisation dem/der Wäschebeschließer/in. Diese Position wird im amerikanischen System als Laundrymanager bezeichnet.

Beispiel: Stellenbeschreibung

Benennung	**Wäschebeschließer/in**
Ziel	*Organisation der Laundry*
Eingliederung	– *Vorgesetzt: Leitung des Housekeepingmanagements.* – *Gleichgestellt: Bereichsleitungen.* – *Weisungsrecht an zugeteilte Mitarbeiter, 1 Reinigungskraft.*
Aufgaben	– *Bearbeitung des gesamten Wäschekontingents des Betriebs von der Annahme der zu reinigenden Wäsche bis zur Übergabe an die Wäschemagazine.* – *Verantwortungsbereich: Annahmestelle, Detachierplatz, Wäscherei, Trockenanlagen, Büglerei, Nähplatz, Office.* – *Rechnungsstellung bei Serviceaufgaben.* – *Kontrolle der Reinigungsarbeiten.* – *Mitwirkung bei der Jahresinventur in den Magazinen des Wäschedepots.*
Befugnisse	– *Anschaffung der chemischen Hilfsmittel im Rahmen des Budgets.* – *Einschulung der Mitarbeiter, die aushilfsweise der Wäscherei zugewiesen werden.* – *Einschulung der Praktikantinnen.* – *Aussonderung der schadhaften Wäsche und Meldung an die Hausdame.* – *Einteilung der Arbeiten und Mitwirkung bei den Dienstplänen.* – *Einholung von Kostenvoranschlägen bei der Anschaffung von Betriebsmitteln für die Laundry.*
Anforderung	– *Kenntnisse über alle Arbeitsvorgänge in der Wäscherei.* – *Material- und Nähkenntnisse.* – *Organisatorische Fähigkeiten.* – *Praxis in einschlägiger Arbeit.* – *Kenntnisse in der Mitarbeiterschulung.* – *Gute Umgangsformen.*

Arbeitsunterweisungen zur Mitarbeiterschulung

Arbeitsauftrag 1: Herrenhemd von Hand bügeln.

Was ist zu tun?	**Wie geht das?**	**Warum geht das so?**
Kragen auflegen	*Kragen mit der Unterseite auflegen, Hemd hängt vorne über den Bügeltisch.*	*Die Kragenoberseite wird zuerst gebügelt.*
Kragen und Steg bügeln	*Von den Kragenspitzen zur Mitte bügeln.*	*Kragen liegt glatt, die Einlage verschiebt sich nicht.*
Ärmel und Manschetten bügeln	– *Ersten Ärmel so auflegen, dass die Vorderseite oben liegt.* – *Manschette auflegen.* – *Schlitz und Manschette innen bügeln.* – *Manschette zurückdrehen und Ärmel von der Mitte zur Kugel und von der Mitte zur Manschette bügeln. Nähte mitbügeln.* – *Zweiten Ärmel ebenso.*	– *Nach der Machart der Manschette.* – *Schlitz wird exakt, Manschette ist glatt.* – *Ärmel wird glatt, Kugel ist richtig geformt.* – *Rückseite bügeln.*

Was ist zu tun?	Wie geht das?	Warum geht das so?
Hemdteil bügeln	– Rechten Vorderteil auflegen. – Kragen hochklappen. – Sattel über die Rundung des Bügelbrettes ziehen, Bügeleisen in der Mitte ansetzen, oberen Teil und Sattelteil bügeln. – Von der Mitte zum Saum bügeln. – Seitennaht glatt ziehen und bügeln. – Rücken und linken Vorderteil ebenso bügeln. – Auf Kleiderbügel hängen, zB Berufsbekleidung, oder zusammenlegen.	– Gebügelte Teile werden nicht verknittert. – Stoff wird nicht verschoben.

Tipps

Doppelte Teile etwas ziehen und trockenbügeln.

In Taschen hineinbügeln, dann erst den aufgesetzten Teil bügeln.

Knopfleisten und Knopflochleisten bei dicken Stoffen innen und außen bügeln.

Berufskleidung in Fasson wird ebenso behandelt. Bei Blusen ist die Machart zu beachten. Nur Hemdblusen mit Sattel haben einen Ärmelbug. Bei allen anderen Modellen ist der Ärmelbügler einzusetzen.

Arbeitsauftrag 2: Gebügeltes Herrenhemd zusammenlegen.

Was ist zu tun?	Wie geht das?	Warum geht das so?
Hemd auflegen	– Knopflochleiste liegt oben. – Jeder zweite Knopf wird geschlossen. – Kragen an der Steglinie knicken.	– Richtige Ausgangslage für das Zusammenlegen. – Kragen liegt korrekt.
Hemd umdrehen	– Seitenteile neben dem Kragen mit den Fingern festhalten. – Ärmel erfassen und Hemd knapp über der Arbeitsfläche umdrehen.	– Voraussetzung für die exakte Form. – Stofflagen verrutschen nicht.
Seiten einschlagen	– Sattel zweifingerbreit vom Kragen umbiegen. Die Faltlinie verläuft konisch zum Saum.	Die geforderte Hemdbreite wird erreicht.
Ärmel legen	– Manschetten zusammenfassen. – Ärmel aufeinander legen, dabei im Armkugelbereich schräg falten.	Knicke sind bei beiden Ärmeln an der gleichen Stelle.
Hemd einschlagen	Saum bis zu den Manschetten hochschlagen und den entstandenen Bug bis zur Schulterkante legen.	– Manschetten werden nicht geknickt. – Brust- und Schulterteil decken alle anderen Teile ab.
Hemd umdrehen und kontrollieren	– An der Vorderseite glatt streichen. – Bug gleich ziehen.	Das Hemd liegt korrekt, die Form ist kompakt.

Diese Methode ist besonders im Hotelbetrieb vorteilhaft, weil bei einiger Übung die Form stets exakt erreicht wird. **Berufskleidung** wird meist nicht zusammengelegt. Sie wird auf Kleiderbügel gehängt, die auf Kleiderständer kommen. Je nach Ausgabemodus können die Uniformen nach den Abteilungen, nach Größen oder nach der Namensbeschilderung zur Ausgabe sortiert und verwahrt werden.

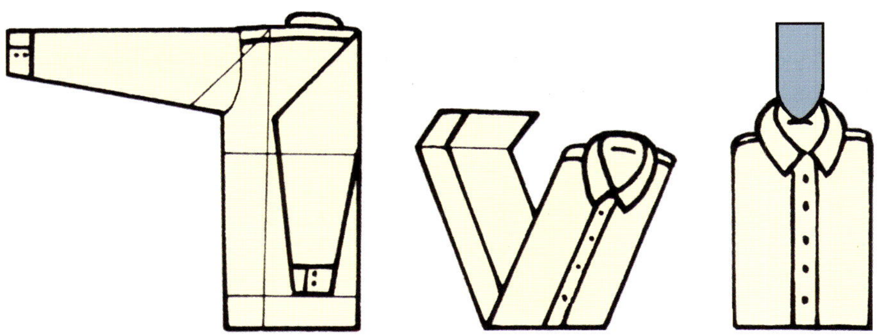

Arbeitsauftrag 3: Im Längsbug vorbereitete, mit der Außenseite nach oben in Serpentinen liegende Deckenbezüge mit dem Klappbügler bzw. der Muldenmangel bügeln.

Was ist zu tun?	Wie geht das?	Warum geht das so?
Deckenbezug in Arbeitsposition legen	*– Den in Serpentinen liegenden Deckenbezug auf die Eingabeleiste legen.*	*Wichtig für glattes Eingeben.*
Erstes Mal durchlaufen lassen	*– Fußbedienung.* *– Gewebe etwas zu sich ziehen.* *– Nähte und Bug gleich richten.*	*Gewebe ist straff gespannt und wird tadellos glatt.*
Zweites Mal durchlaufen lassen	*Das in Serpentinen liegende Stück zurücknehmen und wie oben beschrieben bügeln.*	*Das Stück ist auf der Oberseite tadellos und trocken gebügelt.*

Sollen Ober- und Unterseite gebügelt werden, ist zu Beginn der Bügelarbeit die Unterseite außen. Die Durchlaufzeit wird doppelt so lang.

Arbeitsauftrag 4: Glatte, mangelfeuchte, kleine Wäschestücke vorbereiten und mit der Muldenmangel bügeln.

Was ist zu tun?	Wie geht das?	Warum geht das so?
Je 30 Stück auf Block fadengerade ausrichten	*Mit der Oberseite nach unten auf einen fahrbaren Tisch mit Kunststoffplatte legen und mit dem Wäschetuch einhüllen.*	*– Bügelfläche ist beheizt.* *– Wäsche liegt glatt.* *– Feuchte bleibt gleichmäßig erhalten.*
Stück eingeben	*Auf Eingabe fadengerade legen und während des Durchlaufens gerade ziehen.*	*Der gewünschte Arbeitserfolg wird erreicht.*
Stück ablegen	*Auf Mangelbock oder fahrbaren Kunststofftisch zur Weiterbearbeitung bereitlegen.*	*Stück kühlt aus.*

Bei Maschinen, bei denen die Bügelfläche oben und die Walze unten ist, werden die Stücke mit der Oberseite nach oben vorbereitet und eingelegt. Kleine Stücke abwechselnd links und rechts eingeben, da sonst der Walzenbezug immer an der gleichen Stelle heiß und damit ungleichmäßig belastet wird.

Arbeitsauftrag 5: In Längsbug gemangelte Tischtücher schrankfertig legen.

Was ist zu tun?	Wie geht das?	Warum geht das so?
Tischtuch auflegen	*– Glatt auf den Arbeitstisch legen.* *– Bug liegt an der Vorderkante des Tisches.*	*Richtige Ausgangslage.*
Viertelbug legen	*Bug auf Endel bzw. Längssaum legen und dabei den Stoff zum Bug hin glatt streichen.*	*– Geforderte Breite wird erzielt.* *– Stofflagen verschieben sich nicht.*
Zusammenlegen	*– Von links nach rechts so auflegen, dass die Säume aufeinander liegen.* *– Den entstanden Bug glatt streichen.* *– Vorgang wiederholen, bis die standardisierte Größe erreicht ist.*	*– Keine zusätzlichen Knitter.* *– Fertig zur Auslieferung.*

Diese Vorgangsweise eignet sich für alle glatten Stücke → Faltmuster.

Wäscheservice für Gäste

Viele Betriebe bieten ihren Gästen ein Wäscheservice an, dh, Gästewäsche wird zum Waschen und Bügeln übernommen. Zusätzlich kann auch die Pflege der Oberbekleidung angeboten werden.

Die Mitarbeiter werden für diese Spezialaufträge gesondert geschult. Die Preise werden entsprechend dem Arbeitsaufwand vor Ort exakt festgestellt. Im Gästezimmer findet der Gast, meist im Kleiderschrank, einen Wäschesack und eine Wäscheliste (mit Durchschlag) mit Preisangaben. Der Gast trägt die erforderlichen Daten ein, zB Zimmernummer, Namen, Anzahl der Wäschestücke und das Datum der erwarteten Rückgabe. Je nach Betriebsorganisation informiert der Gast die Rezeption oder die Hausdame und legt den Wäschesack zur Abholung bereit.

Wird die Gästewäsche nicht im Hotel gereinigt, wird der Wäschesack von den Etagenmitarbeitern an den externen Betrieb weitergeleitet. Die Rechnung der Wäscherei bzw. der Reinigung wird der Gästerechnung beigefügt oder es wird der Rechnungsbetrag sofort bei Übergabe der gereinigten Wäsche kassiert.

Wäscheliste

Aldiana
Urlaub unter Freunden
Hochkönig/Österreich

Name: *Datum:* *Zimmernummer:*

Kontrolle	Stück	Wäscheliste	Preis	Betrag
		Herren		
		Hemd	*EUR 2,80*	
		Hose	*EUR 5,00*	
		Pullover	*EUR 3,90*	
		Unterhose	*EUR 1,50*	
		Unterhemd	*EUR 1,50*	
		Taschentuch	*EUR 0,60*	
		Pyjama	*EUR 4,40*	
		Socken	*EUR 0,90*	
		Damen		
		Bluse	*EUR 4,40*	
		Hose, Rock	*EUR 5,00*	
		Kleid	*EUR 6,30*	
		Pyjama	*EUR 4,40*	
		Büstenhalter	*EUR 2,00*	
		Unterhose	*EUR 1,50*	
		Unterhemd	*EUR 1,50*	
		Socken, Strümpfe	*EUR 0,90*	
		Taschentuch	*EUR 0,60*	
		Pullover	*EUR 3,30*	
Summe				

Die Umsatzsteuer ist in diesen Preisen enthalten.
Bei Beschädigung oder Verlust haftet das Hotel maximal bis zum dreifachen Betrag der vom Hotel verrechneten Reinigungskosten.
An Samstagen sowie an Sonn- und Feiertagen erfolgt keine Wäscheausgabe.

Arbeitsunterweisungen zur Mitarbeiterschulung

Arbeitsauftrag 1: Gereinigte Herrenhose mit Dampfbügler aufdämpfen.

Was ist zu tun?	Wie geht das?	Warum geht das so?
Bundteil aufdämpfen	– *Über die Rundung des Bügeltisches ziehen.* – *Bundverschluss schließen, von sich weg rundum dämpfen, dabei die Taschen einbügeln.* – *Schlitz mit mäßigem Druck dämpfen.* – *Hose aufnehmen.*	– *Vorbereitung.* – *Stück bleibt in Form.* – *Doppelte Teile dürfen sich nicht abzeichnen.*
Beinteil aufdämpfen	– *Bund liegt in Richtung Bügeltischrundung.* – *Das untere Hosenbein liegt auf dem Bügeltisch.* – *Das obere Hosenbein zurückklappen.* – *Unteres Hosenbein aufdämpfen, dabei genau Bug, Fasson und Schrittnaht beachten.* – *Oberes Hosenbein darauf legen, dabei die Büge genau aufeinander legen und dämpfen.* – *Hose umdrehen und wie oben arbeiten.*	– *Richtige Lage.* – *Das unten liegende Hosenbein wird zuerst gedämpft.* – *Erstmals eingeprägte Büge sind immer sichtbar.* – *Scharfe Büge sind erwünscht.*
Hose in Form aufhängen	*Auf Hosenspanner aufspannen.*	– *Durch die Schwerkraft hängt sich der Stoff während des Trocknens glatt aus.*

Arbeitsauftrag 2: Gereinigten, mit Acetattaft gefütterten Damenwollrock aufdämpfen.

Was ist zu tun?	Wie geht das?	Warum geht das so?
Futter bügeln	– *Herausziehen und über die Rundung des Bügelladens spannen.* – *Der Rock hängt frei.* – *Taft von sich weg ohne Dampf bügeln.* – *Stück aufnehmen.*	– *Das Futter muss trocken gebügelt werden.*
Rock dämpfen	– *Rock über die Rundung des Bügelladens spannen.* – *Das Futter hängt frei.* – *Den Wollstoff von sich weg mit mäßigem Druck aufdämpfen.* – *Rock aufnehmen.*	– *Richtige Lage.* – *Der Taft soll nicht feucht werden.* – *Nähte und Saum sollen sich nicht durchdrücken.*
Rock aufhängen	– *Futter nach innen ziehen.* – *Rock auf Rockspanner in entsprechender Größe spannen.*	– *Durch die Schwerkraft hängt sich der noch feuchte Wollstoff gerade und glatt aus.*

Tipp

Falten und Schlitzblenden während des Dämpfens mit Packpapierstreifen unterlegen. So drückt sich der Faltenbug nicht in den darunter liegenden Stoff.

Alle Stücke der Oberbekleidung sollen ihrer Fasson entsprechend bodenfrei aufgehängt werden. Durch die Schwerkraft hängen sich die meisten Stoffe in feuchter Luft „in Form“.

Arbeitsauftrag 3: Spezialauftrag in einem Sporthotel: Daunenanorak aus Baumwollchintz mit Daunenspezialwaschmittel waschen und imprägnieren.

Was ist zu tun?	Wie geht das?	Warum geht das so?
Stück vorbereiten	*– Nicht waschbare und färbende Teile entfernen. – Taschen leeren.*	*– Einfärbungen sind schwer zu behandeln. – Vergessene Papiertaschentücher, Liftkarten etc. sind sehr unangenehm.*
Vorfluten	*– In warmem Wasser durchziehen.*	*– Fasern quellen und nehmen später weniger Waschflotte auf.*
Waschen	*– In handwarmer Daunenwaschlösung durchdrücken. – Besonders schmutzige Stellen in der Flotte gut durchdrücken.*	*– Schmutz wird entfernt. – Das Spezialmittel fettet während des Waschvorgangs die Daunen ein und sie bleiben elastisch.*
Spülen	*– In handwarmem, klarem Wasser durchziehen. – Wasser wechseln. – Dies so oft wiederholen, bis das Wasser keine Waschmittelreste mehr zeigt.*	*– Daunen werden geschont.*
Imprägnieren	*– Imprägnierbad nach Gebrauchsanweisung herstellen. – Das Stück einlegen und durchkneten.*	*– Chintz wird dicht.*
Trocknen	*– In der Zentrifuge anschleudern. – Stück auf breitem Kunststoffbügel schattig und kühl trocknen. Kann auch im Trockner getrocknet werden.*	*– Sonne schadet den Daunen.*

Checklisten

Checkliste: Unterweisungen für neue Mitarbeiter

Name des Mitarbeiters: ______________________

Zuständig für die Einschulung: ______________________

Eintrittsdatum: ______________________

Folgende Unterweisungen sind im Laufe der ersten Woche der Neuanstellung eines Mitarbeiters durchzuführen und von der jeweils verantwortlichen Person gegenzuzeichnen:

Unterweisungen	Datum	Unterschrift
Betriebsführung		
Vorstellung aller Abteilungsleiter		
Übergabe der Mitarbeiteruniform		
Information über Ausgabe und Reinigung der Mitarbeiteruniform		
Zuteilung der Personalunterkunft		
Zuteilung des Spindes		
Aushändigung des Namensschildes		
Regeln im Umgang mit dem Gast		
Dienstplanerläuterungen/Stundenaufzeichnungen		
Übernahme der Schlüssel		
Unterweisung in der Handhabung technischer Geräte		
Einweisung in den Brandschutzplan		
Begehung der Fluchtwege		
Besichtigung der sicherheitstechnischen Vorrichtungen (Strom, Wasser)		
Erste-Hilfe-Schulung		
Vorgehensweise in der Zusammenarbeit mit den anderen Abteilungen		

Reparaturdienst

Zimmernummer: --

Datum: --

Bitte kennzeichnen Sie Ihre Reparaturwünsche mit einem X:

Wohnbereich:	**Bad:**
❒ *Zimmertür, Schlüssel*	❒ *Licht*
❒ *Licht*	❒ *Heizung, Klima*
❒ *Heizung, Klima*	❒ *Waschbecken*
❒ *Strom*	❒ *Badewanne*
❒ *Bett*	❒ *Dusche*
❒ *Möbel*	❒ *WC*
❒ *Vorhang*	❒ *Föhn*
❒ *Rollladen*	❒ *Rasierapparat*
❒ *Fenster*	
❒ *Radio*	
❒ *TV-Gerät*	
❒ *Telefon*	
❒ *Minibar*	
❒ *Zimmersafe*	
Sonstiges:	

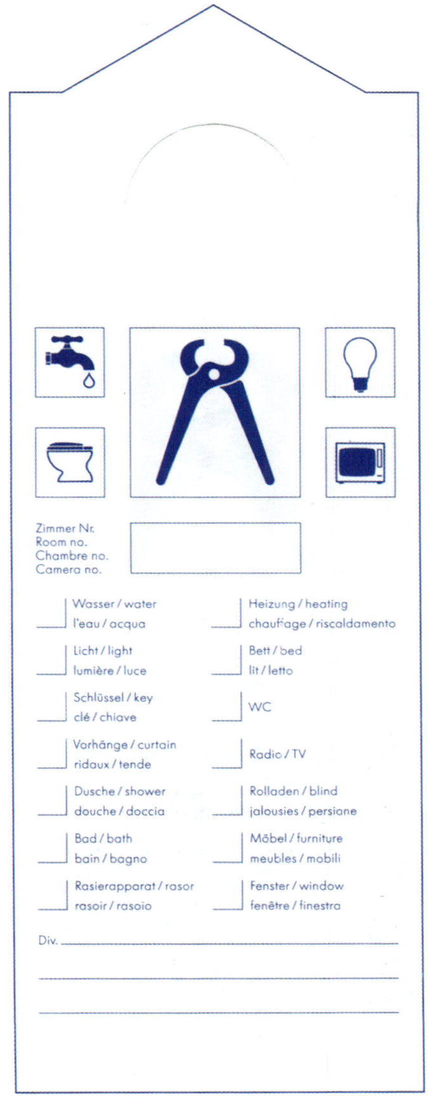

Checkliste: Ende des Arbeitstages in der Etage

Tätigkeiten / Kontrollbereich	**OK**
Überprüfung und Reinigung: Sauggerät, Reinigungsmaschinen	
Ergänzung: Wäschewagen	
Reinigung und Ergänzung: Reinigungswagen	
Müll entsorgen	
Gebrauchte Reinigungstücher und Mopps in die Laundry	
Schmutzwäsche in die Laundry	
Etagenoffice reinigen	
Lagerbestände überprüfen	
Ausfassungsliste vorbereiten (Wäsche, Reinigungsmittel ...)	
Ausfassung Mitarbeiteruniform für den nächsten Arbeitstag	
Schlüsselrückgabe	
Kontrolle Dienstplan für den nächsten Arbeitstag	

Datum ______________________ *Unterschrift* ______________________

Monatliche Verbrauchsermittelung: Gästeartikel

Monat: ____________________

Etagenoffice: ____________________

Verantwortlicher Mitarbeiter: ____________________

Artikel	Einheit	Bestand zu Monatsbeginn	Zugang	Bestand zu Monatsende	Verbrauch

Datum *Unterschrift*

Checkliste: Schlüsselvergabe

Datum: ____________________

Mitarbeiter	Ausfassung/Urzeit	Schlüsselnummer	Unterschrift Mitarbeiter	Rückgabe/Uhrzeit	Unterschrift Hausdame

Checkliste: Finish im Gästezimmer

Kontrollbereich	**OK**
Gästemappe	
- Hotelprospekt	
- Gästeinformation	
- Telefonverzeichnis/TV-Programme	
- Preislisten	
- Feizeitangebote	
- Briefkuverts, Briefpapier	
- Schreiblock, Kugelschreiber	
- Reparaturkarte	
Begrüßungskarte	
Betthupferl	
Bestellkarte Etagenfrühstück	
Nähset	
Bitte-nicht-stören-Türhänger	
Wäscheliste, Wäschesack	
Schuhputzset, Schuhlöffel	
Hinweisschild Nichtraucher	
Brandschutzhinweise, Fluchtwegbeschreibung	
Wasserglas auf Untersetzer	
Preisliste Minibar	
Seife	
Duschgel/Shampoo	
Duschhaube	
Nagelfeile	
Kosmetiktücherbox	
Zahnputzgläser, verpackt	
Toilettenpapier, Reserverollen	
Information für den Wäschewechsel: Aufsteller	

Checkliste: Brandschutz für die Eigenkontrolle

Datum: ______________________

Mitarbeiter: ______________________

Kontrollbereich/Stockwerk: ______________________

Kontrolltätigkeit	**Raum**	**Mängel**	**Behoben am**	**OK**
Fluchtwege frei				
Notausgänge offen und unverstellt				
Sicherheitsbeleuchtung/Notbeleuchtung				
Fluchtwegbeleuchtung				
Vorhandensein der Löschgeräte				
Löschgeräte unverstellt/sichtbar				
Flucht- und Orientierungspläne vorhanden				
Brandschutzinfoblätter im Zimmer				
Hinweise im Gästezimmer zum Verhalten im Brandfall – Alarmierung				
Fluchtplan im Gästezimmer				
Notrufnummern vorhanden/sichtbar				
Heizquellen sind frei, nicht verhangen				
Entleerung der Aschenbecher in nichtbrennbare, dicht schließende Behälter				
Fachgerechte Lagerung leicht entflammbarer Reinigungschemie				
Entfernen brennbarer Abfälle bei Arbeitsende				

Kontrolle der behobenen Mängel:

______________________ ______________________

Datum *Unterschrift*

Sachregister

A

B

Bildnachweis

Quelle	Seite	Bildbeschreibung
Actual Fenster AG, Haid	*133*	*Kindersicherung; Fenster mit innen liegenden Sprossen; Fenster mit aufgeklebten Sprossen; Fenster mit Glas teilenden Sprossen*
	134	*Ausstellrollladen*
ADA Guest Supplies GmbH, Jerzens	*39*	*Kinderspielzeug; Nähzeug*
	40	*Zusätzliche Toiletteartikel*
Agro Linz Melamin, Linz	*120*	*Blühendes Leinfeld*
Aldiana Clubhotel, Mühlbach am Hochkönig	*40, 144*	*Bitte-nicht-stören-Schild*
	161	*Hinweis zum Sanitärwäschewechsel*
	231	*Wäscheliste*
Alpenland Sport Hotel, St. Johann im Pongau	*143*	*Kitchenette*
	176	*Seminarraum*
Hotel Alpina, St. Johann im Pongau	*167*	*Mann beim Rasieren*
	171	*Beschilderung*
	175	*Kachelofen*
BAR.TO.VAC, Salzburg	*64*	*Installation einer Zentralstaubsauganlage*
Baulmann Leuchten GmbH, Sundern	*175*	*Beidseitige Beleuchtung*
Best Western Hotel Kaiserhof, Wien	*18*	*Rezeption*
	19	*Hausdamenliste*
	24	*Logo Kaiserhof*
	30	*Etagencrew*
	36	*Abfassungsschein*
	105	*Minibarliste*
BIKO AG, Lyssach	*220*	*Wäschefaltmaschine Maria, Faltbeispiel Grafik*
Böhm GmbH, Klosterneuburg	*204*	*Vorhang, Blumen, Fauteuil*
Dieter C. Buurman, Helga Buurman, Bielefeld	*112*	*Grafik: Cut loop*
	113	*Grafik: Cross over; Grafik: Schema Nadelvliesverfahren*
Carpet Cleaner, Klagenfurt	*74*	*Teppichtrockenreiniger*
Crowne Plaza Pitter, Salzburg	*8*	*Geschäftsreisende*
	10	*Kärtchen*
	40	*Mit besten Empfehlungen*
	170	*Karte*
	204	*Karte zum Wäschetausch*
Duscholux GmbH & Co. KG, Hörsching	*161*	*Planungsbeispiel*
	164	*Rahmenlose Duschwand*
Europäische Teppichgemeinschaft e. V., Wuppertal	*113*	*Teppichsiegel*
EVVA-Werk Gesellschaft m. b. H. & Co. KG, Wien	*187*	*Lesetechnologie: 3 Türgriffe, Katalog Seite 12 und 13, linkes Bild*
Forbo Contel GmbH, Wien	*117*	*Piktogramme*
	119	*Flur*
	121	*Wandabschluss*
Fränkische Bettwaren GesmbH, Salzburg	*149*	*Lattenrost aus Holz*
	150	*Abnehmbarer Bezug*
	151	*Matratzenschoner, Matratzenschutz mit Gummibändern*
	153	*Spannmatratzenschutz*
	171	*Handtücher*
	196	*Dame beim Föhnen*
	199	*Feder*
	200	*Bett mit Matratze, Decke und Kissen*
	202	*Bettwaren*

Fränkische Bettwaren GesmbH, Salzburg	202	Decken, linke Spalte unten
	203	Frotteetücher
	204	Kind mit Bademantel
	205	Geschirrtücher, Restaurantwäsche
	210, 225	Wäschestappel
Freudenberg-Bausysteme, Wels	118	Eingangsbereich
	119	Fitness- und Saunabereich; Treppenaufgang; Flur
	126	Rutschhemmende Treppen; Vorlage: Treppe mit vorstehender Kante (Grafik Heidi Hinterkörner)
	127	Geländer auf der Stiegenseite montiert
F. R. C. Möbelfabrik Fercher Ges.m.b.H., Villach	131	Täfelung
David Fussenegger Textil GmbH, Dornbirn	202	Flauschdecke, linke Spalte oben
Gesellschaft zur Förderung der Öffentlichkeitsarbeit für Federbetten GmbH, Hedderich, Mainz	199	Daune
Grand Hotel Wien, Wien	23	Unterlagen für die Stellenbeschreibung der Hausdame
	175	Beleuchtung im Stiegenhaus
Ernst Gröger, Firma Rudolf Tanner, Wien	212	2 half-door-trolley
	213	Multi Caddie, Regalwagen mit Wäsche
	221	Regale
Firma Gruber, Kematen in Tirol	42	Reinigungswagen
	78	Tücher und Schwämme; Wischplatte mit Schaumstoffauflage
	88	Wischwagen mit zwei Eimern
Hagleitner Hygiene International GmbH, Zell am See	35	Handwaschbecken
	40	Kosmetiktücher
	56	Sicherheitsdatenblatt
	57	Allzweckpasta-Formular
	75	Besen; Bürsten
	76	Wischplatten mit Moppbefestigung; Mopps und Halterung; Nasswischmopp mit Halterung
Anton Haidenthaller & Sohn KG, Salzburg	149	Matratzenwendeplan
	151	Angebotstext Matratzen (Landgasthof Holznerwirt: OK)
	198	Steppungsarten (4 Grafiken)
	200	Vorlage für Serviceetikette
Hansgrohe, Wiener Neudorf	163	Einhandmischer
Haro, Hamberger Industriewerke GmbH, Rosenheim	109	Wandabschlüsse
	123	3 Grafiken: Fischgrät, Landhausdiele, Schiffboden; Intarsien; Verlegemuster bei Fertigparkett
	125	Laminatboden für Gänge
Heizbösch, Lustenau	54	Symbole für den Betriebs- und Arbeitsmitteleinsatz
	55	Dosierung
	61	Rückentragsauger; Anatomisch geformtes Rückentraggestell
	62	Großflächenbürstsauger
	64	Nass- und Trockensauger; Nasssaugzubehör; Hallenreinigung
	65	Saugdüse am Grundgerät; Einscheibenmaschine
	66	Treibteller mit Pad; Gerät mit Bürstscheibe
	67	Führungsstange, 90 ° verstellbar; Montiertes Spraygerät
	69	Arbeitsschema für Vor- und Rückwärtsbetrieb
	70	Sprüh- und Saugfunktion; Sprüh-, Bürst- und Saugfunktion; Düsenausführung; Handdüse zur vertikalen Lamellenreinigung
	73	Entleerung des Kehrgutbehälters
	74	Handkehrmaschine: Leichte Stiegengängigkeit
	76	Trapezförmige Wischplatte für Mopps; Trapezförmige Wischplatte für Vliestücher; Mopps; Flachmopp
	77	Randputzgerät und Pads; Gummirechen; Fensterset

Heizbösch, Lustenau	*83*	*MA mit Fensterwischer; MA mit Scheibenmaschine*
	85	*Fußverlängerungen*
	86	*Bedienungsfeld einer Scheuersaugmaschine*
	88	*Vorratsbehälter mit Mopps*
	127	*Hinweisschild*
	135	*Teleskopstange und Gelenkeinsatz*
HEWI Heinrich Wilke GmbH, Bad Arolsen	*162*	*Behindertengerechtes WC, Behindertengerechtes Bad*
	170	*Behindertes Kind beim Waschbecken, Behindertengerechtes WC*
Horn Handelsagentur, München	*185*	*Föhn*
Hüppe GmbH & Co. OHG, Bad Zwischenahn; Biedermannsdorf	*164*	*Badewanne mit integrierter rahmenloser Duschwand*
Internorm Fenster GmbH & Co KG, Traun	*133*	*Fensterbeschläge*
	134	*Rollläden; Fensterläden; Innen liegende Jalousie; Insektenschutz; Innenjalousie*
IQ-Bio-Technologies, Bischofshofen	*49*	*Wasserbelebungsgerät*
Johnson Diversey, Wien	*55*	*Dosierspender*
	66	*Nassreinigen; Shampoonieren; Polieren; Sprayreinigen*
	86	*Hebel wird zum Körper gezogen*
Joka-Werke, Johann Kapsamer GmbH & Co, Schwanenstadt	*150*	*Taschenfederkernmatratze, Kaltschaummatratze, Schaumstoffmatratze*
Alfred Kärcher Gmbh, Wien	*63*	*Platz sparende Aufbewahrung; Integriertes Zubehör; Elektrische Teppichbürste*
	65	*WC-Entleerung mit Kippfahrgestell; Entleerung in den Abfluss mit Ablassschlauch; Bypasssystem*
	67	*Bohnerkopf mit Saugeinheit*
	68	*Walzen-, Teller- bzw. Scheibenbürsten; Vorlage: Zweibehälter-, Einbehältersystem, Recyclingverfahren; Reinigungsautomat mit Fahrersitz*
	69	*Unterfahrbarkeit und randnahes Reinigen; Drei Grafikvorlagen*
	71	*Waschkopf; Saunareinigung*
	72	*Hallenbadreinigung; Punktstrahl, Flachstrahl, Dreckfräser; Rohrreinigung (zwei Bilder)*
	73	*Automatische Hochentleerung in Großmüllcontainer; Geräteausführung mit Kehrband; Kehrschaufel- und Überkopfkehrprinzip*
	86	*Bedienungselement*
Kermi GmbH, Plattling	*185*	*Flachheizkörper*
DI Constanze Koch-Schmuckerschlag, Graz	*169*	*Planungsbeispiel für Behinderten-WC*
Lenzing AG, Advertising Department, Lenzing	*201*	*Lyocellmarke*
Hotel Lerch, Andrea und Heinz Lerch, St. Johann im Pongau	*169*	*Halle*
	173	*Bild mit Beleuchtung*
Mellau Teppich; Lotteraner, Wüstner GmbH & Co, Mellau	*111*	*Drei Fotoreihen: Sisalagave, Wollgarne, Synthetische Garne*
Miele Gesellschaft m. b. H., Wals bei Salzburg	*213*	*Regalwagen*
	217	*Waschmaschinen*
	218	*Waschmaschine mit Rollwagen, MA beim Befüllen*
	219	*Mangel*
	220	*Rollwagen*
	224	*3 Fotos: Eingabe in die Mangel*
	226	*Gebügelte Wäsche*
Minibar Austria GmbH, Kufstein	*92*	*Minibar; Versiegelung der Minibar*
Novacom Software GmbH, Bad Aussee	*99*	*Forecaste (Vorlage)*
	102	*Liste für die Etagenstewardess (Logo)*
OSRAM GmbH, Wien	*182*	*Glühlampe; Halogenglühlampe; Kompaktleuchtstofflampe; Leuchtstofflampe und Halogenmetalldampflampe*
Parador Holzwerke GmbH & Co KG, Coesfeld	*123*	*Filzgleiter*
	124	*Laminatdekore: vier Fotos*
	125	*Klicksystem*

Rheumatologische Universitätsklinik und Abteilung für Unterrichtsmedien AUM, Inselspital, Bern	85	Aufnahme von Kehrgut auf die Kehrschaufel, hockend; Bei Boden- oder Wandsteckdosen in Bodennähe wird der Netzstecker immer hockend ein- bzw. ausgesteckt; Heben eines gefüllten Eimers aus der Hocke heraus; Heben eines Koffers, indem man ihn zur Körpermitte zieht; Schieben; Richtige Verwendung von Stielgeräten
Salesianer Mietex, Linz	31	Formular
	211	Schmutzwäscheabholschein; Anforderungsschein
Schüller Hotelgast-Service, Haid	38	Gästegaben, 2 Fotos
	40	Zusätzliche Toilettenartikel
	185	Schuhputzmaschine
Flechtatelier Schütz, Lichenfels-Seubelsdorf	148	Bettgestell aus Weidengeflecht
	159	Flechten eines Sessels
Selmer, Objekteinrichtungen Gesellschaft m.b.H., Seekirchen	158	Ledergarnitur
	160	Gartenbank
Sembella GmbH, Timelkam	149	Verstellbarer Lattenrost
	150	Naturlatex
Sowana Austria, Schwarzach	77	Fenstergerät mit Einwascher aus Mikrofaser; Gerät mit verschiebbarer Gummilippe; Kombination Einwascher mit Gummilippe
	79	Verschiedene Mikrofaserprodukte (3 Fotos)
TEAM 7 Natürlich Wohnen G.m.b.H., Ried im Innkreis	143	Raumskizze
tilo GmbH, Lohnsburg	120	Rohstoffe für Linoleum; Boden
	121	Kinderspielraum Korkboden, Korkgewinnung
VEÖ Servicestelle „Im Blickpunkt" VEÖ Seminar- und Medienverlags- und -vertriebs Ges.m.b.H., Wien	61	Grafiken Schlittenstaubsauger und Kesselsauger
	174	Beleuchtungsmuster
VIVA Contract Design, M. Contract Design Gmbh, Nottuln	110	Teppichboden in einem Gang
Voglauer Möbel GesmbH, Abtenau/Voglau	142	Hotelbett mit Konsole und Lampen
	143	Doppelzimmer; Zweibettzimmer; Raumskizze rechts
	144	Himmelbett
	145	Eingang mit Garderobe; Wohnbereich; Schlafbereich
	148	Gleiterbett: 2 Fotos, Konsole rechts
	153	Computerplanung (2 Skizzen)
	154	Kasten mit Safe; Garderobe
	155	Ausführung und Pflegeanleitung für Sitzmöbel
	156	Kästchen
	157	Ausziehbare Couch, geschlossen; Couch, ausgezogen
	172	Schlafzimmer
	174	Beleuchtete Zimmernummer
	181	Leuchtenformen (3 Fotos)
	185	TV-Gerät
	187	Safe
Wirtschaftskammer OÖ, Linz, Brandschutz in Hotellerie und Gastronomie	188	Orientierungsplan
	189	4 Symbole
	190	Brand im Zimmer
Wools of New Zealand Marketing Limited & Co. KG, Düsseldorf, Erkrath	111	Logo
	112	Velours; Frisé, Shag, Schlinge, Bouclé; Hoch-Tief-Struktur
	113	Gewebter Teppich
Hotel Zinnkrügel, Familie Mayr, Alpendorf	161	Badezimmer
Freie Bilder	9	Geschäftsreisende; Familie; Kurgäste
	10	Sportgäste; Gäste mit Behinderungen; Hochzeitspaar
	11	Gruppenreisende; Amerikanische Gäste
	13	Dame

die fotowerkstatt pfennich & sedlacek OEG, Bischofshofen		Umschlagbild
	2/3	Haupttitel
	4/5	Decken
	6/7	Kapiteleinstieg Gäste
	14/15	Kapiteleinstieg Mitarbeiter
	16	Etagencrew
	20	Etagencrew bei der Besprechung
	21	Obstkorb, Blumen
	22	Hausdame und MA mit Wäschewagen; MA-Schulung
	27	Hausdame und MA mit Gerät
	29	Hausdame begrüßt MA
	30	Bewerbungsgespräch
	31	MA im Spindraum
	32/33	Kapiteleinstieg Depots und Offices
	34	Depot
	39	Werkzeug
	46/47	Kapiteleinstieg Betriebs- und Arbeitsmittel
	61	Beratungsgespräch
	62	MA beim Teppichsaugen
	70	MA bei der Gangreinigung
	72	Dampfreinigung
	74	MA bei der Teppichreinigung
	78	Wischplatte mit Gummilippe
	80/81	Kapiteleinstieg Reinigungsmanagement
	82	MA mit einem Feuchtwischer
	84	MA beim Wischen im Hallenbad
	89	MA mit Bürstsauggerät
	90	MA beim Hemdaufhängen; MA beim Bettenüberziehen
	91	MA bei der Badreinigung; MA bei der Möbelpflege; MA beim Vorhängeaufziehen
	92	MA im fertigen Gästezimmer
	95	MA im Depot
	98	MA bei der Stiegenreinigung
	106/107	Kapiteleinstieg Bauliche Elemente
	115	MA bei der Stiegenhausreinigung
	116	Boden; Wandabschluss; Eingang
	117	MA bei der Hallenreinigung
	126	MA bei der Hallenbadreinigung; MA beim Stiegenwischen
	127	Stiegenhaus mit Handläufen
	128	Schmutzwäschetransport
	131	Wandbesen
	137	Glastüre
	138	Hinweisschild: Rezeption, Gasträume
	139	MA beim Reinigen einer Glastür
	140/141	Einstieg Gästeräume
	159	MA bei der Lederpflege
	162	MA bei der Badreinigung
	166	MA bei der Waschbeckenreinigung
	171	Hallenbad
	172	Illusionsmalerei
	178/179	Kapiteleinstieg Haustechnik und Sicherheit
	188	Druckknopfmeldeanlage
	192/193	Kapiteleinstieg Textilien
	206/207	Kapiteleinstieg Laundry

die fotowerkstatt pfennich & sedlacek OEG, Bischofshofen	210	MA bei der Wäscheeinlagerung
	223	Waschmaschine mit Füllgut
Heidi Hinterkörner, Linz	41	Grafik: Etagenoffice
	42	Grafik: Bestückter Wäschewagen
	48	Wasser; Chemie; Temperatur; Zeit; Mechanik
	49	Wasserhärte
	50	Aufbau eines Tensids; Arbeitsweise von Tensiden (3 Grafiken)
	68	Vorlage von Kärcher: Zweibehälter-, Einbehältersystem, Recyclingverfahren
	69	3 Grafiken. Sich überlappende Bahnen; Ausfahren von Kurven; Enge Wendung auf der ...; Reinigung der Fläche
	84	Grafik: Teilabschnitte
	85	Arbeitssystematik
	86	Beidhandarbeit; Überwischen einer Fläche; Serpentinenförmige Bewegung bei der Fensterreinigung
	87	Kehrbewegung mit Zimmerbesen; Saugbewegung mit Hinweisen zum Arbeitsablauf; Feuchtwischbewegung mit Breitwischmopp
	89	Polieren in sich überlappenden Bahnen in Richtung Ausgang
	126	Treppe mit vorstehender Kante (Vorlage Freudenberg); Grafik: Gerade und gewendel-te Treppe
	167	Grafiken: Badreinigung
	174	Gebündelt tief; breit tief; vorwiegend gleichförmig; vorwiegend hoch strahlend (vier Grafiken)
	185	Flachheizkörper (Vorlage unbekannt)
	190	Verhalten im Brandfall
	217	Grafik Energie
	224	2 Grafiken Arbeitsplatzgestaltung
	225	Faltmuster; Arbeitsplatzgestaltung
	229	Zusammenlegen eines Hemdes
Mag. Wolfgang Kraml, Linz	12	Fernöstliche Gäste
	129	Anstrich mit Bordüre
	130	Tapeten
	163	Waschbecken; Bidet; WC
	202	Nackenstützkissen
	221	Kleiderbügel
	231	Herrenhemden, gebügelt
Ulf Kossak, Linz	24, 25	4 Karikaturen
Unbekannt	113	Symbole für Zusatzeignungen
	124	Beispiel für ein Datenblatt für einen Laminatboden
	138	Türbeschläge
	176	Blumenmotiv

Wir danken den oben angeführten Firmen für ihre Genehmigung zum Abdruck der angeführten Bilder und Grafiken sowie für die gute Kooperation während des Arbeitsablaufs.

Ein herzliches Dankeschön

Unser besonderer Dank gilt Frau Professorin Karin Steinmetz. Als ehemalige Leiterin der Berufspädagogischen Akademie in Graz ist ihr das Thema Housekeeping ein besonderes Anliegen. Sie gilt als eine der Vorreiterinnen auf diesem Fachgebiet. Ihre jahrelangen Erfahrungen stellen die Grundlage für dieses Fachbuch dar. Ihre Fachkenntnisse und ihr persönliches Einfühlungsvermögen hat sie ihren StudentenInnen mit auf den Weg gegeben und auch dem Verlag vermittelt.

Ein besonderes Dankeschön gilt auch allen Hausdamen/Executive Housekeepers für die Einbringung vieler Ideen und Anregungen, ebenso für die zur Verfügung gestellten Unterlagen.

Das Hotel Seekarhaus am Obertauern, Salzburg, stellte uns die wunderschönen Räumlichkeiten für viele Fotoaufnahmen zur Verfügung. Auf diesem Wege möchten wir uns nochmals herzlich bei der Familie Krings und den Mitarbeitern des Hauses bedanken.

Ein herzlicher Dank gilt auch dem Alpenland Sporthotel und dem Hotel Alpina in St. Johann im Pongau, die uns ebenfalls Räumlichkeiten für Fotoaufnahmen zur Verfügung gestellt haben.

Die Firma boco-Berufsbekleidung, Dreieich in Deutschland und Wienerneudorf in Österreich, hat uns die Berufsbekleidung für die Etagenmitarbeiter zur Verfügung gestellt. Hier möchten wir uns besonders bei Frau Michaela Damm für die unbürokratische Hilfestellung bedanken.

Weiters bedanken wir uns beim Modehaus Adelsberger in St. Johann im Pongau für das zur Verfügung gestellte Hausdamenoutfit.

Bei folgenden Personen bedanken wir uns für die Modeltätigkeit und für Mithilfe bei den Fotoaufnahmen: Katharina und Heinz Assel, Bernhard Pfleger, Birgit und Manfred Brandstätter, Margit und Manfred Harrer, Roland Steger.

Wir danken den Firmen Kärcher, Heizbösch und Haidenthaller für die Bereitstellung ihrer Produkte zu Fotoaufnahmen.

Für die Unterstützung bei der Erstellung der Texte, die kritische Durchsicht und die Zurverfügungstellung hilfreicher Informationen und Unterlagen bedanken wir uns besonders bei folgenden Personen:

Manfred Adelsberger, Firma Novacom, Bad Aussee
Johann und Mario Erlbacher, Mitterberghütten
Werner Feichtinger, Firma Kärcher, Wien
Rupert Fritzenwallner, Hüttau
Hermann Griessner, Salzburg AG, Salzburg
Rudolf Guggenbichler, Firma Heizbösch, Lustenau
Konrad Hofbauer und Sabine Höß, Firma Haidenthaller, Salzburg
Robert Klima, Blumen-Basar, Linz
Heinrich Schiefer, Altenmarkt
Rudi Sparber, Eben
Marion Stütz, Firma Voglauer, Abtenau
Rudolf Wimmer, St. Johann i. P.

Andrea Pfleger

Nach Abschluss der berufspädagogischen Akademie in Innsbruck spezialisierte sich Andrea Pfleger als Fachlehrerin in der Tourismusschule Bischofshofen auf das Fachgebiet Housekeeping. Schon während und nach der Ausbildung arbeitete sie in der Hotellerie im Housekeepingdepartment.
Durch das besondere Engagement für das Housekeepingdepartment konnte sie intensive Kontakte mit Executive Housekeepers unterschiedlichster Hotelbetriebe herstellen, die eine erfolgreiche Synergie zwischen Theorie und Praxis ergeben.
Ein besonderes Anliegen der Autorin ist der Stellenwert des Housekeepingdepartments, sowie die Bewusstseinsbildung in Bezug auf Wirtschaftlichkeit und gästeorientiertes Arbeiten.

Literaturverzeichnis

Bauen und Einrichten im Gastgewerbe, Broschüre Nr. 273, Wirtschaftsförderungsinstitut
Brandschutz in Hotellerie und Gastronomie, Wirtschaftskammer Österreich, Wien
Chistée, Udo M., Hrsg., hotelier & gastronom 5/2001, Wien
FM Fachmagazin für Touristik, Gastronomie, Hotellerie und Großverbrauch/Industrie, Ausgabe 2, Sommer 2002, Mucha Verlag, Wien
Fördergemeinschaft gutes Licht, Heft 11, Frankfurt am Main
Freilinger, Christian, Wer kann führen?, Universitätsverlag Rudolf Trauner, Linz, 1993
Fürst, Werner; Schuler, Konrad, Gastgewerbliche Berufe, Hotelfachmann, Hotelfachfrau, Verlag Dr. Max Gehlen, Bad Homburg vor der Höhe, 1997
Gastro, Fachmagazin, Juni 2002, F&H, GASTRO Verlag, Wien
Gewald, Prof. Dr. Stefan, Handbuch des Touristik- und Hotelmanagement, R. Oldenbourg Verlag München, Wien, 2000
Im Blickpunkt, Licht und Beleuchtung, VEÖ Seminar- und Medienverlags- und -vertriebs Ges. m. b. H., Wien
Klatil, DI Lucia, Planen, Bauen, Einrichten in Hotellerie und Gastronomie, Wirtschaftsförderungsinstitut der Wirtschaftskammer Österreich, Wien, 1996
Knirsch, Jürgen, Hotels planen und gestalten, Verlagsanstalt Alexander Koch GmbH, Leinfelden-Echterdingen, 2001
Kosma, Peter ua, Betriebsorganisation und Touristik, Rudolf Trauner Verlag, Linz, 2000
Kroiss, Josef, Hrsg., Bammer, Mag. August, biologisch natürlich bauen, Linz, 1998
Lazelsberger, Renate ua, Angewandte Betriebsorganisation, Rudolf Trauner Verlag, Linz, 1996
Lentz, Christian; Fritz, Herbert, Hrsg., Gastgewerbliche Berufe, Organisation und Fachbildung, Verlag Dr. Max Gehlen, Bad Homburg vor der Höhe, 1994
Licht-Programm 2002/2003, OSRAM, Wien
Metz, Reinhold; Grüner, Hermann; Kessler, Thomas, Hotel & Gast, Fachbuchverlag Pfanneberg, Gießen, 1999
Schaetzing, Edgar E., Management in Hotellerie & Gastronomie, Deutscher Fachverlag, Frankfurt am Main, 1996
Schuler, Konrad, ua, Hrsg., Gastgewerbliche Berufe, Fachbildung, Schroedel Schulbuchverlag, Hannover, 1991
Siegel, Simon ua, Service – Die Grundlagen, Rudolf Trauner Verlag, Linz, 2000
Verba, Brigitte, Etage exclusive, Hugo Matthaes Druckerei und Verlag, Stuttgart, 1999